Adults in the Room
My Battle With Europe's Deep Establishment

第Ⅱ部
決意の春

Invincible spring

6. 戦端が開かれた

It begins ...

マキシモス〔首相官邸〕の外に立つ警備員はびっくりして尋《たず》ねた。「大臣、一人でお出かけですか？」

私は頷《うなず》いた。外ではカメラマンたちが待ち構えていたが、財務省まで一人で歩いていくという決意は固かった。カメラマンたちは、警備の人間と同じように私の行動に驚いて、カメラなどを抱え、ケーブルにつまずきながら、一団となって私を追いかけた。マキシモスと国会議事堂と、シンタグマ広場の中間に位置する国立植物園の角を左に曲がって、ソフィア通りに入った頃には、カメラマンたちは追いかけるのを諦《あきら》めていた。

国会議事堂の横手の通用口を通り過ぎる時に、ふと思い出した。かつて、横暴な国会議員と彼に抗議する若い女性とのやりとりを目撃した時のことだ。「おれがどっちに投票するべきか、指図する資格があんたにあるのか！」、「声を上げるのに資格なんて必要なの？」というやりとりだった。シンタグマ広場に近づくと、あの二〇一一年の、アテネが民族的屈辱に抗議して立ち上がった幾夜もの長い夜の、人々のスローガンと、人々の顔がよみがえってきた。国会議事堂の真正面のアマリア通りを横切ってシンタグマ広場に入った。そこは二〇一一年の戦いの聖地にほかならない。

日は沈み、冷たい一月の風が、木々に残っている葉を鳴らし、歩行者を急ぎ足にさせていた。街灯はまだ点灯していなかったので、あの木を見つけるのには時間がかかった。今では花や手書きのメッセージが捧げられているこの木のそばで、かつて元薬剤師のディミトリス・フリストゥラスがピストル自殺したのだった。まわりには誰もおらず、私一人だった。私は自分の意識をその木から、向かいに見える財務省の明るいオフィスに切り替えた。そしてすぐ、フィルヘレネス通りを横切って財務省に入った。これから一六二日間、ここが私の試練の場となるのだ。建物に入る時、建物の外で寝泊まりしている五〇人ほどの女性たちから歓声が上がった。彼女たちは、二年前に前政権によって何の補償もなしに突然解雇されて有名になった清掃員たちだった。「あたしたちを裏切らないでよ！」と、彼女たちは叫んだ。

私はきっぱりと「裏切りません」と言って、エレベーターに向かった。

エレベーターは六階に着き、一人の秘書が、前任者が待つ大臣室に案内してくれた。前大臣は一人で丁重《ていちょう》に迎えてくれた。彼の机には、驚くほど何もなかった。近代的なオフィスは普通、機械であふれているものだが、ここにはコンピューターすらなかった。次々に降りかかる問題の山に立ち向かうための武器は、机の後ろの棚《たな》に置かれたマリア像だけのようだった。大臣用の椅子は大きくて背が高く、ことさらに権威を演出しようとするものだったが、醜《みにく》いばかりか座りにくそうだった。サイドデスクの上に置かれた何台かの電話は、まさに一九七〇年代の映画に出てくるようなものだ。本棚の本は明らかに謹呈《きんてい》されたもので、前大臣は開こうともしなかったに違いない。壁にかかる油絵は国立美術館からの借り物だった。それを取り替えさせるのは簡単なことだったが、このオフィスで落ち着く必要にも迫られていなかったので、そのままにした。

ほかの家具には退廃《たいはい》の空気を感じた。とりわけ、色あせた赤いソファは、破産した国家の財務省にぴったりだと思った。唯一の例外は大きな木製の会議机だ。私はただちにこれを事務机にすることに決めた。情けない経験をすることになるだだっ広いオフィスのなかでも、この机はずいぶんと寛《くつろ》ぎを与えてくれたものだった。この会議机から離れた場所にある、大臣机は使わないことにした。このオフィスにはまるでほかの欠点を埋め合わせるかのように、素晴らしい点が一つあった。大きな窓からシンタグマ広場と、その向こうの国会議事堂の見事な姿を見ることができたのだ。この眺《なが》めに、近代以降のギリシャが艱難辛苦《かんなんしんく》を克服して民主主義を勝ち取ったことに、少しでも誇りを抱いたことのある私のような人間は、いやがうえにも覚悟《かくご》が定まった。

前任者は穏やかな人間で、自分の試練が終わってほっとしているらしく、愛想《あいそ》がよかった。彼は二つの書類を用意していた。青い普通サイズのファイルと、赤い大きなファイルだ。青のファイルには省令《しょうれい》が含まれていた。彼が結局署名できなかったものだ。彼はこれらを検討してくださいと言った。赤いファイルは「ＦＡＴＣＡ《ファトカ》」とラベリングされており、米国が一生懸命にすべての国に押し付けようとしている取り決めに関するものだった。その取り決めとは、米国民が外国で行う金融取引を米国財務省が監視できるようにするものだ。[★1]不思議なことに、ギリシャとＥＵやＩＭＦとの融資協定に関する文書の引き継ぎはなかった。ただ、債務返済の計画については要点を話してくれた。もちろん私はこの計画を、暗唱できるぐらいに熟知していた（数日後、二度目の救済融資協定の原本《オリジナルコピー》を職員に求めると、驚くべき返事が返ってきた。「大臣。前の大臣が私物《プライベート》の書類を持ち帰られた時に、その原本も一緒に持っていかれたようですよ」。奇妙に聞こえるだろうが、私の任期の初期にはこうしたバカげた発見がたくさんあったのだ）。

さて、二度目の救済プログラムは三週間前には完了しているはずだった。前任者はこれを何とか終わらせようと土壇場《どたんば》であがいて失敗していた★2。学者としてはそのことについて議論してみたかったが、そんなことをしても実際的な意義はなかったであろう。なぜなら、救済策は最初から失敗するように設計《デザイン》されていたので、これを成功させることなど不可能だったからだ。その頃、財務省のプレスルームには国内のほとんどのジャーナリストや、たくさんのカメラマンたち、外国特派員や物見高い役人たちが集まっていた。慣例の、大臣引き継ぎの記者会見のためだ。彼らは待ちくたびれていたので、私たちはすぐに会見を始めなければならなかった。

会見の直前、前任者は、自分の非常勤スタッフ三人をクビにしないでくれませんかと言った。特に一人はシングルマザーで、私に解雇《かいこ》されたら悲惨な目に遭《あ》うことになるというのだ。私はもちろん承諾《しょうだく》した。と同時に、さっき会ったばかりの大臣オフィスの秘書三人も公務員ではなくて、前任者が私的に雇っていた人たちだということが分かった。前任者とともに、あの人たちもここを去ることになるのだ。記者会見が終わったら、あの六階の空っぽの部屋に戻らねばならない。秘書もスタッフもおらず、コンピューターもない場所から、世界最強の債権団と戦うことになるのだ。幸い私のリュックサックには、頼りになるノートパソコンが入っている。しかし無線LANのパスワードはもらえるのだろうか？

「健全」と「緊縮」との違い

去り行く大臣の威厳に満ちたスピーチの後は、私の番だ。前任者の努力に感謝を述べ、続いて「国には政策の継続性が求められます」と言った。「でも、二〇一〇年に大きな過《あやま》ちが引き起こされ、この国を破壊し始めました。それ以来、同じ過ちが何度もくり返されて、国の破壊が進んできました。過ちの継続性なんてものはありえません。さて、その過ちとは何でしょうか。それは、この政府は破産しているのに、資金繰りが厳しいだけだと言ってごまかすことです」

私はまず自分の分析を説明した。ギリシャが返済不能な借金を負わされ、政府が破産しているということが理解されていないせいで、不況が起こっているという分析だ。そして、重要な言葉の違いを説明した。それは、左派やケインジアン〔ケインズ派経済学者〕でさえ見落としがちな、「健全」と「緊縮」との違いである。「私たちは財政健全化に賛成です」というと、聴衆の多くが驚いた。

> 健全な生活をしていた頃は、ギリシャの人々は見事にうまくやっていました。それは、稼ぎより支出が少なかった頃、貯えを子どもの教育に使っていた頃、借金がないことを誇りにしていた頃のことです。……しかし、健全な生活とイカサマの緊縮策とはまったくの別物です。ここ数年、私たちが経験してきたのはイカサマの緊縮策でした。弱い立場の人たちの少ない収入をさらに削り、その一方で、返済不能な債務の山に、新たな債務を積み上げてきたのです。私たちは、ここから、この財務省から、この慣行を終わらせてゆきます。緊縮から健全へと舵《かじ》を切るのです。

民間支出が大幅に切り詰められるとともに公共支出がカットされ、家庭も企業もやっていけなくなった。つまり、無理に黒字を生み出そうとする政府の試みが、人々の生活を成り立たなくさせた。簡単に言えば、政府部門の緊縮は、民間部門の不健全化に繋《つな》がるからこそ、やめにしないといけないのだ。まずは財務省の勘定《かんじょう》の健全化に着手する。有言実行の姿勢を示すため、目に見える変化を宣言した。前大臣が自分のために発注したBMW7シリーズ二台を即座に売却するのだ。このリムジンは防弾仕様で、七五万ユーロ〔約九七五〇万円〕もするという代物だ。交通事情の酷《ひど》いアテネでは、私のバイクの方が役に立つだろう。さらに、私と二人の副大臣は、これまでの財務省を占領してきた高給取りのアドバイザーたちを雇わないことも発表した。何千万ユーロ〔数十億円〕ものカネを請求し、破滅的な助言をくれるだけの多国籍のコンサルティング会社は言わずもがなである。緊縮策の終了を主要な任務とする新政権のもとで、まず健全化するのは財務省だというわけだ。

数日後、トロイカの役人たちと話を始めるためにブリュッセルとベルリンを訪れた時、彼らがまず話題にしたのは、私の最初の記者会見における、もう一つの宣言のことだった。すなわち、前政府によって解雇された三〇〇人の清掃員の再雇用である（そのうち何人かは、私が財務大臣になる時には祝福してくれた人たちだ）。彼らは「改革を後戻りさせる」と言って私を批判した。清掃員の再雇用は「開戦の原因」になると言う者もいた。私が本当の意味での健全化によって、清掃員たちの給料の何倍もの金額を節約したことは、彼らにはどうでもよかったのだ。たった数日働いて何の役にも立たない助言をしてくれるコンサルたちに何千万ユーロものカネを平気で支払いながら、そのコンサルたちが汚した後を掃除してくれる月給四〇〇ユーロ以下の清掃員たちを解雇するのは、道徳的におかしいという考えも彼らにはなかった（公衆衛生の水準が低下しているという事実も、明らかに彼らにとっては重要ではない）。国が破産したのは犠牲者たる国民のせいだとするなら、財務省の清掃員たちは恰好《かっこう》のスケープゴートだったのだ。

清掃員たちは女性であり、下層階級であり、どうみても何の権力も持っておらず、最低レベルの安定した仕事を政府に依存していた。しかし彼女たちは決然と、財務省の外で何か月も寝泊まりして抵抗を続けていた。これは私には、何か別のことを象徴しているように思えた。私は英国のグリーンハム・コモンの女性たちのことを思い出した。一九八一年に、米国による新型中距離ミサイルの配備に反対して平和キャンプを立ち上げた人たちのことだ。当時の支配層はそれを、男性的権威に対する挑戦とみなし、激怒し、彼女たちを憎悪《ぞうお》したのだ。財務省の清掃員たちの場合も同じだった。彼女たちは、緊縮策に対する民衆の世論の高まりを象徴していただけではなく、支配層にとっては、一九四〇年代のナチスによる占領に対する女性パルチザンと同様に、女性が戦いを始めるという「脅威の始まり」だったのだ。

いずれにせよ、清掃員の解雇は名実ともに、不況の犠牲者たちを処罰する政策の代表例だ。その目的は、国家が崩壊したのはお前たちのせいだといって、ギリシャの人々を懲《こ》らしめてやることだ。彼女たちをクビにすることによって、前政権は彼女たちをいわば罪人として晒《さら》し者にしていたわけだ。そして、その彼女たちを再雇用した私の罪は、単に緊縮策から健全化に舵を切ったという罪よりも、遥かに重いのだ。

「節度」と「服従」との違い

破産国家の財務大臣としての私の役割は、ウソの楽観論で偽《いつわ》りの希望を提供することではなく、節度のある政策を進め、人々に現実的な期待を持ってもらうことにある、そう考えていた。だから私は、初めての記者会見を、今後の交渉に関するとてもよいニュースで締めくくることができて満足だった。

私はこう発言した。「服従こそが正解だと信じているテレビ・コメンテーターたちは、ここのところずっと、トロイカに対して、彼らの計画に対して、忠誠を誓《ちか》えと主張してきました。さもないとヨーロッパは私たちと口をきいてくれないぞというわけです。こうしたことを主張する人たちは、ヨーロッパのことをよく知らないのでしょう」。続けて私は、ユーログループ議長でオランダ財相でもあるイエルン・デイセルブルムと、投票日に電話で交わした会話を紹介した。

私たちの勝利を祝福するために電話をくれたデイセルブルム財相は、すぐに単刀直入に質問してきました。現在のギリシャ救済プログラムに対する、新政権の考えを教えてくださいと。私は、主張すべき点は主張しつつ、できるかぎり分かりやすく答えました。新政権がユーログループに対する約束を受け継いでいることは、私も理解しています。でも、私たちが選挙で選ばれたのは、融資協定とプログラムの根幹部分について再交渉するためだということを、私たちの交渉相手《パートナー》たちも理解してくれるものと期待しています。いえ、そう信じています。ですから、共通基盤を見いだすことが不可欠なのです。私はこれを「架《か》け橋」と呼んでいます。現行のプログラムと、新政府の考え方や優先事項との架け橋という意味です。こう話すとデイセルブルムさんはすぐに「素晴らしい」と言って、こんどの金曜、一月三〇日にそちらを訪問しましょうと言ってくれました。礼儀作法からいっても、よろしければ私の方からブリュッセルに行きますよと申し上げましたが、彼の方から、ギリシャ人の新しい仲間たちを祝福するために、ぜひとも側近《そっきん》を連れてこちらを訪問したいと仰《おっしゃ》ったのです。

トロイカのプログラムと私たちの任務との間にある大きな亀裂《きれつ》のうえに、しっかりとした架け橋を築くことが、私たちの共通の課題だ。この意見にデイセルブルムが賛成してくれたことに、私は勇気づけられた。他方で前政権とギリシャ中央銀行が火をつけた銀行取り付け騒ぎが拡大しつつあることに配慮して、私はなんとしても共通の基盤を整える覚悟です、と言った。こちらとあちらの対立をメディアが煽《あお》り立てていたが、記者会見ではこれを否定するために、少し長めの説明を行った。

ジャーナリストの方々は対立を報じたがるものです。彼らは「真昼の決闘」〔一九五二年のアメリカ映画。主人公の保安官が一人で決闘に向かう〕のような撃ち合いのネタを、どこからでも見つけ出してくるものです。BBCの報道では、今度のデイセルブルムさんとの会談は決闘かチキンレースになるぞ、先に怖《お》じ気《け》づくのはどっちだ、と言っていました。視聴率に追われるジャーナリストたちが、こんな表現をしたくなる気持ちはよく分かります。でも、デイセルブルムさんと私は合意したのです。乱闘が予想されているそもそもの根拠を壊そう、共通の基盤を作ろうと。脅しなんかはありません。どっちが先に怖じ気づくかという問題ではありません。ユーロ危機が起これば、みんなが犠牲者になるのですから。得をするのは人種差別主義者のような、偏見に凝《こ》り固まった人たちだけです。恐怖と分断を煽《あお》る人たちだけです。かのイングマール・ベルイマン監督が言うところの「蛇《へび》の卵」を、温める者たちだけなのです。[★3]欧州の解体を防ぐために、今度の金曜、デイセルブルムさんとすばらしい関係を築くつもりです。

この言葉はすべて、私の本音だった。

記者会見が終わって六階のオフィスに戻ると、そこは不気味なほどにがらんとしていた。前任者はすでにスタッフを連れて退場しており、若い女性が二人残っているだけだった。「極左《きょくさ》」の新大臣が自分たちを即刻クビにするのではないかと思って、彼女たちは震えていた。私は、前の大臣のスタッフを追放しようなんて、そんなヒマもありませんよと言って、彼女たちを安心させた。そしてドアを閉め、大きなテーブルのところへ椅子を引き寄せた。リュックサックからノートパソコンを取り出して電源を入れた。起動を待ちながら国家議事堂が見える窓の外を眺《なが》めた。そして、その日の最重要課題のリストを作るために、脳をフル回転させた。

画面に視線を戻すと、無線ＬＡＮのパスワードがないことを思い出した。私は立ち上がって、秘書室に通じるドアを開け、「誰かいませんか？」と叫んだ。

向こうの部屋から秘書の一人がすぐに姿を見せた。彼女は追放されないと知って安堵《あんど》しつつも、いくぶん困惑した様子だった。パスワードのことが分かる人物の居場所が分かったのは、半時間後のことだった。かくして新大臣はインターネット・アクセスを手に入れた。が、通信速度はこのうえなく遅かった。資本主義史上、最高の武装と準備を整えた債権団たちに対する長く孤独な戦いの端緒《たんちょ》としては、けっして幸先《さいさき》のよいものではなかった。

米国の友人たち

その夕方、海外からの最初の電話は、米国の知らない番号からだった。ダナエからだった。オースティンに到着し、私がどうしているか知りたかったのだ。その電話が終わると、またすぐに電話が鳴った。またもや米国の知らない番号がスクリーンに表示されていた。受話器をとると、少し電話が遠かったが、ニューイングランド州アクセントの男性の声が聞こえた。

バルファキスさん、私のことはご存じないでしょうが、電話せずにはいられなかったのです。選挙での勝利、おめでとうございます。私にできることなら、何でもお手伝いさせてくださいと、これを申し上げたくて。バーニー・サンダースと申します。バーモント州の上院議員をしております。親しい友人が電話番号を教えてくれたのですが、気を悪くなさらないとよいのですが。

気を悪くするだって？　私たちにはいかなる支援も有難《ありがた》いものなのに。サンダースに感謝を述べ、もちろんあなたのことは存じ上げています、と伝えた。バーモントの政治状況については、ジェームズ・ガルブレイスが教えてくれていた。★4　するとサンダースは言った。国際通貨基金（ＩＭＦ）のクリスティーヌ・ラガルドさんに手紙を書くところなのです。

wikimedia commons
バーニー・サンダース
(Bernie Sanders)

ギリシャに対するＩＭＦの対応に自分は注目していますよと、誤解の余地のない言葉で伝えるつもりなのですが、何か、具体的に伝えてほしいことはありますか。

あります、と私は答えた。第一に、ＩＭＦが二〇一〇年からギリシャに押し付けてきたプログラムは、馬鹿げた緊縮政策のせいで惨憺《さんたん》たる失敗に終わっています。これをはっきり伝えてください。第二に、厳しい不況が引き起こされた結果、ギリシャでは「黄金の夜明け」というナチスのような政党が台頭しています。私たちの政権は、欧州統合支持派の民主的な政権です。これが債権団によって転覆《てんぷく》されるようなことになれば、民主主義の故郷《ふるさと》で、民主主義が死んでしまうことになります。第二次世界大戦の時と同じようなことになってしまいます。どうかここを強調してください。サンダースは、この二点をラガルドにはっきり伝えると約束してくれた。しかも、ＩＭＦにとって重大な三点目を付け加えるとまで言ってくれた。ギリシャへの酷い対応をＩＭＦが今後も続けるならば、米国上院にＩＭＦへの拠出金を減らすよう働きかけるというのだ。

二〇一二年以来、私とジェームズ・ガルブレイスは、ベイルアウティスタンの解体に米国の革新派が賛成してくれるよう懸命《けんめい》に働きかけてきた。あとでアレクシスに電話して、今回のサンダースの申し出を伝えた時、これまでの努力が無駄ではなかったことが分かった。アレクシスにはオバマ大統領が電話をくれていたが、ありきたりな祝辞を言ってきただけでなく、米国財務長官のジャック・ルーとギリシャ財務大臣との会談を、すぐに開かないかと提案してきたというのだ。私はアレクシスに、向こうの都合のいい日程でできるだけ早くルーに会いたいと、オバマ大統領に伝えてくれるよう頼んだ。その後すぐ、オバマ大統領は公《おおやけ》の場で、とても助けになる発言をしてくれた。「不況の真っ只《ただ》中にある国を、いつまでも絞め上げることはできません。借金を返し、赤字を解消するためには、どこかの時点で成長戦略が必要です」と、CNNのファリード・ザカリアに語ったのだ。

一時間ほどして、携帯電話にまたしても米国から電話が入った。ジェフリー・サックス（ジェフ）だった。彼はコロンビア大学の経済学教授で、アース・インスティテュートという研究所の代表をしている。彼が電話してきたのは、彼が言うところのギリシャの「価値ある戦い」に加勢するためだ。意味のある大幅な債務免除と持続可能な財政政策を支持するよう、債権団を納得させようというのだ。米国の経済学者のなかには年齢と経験を重ねるにつれてリベラル寄りになってきた人たちが結構《けっこう》いるが、ジェフもその一人だ。もともと彼はＩＭＦの精神に賛同し、実践もともにしてきた。一九九〇年代のＩＭＦの「救済」プログラムには彼も関与したのだが、ポーランドのようないくつかの例外を除いてはとんでもない結果に終わった（エリツィンのロシアが好例だ）。だが、アルゼンチンのような破産国家に対する国際債権団やＩＭＦの悪《あく》行《ぎょう》を内部で目の当たりにしてきた経験から、ジェフは自分の考えを変えてきた。それは経済学者スティグリッツも同様だ。スティグリッツは一九九八年のアジア通貨危機がＩＭＦのプログラムのせいでどんどん深刻化してゆくという恐怖の事態を目撃して、ワシントン・コンセンサス〔途上国に勧告する新自由主義的な政策方針として、ワシントンを本拠とする米国政府とＩＭＦ、世界銀行との間に成立した合意〕を激しく批判する人物となった。経済学者であり知識人でもある両者は、自分自身の経験から変身を遂《と》げており、ギリシャ政府の大義を心から支持してくれたのだ。

その日最後の米国との電話は、ジェイミー・ガルブレイスとの通話だった。私はまずサンダースとオバマ大統領、そしてジェフから幸先のいいメッセージがもらえたことを伝えた。そして彼に、アテネに来てすぐにギリシャ政府のプランＸにとりかかってほしいと言った。プランＸとは、二〇一四年一一月の深夜にアレクシスのマンションで長時間の会議をした時に、彼が準備してくれと言った最初の危機管理計画であり、ユーロ圏からの離脱（グレグジット）が避けられなくなった時に発動されるものだ。ＥＣＢのなかではトマス・ヴィーザーやヨーク・アスムセン[★5]たちの差し金でグレグジット計画が策定されているのだから、ヨーロッパの主要な民間銀行と同じように、私たちも危機管理計画を用意しておかねばならない。首相からは急いで計画を作れと言われていた。そのチームのリーダーとしてジェイミーを選んだのは、この計画の策定は極秘でなければならないからだ。この計画の存在が公になれば、人々はギリシャの通貨がユーロから切り離されて必ず暴落すると予想して、預金の引出しに走るに違いない。そうなるとECBはギリシャの銀行を閉鎖する格好《かっこう》の口実を得て、グレグジットを宣告することになる。つまりプランXは自己実現的な予言になりかねないのだ。財務省の役人をリーダーにしたら、きっとリークされる。また実際のところ、ギリシャでジェイミーほどの専門知識と思慮分別を有する人物を見つけるのはムリだったのだ。かくしてそれから数か月の間、ジェイミーはわが財務省の奥の院で、私のすぐ横で、プランXの策定に専念することとなる。

wikimedia commons

ジェフリー・サックス
(Jeffrey David Sachs)

　数時間後、サンダースがラガルドに送った手紙が届いた。それは素晴らしい内容だった。以下の引用で、その雰囲気は伝わると思う。

> 　今週、ギリシャの人々は新政権を選出し、過去六年の緊縮策の過ちを正すという仕事を託しました。緊縮策はギリシャの失業率を二五%以上に高め、人々を窮乏《きゅうぼう》化させました。それだけでなく危険な政治的真空状態を作り出し、ネオナチ政党「黄金の夜明け」に国会議席を与えることになりました。……スペインとイタリア、ポルトガルの人々は、ギリシャの状況を注視しています。労働者や市民に十分に配慮しつつ、この状況に対応せねばなりません。緊縮策が続けられれば、さらに深刻な政治状況と、世界規模の金融危機が引き起こされる可能性もあります。でも、こうした事態はまだ避けられると、私は考えています。
>
> 　IMFは……この事態に対して重要な役割を果たさなければなりません。IMFは国際的な金融機関であり、トロイカの一員でもあるからです。……私は予算委員会

の上級メンバーとして、米国政府の資金を用いてＩＭＦが行っていることに対する懸念《けねん》を表明いたします。なぜならＩＭＦの緊縮策は、もはやギリシャの人々には耐え難いものですし、深刻な金融危機が発生する危険性を高めてもいるからです。ＩＭＦが外国に貸し付ける資金について、米国の拠出額を増やすべきかどうかについては、米国政府でもかなりの議論が行われています。資金の拠出を約束することによって、どんなコストが生じるのか、それをどのように評価すべきかという問題も提起されています。私はこの論議に加わる前に、まず今回のケースでは、米国の資金がどのように使われてるのかを知りたいと思います。極端な緊縮策によって金融危機を誘発して極右《きょくう》の台頭《たいとう》を助長するのか、それともギリシャを助け、債務を管理可能にして経済を持続可能にするのかということです。

　この手紙に熱中し、読み終わると、三時になっていた。米国の友人たちのことはいったん脇《わき》に置くことにしよう。頭のなかにある国内政策の優先課題を、翌日の具体的な予定表に落とし込む作業をする時間だ。国の資金状態について役人に会って説明を聞く、秘書室のスタッフと報道官を選任する、脱税撲滅《ぼくめつ》戦略を実施するために国税庁との話し合いを始める、租税政策と予算管理を担当する補佐官たちと親密な関係を作る、財務省のなかにいるマクロ経済学者や統計学者たちをＩＭＦの支配から解放し、現実をごまかすのをやめて可能なかぎり現状を正確に分析できるようにする、などなどだ。最後に、並行決済システムの準備に着手する少人数チームを結成するという、注意を要する仕事もあった。

　ごく最近まで人々の怒りの的だった六階のオフィスが、その後四八時間は、私の寝泊まりする場所となるだろう。ダナエは前の日に米国のオースティンへ行ってしまった。アパートをたたんで荷物を全部ギリシャに返送するためだ。だから私にはオフィスを離れる理由がない。財務省が仕事を始める時間まで、三時間ほどの睡眠をとるのに、色あせた赤のソファはうってつけだった。後はアドレナリンが出れば何とかなるだろう。数時間後、国会議事堂にまばゆい日差しが注ぎ、オフィスは黄色い光で満たされた。新しい一日は、希望に満ちていた。

「悪くない」とは、あと何日だという意味ですか

　その一日は、財務省と公債管理局の役人との会議から始まった。私は彼らを暖かくオフィスに迎え入れた。私に追放されるのではないかとか、シリザに忠誠を誓う人物をえこひ

いきするのではないかといった彼らの心配を払拭《ふっしょく》せねばならない。私は最初のショートスピーチで、彼らが前の与党に忠誠を誓っていたり、これまでトロイカに協力していたりしたとしても、（そしてどんなにそれに深入りしていたとしても）私にはどうでもよいことだと伝えた。★6 忠実に勤勉に働いてくれるかぎり、私は誰よりも皆さんの立場を擁護《ようご》しますが、国の利益を損なう仕事に手をつけるなら、私は絶対に許しません、覚悟しておいてください、と伝えた。部屋には安心感が満ちあふれ、お互いに尊重し合い、協力し合おうという雰囲気で話し合いが始まった。

大きなテーブルに一覧表が広げられた。グラフや図表が共有された。債務返済期日のリストが作成され、今後の時間軸が示された（二月中旬以降はほとんど真っ赤だった）。評価がすべて行われ、不確実な仮定の部分が説明されると、私は唯一の重要な問題について質問した。「あと何日残されているのですか？」

その日は二〇一五年一月二八日だった。私が聞きたかったのは、国家の金庫が空になるまでに何日残っているのかということだった。つまり、債権団の主要メンバーであるＩＭＦにデフォルトを宣言するか、公務員の月給や（二週間に一度支給されていた）年金の支払いを停止するかという、究極の選択を迫られるまでの時間である。数秒間の沈黙が続いた。財務省高官と目が合うと、彼は決然と言った。「大臣、事態はそんなに悪くはありません」

「『悪くない』とは、具体的に、あと何日だという意味ですか」と私は言った。

「一一日から五週間の範囲内でいうところの、何日かです」と、彼は私の視線を避けるためにノートを見ながら答えた。「税収が入ってくるスピードと、いろんな資産《リザーブ》をレポする［一時的に売却する］オペレーションができるかどうかによって、変わってきます」と彼は結論づけた。

ギリシャは回復した、「グリークカバリー」だ、などと喧《けん》伝《でん》されていた。去りゆくサマラス政権は大幅な黒字になったと言って狂喜し、選挙で自分たちにノーを突きつけたのはギリシャの人々の間違いだと自分たちに言い聞かせていた。それなのに、国庫はそこまで空っぽだったのか。もちろん私だって、もっとカネがあると思っていたわけではない。しかし、政府とは無関係な立場でその日数を知ることになるのと、自分自身が処刑台に立たされてその日数を耳打ちされるのとでは、まったく意味が違っていた。

オレが刑務所にぶち込まれないようにしてくれ

前の政権で大臣だった友人に電話すると、私の秘書問題は解決した。フォティニ・バカディマとアンナ・カロゲロプルが、前の上司に呼ばれて戻ってきたのだ。彼らが有能だということはすぐに分かった。ずっとここで仕事をしていたかのようだった。そこから数か月間、彼らは私に忠実であり続け、私も彼らを信頼し続けた。

もう一つの重要ポストであるスタッフ長は、自分で探す前に決まっていた。副首相室が、シリザ党員で弁護士のヨルゴス・クツコスを送ってきたのだ。彼は財務省の官僚だった。ドラガサキスとの関係を私は疑っていたが、すぐに私は彼を信用するようになった。彼は小説家でもあったからだ。財務省で働きながら小説を出版するような人間を、信頼しないわけにはいかない。

彼はドラガサキスから送り込まれたスタッフ長だったが、私は彼と一緒に仕事をする覚悟を決めた。実際に、とてもいい協力関係を築くことができた。だが、私には目付役が必要だと思った。シリザの仲間たちと違って、もちろん副首相とも違って、絶対に私を裏切らない人間でないといけない。私が電話をかけたのはヴァシリだった。一年以上前にドラガサキスについて忠告をくれた、あの親友のことだ。

ヴァシリに初めて会ったのは一九七八年、エセックス大学の一年の時だった。バスケットボールのコートでのことだった。敵どうしとしてボールを奪い合った。この本にも書けないような汚い言葉で罵《ののし》りあって、仲間たちから制止された。そのあと何か月もの間、私は彼を憎んでいた。彼も私が嫌《きら》いだったようだ。しかし長い対立の時期が過ぎ、その四月にサッチャーが首相になり、六月の試験が近づくにつれて、お互いの憎しみは和らいだらしい。ある晩、学生組織のバーで、一緒に経済学の課題をやろうという話になった。次の朝までに課題を終えると、対立は友情に変わった。それから何年もかけて、私たちは友情を深めてきたのだ。[★7]

私のオフィスでたった二人になると彼は言った。「オレに何をしろって言うんだい」。財務省の部屋に座っていることや、親友が財務大臣になったということについて、感激はなさそうだった。

「オレが刑務所にぶち込まれないようにしてくれないか」と、私は言った。それだけで彼は理解してくれた。財務大臣というものは目付役に頼らざるをえない。毎日多くの文書や法令、契約、辞令に署名せねばならないが、それらを全部自分できちんと確認することはとうてい不可能だ。だが、補佐官たちが反抗的だったり不注意だったりすれば、財務大臣はすぐに人々の反感を買うことになり、告訴される可能性だってあるのだ。

ヴァシリは迷わずに私の願いを受け入れてくれた。彼が所属するギリシャ政府経済計画研究センターとの出向協定書に私が署名すると、彼はすぐに仕事にかかった。この日以降、彼は廊下を歩き回り、誰が誰に何をしたか、そしてそれが私の仕事にとってプラスかマイナスなのかについて、常に目を光らせてくれた。

スイスチーズ

ノーマン・ラモントがイギリスのジョン・メージャー内閣から辞めさせられた直後に、メージャー内閣のことを「オフィスはあるが、権力はない」と皮肉ったのは有名だ。あれから何年もたって私がノーマンに言ったのは、あの時の彼の言葉は現在のギリシャ政府に、とりわけ私の財務省にぴったりだということだ。それだけではない、ギリシャ政府もほかの政府と同じように、市場の激しい反応に翻弄《ほんろう》されているのだ。当時よりも酷い状況だ。

第2章で「ベイルアウティスタン2・0」と評したように、二度目の救済融資は二〇一二年から二〇一四年にかけて段階的に実施されたが、そのコンディショナリティ〔融資の条件〕は社会保障支出のカットだけでなく、国家の主権そのものに対する激しい攻撃を含むものだった。何より、財務省の重要な部署が支配下に収められたのだ。まず〔二〇一〇年に設立された〕ギリシャ金融安定基金（ＨＦＳＦ）は、二〇一二年以降はギリシャ政府に代わって民間銀行の過半数株を保有している。また、民営化推進機関がギリシャの公共財産の大安売りを進めている。両者ともギリシャの人々に対する説明責任はなく、トロイカに対して説明責任を負うだけだ。さらに国税庁の管轄権も債権団に奪われた。具体的には、トマス・ヴィーザーが議長を務めるユーログループ作業部会の思いのままになったのだ。財務省の重要な機能が三つも抜き取られ、民主的手続きの手の届かないものとされてしまい、財務省はスイスチーズのような、穴だらけなものになってしまった。

ギリシャ国税庁は現代の新植民地主義的支配の見事な実例だ。私は財務大臣で国税庁の管理者ということになっているから、脱税事件が起これば議会や社会に対して説明責任を負うのは私だ。しかし私には、国税庁の活動に関する権限はまったくない。私には国税庁の長官を任免《にんめん》する権限も監督権もない。国税庁の運営について説明を受けたこともないのだ。租税回避と寡頭支配層《オリガルヒ》の脱税で世界的に有名な国の実情とは、こういうことなのだ。統計局にも問題があった。統計局が計算する政府予算や財政収支の数値は、債権団と合意した政府の財政目標が達成されたか否かを確認するのに用いられるが、統計局は私の質問には答えないのに、トロイカからの質問には答えていた。ようするに、ギリシャの租税や銀行、公共財産、統計に対する責任を負っている私には、これらを管理する権限も手段もなかったということなのだ。

財務省での最初の二日間、私はユーログループ議長の訪問のことで頭がいっぱいだった。私には、財務省のほとんどの職員たちが、財務省や国会の意思に従うよりもブリュッセルに奉仕した方が出世できると考えていたことがよく分かった。だが数か月たつうちに、多くの職員たちがトロイカからの圧力に抗して長時間の仕事をこなし、勤勉さ、誠実さ、忠誠心を示してくれた。それでも国家の主権を回復し、議会が省庁に対する民主的統制と官僚たちの忠誠心を回復することは、（外国からの干渉の元になっている）公的債務の処理に劣らぬ至上命題であった。そこで私は情報機関の局長に会うことにした。[★8]

ヤニス・ルバティスは小柄だが印象的な男だ。彼は柔らかく上品な言葉で、一語一語をよく考えて口にする。もともと彼はジャーナリストだったが、一九八〇年代にパパンドレウのＰＡＳＯＫ政権の公式スポークスマンを務め、一九九〇年代には欧州議会の欧州社会党の議員になった。[★9] ルバティスの経歴はギリシャの情報機関の局長にふさわしそうだった。ギリシャの情報機関は、外国からギリシャを守ることよりも、米国の支援を受けてギリシャの民主勢力や左翼勢力を監視することで有名だ。だが彼は若い頃にジョン・ホプキンズ大学で、ＣＩＡがギリシャ政府に浸透していることを暴露《ばくろ》した博士論文を書いたことがある。また、一九八〇年代に彼が働いた政府は、外国機関とギリシャ人スパイとの関係を断つのに大きく貢献していた。

最初から、ルバティスとの会話は心地よかった。相手がスパイの長官である割には、かなり心地よかった。新政府が直面する状況について、彼の分析は私と同じだった。政府に忠誠を誓います、陰《かげ》ながら協力しますと言ってくれたのは有難かった。交渉の際に相手側が仕掛けてきそうな卑劣《ひれつ》な策略に対して、簡単な対抗手段を彼は助言してくれた。しかし、私がいちばん有難かったのは、財務省のすべての部署で忠誠心が失われており、各部署のトップはトロイカの官僚と懇《ねんご》ろになっていると、彼が断言してくれたことだ。

それ以来、ルバティスとはよく顔を合わせるようになった。「戦時内閣」の定例会合の前か後に彼は、首相室の隣の部屋で首相との面会を待っていたのである（「戦時内閣」とは、交渉チームの中枢部を指す冗談半分の呼び名だ[★10]）。ルバティスはいつも私に最新情報を伝え、首相とのコミュニケーションを緊密に維持し続ける方法についても教えてくれた。だが情報機関の局長というものは、便利な友人から危険な敵へと知らないうちに変化するものだ。私も間もなく、そうなったことに気づくことになる。

wikimedia commons

イエルン・デイセルブルム
(Jeroen Dijsselbloem)

最後通牒《つうちょう》

財務大臣就任から三日後の一月三〇日の金曜日、オランダ財相でユーログループ議長のデイセルブルムがやってきた。彼は大勢の側近を連れてきた。そのなかにはユーログループ作業部会の議長でユーロ圏の真の黒幕である、トマス・ヴィーザーも含まれていた。私は彼らを六階のエレベーター前で待った。到着すると私たちは固く握手して、まず私のオフィスで飲み物を飲むことにした。それから隣の会議室で、大きな長方形のテーブルをはさんで互いに向かい合った。

私の側《そば》には、二人の担当大臣に加えて、財務省経済財政諮問委員会のフリアラキス委員長、一階上のオフィスのスタサキス経済相、それとエフクリディスが並んだ。相手側の重量級の官僚チームには、デクラン・コステロと駐ギリシャ・オランダ大使がいた。コステロは欧州委員会の対ギリシャ使節団長で、出身国のアイルランドでも債務国への強硬策で有名だった。ドラガサキスは歓迎スピーチをしてすぐに退出した。私も歓迎スピーチを述べ、続いてイエルン・デイセルブルムも短い挨拶《あいさつ》を述べた。緊張感のみなぎる対面だったが、誠意を込めた言葉が上品に交わされた。しかし、二人だけで話をするために私の部屋に招き入れると、そこでは厳しい現実が待っていた。

ドアを閉めると、私は数日前の就任演説を締めくくったのと同じような楽観的な言葉で、場を和《なご》ませようとした。決闘が起こると予言している人たちをがっかりさせてやりましょうよ、と私は言った。この会談が「真昼の決闘」になるなどと言っているマスコミが、間違っているということを示してやりましょう。私たちの新政権は、お互いの利益になるような協定を結ぶためなら、妥協の用意はあるのです。しかしこの新しい関係を結ぶには、ギリシャの人々のプライドを傷つけないような交渉手続きにしないといけません。ギリシャに対するトロイカの、これまで五年間の対応は逆効果でしたよ。

「そうです」、と彼は言った。「トロイカは必ずしもこの国に、最高の印象を残してはいません」

「デイセルブルムさん、その表現も、控えめすぎますね」

と言って、私は微笑《ほほえ》んだ。地べたの人々の視点からものを見てください。何年間も前からトロイカの専門官僚《テクノクラート》たちがギリシャに派遣されてきました。彼らはアテネ空港に着くと、警察の警護付きのベンツの隊列をぶっ飛ばして各省に行くんです。そこで彼らは、選挙で選ばれた大臣たちを問い詰め、何百万人もの生活に影響を与える政策を言い渡すのですよ。それらの政策がたとえ素晴らしいものでも、人々が反感を持つのは当然です。「もっと別の共同作業のあり方を模索《もさく》すべきです」。あなたと私が合意した政策を、人々に受け入れてもらえるようなやり方にすべきです、と私は言った。少なくとも、選挙で選ばれたギリシャの大臣たちは、相手国の選挙で選ばれた大臣とだけ、交渉に臨むべきものと理解してください。つまり、専門官僚たちには、事実と数値を確定させて準備作業を進めていただいて結構ですが、彼らが大臣との政治的交渉を行うべきではありません。

プロセスは再検討されるべきだということに彼が同意したので、私は満足だった。だが今から思えば、彼の態度が柔軟だったのは、私の発言に賛成したというよりは、話題を変えて、数日前の電話で彼が投げかけた質問へと話を引き戻したがっていたせいかもしれない。「ギリシャに対する現行のプログラムを、あなたはどうしようと考えているのですか？完了させるつもりはあるのですか？」と彼は尋ねた。

電話での答えと同じ答えを、私はくり返した。新政権がユーログループに対する約束を受け継いでいることは、私も理解しています。でも、数日前に私たちが選挙で選ばれたのは、融資協定とプログラムの根幹部分について再交渉するためだということを、私たちのパートナーたちも理解してくださるものと信じています、と。それに対する彼の返事はぶっきらぼうで攻撃的なものだった。「それは無理だ！」と断言したのだ。

三日前には、私の同じ答えに対して、彼は「素晴らしい」と言ったはずだ。覚えてますよね、と私が言っても彼は無視した。彼は、対ギリシャ・プログフムは、例《たと》えるならば馬です、と言った。馬は生きているか死んでいるかのどちらかです。生きているなら、それに乗って、目的地まで行かねばならない。死んでいるなら、それまでです。私は彼の例え話が理解できず、それを受け入れることもできないので、彼への説得を続けた。

前政権が矛《ほこ》を収めて選挙に打って出たのには理由《わけ》があります。そしてサマラスが有権者によって退陣させられたのにも理由があるのです。簡単です。二度目の対ギリシャ・プログラムを完了させることは無理だと、有権者は分かっていたのです。「できるものなら、サマラス政権にもあなたにもできていたでしょう」、と私は指摘した。

一瞬、彼は言葉を失ったかのようだったので、私は続けた。「トロイカが示している数値を見ても、たとえプログラムが完了できて、二度目の救済融資の残額、数十億ユーロ〔数千億円〕をギリシャ政府が受け取ることができたとしても、まだ一二〇億ユーロ〔約一・五六兆円〕も足りないのです。この問題が解決しないと、民間の投資家たちにどんな影響が及ぶか考えてみてください」と私は言った。本気でギリシャの債務再編がなされなければ、投資家たちは絶対にギリシャにカネを貸してくれないでしょう。もっと広い視野から見てください。ギリシャの債務返済額は二〇一五年だけでも税収見込み額の四五％に達します。国民所得は減少を続けていますから、返済のために増税が行われることも予想されているのです。総需要が縮小し、増税が行われようとする経済に、まともな投資家は投資なんかしませんよ。

私たちに残された選択肢は三つしかありません。一つ目は、一度目の救済策の失敗をごまかすために実施された二度目の救済策の失敗をごまかすために、三度目の救済策を実施することです。二つ目は、私が提案している新たな協定です。つまり債務再編を前提とするギリシャとEU、IMFとの間の新たな協定です。これによって追加債務への依存度を下げ、効果がなかった構造改革を、ギリシャの人々が自ら進める改革に置き換えるのです。三つ目は袋小路《こうじ》ですが、これはお互いのためにならないでしょう。

「分かってないですねえ」と、デイセルブルムは上から目線で答えた。「現行プログラムを完了するしかありません。ほかの選択肢はないのです！」

驚くべき発言だった。ユーロ圏の財務大臣のトップたる人間が、財源に関するごく簡単な相談もしたくないというのだ！　私は質問しないわけにいかなかった。「では一二〇億ユーロはどこから来るのですか？　まず三度目の救済策の交渉が始まらなければ、二度目の救済策も完了しませんよね、私が間違っていますか？　財源面からいっても、（ユーログループで）一九か国の財務大臣が新しい救済プログラムをめぐって徹底的に交渉するしかありません。二度目のプログラムを完了させられる方法がほかにもあるというのですか？　ギリシャの有権者たちは私に再交渉を命じました。私が彼らを裏切る覚悟を決めたとしても、二度目のプログラムを完了させることはとうてい無理なのですよ」

デイセルブルムには、私の質問に答えようとする意思も、その根底にある事実を見ようとする覚悟もなかった。明らかに彼は、数字や財源の話をするためにアテネに来たのではなかった。私がすぐに白旗を揚《あ》げると思ってやってきたに違いない。救済プログラムとユーログループ、それに債権団に対する私の誓約書を鞄《かばん》に詰めて、すぐに飛行機で国に帰れると思っていたに違いないのだ。

ユーログループ議長がこんな期待を持ってやってきたということ自体が、EUの歴史においても見過ごすことのできない事実だ。ヨーロッパの支配層のために働く役人たちは自分たちの経験から、新たに選出された大臣や首相は（いや、フランスの大統領でさえ）、ECBが大砲を向けてEUが最後通牒を突きつければすぐに白旗を揚げるだろうと考えるようになっているのだ。[★11] 二〇〇八年以来、バルト三国やアイルランド、キプロス、スペイン、ポルトガルなど、これまで数多くの政府が、最初は反対していた政策を最後は受諾《じゅだく》してきた。二〇〇八年当時、ユーロ圏のほとんどの民間銀行が経営を続けていられたのは、ユーログループの慈悲《じひ》のおかげだった。マリオ・ドラギが率いるECBが、現金を民間銀行に貸し付ける際の担保《たんぽ》として民間銀行が保有するジャンク債を受け入れるには、「適格担保要件の適用除外」を公式に宣言する必要があったのだが、それにもユーログループの承認が必要だったのだ。[★12] デイセルブルムはユーログループ議長への就任直後の二〇一三年に、あのキプロスへの対応を行ったのだが、これが将来の金融危機に対する対応策の「お手本になる」と豪語していたのだ。銀行閉鎖の脅しには効果があった。初めて私を訪れたこの日、彼はこの凶器を懐《ふところ》に忍ばせ、私に突きつけようとしていたわけだ。


彼は、プログラムを完了させる約束をしないですむ方法があると言った。私は、その言葉が聞けて嬉しいですねと、期待を込めて答えた。彼は私の目を見つめ、断固として告げた。

「あなたと私が共同記者会見を開いて、プログラムは崩壊したと宣言するのです」

「崩壊した」という言葉は市場や市民の気分を鎮《しず》めるものではないですね、と私は言った。「もっといい言葉はありませんか？」

彼は肩をすくめ、さあねという顔をして見せただけだった。

「デイセルブルムさん、それはグレグジットの脅《おど》しですか？」と、私は穏やかに尋ねた。

「いやあ、そんなことは言っていませんよ」と彼は言った。

「腹を割って話し合いましょう。重大な問題ですから、ごまかしはいけませんよ。プログラムの再交渉に私がこだわれば、あなたはプログラムが崩壊すると仰《おっしゃ》った。それが何を意味するのかは、私もあなたもよく知っているはずです」

ECBが中央集権的に（あるいはギリシャ中央銀行を通じて）「適格担保ルールの適用除外」を撤回《しっかい》して、不適格な担保の受け入れを拒否すれば、ギリシャの銀行は閉鎖に追い込まれる。その段階で、わが政府は独自の流動性を作り出すほかなくなる。そして行き詰まりが続いたら、ある時点でこれは独自通貨になるだろう。これはグレグジットにほかならない。

「ということは、これは最後通牒《つうちょう》ですね」と、私は続けた。「あなたの言っていることは、つまりこういうことだ。完了できないプログラムを完了すると約束しなさい。さもなくばギリシャはユーロ圏から叩き出されますよ、と。ほかの解釈はありえますか？」

ユーログループ議長はもう一度肩をすくめ、そしてニヤッと笑った。

私は言った。「ユーログループ議長が新任の財務大臣にムリな最後通牒を突きつけるとは、今日はヨーロッパにとってとても残念な日ですね。私たちはユーログループと衝突するために選出されたわけではありませんし、そのつもりもありません。しかし私たちの使命は再交渉です。就任から一週間もたたないのに、実施不可能なプログラムを支持して辞任するわけにもいきませんよ」

難しい状況になったことは、お互いに認識していた。あとは会談後の記者会見で発表する内容について、合意するしかない。それは、話が行き詰まったことを隠して、金融市場への影響を防ぐためだった。まず彼が案を作り、私が若干の修正をして合意した。私は、会見後に質問は受け付けない方がいいと提案した。だが彼は、少しは質問を受けた方がいいと言った。彼からすれば、ジャーナリストの鋭い質問に答えることによって、市場を刺激することができる。トロイカが数週間前に火をつけた銀行取り付けを、一〜二段階は煽ることができるというわけだろう。私はしぶしぶ賛成した。報道の自由を封じているとみなされたくなかったからだ。

プレスルームは人でいっぱいだった。テレビ放映の準備が整い、会場が静まると、私は想定内のスピーチを始めた。ギリシャと、債権団およびユーログループとの新たな関係の始まりです、と。デイセルブルムと私の間で一言一句が合意されていた。彼も合意を尊重し、台本どおりに喋《しゃべ》ってくれた。あの会議の真相を、普段どおりの退屈な体裁で取り繕《つくろ》ってくれたのだ。そして、質問の時間となった。

最初の質問はデイセルブルムに向けたものだった。ドイツに対する相当額の債務免除を決めた一九五三年のロンドン会議のような、ギリシャの債務に関する国際会議を開始することに、あなたは賛同するか、と。[★13] 彼の答えはまったく不真面目《まじめ》だった。ヨーロッパにはすでに、恒常的に債務について話し合う場があります、それがユーログループなのです、と嘯《うそぶ》いたのだ。私はそれを聞いてニヤッと笑った。この発言をいつか利用してやろうと思ったのだ。

二つ目の質問は私に来た。「トロイカに協力しますか」。私はオフィスでデイセルブルムに答えたのとまったく同じように答えた。「私たちは欧州委員会や欧州中央銀行のようなＥＵの公式機関やＩＭＦのような国際機関と、トロイカとをはっきりと区別する必要があります。ギリシャは前者には誇りをもって加わっています。しかし私たちは、トロイカが課そうとしているプログラムに反対するために、有権者から選ばれたのです。ギリシャ政府はIMFや、条約に基づく欧州連合の諸機関とは最大限に協力して参ります。しかし私たちは、トロイカは欧州の統合に逆行すると考えています。欧州議会もトロイカは法的根拠が薄弱《はくじゃく》だと言っています。私たちはこれに協力するつもりはありません」

これは、私がオフィスでデイセルブルムに主張し、お互いがしぶしぶ合意した内容だった。三機関とは密接に協議するが、屈辱的なトロイカのやり口に加担《かたん》するつもりはない。私の答えが通訳されるのをイヤホンで聞いていたデイセルブルムの顔には、同意できないという厳しい表情が浮かんだ。通訳が終わると、彼はイヤホンを外して、私の耳元で囁いた。

「たった今、トロイカを殺してしまったな」

「何と！　それは想定外の褒《ほ》め言葉ですね」と私は皮肉っぽく答えた。

デイセルブルムは向きを変えて、ここから飛び出そうと立ち上がった。だが、私も何とかすぐに立ち上がって握手を求めた。私の動作に少し驚いて、彼は出口に向かって歩きながら、立ち止まらずにぎこちなく私の手を握った。カメラマンたちが飛びついてきた。彼らが撮った写真は、儀礼的な握手が終わらないうちに非礼にも立ち去る、お行儀《ぎょうぎ》の悪いユーログループ議長を写していた。

この記者会見が終わると、私に対するアテネの人々の対応は様変わりした。タクシーの運転手、スーツを着た紳士、国《こく》粋《すい》主義者や極左までもが立ち止まって、私に礼をするようになったのだ。それは、トロイカやその政治的支配者に対する前政権の卑屈な態度によって、プライドと尊厳を傷つけられてきた社会全体の反応だった。とあるバスの運転手は道の真ん中でバスを止めて、私と握手してくれたぐらいだ。

何ごとも、よいことをすれば、報《むく》いを受ける。メディア、支配層《エスタブリッシュメント》、寡頭支配層《オリガルヒ》は私を、社会の最大の敵とみなした。議員の一人はフェイスブックでデイセルブルム支持のメッセージを流した。「デイセルブルムさん、がんばれ」。これは、〔ナチス・ドイツの〕ロンメル将軍の北アフリカ侵攻を支持していたギリシャの闇市場《やみいちば》の人たちが使った有名な表現の現代版である。彼らは連合軍の勝利によってギリシャ占領が終わり、自分たちの商売も終わることを心配していたのだ。★14 街では私に賛成する暖かい空気が広がったが、それと同じぐらいに私には、ナルシシストだ、がさつな奴だ、反社会的な病気だという批判が投げつけられることとなった。

ギリシャの支配層の内部には、もともと私に対する恨《うら》みがあった。記者会見におけるデイセルブルムの行動は、その恨みを強めただけでなく、経済にも明確な影響を及ぼした。流動性の減少は加速するだろうという観測を強めたのだ（結果的にはそれが事実となった）。アテネの株価は記録的に下がり、銀行株は特に下がり、取り付けも加速した。記者会見場を後にして、私は時間が残されていないことを実感した。計画してきた北ヨーロッパ訪問を開始する時だ。旅の目的は二つだ。一つは世界の金融屋たちを安心させること、もう一つは、デイセルブルムの最後通牒がどれくらい、IMFやユーログループの（特にフランス政府の）支持を得ているのかを確認することだった。★[15]

オフィスに戻ると秘書が、フランス財務大臣がパリで会いたがっていると教えてくれた。パリが訪問の最初の目的地となった。公式会談だけでなく、四つの秘密会談も予定された。IMF欧州局長のポール・トムセン、欧州委員会の経済財政担当委員のピエール・モスコヴィシ、ECBのナンバーツーであるブノワ・クーレ、そして、オランド大統領の首席補佐官との会合である。その次は世界金融の心臓部、ロンドンだ。数日前から、ノーマン・ラモント（彼は金融街《シティ》の人たちとの会合を準備してくれていた）、『フィナンシャル・タイムズ』紙のマーティン・ウルフ、英国政府のジョージ・オズボーンらと私は連絡を取り合っていたのだ。さらにドイチェバンクのロンドン支店が、私と話をしたいという二〇〇人の金融屋たちとの会合を準備してくれていた（これは重要な会合となった）。ロンドンの後は、ローマでイタリア財相のピエール・カルロ・パドアンに会う予定だ。最後にフランクフルトを訪れ、ドラギやECBの役員や理事たちと、ECBの新築の高層ビルで相見《あいまみ》えることになる。

私はエフクリディスに電話して、明後日には出発するぞと言った。彼は、まずは自分の組織を整えないといけないと言ったが、私はそれを否定した。私がチプラス首相と対立してでも君のポストを確保したのは、ヨーロッパ中を出張してまわる時についてきてもらうためだぞ。そう言うと、「ついていくとなれば、君の右翼的傾向や、英国保守党との関係を監視するからな」、とエフクリディスは冗談半分で答えた。

私はオフィスで一人になると、腰を下ろして、心を落ちつけた。携帯電話が鳴った。ダナエがオースティンから電話をかけてきたのだ。気分はどう、と言うので、最高さ、と答えた。この日に起こった事柄と、出張の計画を大まかに彼女に伝えた。彼女は、オースティンのケチな大家《おおや》ともめていて、アパートを引き払うのが厄介《やっかい》だと言った。そして彼女は、恐くなったんじゃないの、と言った。私は、いちばん恐いのは身近な敵だ、財務省に巣くっている国内の支配層だよ、と答えた。だがダナエが気にしていたのはアレクシスとの関係だけだった。「あなたとアレクシスが結束していたら大丈夫よ」。

今でも私は、彼女の言うとおりだったと思う。

国内戦線

パリへ飛ぶまでにまだ二四時間あったが、国内の支配層との闘《たたか》いは、帰国するまで待ってくれない。朝の八時ごろ、スタッフ長のクツコスとヴァシリに会った。寡頭支配層《オリガルヒ》に対する宣戦布告は選挙前にすでに発せられていた。英国の「チャンネル4ニュース」のポール・メイスンとのインタビューで、私は次のように宣言していたからだ。「過去何十年間も、この社会のすべての人々からエネルギーとカネを貪欲《どんよく》に吸い上げてきたシステムを、このネットワークの基盤を、私たちは破壊するつもりです」。私が取り組むべき項目を述べると、クツコスとヴァシリが書き留めた。数十万件もの脱税を摘発《てきはつ》してギリシャでの脱税を防止すること、消費者と仕入先を搾《さく》取《しゅ》するスーパーマーケットチェーンどうしの癒着《ゆちゃく》をやめさせること、前政府が始めた賭博《とばく》マシンによる侵略攻撃から、お金に困っている人々を保護すること、政府による汚職を撲滅《ぼくめつ》するオンブズマンを強化すること、不正の拠点であるギリシャの四大銀行に対する攻撃を計画すること、などだ

「メディアはどうするんだい」と、ヴァシリが尋ねた。

私は、メディアの担当はパパスだと言った。

「お友達のパパスかい」、とヴァシリは意味深に顔をしかめて聞いた。

「お友達とは皮肉のつもりか」、と私は尋ねた。

「問題はね、君のお友達が右にも、左にも、真ん中にも君の悪口を言いふらしていることだ。それに君自身が気づいているかどうかだよ」と彼は言った。

それは聞きたくない一言だった。それは事実かもしれないと案じていたからだ。

課題は一つずつ論議され、戦略が決められた。脱税撲滅についてはクツコスが、パナヨティス・ダニスを財務省の金融経済犯罪対策班の特別秘書官（長官）に任命することを提案した。金融経済犯罪対策班は国税庁のなかで、トロイカの支配が及んでいない唯一の場所だった。その部署は、以前と比べれば人員と力をかなり奪われていたが、まだ公式に存続しており、私の支配下にあったので、ダニスをリーダーとするアンタッチャブル・チームを結成するにはうってつけだった[★16]。

脱税を通常の手続きで摘発してゆくのはムリだ。脱税事件の半分以上は発見するだけで十年はかかる。それらを捜査して首尾よく起訴に持ち込もうとすれば百年はかかるだろう。たくさん摘発すれば司法システムは手一杯になってしまう。別のアプローチが必要だった。数日後にダニスを任務に着けると、私は彼と一緒に名案をひねり出した。送金に関す

るすべてのデータを銀行から入手するのだ。ギリシャ国内での送金、外国からの送金、外国向けの送金に関する全データを入手し、個々の納税者番号と対応づけられた資金の流れを、同じ納税者番号の申告納税額と自動的に比較するソフトウェアを導入するのだ。申告された所得が実際の所得よりも大幅に低いケースを瞬時に発見するアルゴリズムを設計するのだ。こうやって大口脱税者を特定できれば、彼らにノーとは言えない交換条件を突きつけることが可能になる。

計画はこうだ。まず、新システムを発表する記者会見を行い、私は次のように宣言する。新システムによって脱税が発見された者には、四五%の所得税と、申告漏れ所得分の一〇〇%に達する巨額の罰金と、刑事訴追が待っています。しかし新政権は政府と市民の間に信頼関係を確立することを目指していますから、最低限の費用で、匿名《とくめい》で修正を行う機会を与えましょう。これから二週間の間に、二〇〇〇年から二〇一四年までの申告漏《も》れ所得を財務省のウェブサイトで申告できるようにします。そこに申告してくれた金額のたった一五%を、ウェブバンキングかデビットカードで支払ってください。そうすれば、電子証明書が発行されます。これを持っていれば、過去の申告漏れに対しても訴追《そつい》されることがなくなるというわけです。[★17]

他方、私はスイス財相に簡単な協定を提案しようと決めていた。なぜなら、ギリシャの脱税者の多くがスイスにカネを預《あず》けていたからだ。[★18] これはEUの権力がよい方向に行使された珍しい例なのだが、〔EUの働きかけによって〕スイス政府は二〇一七年までにEU市民の銀行情報を開示せざるをえなくなった。だがスイスにも不安があった。EU諸国に居住する預金者が、本国の税務署に預金口座の中身を報告されるのを恐れて、開示が実施される前にケイマン諸島やシンガポール、パナマのような国にカネを移すおそれがある。だから私の提案は、スイス財相の関心を引いた。一五%の税率は、隠しガネを合法化してもらって安全にスイスに預けておけるようにするための代償としては、かなり安いからだ。私は次のように言った。私は国会で、スイスの銀行口座にあるカネにこの低い税率で課税するための法律を成立させます。その代わりにスイス財相におかれましては、ギリシャ財務省のウェブサイトから電子領収書と免罪証明書を取得してご提出いただけなければ、数週間以内に銀行口座を閉鎖させていただきます、という内容の親切な手紙を、すべてのギリシャ人顧客《こきゃく》に送付するよう、スイスのすべての銀行に命令していただけませんか。スイス財相がこの提案にすぐに賛成してくれたので、びっくりした。[★19]

この取り決めの長所はシンプルなことだ。外国銀行からの返金を求めるものでもなく、スイスだろうとマットレスの下であろうと、どこに金を保管しているのかを明らかにすることも求めていない。煩雑《はんざつ》な手続きも罰金もなく、わずかな税金を収めればよいと提案するだけで、空の国庫が満たされ、財務省は時間を稼ぎ、行動の余裕を確保できる。

この計画の議論を切り上げた時は、もう深夜になっていた。しかし、まだまだ論議することがあった。今度は、最も弱い市民に降りかかろうとしていた災難について討論した。民営化された宝くじ企業ＯＰＡＰが、約一万六千台のビデオ宝くじ端末を全国に展開するライセンスを取得したのだ。大変な心理的・経済的不況のさなかで、収入低下と貧困に喘《あえ》いでいる人々が、賭博マシンの大量導入によって、ポケットに残っている金を巻き上げられようとしているのだ。これほど恥ずべき政策を文明国の政府が承認するということが、私にはほとんど信じられない。

最初はこのライセンスを取り消そうと思った。しかしＯＰＡＰが訴訟を起せば、たぶん向こうが勝利して、国はありもしないカネを支払わされることになる。だが、ほかの方法もあった。財務省はギリシャ賭博委員会[★20]という風変わりな名を持つ賭博規制機関を管掌《かんしょう》していた。賭博を根絶できないなら、規制するしかない。二つの規制法が浮かんだ。一つ目は、一人当たりの一日最大負け額を決める方法だ（六〇ユーロが妥当《だとう》なようだった）。二つ目は、個人の納税者番号を機械に入力することを義務づける方法だった。そうすれば、自分のギャンブルの公的記録が残るのを嫌がる者に対しては抑止力になるし、未成年者が関わるのを防げるし、儲《もう》けた金額に既存の法律で課税できる。クツコスがこの案を気に入り、ギリシャ賭博委員会の委員長となるべき人物を推薦してくれた。二か月後、多くの困難を経て、アントニス・ステリヨティスの任命が議会で承認された[★21]。

次の課題は、有力企業による不当な商慣行だった。北部ギリシャ産業連盟の良心的な人たちが言うには、スーパーマーケットチェーンや石油企業などが、競争を制限するカルテル的な商売を行って経済に悪影響を及ぼしている。たとえば、スーパーマーケットは商品の保管料を小規模生産者に要求している。これは「宣伝料」の名目で、値下げを強要するものだ。だが、小規模生産者は高い表示価格に基づいて税を支払っており、スーパーマーケットがその差額を懐に入れていた。また、石油カルテルの大物たちが行っている悪行《あくぎょう》について、確かな情報が届いていた。彼らはブルガリアにガソリン三億ユーロ分を輸出したはずなのに、ブルガリア政府は一億ユーロの輸入があったとしか報告していないというのだ。「あとの二億ユーロ分はどうなっているのですか」と、私は情報提供者に尋ねた。彼は「ギリシャとブルガリアの間の無人地帯にでも捨てているんじゃないですか」と皮肉っぽく答えた。

彼によれば、輸出書類を持ったトラックはギリシャを出て細い道を通り、ブルガリアを通らずにギリシャに再入国する。ガソリンは消費税、石油税抜きで、ギリシャで販売されるということだ。

大企業が処罰されずに営業を続けていられるのは、財務省内部の腐敗のおかげだった。ヴァシリによれば、ラキンティスという汚職撲滅《ぼくめつ》の一匹狼がいる。彼は公的なオンブズマンの役割を果たす役人で、汚職撲滅の戦いの調整役だという。私は彼と会い、弱体化していた彼のオフィスの資金や人材を増やした。それだけでなく、彼とともに異例の記者会見を開いて、ラキンティスたちを財務省が全面的にサポートをすると宣言した。

その夜の最後の課題は銀行問題だった。ギリシャの銀行を「ヨーロッパ国籍」にするという提案を私がEUに示したとしたらどんな対立が生じるか、それにどう対処するか、アイデアを出してもらおうとした。するとヴァシリが彼らしく私の話を遮《さえぎ》った。「もう先手を打たれているぞ」と言って、少し前に副首相室から届いた法令を見せてくれた。官房長官の署名がしてあった。銀行に関する問題の管轄を財務省から副首相オフィスに移すという内容だった。「知らなかったとは言わせないぞ」とヴァシリは言った。「ドラガサキスは、君のようなヤツからお友達の銀行家を保護してやろうとしているんだ」。ヴァシリの言うとおりだとは思ったが、ドラガサキスを信頼するしかなかった。

その日の締めくくりに、私は経済諮問委員会のフリアラキスに、オフィスに来るように言った。一五分後に彼が現れた。彼のオフィスは廊下をまたいですぐのところにあるのに、呼びつけられて不機嫌そうだった。私は言った。完全武装したトロイカの役人たちと秘密会談を行うのに、債務持続可能性分析(DSA)の大雑把《おおざっぱ》な試案が欲しいのだ。それがあれば、債務再編はギリシャ政府の最重要課題だということがまず主張できるからね。するとフリアラキスは部屋を出て、しばらくして二ページの書類を持ってきた。それは、IMFが作成したDSAだった。三日前に政権に就いたばかりだったから、フリアラキスが私たちのDSAをまだ作成できていないのは理解できる。しかし彼が、IMFの資料の数値が正確だと言い張ったのは容認できなかった。その数値が間違っていることは、IMFだって知っているのだ。私は最高に丁寧《ていねい》な言葉で作り直しを求めた。しかし、彼は不満そうに言い訳をして、去っていった。

長い一日がやっと終わって、私は赤いソファに倒れ込んだ。ヴァシリは先にそこに寝そべっていた。一月三一日土曜日、午前三時だった。

「ヴァシリ、オレたち今日はよくやったな」、と私は切り出した。

彼はこちらを向いた。「君は確かによくやった。しかし六か月先にはドラガサキスが首相になり、フリアラキスが君の後釜になっているだろうね。大金を賭けてもいいよ」

私は苦笑した。「そうかもしれん。……でも少なくとも、俺たちは最善を尽くしたと思いたいね」

その夜、七二時間ぶりに家に戻った。歩いて二〇分ほどで家に着いた。何人かの歩行者とタクシー運転手が私に気づき、親指を立てて挨拶してくれた。財務省から家まで、あるいはマキシモスやシンタグマ広場まで一人で歩くことが、私の希望と勇気の源となった。

一日を振り返り、予定されている外国出張のことを考えていると、エリオットの名句が浮かんだ。

「頭の上まで浸《つか》からぬかぎり、自分の背丈は分からない」

小休止

一一時頃、ドアのノックで目が覚めた。ダナエの娘、エスメラルダが様子を見にきてくれたのだ。この三日間どこにいたの、大丈夫だった？　そう聞かれて、私はまったく大丈夫だと答えた。彼女は、一階の私が住む部屋のまわりに人が集まって、家のなかを覗《のぞ》こうとしていると教えてくれた。大胆な人間は私のバイクに乗って写真を撮り合っているそうだ。それで、彼女は母親気取りで、窓を服で隠しなさいと言って、コーヒーを入れに台所に行った。

夕方早くにパリに向かうので、その日は家のなかで、債務再編の実務的ノンペーパーを一ページにまとめるつもりだった。私が面会する役人たちは、ギリシャの新政権が政治的に実現不可能な債務帳消し要求してくるだろうと想定している。ならば私は、双方の利益となる解決策がありうることを、ノンペーパーで示そうではないか。これまで私は何年間も、アダム・スミスの有名な言葉を学生たちに教えてきたのだ。「我々が自分たちの食事を期待するのは、肉屋や酒屋やパン屋の仁愛にではなくて、かれら自身の利益に対するかれらの顧慮に期待してのことなのである。我々は、かれらの人類愛にではなく、その自愛心に話しかけ、しかも、かれらに我々自身の必要を語るのではけっしてなく、かれらの利益を語ってやるのである」[★22]〔大内兵衛・松川七郎訳〕。

同様に、債権団の仁愛に訴え、ギリシャは不当な扱いを受けていると言ったり、債務免除を受ける道徳的権利を主張しても、無駄である。彼らはギリシャがどのように扱われてきたのかを百も承知だが、まったく気にはしていないのだ。私の任務は戦争に勝つことで、ディベートに勝つことではない。勝つためには、債権団の利害に訴えるべきだ。

それで、このノンペーパー（付録4参照）では、私がまやかしの追い貸しに署名しないことが、債権団の利益にかなうことを説明した。ノンペーパーには簡単な債務スワップ案を含めた。この案は、二〇一〇年に始まった悪循環を放置したり、デイセルブルムが数日前に仄《ほの》めかしたようにギリシャ政府を締め上げたりすることに比べれば、債権団にとっても貸し倒れリスクが小さく、政治的なコストも低いものだ。

ノンペーパーの作成が終わると、シドニーで暮らす一一歳の娘、クセニアに電話した。だが、私が「もしもし」と言うヒマもなく、彼女が喋《しゃべ》りだした。「お父さん、私の生活がメチャメチャになったの、分かってる？」どうやら、財務大臣の娘の写真を撮ろうと、パパラッチたちが彼女の学校の外で張り込みをしているらしい。なだめようとしたが無駄だった。「お父さんは辞められないの？　こんな生活は耐えられない！」と彼女は言った。大勢の人たちがお父さんを辞めさせようとしているんだから心配するな、と私は答えたが、まったく説得にはならなかった。

娘との話が終わり、家が静かになると、心配が再び頭をもたげてきた。アレクシスやパパス、ドラガサキスは、私の債務再編案に賛成してくれるだろうか？　確かに、彼らは私たちの誓約の一部をなす債務再編の基本論理には合意して、債務スワップの提案については白紙委任をしてくれた。しかしながら、私が参加する前には、シリザの債務問題についての方針には乱暴な債務削減要求しかなかった。シリザの半数は、大部分の債務を一方的に帳消しするよう未だに要求している。ほとんどは債務スワップについても知らない。私の戦略は指導部三人と、あやふやな口約束で共有しているだけだった。だから、外国での戦闘のさなかに、国内で足元をすくわれるのは目にみえていた。

私の提案を完全に理解し支持してくれると期待できたのは、エフクリディスだけだった。元来のシリザ党員である彼なら、私の提案を党内でしっかり説明できるだろう。この提案は、メルケル首相を政治的に困難な状況に追い込むことなしに、債務免除を勝ち取るための巧みな戦略なのです、と。私はもう一時間を費やして、アレクシス向けの資料を作成し、パパスとドラガサキスにもコピーを渡した。その狙いは、彼らに私の提案に対する十分な理解と確信を持ってもらうことだ。シリザ中央委員会や内閣には、バルファキスは革命的情熱に欠けるとか、党の方針に逆行しているなどと批難する人たちがいるだろう。そんな場面でも、彼らには熱意と確信をもって、この提案を弁護してもらいたいのだ。

ノンペーパーとアレクシスへの資料が完成し、急を要する電話を何本かかけ終えると、もう午後だった。時計を見た。なんと一時間半で財務省に戻らなければならない。そこから車で空港に運んでもらうことになっているのだ（ちなみにBMWはもうないので、車齢一〇年の小型のヒュンダイだった）。その前に姉が、私たちの九四歳の父親が来ているので、時間があればちょっと寄っていかないかと、eメールをくれていた。私はバイクに飛び乗り、土曜午後で空《す》いている道路を走り、五分で姉の家に到着した。

姉の家のなかは、財務大臣の生活とは大違いの、活き活きとした安らぎのある別世界だった。親戚が集まっていた。ありきたりの家族行事を眺めていると、私は、ぽっかりと失われたものに気づいて心が痛んだ。まず、ダナエがいない。過去七年間、政治的にも孤独だ。そして何よりも、母がいない。亡くなった母のことを思い出したことはなかった。ふと緊張が解けた妙な瞬間を除いては。

7. 幸先のよい二月
Auspicious February

私はアパートに戻り、小さなスーツケースに荷物をまとめ、リュックにノートパソコンを入れた。そして外に出てタクシーをつかまえた。アテネにしては珍しく、運転手が車を降りて私に挨拶《あいさつ》し、スーツケースをトランクに入れてくれた。一〇分後、シンタグマ広場の、財務省の正面に着いた。運転手はとてもいい人だった。だが、私の海外出張がギリシャにとって「決定的に重要」だと報じられていたせいか、彼の応援の言葉があまりに長々しいものとなり、飛行機に遅れる可能性が出てきた。何とか彼にさよならを告げた時には気が気ではなくなり、リュックだけをつかんでタクシーを飛び出した。財務省の入り口に着くまで、スーツケースを置き去りにしたことに気づかなかったのだ。着替えもコートも全部そのなかに入れてあったので、着る物は、その時着ていた黒のジャケットと白いシャツ、そして黒のズボンだけだった。もう遅い。パリで買い物をしよう。だがこの失敗が、後に、（少なくとも英国においては）文化戦略上のちょっとした得点に繋《つな》がるのだった。

機内ではエフクリディスがジェイン・オースティンの小説を読み直していた。私は落ち着かなかったので、ノートを取り出して、考えていることを走り書きにしていった。

……

相手方に対する我々のメッセージは、現状維持はありえないということだ。ギリシャ経済は永久に、政府債務、民間損失、マイナスの投資、悪性デフレの悪循環に陥《おちい》る

我々自身に対するメッセージも、現状維持はありえないということだ。改革は必要だ。改革は必要悪ではない。国家的な屈辱としか言えないような改革プログラムではなく、自ら立案したプログラムに基づいて、自ら改革を進めるギリシャに暮らすことは私たちの夢なのだ。私た

ちは誰かの恩人だというわけではない。だからといって、私たちを債務者の刑務所に永久に閉じ込めたり、私たちが自分たちの生活費を稼ぐのを邪魔《じゃま》したりする権利は、誰にもないのだ。

ギリシャが貧困化するなかで、トロイカが改革アジェンダを進めるのは、マッキンゼー〔経営コンサルタント会社〕が企業再建策を、その企業の株主も取締役会も反対しているのに、断行するようなものだ……

ギリシャはあまりにも長い間、底知れぬ闇《やみ》を見つめてきた。今、その闇が私たちを見つめ返している。希望に目を転じる時だ……

一九六七年、ギリシャの民主主義を鎮圧したのは戦車だった。昨日は、ほかならぬユーログループの議長から、銀行を閉鎖するといって脅された。民主主義のヨーロッパは、絶対にこれを許してはならない。

到着するとすぐに、駐フランス・ギリシャ大使と面会した。土曜日の夜一〇時を過ぎていた。私がコートや着替えを持っていないことを秘書が伝えてくれていたので、彼は手際《てぎわ》よく私をシャンゼリゼ通りに案内し、まだ閉店していない店を探してくれた。ZARA《ザラ》だけが開いていた。大使と私は二階の紳士服売り場へと走った。だが、そこにコートは売っておらず、なんとか着られるシャツも二着しかなく、どちらも青色でピチピチだった。ほかに選択肢がないのでそれを買った。しかしコートはどうしよう？　日曜はどこも閉店だし、ロンドンでの会議は月曜八時に始まる。何より凍えそうに寒いのだ。権力者たちと面会することを想像するだけで十分に不安だったのに、もう寒さでこんなに震えているではないか。

大使がホテルまで送ってくれて、こう言った。「大臣、心配ありません。急いで家に帰って、合いそうなコートを取ってきます」。半時間後、彼は長めのレザーコートを持って戻ってきてくれた。この私でさえ、そいつは大臣にそぐわないと思った。だが、何というか、型破りで洒落《しゃれ》ていた（そして、駐フランス・ギリシャ大使に対する私の印象は確実にアップした）。それに、願ってもない長所が二つあった。サイズが私にちょうどよかったことと、とても温かかったことだ。私は有難《ありがた》くそれをお借りした。二日後にこのレザーコートが有名になろうとは、まだ知る由《よし》もなかった。

日曜日、朝七時。私は起床して身支度を調《ととの》えた。フランス財務大臣のミシェル・サパンと経済大臣のエマニュエル・マクロンとの公式会合の前に、何人かの人々と立て続けに秘密の会合があるのだ。詮索《せんさく》好きなジャーナリストの目を避けるために、面会はこのホテルのプライベート・ルームで行う。最初は欧州委員会・経済財政担当委員〔より正確には経済金融問題・税制・関税同盟担当委員〕のピエール・モスコヴィシだ。彼の住まいはここから遠くないようだった。

期待できる人脈（一）欧州委員

モスコヴィシは経済財政委員になる前に、フランスの財務大臣をしていた。欧州委員会における経済関連の最高位の役職に空きができた時、フランソワ・オランド大統領は、その役割はフランス人に与えられるべきだと主張した。しかしそれには難問があった。ベルリン（ドイツ政府）はフランスの財政赤字をブリュッセル（欧州委員会）に取り締まらせたいのだから、その職をフランス人に渡すようなことは絶対にしたくない。フランスの元財務大臣などもってのほかだ。その一方で、ドイツ政府はオランド大統領に褒美《ほうび》を与える必要もあった。緊縮策を拒否するという公約によって大統領選挙に勝利して、すぐに一八〇度転換し、緊縮策を受け容れたからだ。この問題は、欧州委員の地位に就く者にとっては屈辱的な方法で解決された。モスコヴィシをこの役職に就けると同時に、彼を監督するために欧州委員会副委員長〔正確には欧州委員会副委員長兼ユーロ・社会的対話担当委員〕の役職が新たに増設されたのだ。しかも酷いことに、ドイツ政府がこの新たな役職に就けたのが、ラトビアの前首相〔ヴァルディス・ドンブロウスキス〕だ。この男の最大の自慢は、多くの人口を国外流出させることでラトビアの経済危機を「解決」するほどの、過酷《かこく》な緊縮策を実施したことだったのだ。

wikimedia commons

ピエール・モスコヴィシ
(Pierre Moscovici)

最初からモスコヴィシは友人どころか同志として私に接してきた。私の議論は全部分かると言い、若い頃にはマルクス主義者だったと打ち明けてくれた。また、急進左派ではないが、心のなかには左翼の魂《たましい》が十分に残っており、ギリシャ政府の立場に敬意を持っていることを分かってほしいと言った。ドイツ政府が彼を信用しないのは当然だ。私が先日イエルン・デイセルブルムと面会したというと彼は顔をしかめて、あの男の態度は気にくわない、あの男の脅《おど》しは無視するようにと言った。

彼の優しさに元気が出て、私の方針を彼に聞かせることに

wikimedia commons

ヴァルディス・ドンブロウスキス
(Valdis Dombrovskis)

した。ギリシャとEUとの関係については、今とは違った形の協定を結ぶことが不可欠ですが、それをあるべき形にするためにはギリシャ側に、時間的にも金銭的にもゆとりが必要です。言い換えれば、EUとギリシャとの新たな協定と、現行の協定とを橋渡しする六か月の時間が欲しいのです。私は、ジャン＝ジャック・ルソーの精神に基づく「契約」という用語を用いて、説明した。これは対等な人間どうしの、相互利益に繋がる関係という意味です。この新たな長期契約には、適切な債務再編、現実的な財政政策、寡頭支配層《オリガルヒ》を標的とする改革案が含まれねばなりません。最後に、トロイカが現在の態度を改め、ギリシャ人の感受性に配慮し、ギリシャ国内の法の支配だけでなく、ヨーロッパの法の支配をも尊重する手続きを進めることも必要です。

モスコヴィシの返事を聞いた時、私は耳を疑った。それは私の考えを絶賛するものだったのだ。彼は、トロイカのやり方がEUのイメージを大きく損なっていることを認めた。はっきりと「あれは終わりにしないといけない」と言ったのだ。また嬉しい驚きだったのは、トロイカの名のもとに結集した欧州委員会と欧州中央銀行（ECB）と国際通貨基金（IMF）を、再び分離すべきだという私の考えにも、彼が同意したことだ。これはまさに、二日前にデイセルブルムが怒りを露《あら》わにした点だ。だがモスコヴィシは「役人は役人と、大臣は大臣と話をすべきだ」と言ったのだ。私はさらに付け加えて、ギリシャの中央銀行を代表する役人が、官憲のように振る舞って、彼らが仕えるべき政府の財産を叩き売りしているのはおかしいと言った。彼は、それは許せないと答えた。そして、トロイカをやめて、ブリュッセルで彼と私が直《じか》に経済問題に関する政治的交渉を行うことが、ギリシャだけでなく欧州にとっても重要なことだと思う、と付け加えた。

ほかに言うべきことはなくなった。私がすべき仕事を、彼がしてくれたのだ。私たちは固く握手をして、最初のユーログループ会合までに連絡を取り合って、計画を立てようと約束した。その会合は二月一一日の予定だ。そこで私たちの関係の、新たな章が始まるのだ。

「モスコヴィシさん、本当に、新たな一歩になることを期待します」と言って、私は彼と階段を上った。
「もちろん、もちろん」と、彼は温厚な微笑みで答えた。
エフクリディスはずっと横についていたが、彼も楽しかったようだ。「IMFからのお友達は、どんなごちそうを用意してくれているんだろうな」と言った。

期待できる人脈（二）トロイカの男

ホテルの地下室で次に私が迎えるのはポール・トムセンだ。おそらく彼はギリシャで最も嫌われている外国人だろう。この長身のデンマーク人の苗字は、トロイカやベイルアウティスタンと同じ意味なのだ。二〇一〇年にトロイカが結成される時、彼はIMFの任命を受け、ギリシャでの作戦を指揮することとなった。

ECBや欧州委員会と違って、IMFには過去数十年にわたる作戦経験がある。一九七〇年代にはIMFの専門官僚《テクノクラート》たちがアフリカやラテンアメリカの失敗国家を訪れ、IMFの融資と引き替えに緊縮策や民営化、学校や病院の閉鎖、食料や燃料の価格自由化などを強要し、名声を高めた。ベルリンによってトロイカが結成された時には、ギリシャをはじめとする周辺国に同じことを強いるために、IMFの専門官僚たちが案内役として招聘《しょうへい》された。ただし、IMFの以前の指揮官たちとは異なり、トムセンが託《たく》されたのは第一世界の国の財産だった。

ギリシャで紛《まぎ》れもない失敗を犯した手柄《てがら》として、トムセンはIMFの欧州局長に昇進した。[★1] そのため、トムセンとの交渉は特に難しいものとなる。対ギリシャ・プログラムの失敗をいっさい認めないことが、彼の個人的利益となるからだ。いわば、〔元NASDAQ《ナスダック》証券取引所の会長で、史上最大規模の詐欺《さぎ》事件を起こした〕バーニー・マドフの詐欺的スキームを解体するために、マドフと交渉するようなものなのだ。

だが心底《しんそこ》驚いたことに、トムセンを説得する必要はゼロだった。ギリシャの苦境と私の考えについて話を聞くと、次のように答えたのだ（それを思い出すと今でも私はニヤッとしてしまう）。「いいですか、右派の前政権でもやろうとしなかったことを、左翼政権がやるとは期待していません。おたくが、労働者の団体交渉権を復活させようというのも理解できますし、ぜんぶ民営化しろというのに同意するとも思えません。[★2] でも、ただ一つ、自分から公約したことは、やっていただけると期待しています。特に脱税の問題で、寡頭支配層《オリガルヒ》を追及することです」

夢でも見ているのだろうか？ 私は、寡頭支配層を追及するのにあらゆる手を尽くすつもりだと強く請《う》け合った。また私たちは、民営化がギリシャの社会と経済に有益で、新たな

wikimedia commons

ポール・トムセン
(Poul Thomsen)

所有者が直接の投資を増やし、労働者と環境を適切に保護するというなら、公共の財産を民間に売却する用意があると言った。しかし、改革案件が一つでも機能するためには、債務者の刑務所から釈放してもらう必要があると、私は付け加えた。そして私はフォルダのなかから、債務スワップ私案を説明する一ページのノンペーパーを取り出して、彼に渡した。彼はそれに目を通し、私の方を見て微笑んで、さらにもう一度私を驚かせた。

「よい案です。でも十分ではありません。ギリシャの債務の一部をすぐに免除すべきです。スワップなし、猶予《ゆうよ》なし。まず五三〇億ユーロ〔六・九兆円〕は、帳消しにしましょう」

そうだ、私は夢を見ているのだ！　彼が言っているのは、二〇一〇年の最初の救済策で発生し、ギリシャが未《いま》だにEU加盟国に負っている債務を、全部すぐに帳消しにしようということだ。シリザの左派プラットフォームの誰かが、トムセンの心に入り込んだのか？　彼は急進的な精神に支配されたとでも言うのか？

気がつけば、私は身構えていた。そしてこんな言葉を口にした。そこまで同意してもらえるとは思えませんでした、でも、こんな提案に同意してもらえるように、どうやってベルリンを説得すればよいのでしょうか？　ほかのEU加盟国政府は？　彼らはこの案を国会通過させられるのでしょうか？

これに対し、トムセンは技術的な点を指摘した。最初の救済融資でギリシャ政府に供与されたカネは例外的なもので、すべてユーロ圏に加盟する各国政府とギリシャ政府との二国間融資なのです。それに対して、二度目の救済融資は欧州の救済基金であるEFSF〔欧州金融安定基金〕から来ています。EFSFはアイルランドやポルトガル、スペイン、キプロスにも貸しています。EFSFに対するギリシャの債務を再編するとなれば、ダブリンやリスボン、マドリード、ニコシアも同じような債務再編を求めるでしょう。でも、ギリシャの最初の救済融資を帳消しにしても、救済を受けたこれらの国々に、声を上げるきっかけを与えることはないでしょう。

彼の提案は有難かったものの、やはりこんな言葉が私の口から出た。でもやはりドイツ政府が納得するかどうかが分かりませんし、ＩＭＦに対する債務ではなくて、ヨーロッパに対する債務だけを帳消しにする提案をしているといって、トムセンさんが批判されるのではないですか？

「私はＩＭＦの立場を説明しているだけです」と言って、彼は肩をすくめた。

素晴らしき初対面を台無しにしたくなかったので、私は話題を変えた。ギリシャのプライマリーバランス目標は、国民所得の一・五％ぐらいの、現実的なものでなければなりません。

「賛成します」と、彼は端的に答えた。

パリの日曜日は、このうえなく幸先《さいさき》がよかった。さて問題は、次の面会の相手がこれを台無しにしないかどうかだ。

期待できる人脈（三）ＥＣＢのフランス人

三人目はブノワ・クーレだ。彼はＥＣＢ役員会のフランス人として知られている。そう呼ばれるのを彼は嫌っていたが、フランクフルトに移るまで彼はずっとフランス財務省で働いていたのだから、それは避けられないことだった。クーレは穏やかで気持ちのよい男だ。ユーロ圏の酷い経済・財政構造のなかで、ＥＣＢが直面する課題を彼が十分に理解しているように、私には思われた。

嬉しいことに、まず彼は次のように喫緊《きっきん》の質問をぶつけてくれた。ＥＣＢが保有するギリシャ国債（ＳＭＰ国債）を、一方的に再編するおつもりなのですか？　フランクフルトでは大きな懸念事項なのですが。

すぐにこの問題に取り組めてよかった。私は説明した。私が思うに、これらの国債は祝福であると同時に、呪《のろ》いです。呪いだというのは、二〇一〇年にこれを買い上げてもらった時にも、ギリシャには何の助けにもならなかったということです。そのうえ、もしＥＣＢがこれを買い上げていなかったら、ギリシャの債務のうち、この部分は二〇一二年に九割ほど帳消しになっていたはずでした。そもそもＥＣＢが買い上げるべきでなかった国債を、ＥＣＢに対して償還《しょうかん》するために、ＥＵの納税者に今からカネを借りないといけない、それはおかしいでしょう？　他方で、これが祝福だというのは、デイセルブルムさんやユーログループに対して、ＥＣＢとギリシャが共通の利害（と影響力）を持つことになるからです。デイセルブルム氏の命令で、ＥＣＢがギリシャの銀行を閉鎖すると言って脅しをかけてきたら、こちらもＳＭＰ国債を一方的に踏み倒しますよと言わざるをえません。それはＥＣＢもギリシャも望まないことです。私の提案は簡単です。お互い、脅しはよしましょう。もしクーレさんがデイセルブルムさんに、ECBはギリシャ政府を一緒に攻撃するつもりなどないと言ってくれるなら、私たちギリシャ政府も、この国債を一方的にどうこうしようと考えることはありません。「この点で合意できますかね」と、私は聞いた。

彼は微笑んで、もちろん脅しはなしにすべきです、と言った。

次に、債務スワップ私案の話題に移った。私はノンペーパーを彼に渡して簡単に説明した。彼は、ご説明に感謝しますと言ったが、すでに私の案を研究していたことは明らかだった。よい案だと思いますが、ECB役員会のいちばんの懸念は、自らの規約に抵触《ていしょく》しないかどうか、そう見られないかどうかということです、と彼は答えた。私は、SMP国債を新規の永久債などとスワップすることは、ECBの定款《ていかん》にまったく抵触しないと主張した。彼はしばらく考え、懸念を完全に払拭できたわけではないが、「そうですね、うまくいくかもしれません」と結論づけた。

wikimedia commons

ブノワ・クーレ
(Benoît Cœuré)

最後に、流動性という喫緊の課題について議論した。ギリシャ政府は交渉を行ううえで、息つぎができる時間が数か月は必要だ。つまり、ギリシャの公共部門の資金を枯らすことなく、年金や公務員給与の支払いを滞《とどこお》らせることもなく、目前のIMFに対する返済を行うための方法が必要だということだ。私はクーレに、ECBが二〇一二年の夏に、選ばれたばかりのサマラス政権に対して、今回の交渉プロセスと同じような時期に、どんなことをしてくれたのかを思い出すよう促した。当時、ECBは「クレジットカードの上限額」を引き上げてくれた。つまり、財務省短期証券の発行上限を一五〇億ユーロ〔一兆九五〇〇億円〕から一八三億ユーロ〔二兆三八〇〇億円〕に引き上げ、ECBに対する返済ができるようにしてくれたのだった。★3

クーレはそれを覚えており、そのようなことがなされる必要があるだろうと言った。

「申し上げますが、ECBはそういうことをしてくれるというよりは、私たちが選挙に勝つ前から、こちらの首に巻かれたロープをきつくしてくれていましたね」と、私は言った。

クーレが分からないふりをするので、二〇一四年一二月一五日のストゥルナラスによる異例の発言が、銀行取り付け騒ぎを引き起こしたことを思い起こさせた。「これは次期政権に対する戦争行為であり、中央銀行の歴史上類《るい》をみない職務逸脱行為ですよ」

クーレは頭を下げ、ストゥルナラスの発言は自分も「不適切」だったと思うし、「説明がつかない」と言った。そこで私は付け加えた、

「フランクフルト〔ECB〕からOKをもらうことなしに、ストゥルナラスがあんな行為に及んだとは思えません。ギリシャ政府ではみんなそう考えています」

クーレは何も言わなかった。

沈黙を埋めるべく、私は続けた。ECBが、ECBのせいで起きた取り付け騒ぎを終息させる処置を実施せず、私たちが交渉を行うために必要としている手助けを拒《こば》むならば、多くの人々はこれを、ECBによる政治的な介入とみるでしょう。サマラス政権に対する対応と、私たちの政権に対する対応は二重基準《ダブルスタンダード》ですからね。クーレは、今度はさっきより大きく微笑んだ。あたかも、フランクフルトの奇妙な立場を認識しているかのようだった。つまり、表向きは政治とは無関係であるといいながら、実際には欧州連合の政治において決定的な役割を担っているということだ。

ミシェル・サパンの歓迎

この長い朝で最後の非公式の話し合いは、無意味だった。相手はオランダ大統領の側近だったが、内容のあることが言える権限を一つも与えられていないのが見え見えだった。さあ、非公式モードから公式モードに切り替える時だ。ギリシャ大使館のドイツ車がホテルの前に到着した。この車でフランスの財務大臣や経済大臣との会談の場に運んでもらうのだ。エフクリディスと大使と私の三人は、座席に座り、口数も少なめに、財務省と経済省が立地しているセーヌ河岸のベルシー地区に向かった。

入り口ではミシェル・サパンが出迎えてくれた。彼は六〇代の陽気な男で、ユーログループではただ一人英語を話さない財務大臣だったが、温かな性格でそれを補っていた。身振り手振りは典型的なラテン系で、彼のオフィスまで歩いている間、私は心から歓迎されていると感じた。

私たちが補佐官や通訳とともに着席すると、私はオープニング・スピーチを始めるよう促《うなが》された。私は普段と同じように、ヨーロッパ統合主義に対する忠誠心を表明し、ギリシャの経済危機がこんなふうに続いていることが、必要以上にヨーロッパにダメージを与えていると述べたうえで、ギリシャの経済政策方針と、私の債務再編案の要点を説明した。

wikimedia commons

ミシェル・サパン
(Michel Sapin)

サパンは私のノンペーパーに関心をもった様子だった。私は、ジャン＝ジャック・ルソーのいう対等な人間の間の契約に則《のっと》った、ギリシャとEUとの新たな関係を提案しているのだ、という説明を行った。

サパンはまるで戦友のような言葉を返してくれた。「あなたの政権の成功は、私たちの成功です。一緒にヨーロッパを変えることが大事です。緊縮策への執着《しゅうちゃく》をやめさせ、経済成長を促す方向に変えてゆくのです。それが必要です。ギリシャにとっても、フランスにとっても、そしてヨーロッパにとっても」

これは合図だ。私がスチュワート・ホランドやジェイミー・ガルブレイスとともに、ここ数年かけて練り上げてきた「穏健な提案」の基本要素をここで説明しろという合図だ。私は、ECBがいかにして、債権放棄《ヘアカット》を行わずに、資金供出や周辺国に対する債務保証をドイツに求めずに、ユーロ圏全体の公債の一部を再編しうるのかを説明した。また、ECBが量的緩和《かんわ》プログラムのなかで、欧州投資銀行が発行する社会資本建設プロジェクト債や再生可能エネルギー債を買い入れることによって、投資主導型の経済回復が起こり、ヨーロッパのニューディールが可能となる、という説明も行った。サパンはじっと耳を傾け、私の説明が終わると、この提案こそヨーロッパの進むべき道だと断言した。彼は、自分たちは長い間このような政策の実施を先送りしてきたのですと言うと、大きな声で、一緒にヨーロッパを再起動させましょうと叫んだ。腕を組んで《ラ・マルセイエーズ》を歌いながらバスティーユに突入しよう、とまではさすがに彼は言わなかったが、私と彼はすっかり意気投合した。

通訳が必要だったので、話し合いは一時間半も続いた。楽しかった。意見の違いはなかったのだ。ここまでの話し合いが非常に有望だったので、イエルン・デイセルブルムとの衝突の記憶も少しずつ遠ざかり、悪くない条件で協定を妥結《だけつ》することも、現実に可能かもしれないという気がしてきた。

サパンと私は彼のオフィスを出て、記者会見が予定されている場所へと向かった。彼はフランス語で話し、私はそれを理解できた。私は英語で答え、彼はそれを十分に理解した。

彼は、ドイツ政府がずっと連絡をしてきていると教えてくれた。彼が低い声で言うには、私たちがベルリン訪問の申し出もしないでまずパリを訪れたので、ドイツ政府はとても驚いているそうだ。私は答えた。私もぜひベルリンに行きたいのです。でも、ベルリンに行かずにパリに来たのは、ドイツ政府には招かれませんでしたが、サパンさんからは招かれたからなのです。ヴォルフガング・ショイブレさんが私をベルリンに招いてくれないので、彼にアテネに来てもらおうと思っていました。こう説明すると、彼は微笑んで、「フランクフルト〔ECB〕の後は、すぐにベルリンにお行きなさい。これが彼らからの伝言です」

「承知しました、もちろんお受けいたします。ちなみにこれは、招待ですか、出頭《しゅっとう》命令ですか？」と、私は冗談半分で答えた。

「とにかく、お行きなさい」と言って、彼は私の背中を叩いた。

記者会見場に入ると、フランス国旗、ギリシャ国旗、欧州連合旗の前に、演台が二つ立っていた。まずサパンが演説を始めた。私への歓迎の言葉を述べ、過去数年間ギリシャの人々が払ってきた大きな犠牲について、手短《てみじか》に言及した。だが突然、彼の声の調子が変わった。陽気さと親しみは消え失せ、ライン川のあっち側の人たちのような、厳しい姿勢に変わったのだ。ギリシャは債権団に対する義務があります。新政権もそれを尊重《そんちょう》せねばなりません。規律は保たねばならず、いかなる柔軟性も現行の仕組みのなかでしか認められません。ルソーに触発された新たな社会契約についての言及はなかった。ヨーロッパ全体の利益のために緊縮策を終わらせるべきだとか、公共投資主導型の成長促進政策を実施すべきだという話も、まったくなかった。

私の番だ。以下の文言《もんごん》を含め、用意してきたとおりの演説を行った。

フランスはギリシャにとって、ただのパートナーではありません。私たちの精神的な故郷《こきょう》の一つなのです。ギリシャという国が存在するということ自体、かなりの程度、フランス啓蒙《けいもう》主義のおかげです。フランス啓蒙主義がギリシャの啓蒙主義に火を点け、ギリシャの独立運動に哲学と熱意を提供してくれたのです。今日、私はサパンさんにお目にかかって、変化するヨーロッパにおける、ギリシャ新政権の改革プランを説明する機会を与えられました。それは、ヨーロッパの誰にとっても有害な、自滅的な債務デフレの悪循環にピリオドを打つものだ、そのようなお話をいたしました。私たちの考えでは、それを実現するため、私たちはジャン・モネをはじめとする偉大なヨーロッパ人の精神で議論を行う必要があります。彼らは、解消不能にみえた対立から、お互いの利益となる統一を作り出したのです。ヨーロッパ中のパートナーたちに、私たちは提案いたしたい。ジャン・モネの交渉原理を復活させましょう。つまり、お互いが交渉のテーブルを挟《はさ》んで座り、凝《こ》り固まった立場で議論をしても、成功の見込みはありません。しかし、テーブルの同じ側に座って、問題の方をテーブルの反対側に置くならば、このヨーロッパで、お互いの繁栄に繋がる可能性が広がり、成功は確実なものとなります。ギリシャ政府は、一つ一つの加盟国の首都で、同じことを行うつもりです。毎回、問題をテーブルの向こう側に置くのです。ここパリで、今日からがスタートです。私を導く目標はただ一つ、平均的なギリシャ人の利益ではなく、平均的なヨーロッパ人の利益を増進することです。つまり、ヨーロッパ中が成功すること、それが、経済同盟・金融同盟の成功なのです。

私は何とか、準備したとおり、連帯意識とフランスの理想を賛美する演説を終えた。だが、みぞおちに強いパンチを食らったように感じていた。

プレスルームを後にすると、サパンはすぐに友好的で陽気なモードに戻り、長い間生き別れだった従兄弟《いとこ》に対するかのように、私の手を握った。私は外面の平静を保ちながら彼に向き直り、混乱したような素振《そぶ》りでこう言った。「あなたは誰ですか？　親切なサパンさんに何が起こったのですか？」

驚いたことに彼は、私が言ったことをはっきりと理解した。まったく気分を害したようにも見えなかった。彼は立ち止まり、私の腕をぎゅっとつかんで、厳粛《げんしゅく》な表情を見せた。そして、憂《うれ》いを含み、歴史的にも重大な言葉を口にした。「ヤニスさん、ご理解ください。もう、昔のフランスではないのです」。それは英語で、あたかも練習をしてきたかのような言い方であった。

確かにフランスは、昔のフランスではなかった。その後の数か月間、フランスのエリートたちは、ギリシャ政府に対する攻撃を防ごうという能力も、意欲もないことが分かった。その攻撃は、長い目で見ればフランス政府に向けられるものであるにもかかわらずだ。私は、彼らが自分たちの利害に反して私たちの助けに乗り出してくるとはまったく思っていなかったが、フランスの支配層が自分たちの利害さえ放棄するのは意外だった。黒字国が、財政的に苦しい国々に対する支配を強めても、フランスの利益にはならないのだが。[★4]ミシェル・サパンのその日の振る舞いは、フランス共和国の病理を見事に表現したものだった。

エマニュエル・マクロンとの面会場も、ベルシーにある。

そこへ向かうエレベーターのなかでサパンは、実は自分は経済学の教育を受けていないのですと告白し、自分の大学院での論文の題名をご存じですかと聞いてきた。私は知りませんと答えた。彼は、私を迎えてくれた時よりも大きく微笑んで、「アエギナの貨幣の歴史」ですと言った。私は開いた口がふさがらなかった。フランスの財務大臣が、ベルリンのために公衆の面前で私に不意打ちを食らわせておいて、今になって、経済学はよく分かりませんが古代の貨幣の専門家ですと言って、私と仲よくなろうとしているのだ。しかも、ダナエと私が心の故郷《ふるさと》だと考えている、アッティカ沿岸のアエギナ島の貨幣の研究者だというのだ。★5 この奇妙な気持ちは、とうてい表現のしようがない。

wikimedia commons

エマニュエル・マクロン
(Emmanuel Macron)

フランスの経済大臣は、財務大臣とは正反対だった。ミシェル・サパンは理解と賛同を装《よそお》っていただけだったが、エマニュエル・マクロンは目を光らせて積極的に耳を傾け、話をかみ合わせ、私の意見に対する賛成と反対をはっきり示そうとした。彼は英語がうまく、マクロ経済学を理解しており、同じ考えを持っていたことも分かった。ヨーロッパには、数兆ユーロ規模の遊んでいる貯蓄を公共善に役立てるために、正真正銘の投資プログラムが必要だということだ。初めて彼と会った時からずっと、ユーログループでフランスを代表する人物がマクロンではなくサパンだったことが、私には心の底から残念でならなかった。彼らの役割が逆だったら、物事は違った結果になったかもしれない。

この長い一日が終わって、エフクリディスと私はやっとベルシーを後にできた。私たちが建物から出ようとする時、別れの挨拶をするためにサパンが降りてきた。ここで彼に教わったことは、今も覚えているし、今も彼に感謝している。フランス方式の、スカーフの結び方のことだ。

ダウニング街

高速鉄道ユーロスターは定刻どおりに到着した。ロンドンという街は歓迎してくれているようだったが、それでも時間はそんなにない。私が財務省を引き継《つ》ぐ前に、ストゥルナラスとECBが引き起こした取り付け騒ぎのおかげで、一一〇億ユーロ〔約一・四三兆円〕(ギリシャの銀行預金の七%)が引き出されていた。ギリシャの銀行はすでに、ECBの緊急流動性支援(ELA)を申請していた。★6 首まわりのロープが締まってきている。私の今回の出張の目的は、金融界の雰囲気を変えて、時間を稼ぐことだ。

二〇一五年二月二日(月曜)の朝、私はマーティン・ウルフと朝食をとった。彼は『フィナンシャル・タイムズ』紙の経済系編集者だ。数分も話すと、私のマクロ経済政策方針と債務再編案に賛成してくれた。彼が懸念を示したのは、ヨーロッパにそれを受け入れる政治的な意志があるのかどうか、という点だけだった。次に私は、ノーマン・ラモントのほか、何人かの重要な経済学者や金融関係者と面会した。これは、中央銀行のシンクタンクである公的金融財政機関会議の議長で、ノーマンの友人でもあるデヴィッド・マーシュが設定してくれたイベントだった。ここでの目的も同じだ。私の提案を説明し、賛成してもらうことだ。彼らは穏健で、常識を持っていたので、それは難しいことではなさそうだった。

午前一一時からは、ジョージ・オズボーン財相との面会だ。エフクリディスと私のほかに、駐英ギリシャ大使が同行した。彼はルバティス情報局長の前任者として、ギリシャの情報機関の長官を務めていた恐ろしく頭のいい男だ。警官が微笑みながら、ダウニング街の鉄の門を開いた。大使館の旧式のジャガーは、一一号館のドアから三〇メートルほど離れたところに停車した。この月曜の朝は快晴だったが、ひどく寒かった。駐フランス大使が貸してくれた奇抜なレザーコートを着たまま出るべきか、あるいはそれは脱いで薄手の黒のジャケットだけになって、無数のカメラマンたちの前で寒さに震えるべきか。生理的な事情が勝《まさ》り、私はコートのままで車を降りた。それから数日の間、革の上着を身にまとってオズボーンに会いにやってきたギリシャ財務大臣の写真が、メディアを駆《か》け巡《めぐ》った。

仲介役のノーマン・ラモントは、私がロンドンに到着する前に、オズボーンの経済政策を公衆の面前で批判するようなことをしなければ、彼は喜ぶだろうと助言してくれた。「選挙前なので、とても微妙な空気なのです」というのだ。「オズボーン財相の支援が欲しいのですから、彼の政策を批判する気はありません」と私は答えた。

面会に先だって、オズボーンの役所はマスコミに対して、私と話をする大義名分を説明した。財相の考えによれば、ギリシャの経済危機は「グローバル経済にとって最大のリスクとなっている」というわけだ。

これらの準備作業のおかげで、訪問は完璧に円滑《えんかつ》に進んだ。ダウニング街一一番地での対話は友好的で、的を射たものだった。英国経済の舵《かじ》取りについて、オズボーン自身がいささか批判的な評価を述べた時、話は俄然《がぜん》面白くなった。左翼の財務大臣を前にして、彼が反省の言葉を述べることなどまったく予想していなかったからだ。自らを顧《かえり》みる彼の姿勢に、私は魅力を感じた。彼は、「ここまでの道の一歩一歩で」イングランド銀行から支援を受けられたことが、いかに重要だったかを語った。そして、私の苦境に対して同情の微笑みを見せた。まさにこの点で、彼と私との境遇《きょうぐう》はまったく正反対なのだ。彼は、トロイカがギリシャに強要した政策によって、緊縮策の名が汚《けが》されたことを認めた。その時私は、オズボーン流の緊縮策によってあなた自身が痛い目をみますよ、と言いたい気持ちに駆《か》られたが、礼儀に反することだし、調子に乗るのはやめにした。話を変えて、ユーロをどうすべきか、意見を交換することにした。

この点で、ジョージ・オズボーンは悩んでいた。彼の保守党では、ＥＵ残留を希望する党員でさえ共通通貨を軽蔑《けいべつ》していた。オズボーン自身もユーロについて、肯定《こうてい》的な意見を持っていなかった。だが、私が思い切って、ユーロが解体すれば英国経済にも悪影響が及びますよと言うと、彼もすかさずそれに同意した。私も、自分自身のジレンマについて語った。「私は共通通貨を作ることにも、その設計《デザイン》にも反対していました。その私が、その通貨を守るための政策を提案し続けているのは奇妙なことです。でも、ユーロに対して最も批判的な私たちにも、それを立て直すべき道徳的責任と政治的責務があると思うのです。理由は簡単です。ユーロが解体すれば、あまりにも多くの人たちが苦しむことになるからです」

ユーロに対するオズボーンの立場は逆説的なものだ。彼は欧州統合懐疑論者《ユーロスケプティック》で共通通貨ユーロにも反対していたが、ユーロが崩壊すれば状況は不安定化し、英国経済は激しいデフレ圧力に晒《さら》されるということを理解していた。英国を守るためには、ユーロを守るほかない。そして、ユーロを守るためには、ユーロ圏の統合を深化させるほかない。だが、保守党の多数派が反対しているのは、まさにここなのだ。私たち二人は、好きでもない共通通貨を立て直すために、急進的な提案をした。そうしてオズボーンは欧州統合に懐疑的な英国右派の友人を失い、私は左翼陣営の友人を失った。私たちの間にはイデオロギー的な亀裂があったが、欧州のバカげた貨幣制度のおかげで同じ舟に乗ることになったわけだ。

難しい問題がほとんど片づいたので、オズボーンとエフクリディスと私は、英国流の午前の紅茶を飲みながら、気軽な雑談へと話を移した。オズボーンはこの折りに、私の英語を褒《ほ》めた。

「オズボーンさん、ありがとうございます。ただ、私の英語を褒めるのは、エフクリディスの英語を聞いてからにしてください」と私は言った。エフクリディスはロンドンで育ったので、彼の英語はネイティブと同じだ。だが、オズボーンが本当に驚いたのは、エフクリディスがセント・ポールズ・スクールの卒業生だということだった。このテムズ河畔《かはん》のパブリック・スクール（上級私立高校）には、オズボーン自身も通っていたというのだ。それ以来、エフクリディスが私の保守党人脈をネタにした時には、彼のパブリック・スクール人脈について言い返してやることにした。

ここを立ち去る時、私は別れ際《ぎわ》のお願いをした。私たちが一致して馬鹿げていると批判した、ギリシャに対する政策が続けられることに対する私の抵抗を、ぜひともEUの経済財政理事会（ECOFIN）の場で支援してほしいということだ。オズボーンは頷《うなず》いた。だが、いざという時にはまったく助けてくれなかった。狭い意味での英国の利害（とりわけ金融街《シティ》の利害）に関わらないかぎりはブリュッセルで何も発言しないという、小英国主義者の態度を彼は貫いたのだ。それだけの権力を有する金融街が、私たちの次の目的地だ。ドイチェ・バンクに勤める私の知人の取り計らいで、立て続けにロンドンの銀行家たちとの会合が予定されていた。彼らを味方に付けることができたかどうかは、明朝、世界中に発信されるブルームバーグの画面で明らかになろう。エフクリディスと私が一一号館を出てジャガーに乗ろうとすると、再び大勢のカメラマン、テレビカメラ、そしてジャーナリストが殺到《さっとう》した。

ホテルに戻ると、次の仕事に備えて半時間ほど休憩した。携帯電話が鳴った。「いったいどこであのコートを見つけたの？」ダナエの声だ。早朝のテレビを見ていた友達から、私のファッションセンスについて何か言われて、オースティンから電話をくれたというわけだ。

「おかしいかな、けっこういい感じだと思うけど？」と私は答えた。

その時の彼女の熱いダメ出しを、いまだに私は引きずっている。「オースティンでの仕事が片づいたら、すぐに戻るから」と彼女は言った。

そのとおりだ。彼女にはすぐに帰ってきてほしい。だがその理由は、服装とはまったく関係のないことだった。

金融の天才たちに訴える

大きな部屋には、ありとあらゆる金融機関から二〇〇人を超える代表たちが集っていた。この催しを組織してくれた、ギリシャ出身のドイチェバンク職員が簡単な挨拶《あいさつ》をした。私は、舞台上の演台の後ろに立って話すよりも、マイクを握《にぎ》って歩き回ることにした。話を始めた時、私の心には、ある課題が心に突き刺さっていた。それは、アンブローズ・エヴァンス＝プリチャード（『デイリー・テレグラフ』紙の経済系編集者）が、彼のコラムのなかで見事に表現した課題だ。「ギリシャの苦境は恐ろしいものだが、ギリシャ古典悲劇とは違う。彼らの運命はまだ彼らの手にあるのだ。優れた戦略によって、すべてを涙ではなく、微笑みで終わらせることは可能なのだ」だった。

私の戦略は、少なくともこの部屋においては、単純なものだった。ありのままを語り、飾らず、私たちの政権の弱点を包み隠さず話すことだ。高度な金融工学と正直さの組み合わせほど、金融屋に感銘を与えるものはない。

正直さとは、二つの問題について遠回しな言い方をしないことだ。私は第一に、ギリシャ政府は二〇一〇年に破産しており、どれほど緊縮策や新規融資を行っても、その状況を変えることはできなかったと語った。前の財務大臣たちと違って、ギリシャ政府は現金不足だが正しく健全化への道をたどっている、などと言うつもりはなかった。聴衆の表情から、率直なギリシャ財相の話が聞けたことへの安堵《あんど》感が窺《うかが》えた。彼らは真実を知っており、それを私が認めていることに励《はげ》まされたわけだ。

第二に、私たちの内閣が分裂していることも認めた。そうです、一方には、ＥＵやＩＭＦとの交渉に興味がなく、そこからは何も得られないと確信していて、単純にグレグジットを求める一派があります。そしてもう一方には、ユーロ圏に留まり交渉による解決策を追求している一派が、首相を中心とする私たちの一派があります。しかし、この分裂は、交渉には影響しません。なぜなら交渉は、中核チームの私たちが行うからです。そして、グレグジットを求めている仲間たちも、それを妨害するつもりはありません。真っ当な協定が可能だということを実証するチャンスを、辛抱強く私たちに与えてくれているのです。ギリシャに対する公式の債権団が、つまりＥＵとＩＭＦが、お互いの利益にかなう協定を実現したいと思っているかぎりは、金融界の皆さんは、ギリシャの政権内の左派プラットフォームの人たちについて、何も心配なさる必要はありません。

次は、私がノンペーパーに要約しておいた金融工学についての提案だ。聴衆は金融の専門知識を持っている人たちなので、他所《よそ》で話をした時よりも私は、技術的な詳細に踏み込んだ話をした。私がその内容を正確に理解しているということを、彼らに確信してもらうためだ。そして私は、この提案が彼らに、自分たちにだって考えつきそうな提案だと思ってもらえると信じていた。

最後に、新自由主義的な金融屋の心をつかむ話題に転じた。民営化だ。私はこう切り出した。この部屋にいる人たちのほとんどは、政治的には私と正反対の立場でしょうから、民営化のメリットやデメリットについても、私とはまったく違う意見でしょう。でも、確実に合意できる点があるはずです。それは、資産の価格がどん底まで落ちている時に、それを売るのは愚《おろ》かだということです。投資の計画も立てず、資産を奪うことにしか興味がない人たちに、大安売りをするのは最悪の考えです。でも状況は切迫していますから、私たちの政権はこの問題について、イデオロギーに凝《こ》り固まった対応をするつもりはありません。もし私が、民営化に賛成か反対かと聞かれたら、こう答えます。どんな資産かによりますねえ、それは港湾ですか、鉄道ですか、ビーチですか、電力会社ですかと。ビーチは絶対に売りません。パルテノン神殿を絶対に売らないのと同じことです。そして、電力網を民営化した場合は、環境的にも社会的にも最適な結果にはならないと思います。でも港や空港については、私は四つの基準に基づいて考えます。第一に、買い手がその資産にどれだけの投資を行うと約束するか。第二に、買い手が労働組合の代表権や、真っ当な賃金や労働条件などの労働権を保証するか。第三に、環境が守られるか。そして第四に、地域の中小企業の利益を推奨し、活動の余地を残すための制限が、公共財産の買い手に対してなされるか。この四つの条件が満たされるなら、私は、民営化に賛成するどころか、積極的にそれを推進するでしょう。

質問を求めると、怒濤《どとう》のように手が挙がった。私は二時間以上も部屋のなかを動き回って、一人一人の質問に答えた。敵対的な質問もあったが、友好的な質問もあった。すべての質問に、徹底的に答えるよう努めた。会の終わりには、温かい拍手が聞かれたので、任務は達成されたと思った。

主催者がエフクリディスと私を出口に案内している時、金融街で最も有力な人たち三、四人が私に近づいてきて、感銘を受けましたと言った。一人が懇《ねんご》ろに私の手を取って、「今日のことは、明日の相場に現れますよ」と請《う》けあった。

エフクリディスが冗談を言った。「状況が状況ならおれは、君を強制収容所《グーラグ》に送致《そうち》すべきだという提案書をつけて、中央委員会に報告書を送らんといかんな」

「同志よ、任務が達成されたならば、右翼的傾向を理由に強制収容所に送られても本望《ほんもう》だよ。ときどき見舞いに来ると約束してくれ。今の君の、びびりまくった顔を思い出せるようにね」と、私は応じた。

午後遅く、駐英ギリシャ大使の公邸で晩餐《ばんさん》の接待を受けた。ノーマン・ラモントもデヴィッド・マーシュもそこにいた。私にとって最高の、米国人の支援者で助言者であるジェフ・サックスも、ヒースロー空港から直接ここに来ていた。彼が来てくれて嬉しかった。もう一人の客人はレザ・モガダムだ。レザはモルガン・スタンレーにいたが、ジェフ・サックスと同じように、ＩＭＦで働いたことがあった。しかも、つい昨年まで彼はポール・トムセンのところで働いていたというのだ。彼との会話は驚きだった。二〇一〇年に始まった対ギリシャ・プログラムについて、これまで私が言ってきたことはすべて間違いないと、モガダムは言った。ＩＭＦがギリシャ救済策に参加したのは大きな過《あやま》ちだし、トロイカは冷酷だし、何より、ＩＭＦやＥＵがギリシャの首を締め上げている理由はただ一つ、自分たちの過ちを認めるだけの資質がないからだ、とまで言った。この男はほんの数か月前まで、対ギリシャ・プログラムを実施していた当事者だ。信じられないという表情で話を聞いていたエフクリディスに、私は言った。オレたち左翼がこんな話を全部ぶちまけることと、同じ話を当時者から聞くのとでは、ぜんぜん次元が違うのだよ。

食後のコーヒーを飲んでいる時、私の提案が功を奏《そう》したかどうかが気になった。ロンドンの金融屋、保守党の政治家、影響力のあるジャーナリスト、ＩＭＦの元職員たちは、みな私の考えを理解してくれたようだった。確かに私たちは左派政権だが、私たちが求めているのは、ヨーロッパの権力の中《ちゅう》枢《すう》で、ごく基本的な常識が通用してほしいという、それだけのことだったのだ。

その夜、おもなマスコミは私のパリ・ロンドン訪問について、好意的に報じてくれているようだった。ＢＢＣは次のように報じた。「ギリシャの財務大臣は、経済学者だった人物です。彼は、巨額の債務の再交渉を目指しており、次のように言っています。ヨーロッパのすべての人々の利益こそが、自分にとっての最優先課題であって、追加の救済資金を受け取るつもりはありません、と。……彼はこうも発言しました、「ギリシャは、もっと注射を打ってくれと言っている麻薬中毒患者のようなものでした。私たちの政権の使命は、麻薬中毒を終わらせることなのです[★7]」

メッセージは伝わった。しかし、ローマへのフライトに備えて二〜三時間の睡眠をとろうと部屋の照明を消した時、私は明日のことが不安になった。アテネの株式相場は反発するだろうか。私たちが楽観主義の波を起こせることを、投資家やＥＵ加盟諸国政府に示すために、私には金融市場の盛り上がりがどうしても必要だった。ＥＵやＩＭＦの人たちの頭のなかに、私たちとの取引は彼らにも有利だという考えを吹き込むためにも。

不都合な成果

午前八時、私がこの日最初のコーヒーを飲み終えた後で、電話が鳴った。その内容はとても奇妙なものだった。私の債務スワップ提案が、アダム・スミス研究所（ＡＳＩ）の人々に熱烈に歓迎されたというのだ。ＡＳＩは一九七七年に設立されたシンクタンクであり、マーガレット・サッチャーの新自由主義政策に道を開いた組織だ。私にとっては、私が英国に住んでいた頃に反対していた、あらゆる事柄の象徴だった。ＡＳＩフェローのラース・クリステンセンによる意見書によれば、

> 欧州中央銀行の責務はユーロ圏経済の名目的安定性〔物価などの安定性〕を保証することである。ＥＣＢは政府や銀行を救済すべきではない。だが遺憾ながらこれまで六年以上もＥＣＢはくり返しユーロ圏政府の救済を強いられてきた。それによってＥＣＢはユーロ圏諸国のデフォルトを回避するために（金融政策ではなく）信用政策〔民間のリスク資産（社債や株式）を買い上げて金融市場の安定化を図る政策〕をくり返し実施してきたのだ。……バルファキスが提案するように、ＥＵやＥＣＢに対するギリシャの債務をギリシャの名目ＧＤＰと連動させることによって、ギリシャの財政はユーロ圏の金融政策の失敗に翻弄《ほんろう》されにくくなる。ジョージ・オズボーン財相はバルファキスの債務再編計画を強く支持すべきである。なぜなら、これによってＥＣＢの緊縮的金融政策のコストが引き下げられ、ユーロ圏で次の大きな危機が起こる危険性が低下するからである。★8

もちろん、こういう反応も当然だろう。未返済の債務を経済成長連動型の債券とスワップし、脱税を取り締まり、若干の財政黒字を実現するというのは、左翼というより自由至上《リバタリ》主義者《アン》の政策だ。前日に金融街《シティ》の金融屋たちにも言ったように、急進左派政権が主流派の自由主義的な提案を解決策として示しているということは、ユーロ危機の深刻さのバロメーターなのだ。

ＡＳＩはこれでよいとして、市場はどう反応しただろうか。それは実に、劇的な反応だった。「ギリシャの株価は狂乱《きょうらん》気味」と、ブルームバーグの大見出しは満足すぎるものだった。

> 火曜、ギリシャの急進的な新政権と債券団との間の、債務問題をめぐる新たな解決策への期待から、ギリシャの株価が上昇している。午後三時一二分（ロンドン時間ＧＭＴ、米国東部標準時ＥＴでは午前一〇時一二分）、アテネ証券取引所一般株価指数は一一・二％上昇した。ギリシャのヤニス・バルファキス財務大臣は『フィナンシャル・タイムズ』紙に、三一五〇億ユーロ（二三七〇億ポンド、三五七〇億ドル〔約四一兆円〕）の対外債務の帳消しを要求せず、その代わりにギリシャ政府は経済成長と連動した二種類のギリシャ国債にスワップすることを求めたいと語ったが、今回のニュースはそれを受けたものだ。

すぐにアテネに電話すると、このニュースは本当だった。株価指数が一一・二％上がっただけではない。もっと重要なのは、ギリシャの銀行の株価が二〇％以上も上がり、人々がマットレスの下に隠していた現金を銀行に戻し始めたことだ。一時的な成果とはいえ、重要な成果だ。実質的な改革と合理的な債務再編という私たちのストーリーが、市場と人々に受け入れられる可能性があることが分かったのだ。

さて、ローマへのフライトの時間だ。

イタリア人のアドバイス

ローマのフィウミチノ空港から財務省までは、パトカー二台とバイク二台に護衛されて、サイレンの音を響かせて進んだ。だが大渋滞に巻き込まれたので、このエスコートは騒音公害以外の何物でもなかった。周囲の人たちには迷惑だったし、私もバツが悪かった。内実よりも大きな騒音、それはマテオ・レンツィ政権を連想させた。

ピエール・カルロ・パドアン財務大臣は、かつてOECDのチーフ・エコノミストをしていたが、いろんな意味で典型的なヨーロッパ社会民主主義者だった。左派には好意的だが、波風を立てるようなことはしないのだ。彼はEUの現状がまったく悪い方向に向かっていることを理解しているが、その方向を変えるような努力はほとんどしない。ユーロ圏の病を診断できる知識はあるが、ヨーロッパの主治医が治すところは何もないと主張すれば、それに逆らうつもりもない。ようするに、ピエール・カルロ・パドアンは確信犯的インサイダーなのだ。

私たちの話し合いは友好的で効率的だった。私は自分の提案を説明し、それに対して彼は賛成とも反対ともまったく表情に表さずに、意図は分かると言った。彼の名誉のために、彼がその理由を説明してくれたことは言っておこう。彼は数か月前に財務大臣になると、ヴォルフガング・ショイブレから、とりわけユーログループでことあるごとに干渉を受けた。私たちが面会するまでに、パドアンは何とかしてショイブレと手を結ぶことができており、ギリシャに肩入れしてその関係を壊すつもりはなかったのだ。

どうやってショイブレの敵意を和《やわ》らげることができたのかを私は尋ねた。パドアンは、彼に信頼されるために、一つだけやるべきことを教えてくれたと言ったそうだ。その答えは、「労働市場改革」だった。つまり、労働者の権利を弱め、企業が労働者を解決金なしで解雇しやすくし、労働者の保護をなくし、低賃金で雇えるようにすることだ。レンツィ政権にとっての政治的なコストは大きかったが、イタリア国会でパドアンが関連法を成立させると、ドイツ財務大臣の彼に対す

wikimedia commons

ピエール・カルロ・パドアン
(Pier Carlo Padoan)

る態度が軟化した。「同じようにやってみたらどうですか?」と彼は言った。

「考えてみます。とにかく、アドバイスをありがとうございます」、と私は答えた。

中央銀行のサボタージュ

翌朝（二月四日の水曜日の朝）、私はスマホのアラームを午前四時にセットしていた。飛行機でフランクフルトに向かい、もう一人のイタリア人に会うためだ。その男はマリオ・ドラギ、欧州中央銀行（ECB）の総裁だ。

フランクフルトの路上には真っ黒な氷が張り、車の屋根のすぐ上を鉛色の空が覆《おお》っていた。まだ、午前中だった。ECBの新しい高層ビルの周囲はまだ建設現場であり、入口まで私たちは泥道を進んだ。エフクリディスと私は入口で職員たちの出迎えを受け、高速エレベーターで最上階へと運ばれた。ビルは出来たてだったが、塗装の刺激臭は、大きなガラス窓の向こうに広がる景色によって紛《まぎ》らわせることができた。

役員室にはECBのトップが結集した。友好的な微笑みを見せたのは、数日前にパリで会ったブノワ・クーレだけだった。挨拶に際して、マリオ・ドラギは緊張した面持《おもも》ちだったが、ECB役員会の二人のドイツ人である、ペーター・プレートとザビーネ・ラウテンシュレーガーは無表情だった。彼らの全員が長いテーブルの向こう側に着席した。私の隣はエフクリディスだけで、彼らの背後にはフランクフルトの景色が広がっていた。私の方から、主旨《しゅし》説明を始めるように促された。

簡潔さが大事なので、私は、対ギリシャ・プログラムに対する私たちの政権の優先順位と意図を伝え、債務スワップによる債務再編は世界中の金融屋が賢明で適切だとみなしていること、プライマリーバランス黒字は長期にわたって一・五%を維持すること、資産の叩《たた》き売りに代えて開発銀行を機能させること、銀行の不良債権を処理する公的な「バッド・バンク」の設立、さまざまな市場における改革の深掘りなど、一〇分以内で一連の提案を説明した。結論を述べて、債務スワップ提案のノンペーパーをドラギに手渡した。

ドラギはそれに対する答弁としてまず、ＥＣＢの独立性について手短に演説し、ＥＣＢには商業銀行を通じた「マネタリー・ファイナンス」〔財政ファイナンス〕が禁じられていることを強調しつつ、ギリシャとほかのユーロ加盟国の間の政治的交渉に自分は関与するつもりがないと述べた。また、不気味な口調で、「このことも言っておかなければなりません。ギリシャの最近の状況のせいで、私たちも難しい立場に置かれているのです」と言った。「今日この後に、政策理事会がありまして、そこでたぶん、あなたのいう適用除外《ウェイバー》は停止されるでしょう」

ここでいう適用除外とは、ＥＣＢがギリシャの銀行に流動性を供給する際に、〔ギリシャ政府が保証する銀行のＩＯＵなど〕価値を損なった担保を受け入れてはならないという「適格担保要件」を適用しないでおいてやる、ということだ。★9 ただし、この措置にはユーログループの同意が必要だ。つまり、ドラギが何と言おうとこれは「マネタリー・ファイナンス」〔第4章の原注★5を参照〕であり、純然たる政治的決定なのだ。適用除外の停止はギリシャの銀行を閉鎖するための第一歩だ。そして次の一歩は緊急流動性支援（ＥＬＡ）を止めることだ。ドラギはその停止に対する賛否をわざと明らかにしなかった。ただ私に対する注意として、政策理事会の過半数が賛成しても自分は驚かないと言った。

これではっきりした。彼は短い挨拶の言葉のなかに、私たちが選挙に勝つ前からＥＣＢとギリシャ中央銀行総裁が進めてきた締め上げ工作を、さらにエスカレートさせるという意味を込めていたのだ。これはあからさまな計算された敵対行為だ。

私は、ドラギが総裁に就任した初日から中央銀行の定款と規則をできるかぎり尊重しながら、ユーロを守るためにあらゆる手立てを打ってきたことに、心から敬意を表明して、答弁を開始した。ＥＣＢは、ユーロ圏の誤った経済を救済する責任を負わされているにもかかわらず、そのための必須の手段を使うことが、つまり普通の国の普通の中央銀行には許されている手段〔国債の買い上げなど〕を用いることが、禁じられています。しかし、巧《たく》みにバランスのとれたドラギさんの対応によって、欧州の政治家たちは結束を図り、危機に対して適切な手を打ち、ＥＣＢが陥《おちい》っている先ほど述べたジレンマを解消するのに必要な時間を稼ぐことができました。

「しかし、政治家たちはあなたが稼いでくれた時間を活かせなかった。そうでしょう？」と、私は言った。ドラギは決まりの悪い表情をしていた。私は続けた。

ユーロ圏をまとめ、ギリシャをユーロ圏に留まらせるためのあなたのお仕事は、特に二〇一二年の夏のお仕事

wikimedia commons

マリオ・ドラギ
(Mario Draghi)

は素晴らしかった。私が今日ここに来たのは、これから数か月の間は同じようにしてくださいとお願いするためです。ギリシャとユーログループの間で、実行可能な協定を結ぶことができるように、私たち政治家に、時間と、資金のゆとりを与えてください。協定とは、ギリシャの危機を金輪際《こんりんざい》終わらせる協定という意味です。これによって、あなたはギリシャに対しても中央銀行の独立性やルールブックを完全に尊重でき、私たち政治家は、持続可能で実質的な回復をもたらす政策を通じて、国の傷を癒《い》やす仕事に専念できるのです。でも、それは全部あなたの支援がなければ不可能なことです。

私は二日前、ロンドンを訪れ、金融街《シティ》の不安を和らげ、信頼を醸成《じょうせい》し、あなたのいう「ギリシャの最近の状況」を逆転させるための話をしました。それは大成功でした。ドラギさんもご存じのとおり、銀行の株価もアテネ取引所の株価指数も急上昇しました。これを萎《しぼ》ませることなく、ここで一人の財務大臣を支援し、市場の信認の改善を支えることが中央銀行の責務ではありませんか。もし今日ECBが適用除外を停止しようものなら、それは私がロンドンで骨を折って回復させた市場の希望を打ち砕くのにも等しいことです。

法律尊重主義《リーガリズム》にしがみついて市場感情を損なおうとしていると言わんばかりの批判を受けて、ドラギは気分を害したようだった。彼は、現行のプログラムが適用除外の前提条件だと言って、応酬《おうしゅう》の引き金を引いた。

イエルン・デイセルブルムと同じように、ドラギは「ギリシャ政府は現在のプログラムを尊重していない」と言った。私は、「そのプログラムを実行可能なものにするために、再交渉を求めているだけです」と言って反駁《はんばく》した。

「どうせ二月二八日で期限切れですよ」

「そうですよ。適用除外を却下するにしても、ロンドンでの私の成果を台無しにするにしても、どうして次の［二月一一日の水曜日に開催予定の］ユーログループ会議まで待てないのですか。ドラギさん、私たちが政権に就いた時に、すでに再交渉のための時間は四週間しか残されていなかった。この期限でさえ、ありえないぐらい短い。その期限をここで、ヨーロッパの中央銀行に［よって］三週間も切り詰められることは、絶対に受け容れられません」

「バルファキスさん、いつ適用除外が停止されるかは重要ではありません。ギリシャの銀行には適格な担保がなくなっているのですから」。彼はあたかも、適用除外に関する決断は、神の裁《さば》きのように、彼の手に負えない避けられないものであるかのように語った。

私は食い下がった。いつ適用除外が停止されるかが重要ではないというなら、なぜ今日の午後、それをやる必要があるのか。「どうして数日後のユーログループ会議が待てないのですか？　どうしてロンドンでの私の成果を台無しにするのですか？」

彼の答えはやはり、適用除外の停止を提案しているのは自分ではない、自分にはどうしようもない、というものだった。

中央銀行というものは「市場の信認」を守るために設立されたものなのに、こともあろうにＥＣＢの政策理事会が、その「市場の信認」を損なう決断をしようとしている、それをＥＣＢ総裁であるあなたが放置してよいのかと、ドラギを批難することもできた。だが、私はそうはしなかった。適用除外の停止を止めることはできないとしても、ドラギがそれに反対する可能性はゼロではなかったからだ。代わりに私は次のように語った。私はあなたが、アテネ株式市場の回復を台無しにしないために、ＥＣＢ政策理事会で適用除外を認めるよう説得できると信じています。そして、私の債務再編案を支持してくださると信じています。「私がここに来てこんなことを言うのは、私の提案を理解でき、応援できる専門家は、ブリュッセルのＥＵ本部ではなく、このＥＣＢの建物のなかにしかいないからです」

私のノンペーパーの最初の項目は、ＥＣＢが保有するＳＭＰ国債を、新規のギリシャ政府永久債とスワップする提案だ。これはセンシティブな点だ。ＳＭＰ国債がこちらの抑止戦略の背骨であり、相手のアキレス腱でもあることは、お互いに承知のことだ。ギリシャがこれを一方的に踏み倒せば、確実に彼の量的緩和プログラムも粉砕されることになるだろう。彼はこれについて何と言うだろうか。

ドラギがとった対応は、この問題を避けて、スワップという考え方は「マネタリー・ファイナンス」の一種であり、したがって不可能だと切って捨てることだった。私は再考を迫った。確かに、債務の帳消しをすれば、間接的なマネタリー・ファイナンスだとみなされるでしょう。でも私の提案は、ある種の債務（短期の債務）を別の債務（永久債）と交換するだけのことです。ギリシャ政府は二七〇億ユーロの債務をＥＣ

Bに負い続けます。ただし、数年で元本を返済するのではなく、ECBに対して少しずつでも永久に利子を支払ってゆこうというのです。帳消しではないので、マネタリー・ファイナンスではありません。「これは、ECB規則を起草した人たちが禁じていないものです。考えたこともなかったことですからね」、私はこう結論づけた。

ここで意外にもブノワ・クーレが応援してくれた。彼はドラギに向かって、私の提案にはメリットがあり、切って捨てるべきではないと言ってくれたのだ。また、ECBがSMP国債に代えて新たなギリシャ永久債を受け入れるつもりがなければ、「三角関係」にすることも可能だという。EUの救済基金である欧州安定メカニズム（ESM）が、ECBに二七〇億ユーロ〔約三・五兆円〕の現金を渡してSMP国債を償還し、ギリシャが額面額二七〇億ユーロの永久債を発行し、ESMに譲渡するというわけだ。ブノワの考えには、それ以上のメリットがあることに私は気づいた。（永久債であれSMPであれ）ギリシャの国債がECBの帳簿から消えるので、ドラギが今後も量的緩和政策〔国債を買い取る政策〕を続ける場合、ギリシャもその対象として適格とみなされうるのだ。[★10]

ドラギはすぐに話題を変えて、ECBの規則は破産した銀行を支えてはいけないと定めているのに、ギリシャの銀行は破産状態だと私が公言したせいで、彼にはギリシャの銀行の営業を続けさせることが難しくなったと不満を言った。それに対して私は、ギリシャの銀行に適格担保基準の適用除外が認められていたこと自体が、ギリシャの銀行が破産しているという何よりの証拠だと言った。そうでなければ、なぜ適用除外が認められないといけないのか？　問題は、誰もが銀行の根本的な不健全性に対処できなかったため、この一時しのぎの措置が永久化してしまったことだ。「ECBは規則に反して破産銀行を救わざるをえず、ヨーロッパの納税者たちが破産国家にカネをつぎ込んでいるわけです。私たちの使命は、この悪循環を、つまり破産銀行と破産国家との死の抱擁を終わらせることです」

ドラギの左に座っていたペーター・プレートとザビーネ・ラウテンシュレーガーは、唖然《あぜん》とした様子だった。それは私が無茶苦茶なことを言っているからではなく、ギリシャ救済策とそこでのECBの役割に関する彼ら自身の批判と、私の主張がほとんど同じだったからに違いない。プレートは民営化について質問を始めた。私はシティの聴衆に答えたのと同じように答えた。彼らは議論に満足し、同時にギリシャ現地の実情を知ってがっかりした様子だった。私もまったく同感だった。さらに二つか三つ質疑があって、私よりも若干闘争的なエフクリディスの発言があって、この会合はお開きとなった。

ドラギが私に近づいてきて、一緒に部屋を出ることになった。廊下を歩きながら彼は、ほかの人たちに聞こえないように、ECBの政策理事会で適用除外が停止されるかもしれないと言ったことについて、何とか私の気を静めようとしたが、私は相手にしなかった。

「ドラギさん、私が銀行の株価を二〇％も引き上げた翌日に適用除外が停止されたとしたら、あなた個人の責任だとみなしますからね。一人の財務大臣が市場感情を改善させたのに、中央銀行がそれを台無しにするなんて、そんなことは中央銀行の歴史でも前代未聞《みもん》ですよ」

ドラギはバツの悪そうな表情を見せ、本当に自分にはどうにもできないのだ、ECBの政策理事会を管理しているわけではないのだとくり返した。そして、彼が適用除外を維持させようにも、彼のアキレス腱（SMP国債を一方的に踏み倒し《ヘアカット》する可能性）についての発言を私が続けるので、それが妨害になっていると主張した。

私は、こちらが望むものは協力関係だけだと言って、こう約束した。「一方的に債券のヘアカットなんてしませんし、そんなことは考えもしませんよ。あなたがギリシャの銀行を閉鎖しないかぎりはね」

「できるだけのことはしますが、私の力でどうにかなることばかりではありませんので」と彼は答えた。

ユーロ危機が始まって以来、私はくり返しずっと、一つの根本的な誤解を解こうとしてきた。これはドイツとギリシャの、北と南の、しみったれなドイツ政府とカネづかいの荒い周辺国政府の争いではない。そうではない。ヨーロッパの連帯感と合理性と啓蒙《けいもう》思想を蝕《むしば》む敵は、ギリシャにもドイツにもイタリアにも、どこにでもいるのだ。そして、それらを守ろうとしている人たちだって、どこにでもいるのだ。

ECBでの会合の後、私はメディア対応のために数時間フランクフルトに残った。その際、四人のドイツ人シークレットサービスが同行した。二人が私の前を歩き、二人が私の後について歩いた。私が車に乗る時には、必ず最後に同乗し、到着すれば最初に車を降りて周囲の状況を確認した。彼らの表情は固く、角刈りで、イヤホンとマイクを付け、ゴムブーツを履き、きちんとした制服を着ていた。ずっと私につきまとわないでくれと言ってもムダだった。

インタビューがすべて終わり、彼らは私を空港に送ってくれた。私がベルリン行きの飛行機に乗る準備をしている間にも、彼らは静かに手際《てぎわ》よく任務を遂行していた。飛行機に乗る前に、私がトイレに行っていいかと聞くと、リーダーとみられる男がトイレのなかまで付き添ってきて、不快なほど近くに直立した。だが私は彼が命令に従っているだけだと知っていたので、リラックスして用を足し、手を洗って外に出た。

搭乗口で待っている三人のボディーガードのところに行く直前に、この男が初めて口を開いた。上手な英語で、お話しさせていただいていいですか、と言うのだ。「もちろん」と私は答えた。

「大臣、あなたのお仕事はとても重要なものです。ギリシャにとっても、私たちにとっても。私たちも解放されるかもしれない、という希望を、あなたは与えてくれているのです」

それ以来、私の友人や支持者がヨーロッパはもう終わった、ドイツ、イギリス、イタリア、ギリシャが同じ道を歩むことはできない、などという時には、このドイツ人の警護職員の言葉を思い出すようにしている。

あなたにです!

ベルリンに到着すると、ヨーク・アスムセンとイェロミン・ツェッテルマイヤーとの秘密の晩餐《ばんさん》が予定されていた。アスムセンは労働副大臣だったが、ECBと緊密に連携しているドイツの政治システムのなかではキーパーソンだった。彼は昨年までECBの役員会のメンバーであり、ドイツ連邦政府の第二党である社会民主党（SPD）の重要人物だったのだ〔ECBの役員会と政策理事会は異なり、役員会のメンバーは正副総裁二名と役員四名の計六名だが、政策理事会はそれにユーロ圏の各国中央銀行総裁一九人が加わる〕。ツェッテルマイヤーは、SPD党首で連邦政府の副首相でもあるジグマー・ガブリエルと一緒に仕事をしている男だ。この晩餐の目的は、表向きはシリザ政権とドイツ社民党との絆《きずな》を深めることだった。彼らはドイツ政府のなかでは私たちの仲間であり支持者だと言った。私たちに助言を与え、悪辣《あくらつ》巨大なオオカミ（つまりヴォルフガング・ショイブレ）から守ってあげようというわけだ。

私は、誰にも知られることなく一人でタクシーに乗り、このレストランに来いと言われていた。こんな会合があるということさえ、誰にも話してはいけない、話が漏れたらお互いに厄介《やっかい》なことになるというのだ。「あくまで秘密ですよ」と、ツェッテルマイヤーは電話で私に言った。もちろん、彼が私のスマホに電話をかけてきたということは、私たちの政権の情報機関のトップであるヤニス・ルバティスが言うように、この通話がどこかに筒抜けになっていることを意味するのだが。ホテルの部屋を出る間際《まぎわ》に、ツェッテルマイヤーからeメールが入った。元のレストランは「人目《ひとめ》につく」ので、別の場所を予約したという知らせだ。くれぐれも慎重に、と念押しがしてあった。秘密を強調されていたことと、疲れていたので誰とも連絡をとりたくなかったことから、スマホは部屋に置いていった。

暗く寒い通りでタクシーを拾い、面会場所の隠《かく》れ家《が》的なピッツェリアの住所を運転手に渡した。到着すると、指示されたとおりに階段を上がって一階〔日本でいう二階〕の部屋に入った。貸し切りだった。ピザと赤ワインを囲んでフレンドリーな会話が始まった。

アスムセンとツェッテルマイヤーは友人どころか同志のように私に語りかけた。ミシェル・サパンとの面会を思い出し、これが社会民主主義者のパターンなのかと思った。会合の目的は、メルケルやショイブレ（そしてキリスト教民主同盟の議員たちや政敵一般）にも反対しようのない、精緻《せいち》で賢明《けんめい》な共通政策方針をシリザとSPDで策定することだという。正直いって話が出来《でき》すぎだ。それでも彼らの応援がまともな協定に繋がるなら結構なことだ。そうならなくても、失うものは何もない。

話題は転々と移った。私が提案する基本計画に彼らは満足そうだった。彼らが気にかけていた問題は、キリスト教民主同盟がどんな批判をしてくるか、それにどう答えるかということだった。私は話が進むにつれ、ギリシャ政府のコンサルタントたちと晩餐をしているような気になってきた。そこに、アスムセンの携帯が鳴った。彼は、携帯を耳に当てると、こわばった表情で私の方を向いた。そしてその電話には一言も返事をせずに、私に言った。「あなたにです。ドラギさんが話をしたいと」

晩餐が極秘だとは、よく言ったものだ。この連中は体面を取り繕おうとさえ思わないのか。私は立ち上がり、携帯を受け取って、調理室の真上にある暗い廊下《ろうか》に出た。いい匂《にお》いがして、うるさかった。

「もしもし、ドラギさん、何のご用ですか」

「マスコミを通じてお知りになる前に、私からお知らせしたいと思いまして」。ドラギの声は平然としていた。「今朝申し上げましたとおり、政策理事会の評決によって、ギリシャの銀行の適用除外が停止されました。でも、ギリシャ中央銀行が緊急流動性支援を続けるでしょうから、大事《おおごと》にはならないと思います」

「ドラギさん、面白いルートで私に連絡をつけてくださってありがとうございます。電話で個人的にお話しするいい機会を与えてくださったので、言わせていただきます。私が自力で銀行の株価を引き上げて、取り付け騒ぎを防いだ翌日のことですよ。選挙からたったの一週間ですよ。それに、最初のユーログループ会議の一週間前、プログラムの延長期限が切れる三週間前ですよ。この決定は、適用除外を停止するという決定は、私たちの政権に対するECBの、極めて政治的な、極めて敵対的な行為と言うほかありません」

政治的なことは何もないとドラギは言ったが、私は聞く耳をもたなかった。今回の行為はアテネでは、ユーログループ議長の最後通牒《つうちょう》と連動した、早急な、不当な攻撃としか受け取れないと、私は言った。

席に戻ると、アスムセンとツェッテルマイヤーの雰囲気は変わっていた。私は何事もなかったような表情をしてみせたが、何が起こったのかを知っているのは彼らの方だ。仲間意識は霧消《むしょう》した。ショイブレやメルケルを向こうに回しての、対ギリシャ・プログラムの変更を迫るための共同プロジェクトも終わりだ。そこで私は、温和な表情を作るのはやめて、ECBの決定についての私の評価を述べた。すると、アスムセンはいまだにECBの役員会のメンバーでいるつもりなのか、説得力のない弁解をつぶやいた。シリザとSPDが手を組むという威勢《いせい》のよい会話は、たった一本の電話で吹き飛び、この晩餐もヘタな茶番にすぎなかったことが暴露《ばくろ》されたというわけだ。

彼らも悪い人たちではなかった

夜の一二時頃にホテルに戻ると、スマホのスイッチを入れてアレクシスに電話し、ドラギが適用除外を停止したことを伝えた。

「妥協《だきょう》しない姿勢でいてください。ガブリエル党首は何かの役に立ちそうですか」、アレクシスは落ち着いた声で言った。

「使い走りの二人の様子から考えれば、オレはあんまり期待が持てないな」。私は彼に、銀行に対するELAまで禁止されたらすぐに抑止策を発動するという決意を示し続けるべきだと伝えた。

「少し休んでくださいね。元気でショイブレに立ち向かってもらわないと」。楽天的な声でアレクシスが言った。

だが私は、適用除外停止の打撃を和らげるプレスリリースを書かなければならない。それでも考えてみれば、財務大臣にとっては気楽な仕事だ。大したことはないと書くだけなのだから。

同じ頃、いつも油断のないグレン・キムが、ニュースを聞いてすぐに、金融市場への効果に関する分析をeメールで送ってくれていた。そこには、証券取引所が開く前に、そして預金者がカネを引き出すチャンスを得る前に、銀行は大きな打撃を受けると書かれていた。[★11] 私の任務は、ECBの攻撃に対する強い批難を含ませながらも、人々を落ち着かせ、市場感情の悪化を最小限に留め、ロンドンでの成果を少しでも守れるような声明を書くことだ。

明日ショイブレに会いにいく時、連邦財務省の建物の前で、ジャーナリストたちからECBの行為に対する反応を求められるだろう。そこで次のような声明を準備した。

ＥＣＢは基本的に、規則に従い、交渉の相手方とギリシャとが速《すみ》やかに政治的・専門的な合意に至るよう促し、ギリシャの銀行の資金繰りを助けようとしてくれています。ギリシャの預金者の方々には、当面の安定性は保証されていることと、私たちが経済回復と恒久的な問題解決に繋がる新たな条件の交渉を行っていることを、理解していただけると信じています。ただ、現在の対ギリシャ・プログラムが二月二八日に終わるまで、まだまだ時間があるにもかかわらず、このタイミングで余計な不安を引き起こしかねないような決定をＥＣＢが下したことは、私たちにとって大変な驚きでした。私は、この早まった決定がなされたのは、ＥＣＢ政策理事会の「非金融政策」定例会議の日程がたまたま昨日だったという、タイミングの問題だと信じています。彼らにとってはよいタイミングだったのかもしれませんが。

私にはこれが精一杯だ。結局、株式市場は落ち込み、銀行株は急落して、再び預金の流出も始まった。少しはここ数日の成果が保たれたが、それもせいぜい二～三日のうちに、預金の引き出しによって無に帰《き》すだろう。唯一の光明はといえば、このことが中期的には問題にならないことだ。現実の問題はドイツ政府から妥協が引き出せるか、あるいは私が二〇一二年から予想していたように、全面対決が避けられなくなるかだ。

連邦財務省に向かう途中で、スマホにｅメールが二通来ているのに気づいた。一通目はジェイミー・ガルブレイスからで、バーニー・サンダースがジャネット・イエレン（米国連邦準備理事会ＦＲＢ総裁）に手紙を送るという知らせだ。彼女に対して、ＥＣＢの行為はおぞましいもので地球規模の不安定を引き起こしかねないというメッセージを、ＥＣＢに送ってくれるように依頼する内容だそうだ。二通目はグレンからだった。彼は以前、ヴォルフガング・ショイブレのオフィスに対してコンサルティングをしたことがあり、ショイブレの人物評をくれたのだ。金融屋のｅメールらしく箇条《かじょう》書きになっていた。

彼は生粋《きっすい》の弁護士だ

彼の経済学の知識は極めて乏《とぼ》しい。何回か、利回りと価格を混同していたことがあり、意味も分からないのに金融商品に言及していた

完全にマーケットを嫌っている。マーケットは専門官僚《テクノクラート》が管理すべきだと考えている

悪辣《あくらつ》な刑事でいることをまるで楽しんでいるようだ

ただし、

彼は情熱的なヨーロッパ統合主義者である
彼は、ヨーロッパがドイツのようになるという宿命を信じている（この概念《がいねん》の自己矛盾《むじゅん》は理解できていないが）
議論の相手にはできる人物だ

建物に入ると、まだこの大人物に会う前なのに、敵意が充満していた。連邦財務省のゼロ階［グランドフロア、日本でいう一階］で副大臣に迎えられた。エレベーターに乗る時、彼は私にふざけた調子で「私のお金はいつ返してもらえるのでしょうかね？」と聞いた。冗談のつもりではなく、敵意を込めているのは明らかだ。「カネを返せと、あなたがドイチェバンクを説得するのはいつなんでしょうかね？」と言ってやろうかと思ったが、何も言わずに、大きく微笑んでみせた。大事なのは、この後の試合だ。

エレベーターのドアが開くと、冷たく長い廊下が続き、その行き止まりで、ヴォルフガング・ショイブレが車椅子に乗って待っていた。私が過去二五年間フォローし続けてきたのは、まさにこの人物の演説や記事だった。彼にとって私が厄介者《やっかい》だということは百も承知だったが、私が微笑みを浮かべて手を差し出したのは、彼を本当に尊敬しており、私と彼との間で紳士的な関係が結べるかもしれないと、内心密かに期待していたからだ（奇妙なことに、後に土壇場《どたんば》でこの望みが叶えられることになる）。だがこの場面では、ドイツ財相は握手を拒絶し、車椅子を素早く方向転換させた。すると、驚くほどの速度で自分のオフィスに向かい、ついてこいという手振りをした。私は急いだ、エフクリディスも私に続いた。

ショイブレは自分の部屋に戻ると、リラックスしたのか表情が少し温和になった。私たちは会議用テーブルを囲み、ショイブレは二人の副大臣と向こう側に座り、エフクリディスと駐ドイツ・ギリシャ大使と私がこちら側に座った。ほかの場合と同じように、私がまずオープニング・スピーチを始めるよう促された。そこで、サパンやオズボーン、パドアンやドラギの時と同じようなスピーチをした。違う点は、ベルリンで大きな反響が起こると予想される、二つの点を強調したことだ。一つ目は、債務の帳消しを求めているのではないということだ。私の債務スワップ提案にはいろいろな長所があり、ギリシャだけでなくドイツにもメリットがあるということを説明した。二つ目は、脱税者を捕まえ、ギリシャ社会全体に誠実さや創造性や起業家精神を推奨する改革を、私が重要視していることを強調した。

ショイブレの最初の発言は十分に友好的なものだった。「ショイブレさんと呼んでくれと言ったのだ。だがその後はす

wikimedia commons

ヴォルフガング・ショイブレ
(Wolfgang Schäuble)

ぐに、私の話には何の興味もないと明言した。ここぞとばかりにドイツの誠実さとギリシャの不誠実さを指摘し、脱税者を摘発するために、ドイツ人の税務署職員をギリシャに五〇〇人ほど派遣しましょうかと言った。私は答えた。寛大なお言葉をありがとうございます、でもギリシャ語の申告書や関連文書が読めなければ、納税者の調査もできないでしょうから、職員の方々は来ていただいてもがっかりされるかもしれません。いい考えがあります、うちの財務省の、国税庁の長官を任命していただけませんか？

明らかにこの提案には驚いたようだ。私は続けた。私はトロイカのおかげで、国税庁の責任者であるにもかかわらず、まったくそれに手出しができないのです。国税庁の担当者は、私や議会が任命したわけでもなければ、私や議会に対する説明責任もありません。それなのに私は、その人物の言動について説明責任を負わされているのです。だから私の提案は次のとおりです。評判も資質も申し分ないドイツ人の国税専門官をあなたが選任し、私に対しても議会に対しても説明責任を負わせるのです。そして、その人物がドイツ財務省の追加的な支援を必要とするなら、それも私にとっては結構なことです。「私やギリシャ政府と交渉したくないことは知っています。たとえそうだとしても、脱税との戦いに関しては安心してください、私は完璧にあなたの味方です」。最後に私は、二〇〇〇年から二〇一四年までに脱税していた人物を特定するためのコンピューター・プログラムを実現させるために、私が策定した計画を説明した。

この話はショイブレ博士の想定外だった。だが、二つの事実によって、この提案さえもまともに取り合いたくないという彼の意志が示された。第一に、彼は話題を変えた。ギリシャでの脱税を取り締まるうえで重要な合意に繋がる可能性がある提案なのに、これを二度と取り上げなかったのだ。第二は、その代わりに彼が持ち出した話題だ。「寛容《かんよう》すぎる」ヨーロッパの社会モデルはもはや持続可能ではなく、捨て去るべきだというのが、彼の持論《じろん》なのだ。ヨーロッパが多額のコストをかけて福祉国家を維持しているのに対して、社会的セーフティネットが存在しないインドや中国のような場所がある。

したがって、ヨーロッパは競争力を失っており、社会的給付を大幅にカットしなければ、停滞は避けられないというわけだ。彼の言葉はあたかも、それをどこかでスタートする必要があり、そのどこかとはギリシャなのだ、と言っているようだった。

不安定なワーキングプアをグローバル化するよりも、社会保障給付と生活可能な賃金をグローバル化してゆくことの方が正しい解決策ですよと私は答えた。それに応じて彼は、彼自身が一九七〇年代と八〇年代に関わってきた秘密工作について、長々と説明してくれた。それは、彼の所属するキリスト教民主同盟〔保守党〕を代表して、東ドイツの政府当局との連携《れんけい》を図るための活動のことだ。「東ドイツの人たちは悪い人たちではなかった。経済的にムリな社会保障制度を守ろうとしていたのですからね」。彼が言おうとしていることは明白だ。

「持続不能な政治的・経済的システムを維持しようとしていた東ドイツの善良な政治家と、私を比較しているのですか」と、私は尋ねた。「ショイブレさん、これだけは申し上げておきます。ギリシャにいるあなたのお友達が何と言ったか分かりませんが、私は熱心な民主主義者であり、確固たる多元主義者〔政治的立場の多様性に寛容な人間〕であり、揺るぎないヨーロッパ統合主義者です。シリザの仲間たちも同じです。東ドイツのやり方と私たちとの共通点は、キリスト教民主同盟とピノチェト政権〔二〇世紀後半のチリで新自由主義政策をとった軍事独裁政権〕との共通点と同じです。何の関係もないのです！[★12] 年金や社会保障給付に関する私たちの提案に関して言えば、それは広い意味での財政政策の一部であって、わずかながらもプライマリー収支にプラスに作用するものです。財政と経済の持続可能性が、私たちの最優先課題です。ギリシャにとって、赤字はもうたくさんですからね」

それに対して、彼は話をすり替えて、そんな比較をした覚えはないと言った。

三機関の管轄だ！

この残念なすれ違いはさておいて、私は債務再編と債務スワップ提案に話を戻そうとした。ショイブレは私のノンペーパーを見ようとさえしなかった。嘲《あざけ》るような姿勢で、それを副大臣に手渡して、これは「三機関（the Institutions）」の管轄《かんかつ》だと言った（「三機関」とは、イエルン・デイセルブルムとのアテネでの共同記者会見で私が使った用語だ。この言葉が使われたのは、ドイツ連邦財務大臣でさえ「トロイカ」という用語ではマズいと感じていることの現れだった）。とにかく、このやり方はベルリンの基本戦術だ。債務、民営化、年金、脱税など、何につけ私たちがメルケルやショイブレに提案を示しても、「三機関へどうぞ」というだけなのだ。それは、ベルリンとアテネの間で交渉は行わない、その交渉はドイツ政府の仕事ではないという意味だ。★13

ここまでドイツ側はショイブレしか発言していない。ここでエフクリディスが見事に口を挟んだ。流暢《りゅうちょう》かつ論理的に、誰がみてもギリシャの財政危機・債務危機・社会的危機の取り扱いに失敗し続けてきた専門官僚《テクノクラート》たちに、こんなにも政治的に重要な問題を丸投げするのは、政治家として無責任ではないかと、ショイブレの対応のおかしさを指摘したのだ。エフクリディスが横にいてくれてよかった。彼がハードルを上げてくれたおかげで、私は穏便《おんびん》な提案ができる。では、誰もが望んでいる「平和と平穏《へいおん》」の時代を、つまり金融不安のない時代を実現するために、私の提案を携《たずさ》えて「三機関」の方に行って、現実的な協定を結ぶ可能性を開いてくれればよいのですね。ショイブレは賛成したかのように頷《うなず》いた。

この姿勢は、ユーログループ議長の態度とはだいぶ違う。私は、私の就任からたった三日後にデイセルブルムが私のオフィスにきて、銀行閉鎖をタテに脅迫《きょうはく》してきたことを話した。「社交的な態度とは言えませんね」と、私は感情を押し殺して言った。

するとショイブレは眉間《みけん》にしわを寄せて言った。「何であいつがギリシャに行くんだ。そんな指示はしていないぞ」ショイブレは気持ちを偽《いつわ》るような人間ではない。デイセルブルムは勝手に動いたに違いないと私は思った。上司のために手柄《てがら》を立てたいと思ってやったことだとしたら、それは失敗だったようだ。上司は明らかにご機嫌《きげん》ななめだ。

批難に驚き、賞賛に慄《おのの》く

その後の定例記者会見では、ショイブレはいつもどおりの厳格な表情を崩さなかった。集まったメディア関係者たちに、自分たちは誠実な話し合いができた、どんな党が政権に就こうが、ギリシャには尊重すべき「義務」があると自分は「説明した」と言った。

そしてショイブレは「私たちは意見が違うということには合意しました」と言って、私たちが話し合いで一つでも共通点を見いだせたのではないかという憶測《おくそく》を一掃《いっそう》しようとした。「それについてさえ合意していませんよ」と私は口を挟んだ。私は、接待主が何一つ議論しようとしなかったこと、そして事態は変化したことを知らせたかった。ギリシャでは今、ギリシャ政府が破産状態だという理由だけで蔑《ないがし》ろにされることを許さない人物が、つまり私が、財務大臣をしています。こう明言したあとで、一般のドイツ人とギリシャ人との間に生まれている亀裂を埋めるための演説を始めた。「一部の人たちは、人々を分離することが解決策だという考えに惹《ひ》かれています」

幸いなことに、本日私が訪問した方は、ヨーロッパの経済大国の財務大臣というだけではありません。それ以上に、ヨーロッパの統合をライフワークとするヨーロッパ人の政治家であり、その方のお仕事とご献身《けんしん》を、私は一九八〇年代から最大の関心をもって見つめてきました。ギリシャのみならず欧州連合全体が直面するさまざまな問題に対して、ヨーロッパ的な解決策を追求するうえで、あなたの味方となりうる男がギリシャ政府に一人いますよ、それが本日の私からショイブレ財相へのメッセージでした。

ホスト〔ショイブレ〕に向かって続けた。

私たちの政権は、まったく道理をわきまえているものと期待してください。こちらからの提案は平均的なギリシャ人の利益のためではなく、平均的なヨーロッパ人の利益のためのものと期待してください。平均的なドイツ人、スロヴァキア人、フィンランド人、スペイン人、イタリア人のためです。駆け引きも弁解もなしに事実をありのままに語るという約束に期待してください。これが私たちの約束です。逆に私たちが求めているのは、おそらく最も貴重なモノ、そう「時間」です。IMF、ECB、欧州委員会といったパートナーたちに、ギリシャ政府から包括的な提案と短期・中期・長期のロードマップを説明できるだけの、いくばくかの時間が欲しいのです。

EUが直面するより一般的な課題に関しては、私は民主主義のデリケートな部分と衝突しない範囲で、既存の条約や手続きを尊重することを示唆した。そして次のように私は語った。私はパリを訪れた時、フランスの財務大臣に対して、故郷《ふるさと》を訪れたような気分だと、ギリシャの精神の故郷《こきょう》に帰ったような気分だと申し上げました。ここベルリンでも同じ気分です。ギリシャのさまざまな政治勢力にとっても、ゲーテやベートーベン、ヘーゲル、そしてカントの国は、過去二世紀にわたって啓示《けいじ》の源《みなもと》だったのです。しかしギリシャとドイツを繋ぐ点がもう一つあります……

私は、激しい債務デフレの危機によって引き起こされた、緊迫した状況に直面する一国の財務大臣として、ギリシャの状況をほかの誰よりもよく理解してくれるのは、ドイツの人々だと思っています。深刻な不況に陥《おちい》った経済で、国の屈辱となる儀式と絶望的な状態が続く時、社会のなかに「蛇の卵」が孵化《ふか》する。そのことを、この国の人々以上によく理解している人はいないでしょう。私が今夜アテネに戻りますと、そこでは、ナチスさながらの政党が国会の第三党になっているのです。ギリシャの首相が就任式のすぐ後に、アテネの記念碑に花輪を捧げたのは、ナチズムの復活に対する対決姿勢を示すものでした。[★14]ドイツはこの土地でナチズムを根絶したことに誇りを持つことができます。しかし、一九四〇年代にナチスと立派に戦ったギリシャで、今、ナチズムが醜《みにく》い頭をもたげていること、これが歴史の残酷な皮肉《アイロニー》なのです。人間性の敵に対する私たちの戦いに、ドイツの人々の応援が必要なのです。この国にいる私たちの友人たちに、ヨーロッパの戦後プロジェクトに忠実であり続けてほしいのです。一九三〇年のような不況で、誇り高いヨーロッパの民族が分裂してゆくのを、二度と許してはならないのです。私たちはそのための義務を果たします。そして、ヨーロッパのパートナーたちも、その義務を果たしてくれるものと確信しています。

次の日、ドイツのマスコミがいっせいに私を叩《たた》いた。ゲーリングの旧空軍省の建物のなかで、ドイツの財務大臣を前にして、ナチスのことを口にした、というわけだ。他方、ギリシャのナショナリストたちは、ショイブレをナチス呼ばわりしたといって私を絶賛していた。私はこの批難と賞賛のどちらにより深く驚嘆《きょうたん》すべきなのか、よく分からなかった。

ジーメンス事件

演説の後、ショイブレと私は質問を受けた。その一つはドイツの大企業であるジーメンスに関するものだった。ミハエル・フリストフォラコスという男が、ギリシャでのジーメンス社の操業を統括していた。数年前、米国で行われた調査によって、フリストフォラコスがジーメンスとギリシャ政府との契約を実現するために、ギリシャの政治家を買収していたのではないかという疑惑が浮上したのだ。その直後、ギリシャの当局が調査を始め、フリストフォラコスはドイツに逃亡し、そこで逮捕された。だが、ドイツの裁判所は、容疑者をギリシャの警察に引き渡すことを拒否したのだ。

私に一人の記者が質問した。「大臣、あなたはドイツの財相に対して、フリストフォラコスをギリシャに送還して、ギリシャ国内の腐敗の根絶を支援することがドイツ政府の責務ですよ、というような説得はなさいましたか？」

私はバランスのとれた理性的な答弁を試みた。「ギリシャにおける汚職撲滅《ぼくめつ》のために、困難を抱えているギリシャ政府を支援することが重要だということは、ドイツ政府の方々も理解されていると確信しています。ヨーロッパのどこでも、ドイツ政府はダブルスタンダードだとみなされないこと、その重要性については、ドイツの政治家の方々は理解されていると信じています」

それに対するショイブレの答弁は？　何と、彼は気分を害したような表情で、ドイツ財務省の問題ではないとつぶやいたのだ。確かにそうかもしれない。しかし、ジーメンス事件と、この問題に関わりたくないというショイブレの姿勢は、いまのギリシャとヨーロッパが直面する課題をあぶり出していた。

私がみたところ、ヨーロッパ北部では次のような物語が広く信じられているらしい。ヨーロッパ大陸には法律を守る勤勉なアリさんたちと、脱税をする怠《なま》け者のキリギリスさんたちが住んでいます。アリさんたちはみんな北部に住んでいて、不思議なことにキリギリスさんたちは南部に集まっているのです、と。しかし現実はもっと複雑で不吉だ。汚職は北部でも南部でも国境を越えて起こる。こうした問題に関係している多国籍企業と強大な支配層とのコネクションは、国境によって妨《さまた》げられることもない。私たちがこうした強力なネットワークと戦うのが難しいのは、こうしたネットワークの本質を直視することを、支配層の側が拒絶するからだ。贈賄《ぞうわい》の疑いでフリストフォラコスが起訴されたことは、私には驚きではなかった。偶然にも、私の実の叔父《おじ》が一九七〇年にジーメンス社の同じ役職を辞任したことがあったのだが、それも政治家に賄賂《わいろ》を贈《おく》るように強要されたからなのだ。ドイツの当局によってフリストフォラコスの送還が拒否され、ギリシャで裁判を行うことができなくなったことに、数百万のギリシャ国民も私も激怒した。だがそれ以上にぞっとしたのは、二〇一二年八月二八日に私の元友人で当時の財務大臣だったストゥルナラスが、ジーメンスとの示談《じだん》（つまり裁判外の解決）を国会に提案した時だ。これによって、この企業に関する犯罪者の起訴がいっさいできなくなり、フリストフォラコスだけでなく、賄賂《わいろ》を受けたギリシャの政治家たちも裁判を免《まぬが》れることになったのだ。

ショイブレとの記者会見は、メディアによる攻撃の始まりとなった。私は特にドイツでは、ギリシャの汚職と非効率に手をつけないでおこうとする反ドイツ的、改革拒否的、ナルシスト的な男として描かれた。これが徹底的にくり返され、その評判が固まった。そして私が辞職してから一か月後には、エフクリディスが理性的で、責任感があり、過小評価されてきた大臣として宣伝されることとなった。交渉をレールに復帰させ、私のアマチュア的な強情さからギリシャを救った人物というわけだ。しかし、実際にはエフクリディスやアレクシスは、ベイルアウティスタンに対しても、ジーメンスのような企業と銀行と政治家たちを繋ぐギリシャとドイツのネットワークに対しても、真剣に戦うことを諦《あきら》めたことで報《むく》われたのだ。

この段落を書いている時も、ミハエル・フリストフォラコスはドイツで自由に暮らし、ストゥルナラスはギリシャ中央銀行の総裁の座に座り続け、ジーメンス事件に関与した政治家は一人も起訴されていない。ショイブレとエフクリディスは非交渉を続け、ギリシャを債務者の刑務所にしっかりと閉じ込めている。そして驚くべきことに、ギリシャ国会で反逆者として訴えられようとしているのが、私なのだ。

社会民主主義者の壊滅

ショイブレの次は、ジグマー・ガブリエル経済大臣が私を経済省に迎えてくれた。誰もがこれは私にとって一服つける訪問になるだろうと考えたようだ。私が財務省で袋叩きにあった後に、社会民主主義的な副首相でSPDの党首でもある立派な人物に慰《なぐさ》めてもらえるだろうと。しかし、私はそんな期待はしていなかった。それは、昨晩のガブリエルからの使者、アスムセンとツェッテルマイヤーの所業《しょぎょう》だけが理由ではない。

ガブリエルのオフィスでの会合は、アスムセン、ツェッテルマイヤー、エフクリディス、駐ドイツ・ギリシャ大使が同席していたが、それは見事なものだった。ほとんど、数日前のパリでのミシェル・サパンとの面会をコピーしたようなものだ。不滅の連帯感の誓《ちか》いも、陳腐《ちんぷ》な会話も同様だった。会の最初のあたりで、「あなた方の成功が私たちの成功だ」とガブリエルは言った。また、私が何も言わなくても、ギリシャに対する仕打ちは罪深《つみぶか》いもので、長きにわたってヨーロッパに悪影響を与えるだろうと付け加え、それは二〇一〇年のユーロ危機の時にEUの政治がキリスト教民主同盟〔保守党〕に支配されていたせいだと言った。私が、今のギリシャ政府が選挙で選ばれたのはヨーロッパが行いを正す機会だ、それはギリシャの悲劇を終わらせるという意味だけでなく、既存の機関を総動員してマクロ経済の安定性を回復させ、ナショナリズムや右翼ポピュリズムや排外主義を食い止めるためだ、と言うと、ガブリエルも満足そうだった。私が「穏健な提案」の基本要素を説明した時にも、彼は熱心に耳を傾け、詳しく読んでみると約束した。

ギリシャの話題になった。私は債務スワップの説明をし、ノンペーパーを手渡した。彼は乗り気らしく、とっくの昔に債務再編が行われているべきでしたね、とまで言った。結構

wikimedia commons

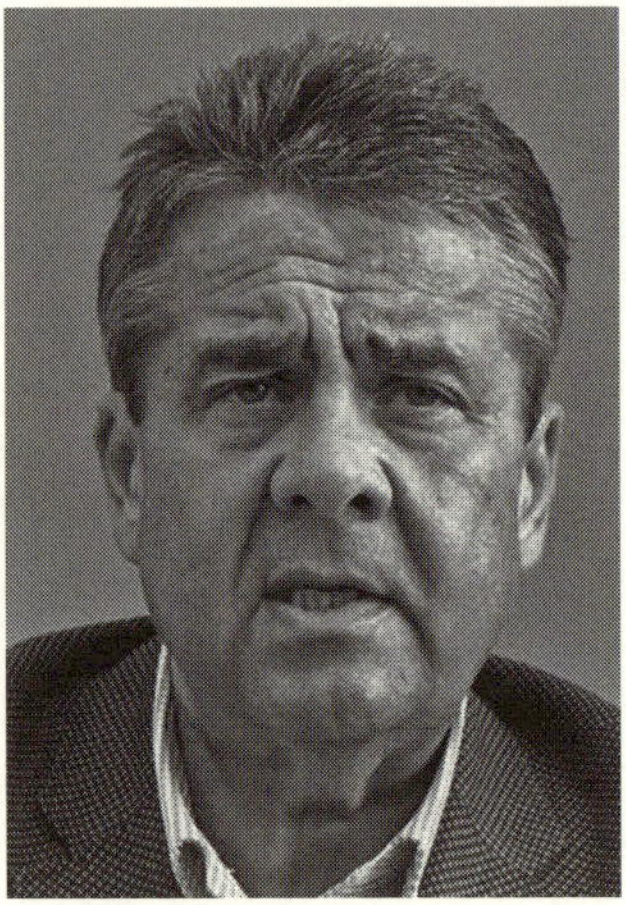

ジグマー・ガブリエル
(Sigmar Gabriel)

なことだ。次に、私のアンタッチャブル・チーム〔脱税撲滅チーム〕と、彼らの脱税追跡アルゴリズムを使って、私がどんなことをしようとしているのかを説明した。さらに、ギリシャで最も有望なセクターを対象とした産業政策の一部として、残存するギリシャの公的資産を活用し、国内投資を呼び起こすための開発銀行計画についても話をした。

会話の方向性に、ガブリエルは満足そうだったが、一つ重要な指摘をしたいと言った。去年の夏、ギリシャでヨットに乗っていた時、どの島の港に停泊させる時にも、お金を払うのが厄介《やっかい》で驚いたというのだ。つまり、停泊料を支払おうと港湾職員のところに行くと、「大丈夫、急ぎませんよ、……払えるだけ払ってください」などと言って、領収書もくれず、正しい手続きがなされている様子がまったくなかったというのだ。

私は、この些細《ささい》な汚職をごまかすために非公式な手続きが採用されていて、これが積もり積もって経済と社会の全体に悪影響を与えているのは知っていますが、ギリシャ財務省にはこの大問題に対処するだけの資金も人員もないのです、と答えた。さらに私はガブリエルに、二〇一四年の夏にはミコノスとサントリーニ〔旅行者に最も人気の高いエーゲ海南部の二島〕を訪れた人々の数が二倍に増えたのに、同じ時期に、付加価値税の税収は四〇％も減少したことを説明した。この酷い状況を、財務省の経済犯罪撲滅ユニット（ＥＣＦＵ）の長官に伝えたところ、何と聞かされたか。彼は、長年の緊縮策と、ＥＣＦＵを排除しようとするトロイカの試みによって人員が削減された結果、彼の部下はギリシャ全体でも一〇〇人もいないのだと答えたのだ。彼がミコノスやサントリーニに職員を派遣しようとすると、職員がピレウス港からボートを出発させる前に、すでに容疑者たちはその情報を受け取っているのだという。

この腐敗した慣行を根本的に解決するには、神を恐れる気持ちを脱税者の心に植え付けるような、革新的な方法が必要だと私は言った。彼は同意し、経営者たちが、次の顧客は国税庁の手先かもしれないという不安を抱かないかぎり、誠実さは回復されないでしょう、と言った。私は説明した。私はすでに、国税庁に権限を与えて、外部の職員を雇用させ、バーやレストラン、ガソリンスタンド、診療所などで常連として振る舞う仕事をさせようと考えています。執行の権限がないので、彼らの仕事は取引を電子的に記録するだけですが、後にそこから調査や訴追をするべき根拠が見いだされたら、当局が動き出すというわけです。それでも、税務署が目を凝らし耳をそばだてているという評判が立ったら、小口の脱税はいっせいに鎮まり、国家財政に巨額の利益がもたらされることでしょう。ガブリエルはこのアイデアに関心を持ったらしく、次の共同記者会見が開かれるプレスルームに向かう時も、私の肩に腕を回して、この案を実施するよう励ましてくれた。

さて、それぞれが演台の前に立ち、マイクやカメラやジャーナリストに囲まれると、同じ光景がくり返された。具体的にはパリでの出来事のくり返しだ。ガブリエルは変貌《へんぼう》した。再び公衆の面前で、ヨーロッパの社会民主主義者がショイブレのマネをしたのだ。ギリシャとヨーロッパのための社会民主主義者の共同プロジェクトの話はどこかに消えた。産業政策、緊縮策の終了、債務再編について、築いたばかりの共通基盤が私の足下から崩壊した。脱税回避策に関する意見の一致も消え去った。その代わりに示されたのは、ギリシャ政府に対する攻撃姿勢と、債権団に対する私の義務は絶対であり交渉の余地はないという厳しいお説教だった。傷つけたうえに侮辱するかのように、彼はトロイカの「柔軟性」なる言葉を吐《は》いた。

もともとヨーロッパの社会民主主義者に対する期待は低かったが、昨夜のアスムセンやツェッテルマイヤーとの経験からそれは落ちるところまで落ちていたので、私は引き続き冷静に、普段どおりの対応として、トロイカの失敗した対ギリシャ・プログラムを大幅に修正する穏健な提案によって、持続可能性を追求することがギリシャ政府の課題だと述べた。プレスルームを後にすると、ガブリエルに対して私は、プライベートとパブリックで全然違うことを言うのはあなたにとっては簡単なことなのですかと訊いた。「私にはとても難しいことなんですが」と、私は付け加えた。

彼は何のことだか分からないと言いつつ、キリスト教民主同盟と連立を組んでいると自由がきかないのだと明言した。私はそれに対して、ギリシャのPASOKの教訓をあなたも学ぶべきです、彼らも自分たちの物語を保守の新民主党との連立に合致するようにしてゆく癖《くせ》があったからです、と言った。「彼らの得票率は四〇%から四%まで低下しました。私はヴィリー・ブラントの政党が同じ道をたどるのを見たくないのです」。これが、私が彼に語った最後の言葉だった。[★15]

一か月後、ギリシャの社会規範《きはん》を変え、些細《ささい》な脱税の慣習をなくすために、ギリシャ国税庁が外部職員を雇用するというアイデアを、私は「三機関」に提案した。ジグマー・ガブリエルに語ったとおりの内容だ。これは、私が推し進めた国税庁に関する数多くの改革の一つにすぎない。最も重要な改革は、取引のデジタル化の義務づけと、五〇ユーロの現金取引上限だ。トロイカはその提案をマスコミにリークし、情報は街の人々に広まった。トロイカが要求した本気の改革（たとえば、人々が付加価値税の脱税をしている破綻した経済で、付加価値税をさらに増税するなど）に着手せずに、旅行者や主婦を電子的に監視し、ギリシャの人々に隣人を密告するよう奨励《しょうれい》する馬鹿げた提案をしているとして、私は批難された。

ジグマー・ガブリエルや彼のまわりの人たちは、私がこの案を実施するのを期待していたようだが、これを弁護してくれたのだろうか。この疑問の答えに読者は驚かないだろう。彼らはむしろプロパガンダの流布に加担《かたん》していたのだ。もし、ヨーロッパの社会民主主義政党があちこちで大敗しているのはなぜかと疑問に思っている人がいたら、今回の話がヒントになるかもしれない。ただし、四か月後の二〇一五年七月の最後の週における、ジグマー・ガブリエルの振る舞いのマグニチュードに比べたら、今回の変身はごくごく小さな揺れにすぎないのだが。

8. 嵐の前の熱狂
The frenzy before the storm

私がアテネに戻ったのは木曜の夜だった。私にとって最初のユーログループ会議は翌週水曜（二月一一日）に予定されていた。週末に、たっぷりと準備にかかることができる。

財務省の六階で三日三晩、ラザールから派遣されたグループと、私のチームが作業を続けた。私のチームのメンバーはグレン・キムとエレナ・パナリティ、それに私の元大学院生たちと何人かの専門家たちだ。みんな手弁当で加勢してくれていた。最大の課題は、ユーログループに提示する三つの最重要文書だ。まず、最新の債務持続可能性分析（debt sustainability analysis, DSA）だが、これは、私が提案する債務スワップが経済回復に役立つだけでなく、ギリシャが持続可能な成長を回復するには不可欠だということを示すものだ。次に、トロイカのプログラムにとって代わるべき、適切かつ革新的な改革案のリストだ。最後は、ギリシャの進展を監視するための、より合理的で効率的な手続きに関する提案だ。その頃、ジェイミー・ガルブレイスが米国から到着して、大臣室の奥にある小さなオフィスに陣取った。私は彼をハグで出迎え、「毒入りの聖杯にようこそ」と言った。[★1]

各人の仕事は量も質も素晴らしく、私は楽観的になってきた。[★2]だが、国全体の改革に関する包括的な政策文書をまとめるためには、ほかの省からの情報も必要だった。金曜の早朝、私は閣僚仲間の一人一人に電話をして、彼らが実施したいと考えている改革の完全なリストを送ってくれるよう頼んだ。それらの文書が六階に到着すると、チームがこれらを検討し、私のオフィスに面会にきた。彼らの顔色は冴《さ》えなかった。文書のほとんどは選挙前のシリザの政策を書き直しただけで、中途半端で、文章的にも酷かったのだ。これをブリュッセルで発表できるようにするには、かなりの労力を投じる必要があった。もちろん、本来はそれが当然なのだ。私たちは新政権なのだから、どこのどの時代の新政権だって必要とするものは、私たちにも必要なのだ。それは何かといえば、経験を積んだ官僚たちと共に選挙前のプランを実施可能な政策へと発展させるための「ハネムーン期間」だ。だが、自分たちにはそれは高望みだった。私たちは政権というよりは、ベイルアウティスタンからの脱出を計画する委員会といった方が適当だったからだ。

ユーログループに示す私の提案にどんな項目を含めるかを決める作業を進めていると、シティグループのグローバル・チーフ・エコノミストであるヴィレム・ブイターからeメールが届いた。そこには、できることなら何でも協力しますという文言のほか、ECBが「こんなに早く」適格担保要件の適用除外を解除したことには驚いたし、腹も立ったと書いてあった。数時間後、ポール・クルーグマンが『ニューヨーク・タイムズ』紙のコラムで、この問題について意見を出していた。「ドイツは二〇一〇年の事態の再現を狙っているのだろう。ECBが銀行閉鎖の脅《おど》しでもって、アイルランドに緊縮プログラムを呑ませたあの時のことだ。だが、緊縮策がもたらした被害を目《ま》の当たりにして、その被害から回復することを公約して勝利したギリシャ政府に、同じ手が通じるとは考えにくい」

これこそ私が望んでいたことだ。ドイツ政府が私たちを困らせるようECBを差し向けたとしても、私たちの政権は屈しないということだ。私がこの記事に異議を申し立てるとすれば、「チキンレース」というタイトルだけだった。これまで何年間も私は、ギリシャと債権団（特にドイツ政府）とのやりとりは、けっしてチキンレースではないということを訴えてきたからだ。チキンレースでは、先に折れた方が負ける。つまり最後は相手の方が折れると考えられるかぎりにおいて、自分の方から折れてはならない。だが私たちのケースは違う。メルケル首相やドラギ総裁が折れないと分かっていても、こちらから折れてはならない（このことはクルーグマン自身も認めていた）。私とアレクシスとの盟約の本質は、ここにあるのだ。

また「真昼の決闘」というストーリーは、私たちの大義名分に傷をつけるものでもあった。なぜならそれによって、ヨーロッパすべての人々の共通の利益が脅《おびや》かされているという事実から、世界の人々の関心がそれてしまったからだ。これに対して、私は「ヨーロッパはチキンレースをしている場合ではない」と題した論説を執筆し、『ニューヨーク・タイムズ』紙に掲載してもらった。[★3] そこで私は三つの点を指摘した。第一に、破産した小国の財務大臣である私がハッタリをかますことは許されない。私にできるのは、経済に関する事実を率直に話し、ギリシャが再び成長するための提案を示し、これらがヨーロッパの利益にかなうということを説明することと、理性と責任の観点から、私たちが絶対に越えられない線がどこにあるのかを明らかにすることだけだ。第二に、いつも学生たちに言ってきたように、ゲーム理論はプレイヤーたちの動機が自明な場合にしか適用できない。ポーカーやブラックジャックの場合には、そのような仮定で問題ない。だが現在の問題については、私はこう指摘した。「新たな動機を見いだすことが非常に重要だ。国家どうしの分裂を超越し、債権団と債務国の区別を解消し、ヨーロッパ全体という視点を持つことだ。世界中に広まれば大事《おおごと》に繋がるような教義や、あいつら対オレたちという考え方ではなく、些細《ささい》な政治的衝突にとらわれず、ヨーロッパ共通の利益を優先的に考えられるような、新しい考え方を生み出すことが必要なのだ」と。だが、私たちが屈服を拒否すればギリシャの人々に酷い苦痛がもたらされる場合にはどうするのか。私の第三のポイントは単純だ。「私たちには、戦略としてではなく、単に正しいからという理由で、正しいことを行うべき時がある。読者は、こんなふうにゲーム理論から外れた考え方は、急進左派の政策方針によるものかと思うかもしれないが、そうではない。これはドイツの哲学者、カントから大きな影響を受けている。理性的で自由な人間は、正しい行いをすることによって利己主義の帝国から逃れるものだ、それを教えてくれたのがカントなのだ」

この記事を書き、ユーログループの準備で忙しかったが、私にはあと二つ取り組むべき仕事があった。一つ目は、私も初めて国会に出ることだ。新たな議長の選挙があり、私もエフクリディスとともに（出張によって延期されていた）宣誓《せんせい》を行わねばならない。二つ目は、米国大使の訪問だ。彼は米国財務省の使節を連れてくるかもしれない。

六日金曜日の正午、私は一人で国会議事堂まで歩いた。シンタグマ広場では、幸運を祈ってくれる人たちと立ち話をした。選挙で選ばれた国会議員として議事堂に入ると、私の心は誇りでいっぱいになった。背の高い警官が、私が新米《しんまい》だということに気づいて、議場の大臣用出入口までの通路を教えてくれた。ドアを開けると、すぐに大臣用のベンチがあった。すぐ左には演壇《えんだん》があり、その上には議長の椅子があった。私の眼前《がんぜん》には国会議員の人数分の三〇〇の椅子が、円形劇場の客席のように広がっていた。有名なテルモピュライの戦い〔紀元前四八〇年の、アケメネス朝ペルシャ軍との戦い〕でスパルタ軍が派遣した戦士の数と同じだった。なるほどいちばん右側には、「黄金の夜明け」の一七人の議員の姿があった。嫌でも目に入った。彼らは本当にナチスのような出《い》で立ちだったのだ。

女性のゾエ・コンスタントプルが議長に選ばれたのは、とても象徴的だった。前の二つの政権の時代、この妥協しない長身のシリザ議員は、前の政権がトロイカに命じられた法律を成立させるために用いた手続きが不当であることを、単独で暴露《ばくろ》していたのだ。このことは、議会が二度と自らの服従を追認しないという宣言でもあった。議長候補として彼女に投票することは、私にとっても喜ばしいことだった。数分後、コンスタントプルが私を呼び、憲法に忠誠を誓い全《まった》き国会議員となれと言った時には、ブリュッセルやベルリン、フランクフルトからいっせいに私に対して投石器や弓矢が向けられていることなど、もうどうでもよいことに感じられた。

こんな気分で私は、シンタグマ広場を横切って財務省に戻り、米国財務長官ジャック・ルーがワシントンDCから派遣《はけん》した使節と米国大使とを迎えることにした。ジェフ・サックスとジェイミー・ガルブレイスは、米国連邦準備理事会（FRB）のジャネット・イエレンや、国連のサマンサ・パワー、IMFのデヴィッド・リプトンに対するロビー活動を進めた。銀行閉鎖の脅《おど》しを受けることなく、不可能な返済期限を突きつけられることなく、私たちが交渉を進められるように、九〇日間の猶予《ゆうよ》を確保しようとしてくれたのだ。バーニー・サンダースがクリスティーヌ・ラガルドに宛てた極上《ごくじょう》の手紙はもちろん、ギリシャ総選挙直後にオバマ大統領が出してくれた公式声明のことを思えば、米国が重要な後ろ盾になってくれると私は確信していた。だが、大使に会うとすぐに、その期待は粉砕された。

大使の発言には「不況の真《ま》っ只《ただ》中にある国をいつまでも絞め上げることはできません」というオバマの公式発言と一致する点がまったくなかった。それどころか彼は、プログラムの条件を呑みIMFに従うことがいかに大事かと、こんこんと説教を始めたのだ。そこで私は説明した。どうやってそんなことができるのですか？　近ごろはIMFでさえ、ギリシャに対するプログラムは真剣に債務再編をして緊縮策を緩めないかぎり機能しないと言っているのですよ。実際、私はIMF欧州局長のポール・トムセンさんに会ったのですが、ギリシャの公的債務を五三〇億ユーロはすぐに帳消しにして、緊縮策を最小限にするようプログラムを調整して、改革方針を書き直さないといけないと、はっきりと彼は言っていましたよ。そう言うと大使が不快な顔をしたので、私は米国財務省の使節に意見を求めた。彼らの答えはオバマの路線に近かったが、すぐに大使が割り込んで、妥協のない発言をくり返した。

どんな理由があるにせよ、駐ギリシャ米国大使がホワイトハウスや財務省とは違う方針に従っていることは間違いなかった。だが後になって、ジャック・ルーの財務省の考え方も、大統領よりはこの大使に近いということが分かってきた。オバマ大統領がアレクシスに〔米国とギリシャの財相会談を」提案したにもかかわらず、ルー長官が数週間以内にワシントンに私を招かなかったという事実は、大統領と財務長官との間の亀裂の現れだったのかもしれない。しかし今、この会談で重要なことはただ一つだった。数日前にイエルン・デイセルブルムが私を屈服させようとした時には、私は抵抗した。今ここで抵抗しなければ、ヨーロッパを裏切るダブルスタンダードだと言われても、申し開きが立たなくなる。

私は窓の外に目をやった。澄み渡った冬空の下、国会議事堂に見事な日差しが降り注ぎ、鮮やかな色を浮かび上がらせていた。私はまずこう告げた。私は大臣になりたかったわけではありません。もちろん、この仕事ができて光栄ですが、それは債務に縛《しば》られた祖国に対する義務感からです。その目的は、EUやIMFとの契約の条件を書き直し、略奪的な関係を、対等に協力しあえる関係に変えることです。現在の契約の条件を受け入れることは、選択肢としてはありえません。するとまた大使が口を挟んだ。今度は、オブラートに包まれてはいたが、間違いなく脅しの言葉が含まれていた。私をこの職に就けてくれた人たちへの敬意から、彼の言葉をストップさせなければならないと私は思った。

「これまで私はこの財務省が、この部屋が、数百万の人々の期待と希望の的だと考えてきました。でも、ここは私が本来いるべき場所ではありません。私の場所はあそこです」と言って、私はシンタグマ広場を指さした。「私には、このオフィスに向かって声を上げている方がずっといい、だって一三歳の時からデモに参加していたのですからね。人々に屈辱を与え続けるような欠陥プログラムに、忠誠を誓えと迫られるようなことになれば、私はそれをきっかけに抗議者たち数千人のところに戻りますよ。さあ、どうしますか」

大使は私の意図を理解して、すぐに立ち去った。大使館に戻って彼がすぐに次のような報告を送ったとしても驚くことはない。「バルファキスは考えを変えない。現在のプログラムを継続するためには、絶対にあいつを排除せねばならない」。私が知らなかったのは、そのメッセージの送信先だ。国務省か? ホワイトハウスか? 財務省か? それが分かるのは、四月の半ば頃だ。

七〇%の誠意

二月七日、日曜日の朝、私は最初の閣議《かくぎ》に出席した。民主主義についてのオスカー・ワイルドの警句が頭から離れなかった。「それは実用的ではない、それは人間の本性に反する、だからこそ実行すべき価値があるのだ」★4。何時間もの貴重な時間が、セレモニーのために浪費された。あまりに多くの同僚たちが、長々しく内容のないスピーチをした。私は急いでオフィスに戻った。ラザールのチームと私のチームが、私がブリュッセルに持参《じさん》する三本のノンペーパーに取りかかってくれていた。

満足な仕上がりになりそうだ。債務持続可能性分析は、遠方からジェフ・サックスも手伝ってくれていたが、実証的根拠についても今後の予測についても反論の余地がなく、私が提案する債務スワップや財政政策の明確な裏づけとなるものだ。改革案のリストは包括的で、公共財産の管理や銀行の不良債権に関する提案は充実していた。もっとも、(労働省、エネルギー省、保健省、環境省など)重要な省庁からの貢献は薄かったのだが。最後の、トロイカの手続きに対する代案は否定できないほど理にかなったものだった。私たちの案は、トロイカを部品に分けるという計画だ。ECBは、銀行の流動性を維持し金融市場の安定を保つという本来の任務に専念する。IMFはさまざまな分野について専門的な支援を提供する。そして欧州委員会は、ギリシャ政府との政治的交渉を取り仕切るというわけだ。

日曜の夜までには、三つのノンペーパーが完成した。おかげで私は、議会での最初の大仕事である、翌朝の政策方針演説の準備に専念できた。議会の任期中の経済政策の全体像について財務大臣自らが説明を行うのがこの演説だ。また、私にとって初めてのユーログループ会議も二四時間以内に開かれる予定だが、この演説は、そこで提案する内容を世に問うと共に、それを伝える際の心構えを整える機会にもなる。そう考えて、私は演説を四つのテーマに絞った。透明性と、現状分析、妥協《だきょう》なき穏健路線の約束、そして最後に、債権団に対する誠意、である。

月曜のスピーチは、次のような言葉で始めた。「議会の皆さん、私は、革新的な政策を実行する考えです。この国が直面する経済状況について、議会の皆さんに包み隠さず説明します」。前の財務大臣たちは、ギリシャ経済がどんどん落ち込んでいるのを見て、経済回復のサクセスストーリーなどと嘯《うそぶ》いていた。だが私は、政府が健全性を取り戻すまでは、政府は破産状態だと言い続けることを約束した。これが透明性の意味だ。

次に私は、前の政権がギリシャを苦境から救うことができなかったのは、不可能なことを受け入れたからだと説明した。「彼らが本気になって達成しようとしても、絶対に達成できない条件を、彼らは受け入れたのです。そのせいで後に続く政権も、不当な条件を押しつけた債権団と同じくらいの罪を、つまり達成できない条件を受け容れたという罪を、負わされることになってしまったのです★5」

分析というのは、次のとおりだ。「もしトロイカのプログラムがとても苦い薬でも、私たちの病気が治るのなら、私はそれを飲むように勧《すす》めます。でも、そうではない。彼らのプログラムは毒です、ギリシャの病状を悪化させるだけなのです」。そして私は次のように結論づけた。最善の選択肢は、飲むのをやめることです。さもないと欧州連合全体がデフレ効果に苦しむことになります。実際この毒は二〇一〇年以来ヨーロッパをそういう状況に陥《おとしい》れてきました。それで得をしたのは、極右と、民主主義の敵だけだったのです。

妥協なき穏健路線については、私は次のように言った。

私は明日、ユーログループのパートナーたちにこう話すつもりです。前の政権が行ってきたことと、私たち新政権の公約との間にも、継続性の原則が適用されるということを、私たちは理解しています。……私たちは、ユーロ圏で唯一《ゆいいつ》の民主的な政府というわけではありません。私たちは人々の負託《ふたく》を受けていますが、ユーログループに出席しているほかの一八人の財務大臣も同じように負託を受けています。……共通の基盤を築き、違いを超える架け橋をかけることです。……そうするためには、誠実さと、平穏な時間が必要です。これまで不幸にも脅しのようなものが使われてきましたが、そんなものがない時間が必要なのです。……私は、この交渉の間は、若干《じゃっかん》のプライマリーバランス黒字という目標から逸脱《いつだつ》するような法律を、いっさい成立させないことを約束します。それと同時に、交渉パートナーには、私たちの提案と分析を真摯《しんし》に検討することを望みます。……これが、交渉というものの意味することなのです。

すると野党席から新民主党やPASOKの議員たちがヤジを飛ばしてきた。「好きなだけ強硬に交渉しろ、しかしトロイカとケンカするなよ！　絶対決裂《けつれつ》させるなよ！」。私は、私としては唯一の論理的な答弁をした。

交渉を決裂させることなどありえないというなら、けっして交渉するべきではありません。交渉の行き詰まりなど考えたくもないというなら、あなたは暴君に対して、お慈悲を、と懇願《こんがん》するだけの立場に陥るだけです。最後には、暴君の判断ならどんなものでも受け容れるほかなくなります。私たちが一月二五日に受けた負託は、そんなものではありません。私たちが受けた負託は、交渉です。交渉とは、決裂を避けるために努力しながら、けっして決裂の可能性を排除しないことです。それが、私が有権者に約束したことです。それが、いま私たちが行っていることなのです。あなたたちには、この国を債務者の刑務所から救い出すチャンスがあった。その時、あなた方は模範囚《もはんしゅう》として振る舞う作戦をとってきましたね。今度は私たちの番です。私たちは、本当の交渉を行うことによって、ギリシャを解放しようとしているのです。

議論は白熱したが、私の演説はまだ最大の議論を呼ぶ部分まで行っていない。それは、債権団に誠意を示す、という部分だ。「理性的な交渉パートナーとして、既存のプログラムに含まれる措置のうち七〇%を、私たちの改革案に含めるつもりです。数年前に政治家たちが経済危機の原因と本質からあえて目を背《そむ》けて以来、人道上の危機が人々を苦しめています。この人道上の危機に対処する計画によって、この七〇%を補強するのです」

対ギリシャ・プログラムを説明した公式文書はMOU《エムオーユー》(Memorandum of Understanding、覚《おぼ》え書き)として知られるが、これは改革案のリストである(緊縮目標、社会保障給付のいくつかを廃止すること、民営化目標、行政・司法制度の改変、などだ)。これを前政権は、二度目の救済資金を受け取る条件(トロイカ語でいうコンディショナリティ)として受諾《じゅだく》したのだ。私たちがこれを完全に実施することは不可能だ。それに救済融資の九〇%以上は、私たちが選挙に勝つ前にすでにギリシャが受け取っているのだから、この改革を実施することは百害あって一利なしだ。しかし、二〇一二年のMOUのリストを精査すると、大部分の措置は社会的損害をさほどもたらさずに実施できそうなことが分かった。本当に有害な三〇%の項目を拒否し、この七〇%を受け容れるとともに、その見返りにこちらからの要求を突きつけるのが正しい戦略だろう。私が『ニューヨーク・タイムズ』紙の論説で述べたように、私たちのように弱い立場で交渉する場合には、妥協案を全部提示しておいて、ハッタリも策略もなしに、こちらの立場を曲げないことが合理的なのだ。

この方針に激怒の声が沸《わ》いた。支配層の政党はトロイカに対する譲歩が足らないと批判し、左派は譲歩しすぎだと批難した。次の朝、新政権の信認投票の直前に、私は財務大臣として議論をまとめる機会を得た。私はこの演説で、議論に終止符を打とうとした。

私たちにとって救済策のもつ意味はたった一つです。それは、返済しようのない民間と政府の既存の債務の上に新規の債務を積み上げることと、その新旧の債務を返済する原資となる国民所得を縮小させるような融資《ゆうし》条件を、組み合わせたものです。……この倒錯《とうさく》した救済策の論理の何%を、私たちは受け容れるべきでしょうか？　きっかり、ゼロ%です。私たちは、国民所得に対する債務の比率を高め、懲罰《ちょうばつ》的な課税に苦しんでいる人々に対する税率をさらに高め、悪循環を加速させるような措置を、ただ一つも受け入れるつもりはありません。現実無視と書かれた祭壇にギリシャ国民を一人でも生贄《いけにえ》に捧げるようなMOUの文言は、ただの一行も受け容れるつもりはありません。

だが、私はこう結論づけた。協定には双方からの妥協が必要です。MOUのリストに含まれる多くの措置は問題がなく、一人の生贄を捧げることもなく実施可能です。実際、最低所得保障のようなアイデアは、望ましいものでさえあります。

普通の状況なら、この立場は合理的で穏健とみなされただろう。結局のところ、これに腹を立てたのは、頑固なグレグジット支持者たちと、筋金入りのトロイカ支持者たちという、両極端の人たちだけだったのだから。しかし、ギリシャはそんな普通の状況ではなかった。

OECDに助言を求める

ユーログループ会議に向けてブリュッセルに向かう前に、経済協力開発機構（OECD）の使節との面会があった。OECDは、第二次世界大戦後の欧州でマーシャル・プランを取り仕切るために、一九五〇年に米国政府が創設したものだ。つまりOECDは、次の世界恐慌（とソ連の脅威）を防ぐために米国政府が設計した、IMFと世界銀行と並ぶ第三の国際機関なのだ。

OECDのアンヘル・グリア事務局長と私とは、たまたま個人的に付き合いがあった。持続不能な債務の再編が必要だという点で考えが一致したことから、良好な関係が生まれたのだ。グリアは一九八〇年代にメキシコの財務大臣として、返済不能な公的債務を大幅に免除させる交渉をしたことで名を上げた。私がギリシャの財務大臣になることなど想像もしなかった頃から、グリアは私をパリのOECDの事務所に招聘《しょうへい》して、ヨーロッパの経済危機に関する講演を私に依頼し、グローバル資本主義に関する最新事情をフォローするための定例会見の一環として、彼のチームと私が顔を合わせるようにしてくれた。アレクシスの頼みを私が受け入れた二〇一四年一一月の運命の夜、私は再びグリアのチームと連絡をとった。シリザには、独自の万全な改革案を提示できるような専門家はいない。これほどの高名な国際機関に改革案の策定を手伝ってもらうだけでなく、完成した後にお墨付きがもらえたら、批判を抑えるための強力な武器となるだろう。

OECDの使節は前日の火曜日、二月一〇日に到着した。私は、グランド・ブルターニュという歴史あるホテルの屋上

wikimedia commons

アンヘル・グリア
(Ángel Gurría)

庭園で彼らを迎えた。このホテルもシンタグマ広場にあった。夕食をとりながらギリシャの状況について私たちは話し合い、協力しあおうということで完全に一致した。私が唯一お願いしたのは、ギリシャの前政権やトロイカの依頼を受けて、OECDが一般の人々をターゲットとして策定した一連の改革案、いわゆる「道具箱《ツールキット》」を公式に廃棄することだった。それに対してグリアは、「道具箱」はOECDにとってはいい仕事ではなかったと認めて、新たに出直そうと約束してくれた。

　夕食は夜半過ぎまで続いた。翌日の早朝、今度はマキシモスで会見した。カメラの前で荘厳《そうごん》な儀式が行われた。首相はOECDの事務局長を歓迎した。私と、ドラガサキス副首相と、スタサキス経済相も一緒だった。これをもって、シリザ新政権が新たな成長促進政策の策定に向けて、「金持ち国クラブ〔OECD〕」と密接に協力しあうことが周知されたのだ。アレクシスの歓迎のスピーチを受けて、アンヘル・グリアは新たなパートナーシップにわくわくしていると述べ、約束どおりOECDの「道具箱」を否定し、よりよい適切な市場改革を提案していきたいと言った。

　メキシコ元財相に対する私の賞賛と尊敬の気持ちは強くなった。彼も、トロイカは彼の言葉を快《こころよ》く思わないこと、そしてOECDがその報《むく》いを受けるであろうことは理解していた。しかし彼の発言を聞いていると、信用ある国際機関の力を借りることは可能だという確信を持つことができた。絶望と停滞の悪臭漂《ただよ》うギリシャに新鮮な空気を送り込もうとする私たちの戦いのなかで、彼らも敵ではなく味方になってくれるということだ。

　儀式が終わって数分後には、私は空港行きの車に乗っていた。ブリュッセルに飛ぶのだ。初めてのユーログループ会議が待っている。

ユーログループ会議にて

　囚人たちが静かに苦しみに耐えている間は、その刑務所にニュースバリューはない。しかし囚人たちが暴動を起こし、看守たちが弾圧を始めた時には、報道陣が飛んでくる。私の乗った飛行機がブリュッセルに着陸するずっと前に、マスコミはアレクシスの議会演説を、改革を後退させ自ら墓穴《ぼけつ》を掘る証拠だといって報道していた。[★6] ユーログループ会議が予定されていた欧州委員会の建物に私が到着した時には、集まった報道陣の喧噪《けんそう》が印象的だった。

　ユーログループ会議の前に、私はＩＭＦの専務理事であるクリスティーヌ・ラガルドに会った。私たちのノンペーパーに示された提案に対して、彼女が否定的な態度をとらなかったので、少し元気が出た（彼女がプログラムは必ず失敗すると認めながら、私に対してプログラムを受け容れるべきだと主張したのは、この時の面会の終盤でのことだ〔第2章を参照〕）。その後、彼女は集まった報道陣に対して次のようなメッセージを出した。「彼らは能力があり、知的であり、問題について考え抜いています。彼らの意見を聞かねばなりません。私たちは共同作業を開始します。その作業は今始まり、しばらくは続くことでしょう」

　会議室に向かう廊下で、イエルン・デイセルブルムに出くわした。ラガルドと私が友好的な話し合いをしたのをみて、あからさまに不機嫌そうだった。おそらく彼のアテネ訪問が、残念な失敗に終わったことが思い出されたのだろう。私たちは部屋に入り、自分の席に着いた。

　ユーログループは面白い化け物だ。ＥＵのどの条約をみても法的地位が定められていないのに、ヨーロッパで最も重要な決定を行う機関はここなのだ。また、政治家を含めてほとんどのヨーロッパ人が、ユーログループのことをほとんど何も知らない。会議は巨大な長方形のテーブルを囲んで行われる。各国財務大臣は二本の長辺に沿って、ユーログループ作業部会にも出席する側近を一人だけ横につけて、並んで座る。だが、本当の権力者は短辺に向かって着席する。

　私の左手の短辺には、ユーログループ議長のイエルン・デイセルブルムが座った。彼の右横にはトマス・ヴィーザーが着席した。彼はユーログループ作業部会の議長で、実はこちらの短辺では最強の権力を有する男だ。デイセルブルムの左側にはＩＭＦの代表として、クリスティーヌ・ラガルドとポール・トムセンが座った。反対側の短辺には、ラトビア人で欧州委員のヴァルディス・ドンブロウスキスが座った。彼はユーロ欧州対話委員という肩書きだが、実際の仕事は（ヴォルフガング・ショイブレのために）、左にいるピエール・モスコヴィシ欧州経済財政委員を監視することだ。ドンブロウスキスの右にはＥＣＢ役員のブノワ・クーレが座り、その隣にはＥＣＢを代表してマリオ・ドラギが座った。

　長辺の側だが、ドラギのすぐ右斜め前の角に、ヴォルフガング・ショイブレが着席した。すぐ近くに座ったことで、時おり両者の熱いやりとりがみられたが、火花が散ることはけっしてなかった。ショイブレと同じ長辺には、私がみるに、彼の応援団が座っていた。フィンランドやスロバキア、オーストリア、ポルトガル、スロベニア、ラトビア、リトアニア、マルタの財務大臣だ。私の座席はショイブレの反対側だった。「放漫国家《ほうまん》」が見事に並んで座っていた。私の左がアイルランドのマイケル・ヌーナン、右側がスペインのルイス・デギンドスだ。その右がイタリアのピエール・カルロ・パドアンだ。フランスのミシェル・サパンも私たちと同じ側で、パドアンの右だった。

ユーログループの通常の会議では、驚くべき儀式が行われていた。これは、トロイカがヨーロッパ大陸の統治機能《ガバナンス》を支配していたことを象徴していた。おぞましいギリシャの悲劇はトロイカを結成する契機となったものだが、この悲劇があれほど大きくなったのは、ここで行われていた儀式が一因だったのだ。毎回の会議では、フランスの政府予算だとか、キプロスの銀行の動向だとかいった、一つの話題が提示される。デイセルブルムが話題について述べると、三機関の代表者たちが順に意見を述べるよう求められる。まず、欧州委員会を代表してモスコヴィシが、次にIMFを代表してクリスティーヌ・ラガルドが（彼女が欠席の時はポール・トムセンが）、最後にECBを代表してマリオ・ドラギが（ごくまれだが、ドラギが欠席の時にはブノワ・クーレが）話をする。★7 選挙で選ばれていないこれらの役人たちが自分たちの分析を述べ、議論の調子と用語を決めた後で、選挙で選ばれた大臣たちにようやく意見を言う機会が与えられるのだ。しかも、私が出席したほとんどすべての会議で、話題となるいかなる主題についても、大臣たちが事前にまともな説明を受けることはなかった。合理的で公平な観察者であれば、ユーログループ会議の目的は、三機関がすでに決定したことを大臣たちに承認させ、合法化することだと結論づけることだろう。

しかし、二〇一五年二月一一日のユーログループ会議は、普通の会議ではなかった。歴史上初めて、ユーログループの屋台骨であるトロイカと対決する公約を掲《かか》げて当選した財務大臣が、一国の代表として参加していたからだ。雰囲気は緊張に満ちていた。会議の直前、デイセルブルムがアレクシスに連絡をとって、各国の代表を二人に制限しているユーログループの規則を曲げたいと提案してきた。ギリシャ新政権にとって最初の、非常に重要な会議なので、副首相にもご出席願いたいというわけだ。こうして、ヨルゴス・フリアラキス（ドラガサキスが指名した、財務省経済諮問《しもん》委員会の委員長）だけでなく、ドラガサキス副首相自身も私の横に座ることになった。ヴァシリが言うには、これはデイセルブルムがアレクシスと共謀《きょうぼう》して、私の影響力を薄めようとしてやったことに違いない。私はまったく気にしなかった。三人いる方が元気が出るじゃないか。

継続性と民主主義の衝突

初めてユーログループ会議に出席する財務大臣には、最初の演説で政策の優先順位を説明する機会が与えられる。私は、ほかの出席者の慎重さに訴える形で、演説を始めた。

皆さんがギリシャの悲劇にうんざりしていることは理解しています。でも、信じてください、ギリシャ国民の方が遥《はる》かにうんざりしているのです。……私たちの新政権の使命は、大事な財産を食い潰《つぶ》すことなく、貴重なお金を獲得することです。つまり、私たちは国民の信頼を失うことなく、皆さんの信頼を獲得せねばなりません。ギリシャを安定化させ、正常化させるためのヨーロッパの戦いにとっても、ギリシャ国民の支持が貴重な財産なのです。

続いて、私たちの政府としても、財政の健全化と、大幅な改革と、既得権益《きとくけんえき》に対する猛攻撃を約束した。「ギリシャのこれまでの政権が実行できなかったことも、私たちなら実行できると期待してください。なぜそう言えるのでしょうか？それは、私たちが既得権益集団と繋《つな》がっていないからです。……私たちは改革を約束するだけではありません、実行するのです」

しかし、それに成功するためには、人々を味方に付けなければならない。そのためには、人々が公正に扱われていると感じられるようにしないといけない。私は説明した。清掃員や学校の用務員を再雇用したのは、そのためです。裁判所によれば、彼らはトロイカの命令で、前政権によって違法に解雇された人たちなのです。また、ギリシャの（極めて低い）貧困ライン以下の生活をしているお年寄りたちの年金を、削減しないと約束したのもそのためです。民間部門の最低賃金を少しずつ引き上げようとしているのも、そのためです。ユーログループに参加している皆さんには、これらの小規模な措置によって、財政上の影響はほとんど生じないことは納得してもらえるでしょう。公正さの感覚を取り戻すための、ささやかな措置《そち》の値札は安いものです。違法な形で清掃員を解雇することが改革であり、彼女たちを再雇用することが改革に逆行する証拠だと考えるのは、愚かしいとは言わないまでも、あまり実りのないことでしょう。

国際機関と協力する用意があることを示すために、私はＯＥＣＤとの新たな協力関係について説明し、ＩＭＦやＥＣＢと、それぞれの専門領域において緊密に協力しあうことを提案した。欧州委員会には、各加盟国の首都とアテネとを政治的に仲介する役割を求めた。民営化と公共財産の開発という問題については、次のように確約した。

〔私たちの政府は〕独断的ではありません。……一つ一つのプロジェクトについて、それがもたらす利益だけを評価します。公共財産を、価格が底を這《は》っている時に急いで叩き売りすることは、賢明な政策ではありません。その代わりに、ギリシャ政府は開発銀行を設立し、これを通じて政府の財産に法人格を与えます。財産権を改革してその財産価値を高め、欧州投資銀行のようなヨーロッパの投資機関と協力して、民間部門の資金調達を支援するための担保《たんぽ》として公共財産を活用します。……ECBと協力して、公的な銀行を設立し、不良債権の処理を進めて、民間銀行が中小企業や家庭を支えられるようにします。

次に、私は問いかけた。民主主義の国で二つの原則が衝突した時に、何が起こるでしょうか。民主主義とは、人々の共通の意思を反映する妥協を見いだすためのものです。今、二つの原則が衝突しています。一つは継続性の原則です。私たちの政権は、好むと好まざるとにかかわらず、プログラムに対する前政権の約束に拘束《こうそく》されています。しかし、民主的な負託を受けた方針転換という原則もあるのです。皆さんの政府にも、好むと好まざるとにかかわらず、ギリシャの有権者たちが私たちに、プログラムに異議を唱えよという負託を与えたことを、尊重する義務があるでしょう。ヨーロッパのこの会議において、私たちの義務とは何でしょうか。それは、すでに合意された対ギリシャ・プログラムと、私たちの政権が受けたばかりの負託との間に、共通項を見いだすための新たな協力関係を築くことです。そう言って最後に私は、私たちの債務持続可能性分析と債務スワップ提案に対して、明確な見解を示すようIMFに求めた。

イエルン・デイセルブルムはアテネで悪い冗談を言っていた。EUにはすでに債務免除について話し合う常設会議がある、それがユーログループだ、と言ったのだ。このことも私の提案に含めることにした。「アテネでデイセルブルムさんと合同記者会見に臨《のぞ》んだ時、彼はユーログループこそが、債務問題に関する常設会議として機能する会議体だ、ユーロ圏の加盟国における債務問題を話し合う場だ、とおっしゃいました。私たちはこの言葉を歓迎します。私たちは、加盟国から代表者や専門家を集めて、この件に関する特別のユーログループ作業部会を設置することを提案します」（この話をしている時、ショイブレが明らかに激怒してデイセルブルムを睨《にら》みつけたのを見て、私は思わず笑ってしまった）。

ギリシャ政府の巨額の債務の再編に関する話を終えると、私は短期の金融安定の必要性に話を移した。破産したギリシャ政府に対して、トロイカは二〇一五年七月までにIMFに対して五〇億ユーロ弱〔六五〇〇億円弱〕の返済を行い、七月と八月のうちにECBに対してさらに六七億ユーロ〔約八七一〇億円〕を返すよう迫っていた。私の提案は、まずECBがギリシャに支払う義務のある一九億ユーロ〔約二四七〇億円〕について、過去数年間にSMP国債で儲《もう》けたカネから返済するという、穏健な合意から始めようというものだった。★8 これはギリシャのカネだ。債権団がギリシャにカネを返せと言うのなら、彼らはギリシャが自分のカネを引き出せるようにすべきだ。さもなくば、債務不履行《デフォルト》が避けられなくなる。

> 次に私たちは、今後数か月間のギリシャの流動性ポジション〔おカネのやりくり〕を確保するための、つなぎ融資について緊急に作業を開始することを提案します。ギリシャ政府はこれを要求します（……これははっきりと申し上げます……）。これまでとは異なる協定を私たちが結ぶために、これを誠実な交渉の出発点にするという条件で、この作業を開始するのです。私たちの側でも、現実的なプライマリーバランス黒字を追求し、効率的で社会的にも公正な構造政策を実施するというのが前提です。もちろん、従来のプログラムのなかで、私たちも受け容れることができる多くの項目を、私たちが実施するという意味も込めて申し上げています。ただし、次の点について確約していただきたいのです。つなぎ融資を受けたとしても、ギリシャ国民が拒否した従来の政策の論理を、私たちが受け容れたということにはならないということです。

その後、いくつか専門的な細かい点について説明を行ってから、私は最終弁論を行った。

> ヨーロッパは一体不可分です。ギリシャ政府は、欧州連合と通貨同盟にとってもギリシャは永久に分離不能な構成員だと考えています。……皆さんのなかに急進左派連合政権の勝利を快《こころよ》く思っておられない方もおられることは、存じております。そういう方々には、こう申し上げたい。私たちを敵だとみなせば、チャンスを失うことになります。私たちは根っからのヨーロッパ統合主義者です。私たちはギリシャの人々を大切に思っていますが、何でもかんでも安請《やすう》け合いするポピュリストではありま

せん。さらに私たちは、ヨーロッパの平均的な人々にとって本当に有益な協定ならば、ギリシャの人々にそれを支持するように勧めます。私たちを、信頼できるパートナーだと信じてください。私たちはこの会議で、何もないところから何かを引きだそうと思っているわけでも、他人を犠牲にして利益を得ようとしているわけでもありません。

選挙と経済政策の衝突

私が演説を締《し》めくくった時、ドラガサキスもフリアラキスも賞賛するかのように頷《うなず》いていた。私の右にいたスペイン人のルイス・デギンドスは、心配そうな表情をしていた。★9 私が演説を終えるとすぐに、フランス財相のミシェル・サパンがネームプレートを立てた。これは、意見か質問をする際の慣行だ。デイセルブルムが彼を指さした。

私は、新たなパートナーシップの表現としてMOUに含まれる措置の七〇%を受け入れると表明した直後、すぐにフランス政府から、この点に大いに注目したというメッセージを受け取っていた。サパンは、対ギリシャ・プログラムとギリシャ新政権の計画の間に架け橋をかける、という私の提案を熱く弁護し、ギリシャとユーログループとの新たな協定について道を開こうとしてくれた。しかしサパンが話し終えるまでに、ショイブレが不吉なほど真っ直《す》ぐにネームプレートを立てた。思えば、サパンがユーログループのなかで、何か私が言ったことを全面的に支持すると言ってくれたのは、この時が最初で最後だった。私にとって初めてのユーログループ会議のなかで、一時間もたたないうちに、仏独枢軸《すうじく》の命令系統が構築されようとしていたのだ。

ショイブレは、サパンを睨《にら》みつけながら話を始めた。「選挙によって経済政策を変えることは許されません」。ギリシャが負《お》っている義務は、ギリシャの前政権とトロイカの間の協定に基づく対ギリシャ・プログラムが完了するまで、再検討されてはなりません、というのだ。そもそも対ギリシャ・プログラムの完了など不可能だということは、明らかに彼の頭にはなさそうだった。

私が驚いたのは、選挙は重要ではないという信念をショイブレが持っているということよりも、そう発言する時に罪悪感がまったくなさそうなことの方だった。彼の論理は単純だった。一九の加盟国で政権交代が起こるたびに、ユーログループが設計図を書き直さなければならないとしたら、経済政策は頓挫《とんざ》してしまうだろうというわけだ。もちろんそれには一理ある。民主的な連邦制のようなものをいっさい抜きにして、加盟国の経済政策を支配する権威をユーログループが獲得してからというもの、民主主義は本当に死んでしまったからだ。

ショイブレ博士の演説の後は、彼の応援団の面々が応援のスピーチを行った。スペインやアイルランドの財相も同様だった。ベルギーやオーストリアの大臣でさえ、首相たちが私たちとの個人的な会合ではギリシャ新政権に対する支持を表明していたにもかかわらず、ショイブレを応援する発言をした。[★10] リトアニアやスロバキア、スロベニアの財務大臣たちは明らかに、経済政策に関するショイブレの発言は、疑いなく正しいと信じていた。だが、緊縮の経済学に賛成しない国々（イタリア、スペイン、アイルランド）の大臣も、ショイブレを支持していることが分かった。彼らが心配していたのは、成り上がり者のギリシャ政府が、自分たちが呑《の》まされてきた緊縮策を免《まぬが》れることになれば、どうして緊縮策に反対しなかったのかという強い批判の声が、自分の国民から沸き上がるかもしれないということだ。さらに、フランスを中心とする少数だが重要な国々の場合には、ショイブレに逆らえば、将来自分たちの国も緊縮策を迫られかねないという心配があったようだ。

私に答弁の機会が回ってきた時、私はショイブレが、民主主義を軽蔑《けいべつ》するプラトンのような考え方をしていることを明らかにしようと努めた。

選挙が経済政策を変えることは許されない、いや、いかなる政策も変えることはできないという言葉は、「シンガポールのかつての指導者である」リー・クアンユーの支持者や、中国共産党に対しては、いいプレゼントになるでしょう。彼らもそう信じているに違いありませんからね。民主的手続きの効用を疑う伝統というものは、もちろん大昔からありました。しかし、このような伝統はずっと昔に、民主的なヨーロッパからは消え去っていたと、私は思っていました。しかしユーロ危機によってその伝統が復活しつつあるようですね。私はここにおられる全員に呼びかけます。これに抵抗するために一致団結しようではありませんか。民主主義は贅沢《ぜいたく》品ではありません。債権国には与えられるが、債務国には与えられないようなものではありません。実際のところ、ユーロ危機が永続化しているのは、通貨同盟に民主的手続きが欠けているからです。ただここでも、私が間違っているかもしれません。皆さん、もし私が間違っているとお考えなら、ショイブレさんの言うことに賛成するのなら、表《おもて》だって堂々とそう言ってください。ギリシャのような国では、プログラムが完了するまで、選挙が行われるべきではないとはっきり言ってください。選挙にカネをかけて、人々に投票を求めても、選ばれた政権には何一つ変える権限がないというのならば、何の意味もありませんからね。

ドラガサキスは身を乗り出して、おめでとうと言ってくれた。立場の違いこそあれ、私が正論をぶつのを楽しんで聞いてくれたようだ。だが、この問題についてほかに誰も発言をしなかったので、デイセルブルムがこう宣言した。「一〇分間の休憩《きゅうけい》の後に、コミュニケを策定します」。六時になっていた。会議が始まって一時間半が経過していた。しかし、私たちの仕事は始まったばかりだった。すべてはこのコミュニケ〔公式声明〕にかかっているからだ。

コミュニケーションなきコミュニケ

私はユーログループの秘書官に、ユーログループに出席する大臣全員に私の三本のノンペーパーを配布して、じっくり検討できるようにしてほしいとお願いしていた。秘書官は今ごろになって、それは難しいと言ってきた。さらにデイセルブルムとヴィーザーがやってきて、それは「不可能だ」と告げた。信じられない思いで私は尋《たず》ねた。「対ギリシャ・プログラムが今日の唯一の議題ではありませんか。対ギリシャ・プログラムの問題点に関して、私が数ページの提案を示して、各国の財相たちとコミュニケーションをはかろうとしているのに、あなたたちはそれを妨害《ぼうがい》するつもりですか」。はいそのとおりです、彼らが言っていることは、そういう意味のことだった。しかしなぜだ。その理由は何だ。まともな理由が一つでもあるというのか？

会議が再開されると、ショイブレからその答えを聞かされることになった。彼が言うには、もし私の提案を受け付けたら、彼はそれをドイツ連邦議会《ブンデスターク》に議案として提示する法的義務を負うことになってしまう。そしたら、与党内各派や野党から懸念《けねん》が表明されて大混乱になってしまう。したがって私の提案は、三機関〔トロイカ〕がそれを検討する機会が与えられる前に却下されることになるだろう。「だから、三機関に提案してください」と彼はまた言った。（実際、それ以降のユーログループ会議の間に、何度も私は他国の財務大臣に自分の提案を説明しようとしたが、それは必ず拒絶《きょぜつ》された。ある時デイセルブルムは、ほかの大臣にeメールで提案を送付するようなことは手続き規則に反すると言った。それはつまり、私たちの提案が検討されることはいっさいないということだ）。あらゆる点でいっぺんに衝突したくなかったし、コミュニケの草案が配布されようとしていたこともあり、私は口をつぐんだ。

草案が配布されたが、ちょっと見ただけでも絶対に受け容れられないものであった。「ギリシャ新政権の優先課題を尊重し、対ギリシャ・プログラムの範囲内で最大限の柔軟性をもって」と述べる一方で、ギリシャがMOUを全面的に実施することによって二度目の救済プログラムを完了させると宣言していたからだ。

トロイカが「最大限の柔軟性」という時、それが意味するところは、T型フォードを発売した時のヘンリー・フォードの謳《うた》い文句と同じだ。「お好きな色が選べますよ、黒であるかぎりはね」、というわけだ。つまりトロイカが言うには、財政緊縮のレベルについては交渉できないが、ギリシャ人の間でどのように痛みを分かち合うかについては、ギリシャ政府からも提案できるというわけだ。これはまるで「ソフィーの選択」だ〔映画『ソフィーの選択』の女性主人公はナチスの強制収容所で、二人の子どものうちどちらを救い、どちらに死への道をともにさせるかという選択を迫られる〕。

私はフロアからの発言として、当方からの「架け橋」の提案が、デイセルブルムの草案では完全に拒絶されていることを指摘した。それはトロイカのプログラムとギリシャ新政権が選挙民から受けた負託との間の「架け橋」であり、フランスも支持を表明したものだった。とはいえ、当方の誠意を示すために、私は草稿を条件付きで受け容れることを申し出た。「プログラムの前に『修正された』という語を追加してもらえませんか」と、デイセルブルムに尋ねた。この形容詞が入るだけで、大違いなのだ。

彼はびっくりしたが、嬉しそうだった。実際、私は「プログラム」という単語を残すことを認めたのだから、これは大幅な譲歩だ。

「修正されたプログラムを完了させますと、約束してくれるというわけですか?」と彼は言った。

ここで私は一瞬だけ、ドラガサキスとフリアラキスに相談した。二人は、これは閣僚や議員の大部分が反対するだろう、彼らはプログラムに関するどんな約束に対しても激怒するはずだ、だが結局のところすべては「修正された」という語句の解釈次第だろう、そう言って賛成した。

「デイセルブルムさん、結構です。資金的に健全で、財政的に持続可能で、社会的に公正で、ギリシャの人々が快諾《かいだく》するような改革を含んだ、修正されたプログラムにコミットします」と、私は答えた。

するとユーログループ議長は「いったん休憩にします」と言った。

その間、隣にいるルイス・デギンドス(スペイン財相)と楽しく雑談をした。私が代表しているシリザ政権は、〔シリザの姉妹政党ポデモスを通じて〕彼の政権の脅威になっているのだが、私たちの間の雰囲気はよかった。彼は、ショイブレのいる方向を指さしながら言った。「私が初めてこの職に就

wikimedia commons
ルイス・デギンドス
(Luis de Guindos)

いた時、銀行は崩壊しそうになっていた。私がその場をどう切り抜けてきたか、あなたも見聞きしておられたでしょう。本当にひどい状況でした」。これは私たち二人の間のすばらしい友情の始まりではなかった（数か月後にマドリードの彼のオフィスを訪問した時、素晴らしい会話が成立することにはなるのだが）。とはいえ、そこに集まった高官たちのなかで、徒労《とろう》感や嫌悪感を覚えることなく、十分に理解しあえるような話し相手はほとんどいなかったのだ。私たちは政治的にもイデオロギー的にも同意しあえなかったが、両国が直面している問題の真相を追究するための言葉と意思だけは共通だった。後に私は、彼らの共通点を知ることとなる。彼らは全員ゴールドマン・サックスで働いていたのだ！

会議が再開された。デイセルブルムはがっかりした様子だった。「修正された」という文言を「プログラム」の前に入れることは、ショイブレさんには受け容れられませんでした、と彼は言った。ショイブレがマイクのスイッチを入れて説明を始めた。その文言が入れば、自分にはそれを連邦議会に持ち帰って承認してもらう義務が発生するのです。ちなみに、ＭＯＵに規定されている対ギリシャ・プログラムは、すでにドイツ連邦議会で承認を受けていますがね。いかなる修正にも採決が必要です。しかしプログラムはきっかり一七日後に期限切れになるのですから、修正条項の細部に合意して、連邦議会に提出して、採決する時間はありません。したがって、ギリシャ政府には、既存のプログラムの完了を約束するか、二月二八日に銀行が閉鎖されるのを受け容れるか、それ以外の選択肢はありません。ギリシャの経済政策や改革案をめぐる衝突は、ドイツとギリシャの国会の対立という話になってきた。だが、ギリシャの国会に権力を放棄しろと言うために、ショイブレはドイツ連邦議会を持ち出しているのだが、私は彼にそんな特権を与えるつもりはない。彼の身振りから察するに、彼もそれを理解していた。

ショイブレが話し終えると、デイセルブルムは私を睨《にら》んだ。「バルファキスさん、合意されたコミュニケが成立しないかぎり、部屋を出ることはできないということを理解してくださいますね。締め切りは厳しいのです。四か国の国会では、憲法上の理由から採決が必須ですから、★11プログラムを延長するためには少なくとも二週間はかかります。フィンランド財相によれば、フィンランド議会の日程は非常にきつくて、あなた方のプログラム延長申請を承認する手続きを、明日の朝までに始めないといけません。今夜中に、合意されたコミュニケが成立しなければ、フィンランド議会には延長を承認する時間はなく、ECBは二月二八日にはスイッチを切るしかなくなります。余裕はまったくありません。今このコミュニケを受け容れてください、さもないと列車が駅を出てしまいます」

私は、彼とショイブレを見据《みす》えてこう答えた。「今日はヨーロッパの民主主義にとって、誠に残念な一日です。新しく選ばれた財務大臣が、初めてユーログループを訪れて、こう言われたのですよ。おまえの議論も提案もまったく問題ではない、選挙民からの負託もまったく重要ではないと。デイセルブルムさん、あなたが言っていることは、そういうことなんですよ。たとえ私がすばらしい提案をしても、それがこの部屋の全員が大賛成するようなものであっても、そしてギリシャの人々を屈辱と困難から救済するものであったとしても、ダメなものはダメだ。プログラムはプログラムはプログラムだ。そこから少しでも外れることは考えられない。一部の国会の手続きとか日程とか、そういう技術的なことを理由にそう言っているわけです。ヨーロッパの民主主義者の一人として、壊れかけた国の財務大臣として、私にはこの最後通牒《つうちょう》にノーと言う義務がある」

そこにクリスティーヌ・ラガルドが口を挟んできた。彼女は、ギリシャ政府にも「話を聞いてもらう」権利があると言い、ギリシャの債務に関する上品な発言を少しはしてくれたが、それがショイブレの態度を変えることはなかった。

だがここで、「修正された」という文言に代わる言葉が浮かんだ。「調整されたプログラムにコミットするというのは、いかがかしら？」と、彼女は私に尋ねた。

徹底的に考えをめぐらせて、私は柔軟にいくことにした。これは代案としては酷《ひど》いものだ。「調整」というとプログラムは基本的にはマトモだという意味になるが、このプログラムは必ず失敗するものだ。完了することが不可能だからこそ、実質的な修正が必要なのだ。しかし、ある文言がコミュニケに追加されるなら、その代わりに「調整」という形容詞を受け容れてもよい。ユーログループとの協調という精神から私は言った。プログラムの結果として人道上の危機がギリシャの人々を苦しめていますが、これに対処すべくユーログループはギリシャ政府に協力するという約束がコミュニケに書き込まれるならば、私はチプラス首相に「調整されたプログラム」を完了させる約束をするように勧めることができます。

だがデイセルブルムは言った。「受け容れられません。『人道上の危機』という用語は政治的すぎます！」

私は即座《そくざ》に答えた。「人道上の危機を認めることは政治的すぎるという理由で、人道上の危機を無視しようとすることの方が、よっぽど政治的じゃないですか」

話が行き詰まったことは明らかだった。午後一〇時三〇分頃、再び休憩ということになった。廊下《ろうか》に出るとラガルドが私に近づいてきた。「調整された」という文言を受け容れて、コミュニケでギリシャの人道上の危機に言及しろという要求を撤回するよう、私を説得してきたのだ。

「私だけの問題ではないということが分かりませんか？　私たちの受けた負託はユーログループの初回ではまったく意味をなさなかった、などと言えば、ギリシャには武器を持って決起しかねない政党があるのです。話し合いの結果を心待ちにしていた首相も激怒するでしょう」。私は、そう言うとともに、ラガルドやトムセンが、私との個人的な会話のなかで承知してくれた事柄を、ユーログループで話題にしなかったので失望した、と付け加えた。ラガルドは、あの手のことはもっと後にとっておくべきだと答え、今のところはコミュニケに賛成し、みんなが崖《がけ》から墜落《ついらく》するのを防ぐことの方が重要だと言い張った。私は、アレクシスと相談する必要があると答えた。

フランスでは、ラガルドがショイブレの側に私を抱き込もうとしており、モスコヴィシ欧州委員もミシェル・サパン財相も私と距離をとっているので、応援してくれているフランス人はエマニュエル・マクロン経済相だけだ。ユーログループに彼の席はないが、彼は私が会議に乗り込む直前に電話をくれて、幸運を祈ると言ってくれた。コミュニケをめぐる交渉の最中にも、どんな気分ですか、会議はどんな感じですかと、頻繁《ひんぱん》にeメールをくれた。私は、できるかぎりまともなコミュニケにするために最善を尽くします、「最初の草稿《ドラフト》は最悪でしたが、彼らがバカみたいに頑固でないことを期待しましょう」と答えた。マクロンが返事をくれたのは一〇時四三分だった。冷静さを保ち、妥協点を探ってください、ただし向こう側がこちらに歩み寄ってきた場合にかぎってですよ、という助言だった。私は一一時二分に返信した。「私たちは蚊帳《かや》の外です……彼らは、サマラスでも署名しないようなコミュニケを、私に賛成させようとしているのです」

再びドラガサキスと相談だ。「調整された」という文言を呑《の》んでいくらか時間を稼《かせ》ぐか、さもなくばショックに備える間もなく銀行を閉鎖されるリスクを負うかだ。彼は疲れた顔で、私の意見を求めた。私は、自分はコミュニケに妥協する方向です、銀行が開いているうちに、私たちが申し合わせたすべての計画を実行に移せるようにするためです、と言った。

彼もフリアラキスも賛成した。この間ずっとアレクシスとパパスは近くのホテルに籠《こ》もって、まもなく始まるEUサミットの準備をしていた。ユーログループの最中《さなか》、私はしきりに彼らにeメールで最新事情を送り続けていた。ここで首相に直接電話をしよう。

結局私たちは一時間近くも話をした。その間、デイセルブルムが近づいてきて、ユーログループ会議の途中で大臣が首相に電話をするようなことは普通しませんよ、と言ってきた。私はすぐに、国の銀行システムの即時停止に繋がりかねないようなことについて、大臣にその場で決断を迫るようなことは普通しませんよと言い返した。シャレの掛け合いのようだったが、私はポーカーフェイスを崩すわけにはいかない。他国の大臣たちが小さなグループに分かれて、ちらちらとこちらを見ながら話をしていたからだ。

「調整されたプログラム」という文言を強調した草稿を私が読み上げると、即座にアレクシスはそれでは議会採決どころか閣議も通せませんと答えた。そこで私は、「列車が駅を出てしまいます」というデイセルブルムの脅《おど》しの言葉を伝えた。アレクシスは、その列車に青信号を出すのはECBのはずですが、ドラギはどういう態度でしたかと尋ねた。「ドラギは何も言いませんでした。不満げな顔をしていただけです」と、私は答えた。

通話を続けているうちに、スマホはだんだん熱くなり、私の頭も熱くなってきた。何度も判断を変えなければならなかったからだ。「拒否しろ！」という考えと、「この最悪のコミュニケを受け容れて、「調整されたプログラム」とはどんなものかを定義すべき時が来たら、その時にトロイカと戦おう」という考えの間で、何度も往復を迫られたからだ。その間ドラガサキスは身振り手振りで、アレクシスが受け容れるよう説得してくれと伝えてきた。正直言って、私の気持ちは揺らいでいた。電話の向こうのアレクシスにはどっしり構えて、私の心を奮《ふる》い立たせてほしかった。敵対的すぎる雰囲気のなかで、対決的なやりとりを一〇時間も続けてきたせいで、私は無性にここから飛び出したくなった。蛍光灯に照らされた、窓さえないこの部屋から脱出したくなったのだ。冷たく暗く人気《ひとけ》のない、二月の夜のブリュッセルの街路《がいろ》に飛び出したい、冷たい雨と空気を体中に吸収したい！ そんな気持ちになるなんて夢にも思わなかったが、本当にそんな風に感じていたのだ。たった一瞬だが、圧力に屈してベイルアウティスタンに署名した、前の財相たちの気持ちが分かった。私は人間として彼らに共感したのだ。すべてが終わってホテルに戻ると、私はダナエに電話して、この夜の苦しさをぶちまけた。「数百万のギリシャの人々が、オレたちを信じてくれている。ユーログループでオレが、憎たらしいプログラムへの署名を拒否してくれると思っている。あの人たちがいなかったら、たぶんオレは屈服していたと思う。「これまでの財務大臣である」パパコンスタンディヌーやヴェニゼロス、ストゥルナラスが、あの猛烈《もうれつ》な圧力に耐えられたはずがないよ。彼らが国に帰っても、応援してくれるのは寡頭支配層《オリガルヒ》や金融屋だけなんだからね」

一方のアレクシスは、この部屋のなかのごたごたから距離を置いていたので、遥かに迷いが小さく、最終的には断固とした立場をとってくれた。こうして私が命令を受けて決意を固めると、あろうことか、眼前《がんぜん》では異様な光景が展開していた。ショイブレとフィンランド財相が部屋を出ていったのだ。彼らが去ると、デイセルブルムがやってきて説明した。「フィンランドの大臣は飛行機に乗るために、急いで空港に向かわれました。ショイブレさんもです。彼らが去ったからには、コミュニケを修正することはできません。元のままの文言で受諾《じゅだく》していただくか、すべておしまいにするか、ですが」

私は彼に言った。心配いりませんよ。私たちはコミュニケに署名できなかったと思います。だからショイブレさんも、お帰りになってちょうどよかったのかもしれません。むきにならないでくださいよ。私たちにはそもそも、あれに署名する権限がなかったのです。たぶんデイセルブルムさんも、オランダ議会からそんな権限は与えないと言われたら、署名しようとは思わないでしょう。

それを聞くと、彼はいっそう苦々しい顔を見せた。

私は再び腰を下ろすと、一部始終をドラガサキスに説明した。彼はアレクシスの判断の是非《ぜひ》を疑った。私は、自分は迷っていたが首相は正しかったと言った。アレクシスと連絡がついたことと、彼が部屋の外にいたことは重要だった。あの熱気と緊張が、私たちの判断力を鈍らせていたからだ。

「あんたらのカネがなくなりますぜ」

何を待たされているのか不明だった。だが、デイセルブルムとヴィーザーは話を続けていた。時にはラガルドが口を挟み、職員たちが手伝いをしていた。モスコヴィシは蚊帳《かや》の外だった。彼はその辺《あた》りをうろうろし、時々私に向かって優しく微笑《ほほえ》んだ。

しばらくしてショイブレが部屋に戻ってきた。私はフリアラキスに耳打ちした。「やつらはオレたちをたぶらかそうとしているんだ。こんなふうにされたら、オレはもっと頑固《がんこ》になるだけだ。妥協《だきょう》なんてありえないよ」

結局ラガルドが私に近づいて、小さな声で、あなたたちはミスを犯したと思うわ、と耳打ちした。すかさずデイセルブルムがやってきて、もう一度カケに出てきた。最後のチャンスですが、コミュニケの草稿に賛成しませんか、と言ったのだ。私は答えた。「プログラム」の前に「修正された」という文言を入れるという、私の最初の提案を受け容れるのですか？　気に入っておられたじゃないですか、ショイブレさんが却下するまでは。

話は完全に行き詰まったということで、意見は一致した。大臣たちはドアに向かって歩き出した。私はドラガサキスとフリアラキスに、帰ろうと合図を送った。私たちが部屋を出ようとすると、ショイブレ応援団の一人が不安げな声で尋ねた。「ユーロを脱退するというのは、あなたの計画なのですか」

私は答えた。「全然違いますよ。でもそれは、ユーロ圏から追放するぞと脅されれば、達成できそうもない条件を私たちが受け容れるという意味でもありませんよ」

旧ソ連圏のとある国の財相は、もっと攻撃的な姿勢で「あんたらのカネがなくなりますぜ」と言った。

私は苦笑を浮かべて答えた。「ええ、結構ですよ。昔からビートルズも言ってるでしょう。そもそも愛はカネでは買えないんですよ」

私はドラガサキスが廊下をふらふらと歩いてゆくのに気づき、すぐに彼を追いかけて、左腕をとってトイレまで連れていった。彼の顔は真っ白で汗だくだった。目の焦点は合わず、呼吸も不規則だった。外で彼を待った。彼がしっかりした足取りで出てきて、大丈夫だと微笑んでくれたので、私はほっとした。ギリシャ使節団のオフィスに向かって歩きながら、私は考えた。今日の空騒《からさわ》ぎにかかった人的コストは、達成できたことに比べればあまりに莫大だ。一九か国の財相や、ECBやIMF、欧州委員会の指導者たちが一堂に会した。彼らだけでなく、補佐官たちや、多数の通訳や、支援スタッフもいた。これだけの人間が一堂に会してやったことと言えば、一人の財務大臣をつるし上げて一〇時間を無駄にしたことだけだった。なんたる人的資源の浪費だろうか。

オフィスに戻ると、アレクシスに電話で簡単に事情を説明した。すると彼は「落ち着いてください。ギリシャの人々は街に出て、私たちを祝福していますよ。元気を出して！」と言った。秘書の一人が、アレクシスのアカウントのツイッターを見せてくれた。デモの写真が表示され、「ギリシャやヨーロッパの各地では、交渉のための私たちの戦いを、人々も一緒に戦ってくれています。彼らこそが私たちの力です」というメッセージが記されていた。翌日分かったことだが、私がユーログループでつるし上げに遭《あ》っている間、何千人もの人々が応援のためシンタグマ広場に集まってくれていたのだ。彼らは踊りながら、「破産しても自由だ」とか「緊縮策をやめろ」とか書かれたプラカードを揺らしていた。同じ頃、感動的なことに、ドイツでも何千人ものデモ隊がブロッキュパイ（Blockupy）〔ヨーロッパの民主主義と連帯のために国境を越えて緊縮策に抵抗する社会活動家、労働者、移民、失業者、プレカリアート、政党員などの運動の連合（https://blockupy.org）〕に率《ひき》いられて、フランクフルトのECBのビルを包囲してくれていた。この時、まったく異色のドイツ人サポーターのことが思い出された。あのフランクフルト空港のシークレットサービス職員のことだ。

会議は終わったかもしれないが、私の仕事は全然終わっていなかった。何百人もの記者たちがプレスルームで待っていたのだ。デイセルブルムは間違いなく、私たちがコミュニケに同意しなかったことを利用しようとするだろう。このニュースを世界中に発信して、ギリシャの銀行取り付け騒ぎを加速させようとするだろう。

「部屋のなかの大人たち」の無茶な振る舞いに、人々やマーケットが絶望することのないよう、十分冷静に振る舞うことが私の使命だ。そのためにアレクシスは、私を元気づけようとしてくれたわけだ。

プレスルームに向かう時、露骨《ろこつ》なクローズアップを撮影しようという情け容赦《ようしゃ》ないカメラマンたちから、警護員が私を防御してくれた。いったん満員の部屋に入れば、本当の気持ちをいっさい表に出さないようにせねばならない。私の心はストレスでボロボロだった。それで声が震えたり、涙がこぼれたりするのではと不安だった。しかしその時が来てみると、心のなかにもう一人の自分がいたことに気づいて我ながら驚いた。そいつは記者の群れを前にして、きちんと任務をこなすどころか、こうした状況を強みに変えることもできる。この発見は本当に驚きだった。

そもそも今回のユーログループ会議の目的は、何らかの問題を解決することではありませんでした。言ってみれば、私が新人だから招かれただけのことです。私は素晴らしい機会を与えていただきました。私たちは内容についてもロードマップについても、自分たちの考え方や分析、提案を述べましたが、それは暖かく受け容れてもらえました。月曜に再び会議がありますので、このまま月曜の会議に備えるのが普通だろうと思います。

友人たちも論敵《ろんてき》たちも、人々を欺《あざむ》いたと言って私を批難した。どうして何があったのかをぶちまけなかったのか？　彼らが民主主義を軽蔑《けいべつ》して脅迫《きょうはく》的な態度に出たことを、どうしてあそこで暴露《ばくろ》しなかったのか？　こんなふうに何度も訊《き》かれたものだ。まだその時ではなかったからだ、それが私の答えだ。私たちが受けた負託は、既存のプログラムや前政権が呑んだMOUを尊重しろ、新規の融資や緊縮策を受け容れろと言われても、拒否し続けることだった。私たちも屈することなく最後まで戦うつもりだった。私が財務大臣の職を引き受けたのは、こちらの抑止策をちらつかせながら、みんなで舞台裏での脅迫に抵抗しようという理解だったからだ。言い換えれば、秘密の場で威嚇《いかく》されても宣戦布告もしなければ降伏もしないこと、それが私たちの使命なのだ。何より、今夜中に列車が発車しますというデイセルブルムのハッタリを、明朝まで待って確かめることが必要だった。

　一人の記者が質問してきた。ユーログループ会議の最中に首相が電話をかけてきて、あなたやドラガサキス副首相を応援して、コミュニケを潰《つぶ》す決断をさせたというのは本当ですか。はい、ドラガサキス副首相も私も気持ちが弱くなった時間帯があって、受け容れの方向に傾いたことがありました、ですから、その時に応援してくれた首相には感謝しています、そのように答弁したい気持ちだった。だが私の口から出た答えは違った。「誰も、何も潰してなんかいませんよ。この会議はお互いを知って、未来へのロードマップを作るためのものでしたからね」。別の記者が割り込んできて、最初のユーログループはどんな印象でしたか、と聞いた。私は答えた。「すばらしい経験でした！　いちばんよかったのは、今夜、いろんな人たちのいろんな考え方を伺《うかが》うことができたことですね」

交渉が行き詰ったという報道は、トロイカの思惑《おもわく》どおりにはなされなかった。『ニューヨーク・タイムズ』紙のまとめが傑作《けっさく》だった。「ギリシャは資金が底を突きかけており、緊急融資のためにはドイツの支援が必要なため、バルファキス財相は圧倒的に劣勢《れっせい》だったに違いない。しかしながら、会議のなかで最後通牒《つうちょう》を突きつけたのは彼の方だった。二四〇〇億ユーロ〔三一・二兆円〕の救済融資協定の再交渉を認めるか、あるいはお互いの破滅《はめつ》に繋がる事態を覚悟するか、と」

　大使館の車を降りてホテルに戻ると、午前三時だった。闇夜だった。ブリュッセルは鬱々《うつうつ》としていた。雨がホテルのシェードに降り注いで激しい音を立てていた。北風のせいで、雨粒はほとんど真横から叩きつけていた。だがこれこそが、何時間も私が渇望《かつぼう》していたものだった。部屋に戻らず、土砂降りのなか、誰もいない通りを彷徨《さまよ》った。人間の心というものは嵐の暗闇のなかからも、悦楽《えつらく》の風景を生み出せることが分かった。不思議なことだ。

9. この瞬間に酔いしれる、どんよりと

A moment to savour, darkly

翌朝早く、パパスとドラガサキスと私は、ホテルのスイートにアレクシスを訪ねた。ウクライナ危機をめぐって、その晩からEUサミットが開かれる。メルケル首相とオランド大統領はキエフとモスクワで、交渉に全力を注いでいた。彼らはブリュッセルに到着する頃には疲れ果てているだろう。頭のなかはクリミアやプーチンや戦争のことでいっぱいだろう。それらは切迫《せっぱく》した問題ではあるが、ギリシャの苦難《くなん》とは関係の薄い問題だった。

私たちはリスクに直面していが、それはチャンスでもあった。私は二〇一一年からアレクシスに対して、ギリシャ問題解決の鍵はメルケルだと助言し続けてきた。私は財務大臣になって、ジャーナリストたちから何度も、EUのなかでギリシャのいちばんの味方は誰ですかと尋《たず》ねられた。「オランド大統領やレンツィ首相ではないのですか?」　私はいつも一言で答えた。「いや。ギリシャに対するヨーロッパの政策を再調整できる政治家は、メルケル首相だけです」。そういうわけで私はアレクシスに、この機会にメルケルと接触するように勧めた。ショイブレが支配するユーログループでの行き詰まりを終わらせるために、直談判《じかだんぱん》をするのだ。

メルケルとショイブレとの緊張関係はよく知られていた。ショイブレがユーログループで支配的な地位を築いたのは、デイセルブルムを服従させていたことと、(おもに東欧の)財務大臣たちが応援団になっていたことによる。そのショイブレを封じ込める権威を持っていたのはメルケルだけだ。後で分かったことだが、この件で彼女が頼りにしていたのはトマス・ヴィーザーであった。彼はたぶんEU支配層のなかでは、メルケルともショイブレとも同じように距離をおくことができる唯一の人間だった。しかしメルケルを動かして、ユーログループに対するショイブレの締め付けをゆるめさせ、(ショイブレが考えようともしない)交渉による解決の可能性を開か

せるためには、彼女には強い動機《インセンティブ》づけが必要だ。ギリシャにチャンスを与えたとか、ギリシャの人々に寛大さを示したとかいう評価を受けるだけではダメだ。では、何が必要なのか？

私が二〇一二年からずっと言ってきたように、その答えはマリオ・ドラギだ。ドラギがメルケルを、ユーロゾーンの安定はあなたにかかっているなどと言って説得できれば、彼女はきっと介入するだろう。では、ドラギにそう仕向けるためにはどうすればよいか？　それは、ドラギがもしギリシャの銀行を閉鎖すれば、こちらはSMP国債を踏み倒して、彼の量的緩和政策を台無しにしてやる覚悟《かくご》だということを、肝《きも》に銘《めい》じさせることだ。

wikimedia commons

アンゲラ・メルケル
(Angela Merkel)

　アレクシスは私の考えを理解した。彼はサミットでメルケル首相と接触することにした。ホテルのメモ用紙に、私はギリシャ側の最低条件を書き出した。第一に、流動性の締め付けを終わらせ、まともな交渉の余地を生み出すこと。第二に、ギリシャの大臣が直《じか》に欧州委員会と対話できるようにするため、現在のトロイカを廃止し、ブリュッセルに拠点を置く新機関に置き換えること。第三に、現行のギリシャ救済プログラムの「延長」や「完了」といった、有害な表現をやめること。第四に、緊縮策をエスカレートさせるのはやめて、新協定ではプライマリーバランス黒字目標は、毎年の国民所得の一・五％を超えない緩《ゆる》やかなものとすること。

　私たちが対応を協議していると、アレクシスのスマホが鳴った。「デイセルブルムだ」とアレクシスは囁《ささや》いた。ホテルに来て話がしたいそうだ。彼が到着すると、私たちはアレクシスを残して隣《となり》の部屋に退《しりぞ》いた。わずか一〇分後に、私たちが待っていた部屋にアレクシスが笑顔で入ってきた。デイセルブルムが態度を和《やわ》らげ、新しい「形容詞」を提案してきたらしい。「修正された」や「調整された」に代えて、「改良された」や「更新された」計画とやらを提案してきたというのだ。私は必ず「人道上の危機」についても言及させるよう、アレクシスに助言した。

　その間、デイセルブルムは廊下で電話をしていた。彼は厳しい先生に叱《しか》られている小学生のように見えた。「またショイブレに絞られているな」、と私はパパスに囁《ささや》いた。

アレクシスがデイセルブルムに追加の提案をしようとした時、このオランダ人は明らかに動転していて、「改良」もダメだと言い出した。彼は言い訳を並べると、また提案を持ってきますと約束してエレベーターに向かった。彼が私のそばを通り過ぎる時、私は、彼がホテルに着いた時からずっと尋《たず》ねたかった質問を、彼にぶつけた。「デイセルブルムさん、あの『列車』〔前章を参照〕はどうなってしまったのですか？　行方不明ですか？　もしかしたら駅に戻ってしまったのですか？　また出発することはあるのですか？」

彼はもちろん答えなかった。答えられるはずがない。ユーログループ議長にボロが出たのだ。昨晩の見下げ果てた奇襲攻撃のなかで、彼が何度も発した脅迫は、ベルギーのかすかな朝日に照らされて蒸発してしまったのだ。

午後になってデイセルブルムが戻ってきた。今度は、アレクシスと二人で共同声明を出そうという提案だった。共同声明の内容は、ユーログループとギリシャ政府は、現行のプログラムから、新政権の計画に合致するプログラムへの移行を進めるために、専門的な条件の検討を開始する、というものだった。それはトロイカの完全な降伏だった。数分後、私はこのニュースをジェフ・サックスにメールした。「今日、オレたちは小さな勝利をつかんだよ。ＥＵのすさまじい圧力にも屈しないの姿勢の賜《たまもの》だ。現行どおりの計画の延長を申し込めと言い続けてきた、これまでの彼らの立場からみれば、全面的な退却だよ」

どういう経緯《けいい》でこうなったのかは、ギリシャ外相筋《すじ》からアレクシスが得た情報から判明した。ウクライナから疲れ果ててブリュッセルに到着したメルケル首相は、ギリシャ問題についてよいニュースを聞こうとデイセルブルムを呼んだ。彼女は話が行き詰まったことを知ると不機嫌《ふきげん》になり、議長としてただちに調停案を出すよう彼に指示した。彼はその指示に従ったというわけだ。

これは小さな勝利には違いなかった。しかし、この勝利は最後に致命的な結果をもたらすきっかけにもなった。メルケル首相の善意に対するアレクシスの過剰な信頼と、アレクシスと直接対話しようとするデイセルブルムの習慣が、生まれる元になったからだ。もちろん、ドイツ首相の介入が引き出せたことや、デイセルブルムとアレクシスの直接対話によって交渉が前進したこと自体は、何ら問題ではなかった。しかし、この成功の二つの副作用が複合して、悲惨《ひさん》な結末に繋《つな》がってゆくのだ。その副作用の一つは、アレクシスが（私がはっきりと疑問をぶつけたにもかかわらず）、メルケル首相は当方が抑止策〔ＳＭＰ国債の踏み倒し《ヘアカット》〕を行使する意思があるか否《いな》かにかかわらず私たちの側に立って仲介を続けてくれると信じたことだ。もう一つは、デイセルブルムとアレクシスのこの最初の会合が、私とアレクシスの関係に楔《くさび》を打ち込むことになったことだ。こうしてアレクシスは、この抑止策を発動できる唯一の大臣であるこの私から、やがて距離を置くようになるのだ。

トロイカの巣穴に入る

デイセルブルムがアレクシスとの共同声明を提案しに戻ってきたのは、二月一二日木曜日の午後だった。次回のユーログループ会議は翌週の月曜に予定されていた。何としてもそこで交渉を進展させねばならない。私たちが主張してきた「架け橋」を実現するには、わずか三日しかなかった。

ドイツ首相は、ギリシャ政府の提案と優先事項についての討議を始めるために、トロイカとギリシャの専門家チームが会合を開くことを望んでいた。会合はブリュッセルで金曜と土曜に行うことで合意していたので、ユーログループ会議の直前に政治家たちの打ち合わせができる日は、日曜日しか残されていなかった。翌日金曜にブリュッセルで会合を始めるためには、トロイカの百戦錬磨《れんま》のチームと対決する当方のメンバー構成を、私がたった一時間で決めなければならなかった。私はホテルの部屋から電話をかけまくって、私の手元にいる最高の人材に連絡をつけ、ブリュッセルに来させる手はずを整えた。

トロイカの方は、IMFやECB、EUなどの人材豊富な組織で働くスタッフを、何千人とは言わないまでも、何百人と集めることができた。トロイカのチームは、少なくとも第一回の会合では、全員男性だった。彼らは、その「特別調整プログラム」や「救済」策をギリシャのような弱小政府に呑ませた経験が豊富だった。それに対して、当方の小さなチームは、財務省経済諮問委員会のヨルゴス・フリアラキス委員長と、ドラガサキスが選挙前に募集した四人の若い専門家だけだった。彼らは最近チームを組んだばかりだったので、ほとんど何の経験もなく、頼りになる支援ネットワークもなかった。そこで、私は交渉の経験豊富な二人を参加させた。私たちの仲間でただ一人IMFの内側を知っているエレナ・パナリティと、ヨーロッパの救済基金の設計に貢献したグレン・キムである。二人はとてつもない能力をもっていたが、ドラガサキスのチームは彼らを疑いの目で見ていた。その一方で、後方支援が非常に手薄《てうす》だった。それを改善するため、ラザールに専門アドバイザーを一人派遣してもらい、ジェームズ・ガルブレイスにも現場に駆けつけてもらった。彼らは、交渉が行われる隣の部屋で計算を行い、提案書を作成した。最後に、私はエフクリディスにブリュッセルに来てチームに加わり、政治家としてサポートしてくれるよう頼んだ。彼は少しだけ抵抗したが、結局はすべての予定をとりやめて参加してくれた。

金曜の朝、二日間の「協議」のために、私たちは欧州委員会の建物を訪れた。入口でのセキュリティ・チェックが厳しく、入館が三〇分遅れた。なかに入ると、セミナー室に通された。トロイカの連中が待っていた。そこにはおなじみの顔もあった。デクラン・コステロとクラウス・マズフだ。コステロはアイルランド人だが、あるアイルランド大使は彼のことをアイルランド人らしからぬアイルランド人だと言ったことがある。マズフはECBの代表だが、彼がアイルランド救済策の時に無茶《むちゃ》をしすぎたために、ECBはアイルランドの人々から憎しみを買うことになった。[★1] トロイカの連中は、こちらにグレン・キムがいることに気づいて、すぐに抗議してきた。

何か問題でもあるのですかと私が聞くと、彼らは何と言っていいか分からない様子だった。しばらくしてコステロが言った。「でも、グレンはギリシャ人ではないでしょう！」

私は言った。「それがどうかしましたか。いつからギリシャ政府は、交渉チームにギリシャ人しか入れてはいけないことになったのですか？　あなたたちだって多国籍じゃないですか？」

彼らの返答は傑作《けっさく》だった。「でも、私たちは彼を知っています。彼は債務再編にずっと関わってきた人ですよ。私たちは、債務再編の専門家と交渉しているようにみられたら困るのです」

「私には、そちらのチームの人選に対する拒否権はありませんよね。そちらも、私の人選を受け容れるべきでしょう」と私は答えた。

挨拶《あいさつ》が終わった。大臣クラスの人間は部屋のなかで私だけだったので、私が共通の目的に関する声明を読み上げた。[★2] その最後には、以下のように書いてあった。

> 私が申し上げたいのは、ギリシャの新政権はユーロ圏全体の治療に繋がる政治的枠組みのなかで、ギリシャを回復させることにしか関心がないということです。前の政権と同じように、私たちも次の融資を受けるために改革プログラムを実施するだろうとは思わないでください。新政権はそんなものではありません。皆さんもすでにお気づきかもしれませんが、私たちは次の融資なんてどうでもいいのです。屈辱《くつじょく》が続くぐらいなら、自分から火のなかに飛び込みます。ギリシャの人々は私たちに、ずっと求め続けてきました。ここ数年間の悪い慣行《かんこう》をやめにしてほしいと。ギリシャが改革どころか解体されようとしている時に、国を変革するふりをしながら、トロイカ

に頭を下げてカネを無心するようなことは、もうやめにしてほしいと。

この発言をすると私は退席して、エフクリディスが率いるチームに交渉を任せた。トロイカの役人たちがアテネに来てギリシャの大臣を恐喝《きょうかつ》するのではなくて、自分たちと同格の専門職員を相手にブリュッセルで交渉するよう命じられたのは、これが初めてだった。その後の数週間、この変化の効果ははっきりと表れた。

エフクリディスとジェイミーはこの二日間、交渉の進行状況をたえず私に伝えてくれた。最初は、トロイカは攻撃的でも非友好的でもなかった。IMF職員は、金持ちの脱税者からどの程度、またどんな速さで私たちが金を回収できるかについて疑念《ぎねん》を表明した。そのIMF職員は、銀行の不良債権を処理する機関〔バッド・バンク〕に関する当方の提案については賛成だったが、労組の権利に関することには強い反感を示した。交渉自体の始まりは紳士的だったが、部屋の外でのトロイカのやり方は汚かった。メディアに対して「ギリシャの主張には整合性がない」とリークしたのだ。私は記者たちに答えた。完全な整合性はないかもしれませんが、華々《はなばな》しく失敗したトロイカのプログラムに比べたら、遥かに整合性がありますよ。★3

二日目には、トロイカが敵対姿勢を強めたとエフクリディスが報告してきた。トロイカ自慢《じまん》のプログラムの設計ミスを認めようとせず、逆に、そのプログラムを実施する私たちの能力を査定するのが自らの仕事であるかのように振る舞っているというのだ。彼らが主張したいくつかの点は、正直いって馬鹿げていた。債務返済のための資金計画が当方にないとする批難は、偽善《ぎぜん》の最《さい》たるものだ。エフクリディスの評価は、彼らは攻撃計画に沿った小手調べをしているのだから、黙認《もくにん》すれば破滅に繋がるというものだ。ジェイミーの意見は、ギリシャのデフォルトを防ぐためにはつなぎ融資と、大幅な修正のための時間が必要だということを、いまやEU機関が認識すべきだというものだ。この重要な事実をトロイカに認識させるために、彼はアドバイスをくれた。「〔ユーログループ会議の翌日の〕火曜の午後、君がこの茶番劇《ちゃばんげき》から降りると宣言するんだ。もしそれで、彼らが君に会いたいと言うなら来てもらえばいい。君のことだから、すでにそう考えていたとしたら許してくれ」

予告された銀行閉鎖まであと一三日

トロイカとの二日間の会合は進展しそうもなかった。私たちの目的は、メルケル首相に誠意をみせることだった。「架け橋」という私たちの提案が受け容れられるよう、介入してくれたのは彼女だったからだ。他方、トロイカの目的は、自らのプログラムを護持《ごじ》して、ギリシャの連中は能《のう》なしの馬鹿者で、その考えは混乱していると、メディアに吹聴《ふいちょう》することだった。真の戦いの場は、政治的レベルで月曜に開かれるユーログループ会議と、その前日の打ち合わせだ。デイセルブルムの脅しによれば、合意に至らなかった場合、二月一六日にギリシャの銀行の全支店とＡＴＭが閉鎖されることになる。

その間、私のチームは当方の提案を統合・改善した新提案を懸命に策定していた。ジェフ・サックスはギリシャの負債に関する素晴らしい計画案をまとめた。ラザールのチームはエレナとともに、財政政策や銀行問題と、さらに幅広い改革案に取り組んでいた。そしてエフクリディスは、私が基本分析を書く際に譲歩的な表現を使いすぎないよう注意した。[★4] 国際メディアは一致団結して私たちの努力を批難した。トロイカが私たちにぶつけている批難をそのままオウム返しにして、ギリシャ側は改革を後戻りさせている、まともな提案を持たずにのこのこブリュッセルにやってきた、などと書き立てたのだ。マスコミの間で見解が分かれていたのは、（彼らの報道が煽《あお》っている）銀行取り付け騒ぎをどう防ぐか、という点だった。半数は、私が資本規制を導入する計画だと報じ、あとの半数は、私が資本規制を導入しようとしていないといって批判した。

実は、私たちは内部で、月曜のユーログループ会議で合意に達しなかった場合に備えて、この問題を検討していた。この秘密会議に参加したのは（あるいはｅメールで部分的に参加したのは）、ラザール・チーム、ジェフ・サックス、シティバンクのヴィレム・ブイター、ジェームズ・ガルブレイス、エレナ・パナリティ、グレン・キム、エフクリディス・ツァカロトスと私だった。私は議論をこう切り出した。

一ユーロといっても、（たとえばキプロスのような）資本規制がある加盟国で営業している銀行に「閉じ込められた」一ユーロには、一ユーロ紙幣や、ほかの加盟国にある一ユーロと同じ価値はありません。実際に、一ユーロ紙幣や、ドイツやフランスの銀行口座にある一ユーロを使えば、キプロスの銀行で一ユーロを超える預金をすることができるからです。キプロスのユーロが割り引かれているということは、実際には為替レートが発生しているのと同じことです。したがって資本規制は「ユーロ離脱」と同じなのです。あくまで一時的なもので、復帰が可能だとしても、「ユーロ離脱」であることには変わりありません。通貨の名前は変わらなくても、資本規制が実施されれば、一夜にして通貨の価値は下がるのです。[★5]

最初のいくつかの反応はエレナと、ジェームズ・ガルブレイスと、ラザール・チームのアドバイザーの一人から受け取った。その要点は、資本規制を私が実施すれば、ECBは自分たちが引き起こした銀行取り付けの責任を免除され、ギリシャの銀行に対する流動性（緊急流動性支援、ELA）の打ち切りという苦渋の決断をせずにすむようになる、ということだった。他方、資本規制はドイツ政府にとっても棚《たな》からボタ餅だ。ギリシャが自分から資本規制を導入すれば、乱費癖《らんぴぐせ》のあるギリシャ人が預金を下ろせないようにする必要があるということを、ギリシャ政府が認めたとみなされるだろう。債権団にとってのコストはゼロだ。なぜなら、私たちの債務は（切り下げられない）普通のユーロ建てのままだからだ。それは、酷《ひど》い敗北を自ら招くことになる。（意図や目的はどうあれ）制約だらけの二重通貨システムのもとでの生活を強いられるだけではない。それはギリシャ自身が選んだことだと、トロイカが主張できることになるのだ。資本規制の打撃を受ける外国人はといえば、それはヨーロッパ企業がギリシャに置いた子会社ぐらいだ。だがそのほとんどは二〇一〇年にはギリシャから撤退《てったい》している。カルフール［スーパーマーケット］やクレディ・アグリコル銀行がその例だ。

こうした資本規制の導入にもっとも強く反対したのはジェフ・サックスだった。彼は電話で次のように言ってきた。僕は長いことたくさんの政府にアドバイスをしてきたけど、人々が預金を下ろすのを禁止するような法律を、財務大臣が自分から成立させるなんて、そんな政治的な自殺行為は見たことがないよ。政治的には、それは絶対に回避しないといけない。たとえば、ECBが緊急流動性支援（ELA）のスイッチを切ったとかで、資本規制が避けられなくなったら、その時の政権はそれに激しく反対して、資本規制を実施したECBを強く批難するというのが筋じゃないか。ヴィレム・ブイターも同じ意見だった。資本規制はこちらの政治的資源を枯渇《こかつ》させるだけで、財政政策レベルでの緊縮策を緩和するのにはまったく役立たないぞ。彼らの判断は明確だった。私たちは絶対に資本規制を導入してはならないのだ。

ほかにも反対せざるをえない理由があった。資本規制は二重通貨を作り出し、ユーロゾーンの一体性を根本から破壊する。シリザ政権は、ユーロ圏を救い、ギリシャだけでなくすべての加盟国のためのユーロ圏にすることが重要だと信じている。資本規制はEU加盟国の共通利害にとって有害だから、それだけの理由でも私たちは反対せねばならなかった。そして、もしECBが資本規制を課すようなことになれば（その力は十分にあった）、内閣のメンバー全員が、閉鎖された銀行の前に集まった群衆に合流し、ECBとギリシャ中央銀行が自分たちの責務に完全に違反したことを批難するプラカードを掲げるのだ。そうした不幸な事態になれば、私たちは非常手段をとらねばならない。すなわち、ECBが保有するSMP国債を宣言どおりに踏み倒し、ユーロ建ての独自の並行通貨を導入するのだ。★6

それから数か月にわたって私は、アレクシスと戦時内閣に対して、一貫して資本規制反対を説《と》き続けた。それはアレクシスとパパスの信念となった。★7 この間、資本規制に対する私の政治的立場は一貫して変わらなかった。私たちの政権はユーロ圏内で、合理的かつ互恵的な協定を追求している。資本規制は通貨同盟においては無意味であり、通貨同盟の一体性を損なうものだ、だから私たちは反対なのだ。たとえ資本規制が実施されたとしても、それは私たちが欲したからでも、追求したからでも、承認したからでもない。

その週末、ジェフ・サックスは大西洋の向こう岸で猛烈に働いてくれていた。連邦準備制度理事会（FRB）に働きかけ、「水責《ぜ》め」を終わらせるようECBを説得させようと、ギリシャのために介入させようと、奮闘《ふんとう》してくれていたのだ。イエレン議長に対する彼のメッセージは簡明《かんめい》だった。ギリシャ新政府の改革プログラムと財政目標は合理的なものです。グレグジットは非常に危険な道だということを、新政権はよく理解しています。それは、ECBにそそのかされて実行するようなものではありません、ECBの脅迫によって余儀なくされるものなのです。イエレン議長におかれましては、ヨーロピアンたちに対しては、わずか数十億ドル〔数千億円〕のために世界経済を危険に晒《さら》すべきではないと告げ、ドラギ総裁に対しては、何の解決にもならない資本規制の導入を思いとどまるよう助言していただきたいのです。

他方、マスコミの報道では私に対する個人攻撃が強くなってきた。BBCは私のプロフィールのなかで、私に「ギリシャのカッサンドラ」〔カッサンドラはギリシャ神話に出てくる王女で、悲劇の予言者〕というレッテルを貼《は》った。それに対して、ビル・ブラックという名の、効果的なウォール街批判を続けてきた米国の経済学者が、私を弁護してくれた。

> では、なぜBBCはバルファキスが男前《おとこまえ》の左翼で、デイセルブルムがトロイカの立派なスポークスマンだ、などと言っているのでしょうか？　実際には、デイセルブルムは狂信的なイデオロギー〔思想や観念〕に凝《こ》り固まった人物であって、そんな彼のイデオロギーと、経済学的知識の欠如によって大惨事が引き起こされたのです。大不況に対して緊縮策を採用するのは自殺行為だというバルファキスの意見は、経済学的には主流の見解です。彼は間違いなく左翼ですが、彼の政治的見解は、ほとんど

の人が〔左翼的イデオロギーとは〕正反対だとみなすようなイデオロギー的伝統〔ごく標準的な経済学〕からきています。したがって、きちんとした言葉の定義によれば、彼はイデオロギーに凝り固まった人間ではありません。それに対して、トロイカは完全にイデオロギーでガチガチの人間たちが主導しています。バルファキスと彼らとの主な違いは、彼らがエコノミストとしては異例なほど最悪なことと、自分たちが軽蔑《けいべつ》している周辺国の労働者たちの間に、自分たちのせいで人道上の悲劇が発生しても、まったく何とも思わないことです。BBCや『ニューヨーク・タイムズ』、『ウォールストリート・ジャーナル』が、ただ一つでもこれらの点を押さえたうえで、トロイカの指導者たちの「プロフィール」を紹介するようなことは絶対にないでしょう。BBCの「プロフィール」は偏向《へんこう》姿勢が露呈《ろてい》した例です。ジャーナリストや報道機関はしばしば偏向姿勢を表すものです。彼らは偏向を否定しますが、否定しきることはできません★8

　しかし、ユーログループの二回目の会議の前に、私の気持ちを最も高めてくれた一文は、左翼や政治仲間のものではなく、シティバンクのチーフエコノミストであるヴィレム・ブイターのものだった。資本規制反対を忠告するeメールの最後に、彼はラテン語で“Noli《ノリ》 illegitimi《イレギティミ》 carborundum《カルボルンドム》!”と書き、訳《やく》もつけてくれた。「アホどもに負けるなよ!」

大きな進歩?

　ユーログループ会議の前夜、アレクシスが電話でよいニュースを知らせてくれた。欧州委員会委員長のジャン＝クロード・ユンケルが、内密にコミュニケ草案を送ってきたというのだ。それを見てもいいのだろうか? 私たちが期待していた内容だろうか?

　それは一目見ただけで、大きな進歩であることが分かった。

　ギリシャはユーロ圏に属しており、今後もそうあり続けるであろう。……〔これまでの〕ギリシャと欧州機関や国際組織で合意されたプログラムは、マクロ経済の不均衡《きんこう》を調整し、ギリシャがその資金調達を確保し、市場へのアクセスを回復させるために不可欠であった。しかし、経済危機がギリシャとその市民に与えた政治的・経済的衝撃は甚《じん》大なものであった。ギリシャのためにも欧州全体のためにも、相互の利益にかなう協定に基づいて、新たな関係に移行する必要がある。その目的は、ギリシャのための新しい成長モデルをともに生み出すことである。

wikimedia commons

ジャン＝クロード・ユンケル
(Jean-Claude Juncker)

新しい成長モデルは、社会的公正、健全財政、投資に基づく競争力ある輸出志向の経済、安定的で監督が行き届いた金融システム、現代的な政府行政を基本とするものでなければならない。

トロイカに関する再評価も素晴らしいものだった。

　ギリシャは、トロイカの極度に介入的なアプローチを終わらせたいと望んでいる。ギリシャの理解では、トロイカは政治的権限のない専門官僚《テクノクラート》の集団である。新協定への合意を六月か七月まで延期すれば、目的と対話の両面に関して、欧州機関や国際機関との交渉をより建設的な方式で実施することが可能なはずである。実務者間協議も、改革の社会的公平性と経済成長に十分配慮した、政治的委任に裏づけられたものとすべきである。

さらに、流動性の締め付けを終わらせるのに役立つ条項もあった。

> 　一時的なつなぎ融資も、ＳＭＰ国債の利益を活用すれば可能である。……これらに関する合意の進展は、互いの信用と信頼に基づかねばならない［大事なのは言葉ではなく行動である］。この目的を達するため、ギリシャは急いでいくつかの重要な改革を採用し、実施せねばならない。★9

　このユンケルのコミュニケ案は、私の最初のパリ訪問以来、あらゆる担当者に説いてきた提案そのものであった。アレクシスをはじめ、指導部はみんなほっとしたが、彼らも（私と同じように）心の底では疑念《ぎねん》を拭《ぬぐ》えなかった。あまりに出来すぎだったからだ。私が懸念《けねん》を口にすると、アレクシスは、それは分かりますがよい方に望みをかけましょう、と言って私を励ました。その夜は、いつもよりはよく眠ることができた。

モスコヴィシの屈辱

翌朝、私の秘書から知らせがあった。ユンケルのもとで働いているピエール・モスコヴィシ（欧州委員会経済金融担当委員）が、ユーログループ会議が始まる三〇分前の一時半に、彼のオフィスで会いたがっていると言うのだ。私は秘書に、「蛇《へび》が腸《はらわた》のなかで蠢《うごめ》いているなあ」と言った。これはギリシャで、不吉な予感でいっぱいの時に使う表現だ。

彼のオフィスに入ると、モスコヴィシは立ち上がって迎えてくれ、暖かく握手した。彼は座るように勧めてくれた。そして無言で書類を私に渡した。読むと、前夜に読んだコミュニケ案と同じだったが——ちょっとだけよくなっていた。彼は私の意見を求めた。

「どこに署名したらいいのですか？」、と私は答えた。

「本当にいいのですか？」と彼は尋ねた。

「もちろんです」

彼はたいそう満足げに言った。「では、ユーログループ会議は簡単なものになるでしょうね。コーヒーはいかがですか？」「頂戴《ちょうだい》しますと私は言った。

EU標準仕様とみられるおいしいコーヒーをすすりながら、私は彼に尋ねた。この案はユーログループで確実に賛成が得られると思いますか？　デイセルブルムさんは受け容れますか？　ショイブレさんはどう反応するでしょうか？

「心配することはありません。もう賛成をもらっています」

「誰のですか？　ラガルドさんやドラギさんもですか？」

「彼らも含めてです」

「モスコヴィシさん、本当ですか？」

「私とユンケル委員長、ドラギ総裁、ラガルド専務理事、デイセルブルム議長とで、さっき昼食をとりながら協議したばかりです」

「ショイブレ財相もいたのですか？」

「いや、彼は加わっていませんでした。彼はこれを嫌がるでしょう。でも、みんなが賛成していることを知れば、折れるでしょう」

「この間《あいだ》のユーログループ会議を思い出すと、私にはデイセルブルムさんが、こわい顔をしたショイブレさんに逆らって、このコミュニケ案に賛成するというのは想像しにくいのですが」

「私に任《まか》せてくれませんか。あなたに望むのは、私たちに任せてくれることだけです。ショイブレ財相の反感を買わないように、なるべく喋《しゃべ》らないでください」

「黙《だま》っていればいいのなら、これほど結構なことはないですね」

「いえいえ、喋ってください。でも、コミュニケ案を支持するとだけ言って、それだけにしてください」

　長い沈黙が続いた。会合が始まるまで一五分あった。私は安心してコーヒーを飲み続けた。しかしやはり考えた。気楽なユーログループ会議なんて想像もつかない。ついに私の疑い深さの方が勝《まさ》り、こう言った。あまりに出来すぎで信じられません。私には、ショイブレ財相に睨《にら》まれながら、デイセルブルムがこの案を読み上げて、支持を表明する姿を想像できません。モスコヴィシはコミュニケ案を手に取ると笑顔で立ち上がって、私が証明して見せます、と言った。今すぐデイセルブルムと話そうと言うので、彼についてデイセルブルムのオフィスに行った。会議開始時刻まで一〇分だった。

　モスコヴィシはデイセルブルムの部屋の戸をノックして、すぐになかに入った。彼のオフィスはモスコヴィシの部屋の二倍の広さだった。大勢《おおぜい》の補佐官たちがいた。ソファや椅子に座っている者も、床に座っている者もいた。みんな、せわしくノートパソコンを叩いたり、話をしたりして、最終準備にかかりきりだった。強烈な体臭と窓の曇りから、彼らがここしばらく根《こん》を詰めて働いていたことが想像できた。私たちが入室した時、デイセルブルムは補佐官たちのまんなかにいた。長い会議机のそばに立って、Ａ４判の書類を読んでいたのだ。補佐官たちは私たちを見ると、すぐに書類と道具を持って部屋を出ていった。暑苦しい雰囲気と彼らの退出の速さが、私の悪い予感を強くした。

　デイセルブルムは私たちに、なかに入って座るように言った。彼は長方形のテーブルの短辺に、窓を背にして座った。モスコヴィシはコミュニケ案を右手に持って、椅子を一つ挟んでデイセルブルムから見て右斜め前に座った。私はさらに椅子を一つ挟んで、モスコヴィシの右斜め前に座った。私とデイセルブルムは、モスコヴィシの横顔を挟んで向かいあった。デイセルブルムは読んでいたＡ４判の紙をテーブル越しに私に渡した。「これを読んで感想を聞かせてください」と彼は言った。

　私は読んだ。それは最初のユーログループ会議の時に拒否したものより酷《ひど》かった。それは「現行プログラムの完了」をギリシャ政府に義務づけていた。そして、選挙民の負託《ふたく》に応《こた》える余地は「現行プロラムに組み込まれた柔軟性の範囲内」でしかなかった。昨晩のユンケルの草案や、数分前にモスコヴィシが示してくれた草案にあった歩み寄りの文言は、すべて削除されていた。「調整されたプログラム」の表現まで消されていた。この案では現行のプログラムが、いかなる形容詞によっても薄められることなく、復讐《ふくしゅう》心をみなぎらせて復活していた。

　私はデイセルブルムに私の考えを伝えた。最後のユーログループ会合が袋小路に陥《おちい》ったのは、デイセルブルムさんが自分のコミュニケ案にこだわったからでした。今回のは、どちらかと言えば前回の内容より後退したものですね。私はがっくりと下を向いていたモスコヴィシに向かって、いったいどうなっているのですか、と尋ねた。「私が大喜びで署名したくなるようなコミュニケ案を、さっき見せてくれたばかりではないですか？　あなたは欧州委員会の経済問題担当委員であり、私は経済危機に襲われたEU加盟国の財務大臣ですよ。この部屋でEUを公式に代表できる人間はあなただけです。はっきりした説明をお願いします★10」

モスコヴィシは私の方は見ないでデイセルブルムの方に向き直り、欧州委員会の威厳《いげん》を救うべく、最初で最後の挑戦を試みた。「あなたの草案とこの紙の文言を、いくつか組み合わせることはできませんかね？」と、右手に持った草案を指さしながら、元気のない声で懇願《こんがん》した。

「だめです！」と、デイセルブルムは半《なか》ば攻撃的な口調で切り捨てた。「その案から採用できるものはすべて採用しましたよ」と、彼は断定的に言ったのだ。

私はモスコヴィシの方を向いて、言った。今この瞬間、非常に重要なことが問題になっています。それは、ギリシャの苦境や、今日のユーログループ会議を超えた問題です。それは、妥協と相互信頼の原則と、それらを守る欧州委員会の権威という原則に関わる問題です。「モスコヴィシさん、欧州委員会の見解や、あなたが準備した草稿を捨てて、このまったく一方的なコミュニケを提出するつもりですか」

私と目を合わせようとせず、落胆に震える声でモスコヴィシは答えた。「ユーログループ議長の仰《おっしゃ》ることに従います」。この言葉はEUの墓標《ぼひょう》に刻《きざ》まれることだろう。

デイセルブルムはモスコヴィシの返事を聞いて、少しリラックスして私に提案した。「気に入らない」言葉や表現を消して、書き換えてください、と。それで、私はペンを取り出して、そのとおりにした。デイセルブルムのコミュニケの最初の「この数年のギリシャとその人々が見せた驚くべき調整の努力」に続けて、「……は残念ながら、現行プログラムの設計ミスのせいで回復をもたらすことには失敗した」と書き加えた。あとの方では、「現行プログラムを完了」する約束を消して、「ギリシャの人々が自分のものとして受け容れられるような、改革と回復のためのプログラムの設計と実施を、欧州連合や国際機関と協働して」行うと書き換えた。この作業を終えると、私は草稿をデイセルブルムに渡した。

ユーログループ議長は癇癪《かんしゃく》を起こした。彼は声を荒げて、おまえは時間を無駄にしている、ユーログループの二回目の会議を台無しにするつもりかと批難した。数分後には、評判のジャーナリストたちがこの批難をそっくりそのまま吹聴した。ブリュッセルの宣伝機械《プロパガンダ・マシーン》は超高性能だ。

私は注意深く、だが、断固として答えた。「デイセルブルムさん、私があなたに怒鳴《どな》られる筋合いはありませんよ。前回のユーログループ会議でも、あなたはユーログループ議長として、新しい財務大臣である私にきちんとしたガイダンスを行う義務があったはずですが、そうはしませんでしたよね。そして、まったく根拠のない脅しを意図的にくり返して私を騙《だま》しました。二度と私に対して声を荒げないよう忠告します。さもないと、あなたの破廉恥《はれんち》な対応を、公《おおやけ》にするしかなくなりますからね」

デイセルブルムはすぐに負けを認めた。そして、緊張するとひどく興奮してしまうことがあるのです、と言った。

「気にしないでください、誰にでもあることです」と私は答えた。

彼の顔から敵意の色は消えていた。彼の時計は、ユーログループ会議に遅刻していることを示していた。「これ以上の遅刻はよしましょう」、と彼は言った。私たち三人が会場に姿を現さないと、あらぬ噂《うわさ》が広がることになるというのだ。三人が立ち上がって部屋を出る時にデイセルブルムは、合意は明らかに無理だから、損害を抑えるために会議は短めにしましょう、と言った。私の頭には、あんたが望む結果は損害を発生させることだろう、という台詞《せりふ》が浮かんだが、口には出さなかった。

デイセルブルムがモスコヴィシの妥協案を切り捨てた瞬間から、三人がユーログループ会議の部屋に入るまで、モスコヴィシは沈黙していた。ユーログループ会議の間じゅう、私はモスコヴィシを見るたびに思った。ジャック・ドロールやそれ以前のEU創設の父たちが、デイセルブルムのオフィスでの一部始終を見届けたら、どんなにぞっとしたことだろうか。モスコヴィシがショイブレやデイセルブルムに媚《こ》びへつらう見解を述べるのを聞いていると、私はそれが本人の意見とは違うということを知っているだけに、その声はEUが恥辱の底へと転落してゆく音のように聞こえた。私からみれば彼の屈辱は、法律的根拠も民主的正当性もない勢力に、EUが完全に屈服していることの象徴であった。その後も、モスコヴィシと私は友好的な関係を続け、重要な問題について同じ意見だった。だがそんなことは、デイセルブルムのオフィスを出る時に彼が握り続けていたコミュニケ案と同じように、無意味だった。実際のところ、この日を境に、モスコヴィシやユンケルがギリシャの側に立ってくれた時には、私はむしろ不安を覚えるようになった。なぜなら私は知っていたからだ。本当の権力を保持している者たちは、モスコヴィシやユンケルを懲らしめ、欧州委員会を制圧するために、ギリシャを無慈悲《むじひ》に攻撃するだろうということを。

数週間後、モスコヴィシは次のような話を拡散し始めた。

二〇一五年二月一六日、デイセルブルムのオフィスで話をした時に、私とデイセルブルムが喧嘩《けんか》になりかけたので、自分が止めに入らねばならなかった、というのだ。さらに後になると、彼は回顧録のなかで、バルファキスと交渉するのは不可能だったので、ユーログループから出ていってくれてよかった、と主張している。これらは自分の恥を覆い隠そうとする試みだと言うしかない。

二回目の「ノー」

思えば、デイセルブルムのオフィスでの一五分間は、その後のユーログループ会議の数時間よりも長く重要な時間だった。会議の冒頭に、三機関から、双方の実務家チーム間の協議についての報告が行われた。トロイカの代表たちは、私のチームのプレゼンテーションについてお行儀《ぎょうぎ》よくコメントすると、ギリシャ政府の計画に対する「懸念」を表明した。私たちの計画では、ギリシャが「現行プログラムをうまく完了」できるかどうか確信が持てないというのだ。彼らは同じことを、傷ついたレコードのようにくり返した。

だから私はまた同じことを言わねばならなかった。

「現行プログラムを延長してそれを完了させる」という表現が受け容れ難《がた》いのは、私たちの政権は、実行不可能な約束は絶対にしないと決めたからです。……たとえば、五〇億ユーロ〔約六五〇〇億円〕の民営化目標を受け入れて皆さんを安心させて、合意に達することは可能ですよ。でも、それは実行不可能なのです。これまでの政権が、市場で資産価格が崩落したため目標を達成できなかったのと同じことなのです。……私たちの任務は、ギリシャが必要としている徹底的な改革を実行し、債務返済額を最大化することです。にもかかわらず、現行プログラムの政策マトリックスを、つまり優先事項を受け容れてしまうと、この私が、債務デフレ・スパイラルを加速させ、ギリシャの人々の支持を失うことになります。そして、ギリシャはもはや改革さえできない国になってしまいます。……私は任命されたばかりの財務大臣で、この部屋では信頼されていないのは分かっています。それでも、私には守れない約束はできないということは、理解していただけると思います。

この話をしている時、私はギリシャやヨーロッパの人々のことや、評判の悪いマーケットのことを考えていた。二回目のユーログループ会議が袋小路《ふくろこうじ》に陥ったと知れば、彼らはどう反応するだろうか？　どう解釈するだろうか？　私は真っすぐに真実を語るのが最良の道だと覚悟した。私は、記者会見では、密室のなかで本当に起こったことをできるだけ丁寧《ていねい》に世界に伝えることができて、ほっとしていた。

私はまず、協調の精神のもとで会議が進められたことを、ご報告できてうれしく思います。……合理的で持続可能な、新たな長期的な協定を実現するために、ギリシャとEU、IMFで共通の立場を確立しようという目的は、明らかに共有されていました。協定が結ばれるまで、この協議が続けられることは疑いありません。だとすれば、なぜ私たちはコミュニケに合意して、単純な文言に合意して、この熟議の時間をただちに終わらせようとしなかったのでしょうか？

真の問題は、これからの仕事の目標に関して、相当の食い違いがあることです。新政府は現行プログラムの論理《ロジック》に挑戦するために選ばれました。相手と心を開き、プログラムを考え直すために選ばれました。現行プログラムはギリシャを安定させるのに失敗し、大きな人道上の危機を発生させ、ギリシャの改革を、不可欠な改革を非常に困難にさせました。ギリシャ政府はそう考えていますし、きちんとモノを考える人々のほとんどがそう考えています。債務デフレ・スパイラルは、ギリシャが三機関からの融資への依存をやめるための改革には繋がりません。

先週水曜のユーログループ会議で、私たちは「現行プログラムを延長し、うまく完了させる」という文言に署名するよう強く迫られましたが、断りました。その結果、次の日（木曜日、サミットの前日）に、デイセルブルム財相とチプラス首相は共同声明に合意しました。その内容は、ヨーロッパとの新しい協定のために、現行プログラムと新政権の計画との共通点を双方が見出そうというものです。これは、本当に大きな進歩でした。

今日の午後、大きな進歩がもう一つありました。ユーログループ会合の前に、モスコヴィシさんにお目にかかりました。彼はコミュニケの文案を私に見せてくれました。それを見ると、私はその場で署名したいと思いました。なぜなら、それは、人道上の危機の存在を認め、現行の融資の延長を認めていたからです。融資の延長は四か月の暫定《ざんてい》プログラムの形をとっていました。この四か月の間に、ギリシャの成長を促《うなが》す新たな協定を練り上げ、完成させるというわけです。欧州委員会が、ギリシャの改革を強く加速するために技術的な支援を行う、とも書かれていました。私たちと欧州委員会がこのような理解を共有できるなら、融資協定の延長申請には大賛成でした。私たちの唯一の条件は、この延長期間の間は、年金カットや付加価値税増税〔消費税増税〕のような、景気を悪化させる施策を求めてこないでほしい、ということでした。

残念ながら、この会合の数分前に、この素晴らしいコミュニケはユーログループ議長によって取り換えられました。しかもそれは時間を、先週の木曜までではなく、実に、先週の水曜まで引き戻すものでした。先週の水曜、私たちは融資協定の延長ではなく、救済プログラム自体の延長に署名するよう圧力を受けていたのです。……そんな状況でしたから、ギリシャ政府はいつでも提案されたコミュニケに署名したいという気持ちはあるのですが、署名することが不可能になりました。

あと二日間で立派な合意に達するため、私たちはあらゆることをする用意があります。ギリシャ政府は、実行可能なものなら、ギリシャの危機を悪化させないものなら、どんな条件でも受け容れるつもりです。会議を袋小路に追い込む権限は誰にもありません。何より、それはヨーロッパの人々皆の不利益に繋がるのですから。

トロイカにノーを突きつけたのは、五日間で二回目だ。無期限の銀行閉鎖が強行されるまで、あと一二日しか残されていない。それでも私たちは、絶対に後には引かないという姿勢を示した。なぜなら、これはハッタリではないからだ。

戦時内閣

ヨーロッパが優れた組織を創設する能力を持っていることは（それに反する事実が山のようにあるものの）明らかである。それを示す格好《かっこう》の事実が、欧州投資銀行（ＥＩＢ）の存在だ。ＥＩＢはＥＵ全加盟国が構成員で、各国財務大臣がその理事である。二回目のユーログループ会議の翌朝、私はＥＩＢ理事会に参加することが許された。最初の挨拶《あいさつ》で、私はＥＩＢの高い潜在力を称《たた》え、政治的に困難な条約改正をしなくても、ＥＩＢとＥＣＢの連携によって、ヨーロッパをデフレ・スパイラルから脱出させることが可能だということを、簡単に話した。★11

ドイツ人のＥＩＢ総裁であるヴェルナー・ホイヤーは、私の考えを発展させることに強い関心を示したが、ジョージ・オズボーン〔英国財相〕は沈黙を続けた。英国における反ＥＵの風潮のことを思い悩んでいたのだろう。デイセルブルムも沈黙していた。ヨーロッパのデフレ問題よりも、彼にとって重要な問題で頭がいっぱいだったのだろう。アテネに帰るべき時がきた。

家に戻ると、私はついに孤独から解放された。ダナエがオースティンから戻ってきた。ギリシャ側だけでなく、米国側の官僚の無能さのせいで遅れたが、引っ越しを完了させることができたのだ。それ以降の三日間は非常に忙しく、一緒に過ごせる時間はほとんどなかった。だがそれも気にはならなかった。彼女が近くにいるというだけで十分だった。

他方、マキシモスでは、アレクシスとパパス、ディミトリス・ツァナコプロス（アレクシスのスタッフ長）が怒りを爆発させていた。★12 私は尋ねた。「トロイカに何を期待していたんですか？　すぐに私たちの要求を呑むとでも思っていたのですか？」

ツァナコプロスはとても疑い深い目で私を見つめた。「あんたがMOUに署名するというなら、オレの屍《しかばね》を踏み越えてやってくれ」と甲高《かんだか》い声で叫んだ。パパスは誰に対してでもなく、絶えず叫んでいた。アレクシスはほかの二人よりは静かだったが、時おり冷静さを失い、交渉を打ち切ると言った。彼が怒るのは当然だ。私たちは正々堂々と選挙戦を戦って勝利したのに、EUは、私たちが政策を作り、政府を運営し、優先事項を決める機会すらまったく与えてくれなかったのだ。ツァナコプロスがなぜ私を疑っていたのかも分かる。私は、ラリー・サマーズやジェフ・サックスといった米国の体制派と親しく、シリザのメンバーではなかったから、イデオロギー的にも疑わしく、アレクシスを引きずり降ろす可能性がある人物だとみなされたのだ。

こんな動揺《どうよう》した雰囲気のなかで、私の最大の味方はスピロス・サギアスだった。彼は武骨《ぶこつ》な官房長官で、意見の違いは多くあったが、債権団との交渉を決裂させるにしても、それは冷静な計算に基づいて行われるべきだという見解を共有していた。とにかく、興奮した同僚たちを宥《なだ》め、鎮《しず》めねばならないと考え、私は説得を始めた。私だってこんなお遊戯《ゆうぎ》みたいな交渉から撤退《てったい》したいのはやまやまだよ。だが撤退の時期は的確に、冷静に見極めないといけない。交渉はこれからどんどん厳しくなる。だから下手すると大変なことになりかねない。撤退を決めるその時点までに、私たちが全力を注ぐべきことは何か。それは、ギリシャの首を絞めることを、ドラギやメルケルが、自分自身に対しても、世界に対しても、正当化できないようにすることだ。

興奮する同僚を宥《なだ》めるだけではなく、他方では、おとなしい人間たちに活《かつ》を入れることも必要だった。ベイルアウティスタンの建国から五年の間に、財務省のスタッフはギリシャ政府がトロイカに従属していることを、当たり前だと考えるようになっていたのだ。彼らに気合いを入れて、独立国家の公務員として再び働くことは可能だということを理解させる必要があった。それは他の省についても言えることだった。

国全体が熱意を持つ必要があったのだ。私がブリュッセルでの記者会見で債権団の要求を拒否したことによって、ギリシャの人々も、政治的立場や気質の如何《いかん》にかかわらず、自尊心で背筋が伸びていた。ただし、この新たな自尊心は国粋《こくすい》主義でも反ドイツ主義でもない。ここを強調しておくことが極めて重要なのだ。

　毎日、行政組織を通して財務大臣まで上がってくるさまざまな問題に対応するのに、二四時間では足りないことがしばしばだった。体力と時間の消耗《しょうもう》の激しい交渉をこなしながら、破産した国の財務省を統率《とうそつ》する困難を想像していただきたい。アテネに戻ってからの三日間、実行に移していた国内プロジェクトを指揮するために力を注いだ。この国内プロジェクトは債権団と協定を結ぶためにも非常に重要なものだった。その最《さい》たるものは、脱税撲滅《ぼくめつ》策である。

　二月一八日水曜日、私は二つの財務省報告を作成した。一つ目は、ブリュッセルでトロイカと私たちのチームが協議した内容をまとめたものだ。すなわち、私たちの提案を要約し、そこに技術的な改善を加えたものだ。

　二つ目は、行政全般、とりわけ租税当局の改革に焦点を当てたものだ。

　これらを書きながら、私はｅメールでラリー・サマーズに連絡をとった。彼は影響力があったので、彼の支持を得ることは私たちの目的達成に必要であった。彼の簡潔《かんけつ》なアドバイスは素晴らしかった。あなたたちが提案すべき協定は、メルケルやＥＵの手柄のように見せかけて、本当は正義と真実のための協定だ、というのである。彼が言わんとしていることは分かったが、言うよりは行うは難《かた》しだと思った。もっと具体的な点について、サマーズのアドバイスは、一〇日後に融資契約の終了が迫っており、破滅的な結果が懸念されるので、六か月の期限延長を求めるべきだというものだ。私は答えた。そこが難しいところなのです。六か月延長すると七月か八月に入ります。その時には、ＳＭＰ国債の一部を償還するためにＥＣＢに六七億ユーロ〔約八七一〇億円〕を支払わないといけなくなります。ですがこのＳＭＰ国債こそ、私が永久債や長期債にスワップするか、債務再編すべきだと言っていたものなのです。私は、モスコヴィシの屈辱を目の当たりにしたことも説明した。サマーズはそれを聞くと、欧州委員会は暗礁に乗り上げましたね、と結論づけた。

　サマーズとのやり取りは、長く詳細《しょうさい》に及んだ。サマーズは私の手伝いをしようと約束する前に、私が凝《こ》り固まった立場ではなく、実際的《プラグマティック》な立場だということを確認したがっているようだった。それが確認できると、こんどはアレクシスについて、彼が合理的な協定には賛成すると信じてよいか、何を言い出すか分からないようなことはないかを知りたがった。

私は、アレクシスも私と同じようにお互いの利益に繋がる協定には興味があるが、彼もまた、相手方も同じ考えであると分かった時にしか公《おおやけ》に大幅な譲歩《じょうほ》をするつもりはないと、サマーズに語った。彼の疑問が晴れた。サマーズはこれまでの交渉の雰囲気が分かってきて、私達の立場から物事を見られるようになってきたようだった。彼は、私たちの立場に理解を示してくれるキーパーソンを見つけて、ギリシャ問題をEUの「最高レベル」に持ち込むよう勧めてきた。

「それがあなたなのです」と、私は答えた。この言葉に彼は満足してくれたようだ。IMFやECBをプッシュしてみますよ、と約束してくれた。

同じ日に、ジェフ・サックスは電話をくれて、ショイブレのオフィスからのメッセージを伝えてくれた。それは重要なニュースだった。ドイツ政府は大幅な進歩が可能だと考えているらしかった。彼らは、私がユーログループに対して四つの条件を呑《の》むことを示せば、死刑執行を猶予《ゆうよ》してくれるそうだ。四つの条件とは、融資契約の期限延長を六か月ではなく七五日間とすること、「債務の持続可能性という概念《がいねん》」を受け容れること、「競争力を回復するための構造改革の必要性」を認識すること、新協定のパートナーにIMFが参加することに合意すること、であった。

望むところだ。私はジェフにひとつひとつ答えた。七五日間の延長に関しては、私の考えと矛盾するものではなかった。最終的な結果は（よい協定であれ、最終的な決裂であれ）、私たちの政権が（約七五％の支持率という）大変な人気を保っている間に、そしてECBのSMP国債が七月の満期を迎えるまでに合意されるべきだからだ。「債務の持続可能性という概念」に関してはジェフにこう言った。「ドイツの連中《れんちゅう》もギャグのセンスを身につけたのかな。オレは毎日寝起きするたびに、トロイカのプログラムに何が欠けているのかを考えていたんだよ。それって、債務の持続可能性だろ？」。ジェフは笑い転《ころ》げた。「競争力を回復するための構造改革」という、ドイツ政府が大好きな「お題目《マントラ》」については、私は反対しないと言った。無神論者の私でさえ、聖金曜日に一緒に讃《さん》美《び》歌を歌えと言われれば歌うからだ。最後のIMFの参加に関しては、私がギリシャの労働組合や年金システムの息の根を止める約束をしなくてすむのならば、異存《いぞん》はない。債権団のトップのなかで、大幅な債務免除が必要だと主張していたのは、IMFのラガルドやトムセンだけだったのだ。

その午後、マキシモスで戦時内閣の会議があった。アレクシスはドイツ首相から同じような懐柔《かいじゅう》のメッセージを受け取っていた。最初の議題は、処刑の執行猶予《しっこうゆうよ》をデイセルブルムに願い出るかであった。私の考えには、サギアスもドラガサキスも同意した。それは、延長を要請する必要はあるが、そのためにプログラムの実施を約束してはならない、というものだ。続いて、ベルリンが出してきた四つの条件について話し合った。戦時内閣の何人かにとっては、ＩＭＦが関わり続けることが、最も受け容れがたい条件だと分かった。そこに、五番目の条件が追加されたというメッセージがベルリンから届いた。「すべての債権者に対してギリシャが負っている金融的義務を承認すること」

　これは交渉決裂《けつれつ》を狙《ねら》っているとしか思えなかった。私たちの政府の存在意義は債務再編の実施であり、シリザの多数派は迅速《じんそく》で大幅な債務免除を要求していたからだ。怒ったツァナコプロスは「すべての債権者に対して私たちの債務を承認するなんてことができるはずがない！」と叫んだ。私は彼らの要求を巧妙《こうみょう》に解釈しようと提案した。企業が銀行に対して債務を「承認」しつつ、株主と銀行を脅《おびや》かしている経営危機から脱出するために、債務再編を追求することはありうる。同じように、私たちはギリシャの公的債務を「承認」するとともに、債権団がより多くのカネを取り返せるように、債務をただちに再編しろと主張することは可能なのだと。この話を聞けば、シリザの一派で、借金そのものが違法であると主張し、即時に一方的な踏み倒し《ヘアカット》をするよう求めている連中は激怒するだろうが、結局は戦時内閣では私の考え方が支配的なものとなった。私がユーログループに正式な延長申請を書くということが決定された。借金を「承認」するというベルリンの条件に同意しつつ、借金の再編について交渉するのが私たちの意図だった。

　こうした決定に私は満足だったが、少し妥協しすぎかもという心配はあった。私はオフィスに戻って申請書をしたためる前に、二つの可能性を内閣に説明した。楽観的な方のシナリオは、ドラギとメルケルが、私たちが態度を変えないということを悟《さと》り、ショイブレに働きかけて、私たちのいう架け橋をかけろ、債務再編を含む合理的で長期的な合意をめざせ、と迫るというものだ。ユーログループはほとんどショイブレの管理下にあったから、ショイブレに働きかけることは、すなわちユーログループに働きかけるのと同じだ。悲観的な方のシナリオの方が、可能性は高い。こちらの場合、融資契約の延長はトロイカの巧妙な策略にすぎない。とにかく決着を遅らせれば、ギリシャ政府の現在の人気も、わずかな流動性準備も、六月に延長期限が切れる頃には底を突くだろう、その時ギリシャ政府はまちがいなく困憊《こんぱい》しきって無条件降伏するだろう、というシナリオだ。

　後者のシナリオにおける最良の戦略を私は説明した。まず、トロイカには期限延長を求める。ただし、トロイカが流動性を締め付けてギリシャを弱体化させようとするならば、私たちはＩＭＦに対する今後の返済を拒否する。また、失敗が明らかになっているプログラムで再びギリシャを縛《しば》ろうとしたり、債務再編を拒否したりした場合には、交渉そのものを拒否する。さらに、銀行閉鎖や資本規制導入の脅しに対しては、ＥＣＢのＳＭＰ国債の踏み倒しや並行決済システムの導入で対応する。そのうえで法律を改正し、ギリシャ中央銀行に対する議会の権限を回復させるのだ。

その反対に、期限延長を申し入れてそれが与えられたとして、債権団が暫定《ざんてい》合意の精神から逸脱しているにもかかわらず、私たちが上記のような措置を実施する覚悟を示せなければ、それは最悪の戦略となる。私たちがそうした誤りを犯すならば、トロイカは延長期間の間に私たちに徹底的に恥をかかせた挙句《あげく》、六月終わり頃の私たちがいちばん弱っている時に、私たちにとどめを刺すだろう、と私は主張した。

全員が合意した。パパスとアレクシスは熱狂的に賛成し、ドラガサキスは曖昧《あいまい》に頷《うなず》いた、サギアスも頷いて、とてもためになる助言をくれた。ＥＣＢのＳＭＰ国債はいまだにギリシャ法の管轄《かんかつ》下にあり、それを一方的に踏み倒すと私たちが決定すれば、それに関する裁判はロンドンやニューヨークではなくギリシャの法廷で開かれる、というのだ。

それから四か月の間に、流動性の締め付けがいっそう厳しくなり、銀行閉鎖と資本規制の脅しも強まった。私はアレクシスと戦時内閣の面々に対して、くり返し、この時の決断を思い起こさせた。私がこの話を持ち出すたびに必ず、彼も、閣僚たちも、この決断を今も支持していると言った。[★13] しかし、時がたつにつれ彼らの熱意は弱くなり、支持しているという言葉は魂《たましい》が抜けているように聞こえた。時々刻々《じじこくこく》と最悪のシナリオが忍び寄ってきた。

幸せな日々と建設的な曖昧さ

オフィスに戻って、期限延長を申請する手紙を書いて、アレクシスとサギアスにチェックしてもらった。サギアスには官房長官としてだけでなく、法律家としての立場からも確認してもらった。そのうえでこれをユーログループ議長に送った。その手紙の内容は、ギリシャとユーログループとで作業を開始するよう求めるものだった。「現行の協定に代えて、ギリシャ政府が追求する、ギリシャ・ＥＵ・ＩＭＦ間の、経済回復と成長のための新たな契約」を策定する作業だ。

これは妥協の精神に基づく手紙であった。パリの最初の会合でフランスの財務相に言ったように、私はＩＭＦの「プログラム」という用語に代えて「契約」を選んだ。その狙いは、対等な人間どうしの合意というルソーの考えを反映することだった。妥協の手紙だったので、トロイカが嫌う表現もあれば、ギリシャ側にとっても、特にシリザにとっても受け容れ難《がた》い表現が含まれていた。トロイカが嫌がりそうな表現とは「社会的公正と、今回の経済危機による甚大《じんだい》な社会的費用の緩和《かんわ》」や、「真の経済成長、有益な雇用、社会的一体性を通じて、何百万ものギリシャ国民の生活水準を回復させるための、実質的で全面的な改革」といったものであり、当方にも受け容れ難い表現とは「ギリシャ当局はすべての債権者に対してその金融的義務を承認する」とか、「実務的な障害を避けるために、私たちが拘束力を認める基本融資協定の枠内において、相手方と協力する」などであった。この手紙はベルリンの要求に対する、私たちからの最大限の譲歩だった。

　手紙を出し終わり、ブリュッセルからの返事を待っていたその夜、私はめったにない贅沢《ぜいたく》を楽しんだ。ギリシャ国立劇場でサミュエル・ベケットの『幸せな日々』〔一九六一年初演の劇。地中に埋まった女主人公がどんどん埋没してゆく〕をダナエと一緒に観劇したのだ。帰り際《ぎわ》に、近くで待っていた報道陣は、陰気な劇を選んだ私たちに驚きを示した。私は答えた。ユーログループ会議で味わった窒息《ちっそく》状態に比べれば、ベケットの描く、一人の女性がゆっくりと土に埋まってゆく様子の方が、心が躍るんですよ。偉大な芸術だからというだけではなくて、ベケットが主人公の窒息を底知れぬ反抗心で描いているから、心が躍るんです。

　翌朝、返事はベルリンとブリュッセルのルートから届いた。私の手紙は「有益」で、翌日のユーログループ合意の「よい検討材料」となる、という内容だった。これは、いったいどういう意味だろう。数日前の素晴らしいコミュニケ案が期待外《はず》れに終わったばかりなので、何も信じることはできなかった。それで、私は二月二〇日に、楽観はしなかったが、期待を抱いてブリュッセルに飛んだ。

　ユーログループ会合の前にラガルドと短く話をした。合意は近いわ、と彼女は自信を示した。「でも、ショイブレ財相は何としても私にプログラムとＭＯＵの実施を約束させようとしているのに、彼が諦めるでしょうか？」と私は尋ねた。ラガルドの表情には、自信と不安が浮かんでいた。

　続いて、デイセルブルムに会った。それは初めて（で最後）のビジネスライクな話だった。彼は悪いニュースを二つ私に伝えた。一つ目は、期限延長は私が求めた六か月ではなく、四か月となる、ということだ。ジェフ・サックスに言ったように、私は四か月でもまったく構わなかった。二つ目は、ＥＣＢが、ギリシャ金融安定基金（ＨＦＳＦ）が持っている一一〇億ユーロ弱〔約一・四兆円〕の「クレジットカード」機能（ギリシャの民間銀行が緊急資金を必要とした時に使えるように設計された機能）を、ルクセンブルクにある上部組織の欧州金融安定基金（ＥＦＳＦ）にどうしても移したがっている、ということだ。これはたとえて言えば、あなたのメインバンクがあなたに対して、あなたに与えられた融資枠はまだ使われていないので、あなたの口座がある支店から本店に移したいと思います、と言っているようなものだ。[★14]

これは私が思うにたいした影響はなさそうだったので、私はデイセルブルムに、譲歩しましょう、ただしその見返りに政治的余裕をくださいと言った。欧州救済基金（正式には欧州金融安定基金（ＥＦＳＦ）、後の欧州安定メカニズム（ＥＳＭ））からカネを受け取る加盟国は、数か月ごとに「評価」を受けなければならなかった。これは逃れられないことで、私たちは暫定《ざんてい》合意を求める条件として、いつも受け容れる用意はしていた。だが、問題は誰の基準で評価されるかだった。ショイブレの答えでは、現行プログラムのＭＯＵで定められた基準ということになる。だが私の考えは、新政府がこれらの基準を作成する権限、少なくとも作成に関与する権限を要求することであった。つまり、基準を書き変えることによって、ギリシャの回復を妨げてきた馬鹿げた水準の緊縮策を終わらせるのである。ようするに、私はＭＯＵの全体を、さもなくば私たちにとって受け容れ難い三〇％に及ぶ項目を、こちらが提案する改革リストで置き換えるようを要求した。さらに、ギリシャ政府のプライマリーバランス黒字目標を、国民所得の四・五％から一・五％に引き下げることを求めた。

驚いたことには、デイセルブルムは同意した。黒字目標に関しては、四・五％目標を「相当程度の黒字」に置き換えて、一・五％は協議に委《ゆだ》ねることを提案した。私は、「相当程度の」を「適正な」とすることを再提案した。再び彼は同意して、コミュニケが完成した。

> ギリシャ政府は二月二三日月曜日のうちに、現行の取り決めに基づいて、第一次の改革リストを提出する。三機関は、これが評価を成功裏に完了するための出発点として、十分に包括的なものか否か［について］、最初の評価を行う。このリストはさらに明確化され、四月の終わりまでには三機関の合意を得る。

もしこの文章が最終的なコミュニケまで残ることになれば、ユーロゾーンの弱小国にとっては勝利だと、私は思った。これは、救済プログラムに束縛されている政府が、自らが策定した改革案で、トロイカのＭＯＵを置き換える権利を与えられた初めての例となるからだ。改革案に賛成が得られるまでには、三機関の承認が必要なので、これは暫定的な勝利にすぎない。しかし、解放に向けての巨大な一歩であった。刑務所の塀《へい》を飛び越えて、林を走って、囚人が刑務所から逃走するようなものだった。

コミュニケの大きな欠点は、流動性の締め付けの中断を、ギリシャに保証していないことだった。ユーログループの短い会議のなかで、私はこの点をマリオ・ドラギに質問した。今回の合意が成立したら、ＥＣＢが適格担保要件の適用除外を復活させない理由はなくなるのではないですか、銀行閉鎖の脅しをやめて平常時に復帰することを表明する時ではないですか、と。これは、ギリシャの銀行が選挙前と同じ条件で財務省短期証券を買うことを、ＥＣＢが認めてくれることを意味する。そうなれば、私たちのチームの計算によれば、大幅な経費節約が前提ではあるが、私たちは六月末まで生き延びられる。つまり私のチームは、合意をまとめるために、四か月の余裕が得られることになるというわけだ。この点に関して、私はドラギに文書で確認を求めるべきだったという人間もいるし、そうしなかったのは馬鹿だという人間もいる。

　もし私がドラギに実際に文書での確認を求めていたならば、交渉は再び袋小路に陥ったであろう。その時には、同じ人間たちが、逆の理由で私を馬鹿よばわりした違いない。いずれにせよ、ＥＣＢの規則によれば、総裁には自由にそのような文書を作成する権限はないのだ。暫定合意の狙いはただ一つ、共通の基盤が存在するかどうかを確かめるための時間を稼ぐことだけだ。対立点は依然として残っていたが、それを表面化させることなく両者が満足できるように、曖昧《あいまい》な表現を追求していたのである。この段階では、前進するためにはお互いにレッドライン〔越えてはならない一線〕を越えないことが何よりも大切だった。「建設的曖昧さ」という、ヘンリー・キッシンジャーが使ったとされる政治テクニックを、エフクリディスは私に思い出させてくれた。それが、私たちの当面の使命だったのだ。

吉報《きっぽう》　二月二〇日の合意

二〇一五年二月二〇日。ギリシャの銀行閉鎖がわずか八日後に控えていた。この日のユーログループ会議は、私にとっては最も易《やさ》しい会議だった。この会議では、メルケル首相には、ふだんユーログループを支配している自分の部下のショイブレ財相から、ユーログループの支配権を（たとえ一時的であれ）簒奪《さんだつ》する力があることがはっきりした。会議の前に、フランス経済相のエマニュエル・マクロンからｅメールが来た。そのなかでマクロンは、メルケルと昼食をとり、ギリシャとＥＵの双方が受け容れ可能な協定の実現に力を貸すよう働きかけました、と伝えてくれた。また、メルケルがコミュニケを承認して、少なくともしばらくの間は、ギリシャ悲劇を終わりにするようにデイセルブルムに指示したということも教えてくれた。

　大臣たちに発言が許されると、ユーログループ会議でお決まりの儀式が始まった。まず、ショイブレ応援団の面々（東欧諸国の大臣たち）が先を争ってショイブレ顔負けの発言をした。次に、アイルランド、スペイン、ポルトガル、キプロスといった、これまでに救済を受けた国々の大臣（ショイブレの模範囚《もはんしゅう》たち）が、ヘタなショイブレのモノマネをした。そして最後にショイブレ本人が仕上げの発言を行った。

だがこの日は、残念ながら彼の思うようにコトは進まなかった。メルケル首相の直接の指示によって、ショイブレ財相の魔力から解放されたデイセルブルムが、コミュニケ案を読み上げ、私に発言の機会を与えてくれたのだ。そこで私は以下のような発言をした。これはヨーロッパの歴史にとって重要な瞬間です。ヨーロッパの指導者たちが、民主主義は贅沢品《ぜいたくひん》ではない、債権者には認められて債務者には否定されるようなものではけっしてないということを示した瞬間なのです。共通の基盤と共通の努力という論理が、経済の現実とはかけ離れた独断に勝利した瞬間でもあるのです。

この短い発言が終わると、デイセルブルムが討議を促《うなが》した。いっさい誰も発言しなかった。気まずい沈黙が漂《ただよ》った。ショイブレを恐れ、コミュニケ案に賛意を示す者はいなかった。だが、メルケルの支持を取り付けたコミュニケ案にあえて反対する者もまた、いなかった。二人の上司の板挟みとなり、ショイブレの支持者たちは頭を垂れ、考え込んでいた。彼らのジレンマは、ドラギとラガルドが冷静にコミュニケ案を支持する発言を行っても、変わらなかった。予想されたとおり、ショイブレが腹を立てて、何度も発言の機会を求め、MOUの受け容れと現行プログラムの実施をギリシャが約束するようコミュニケに明記しろと言った。それしかないとショイブレは言ったが、デイセルブルムは意見を変えようとはしなかった。

ショイブレはコミュニケにしつこく反対した。しかし、反対するたびに、彼の声は甲高《かんだか》くなり、説得力は弱まっていった。彼は二〇回以上も反対する発言を行った。彼を支持したのはポルトガルとスペインの大臣だけであった。ポルトガル財相の発言は二回だけだったが、スペインのルイス・デギンドス財相は一〇回以上も発言した。それは、目前に控えたスペイン総選挙で、シリザの成功がポデモス党（シリザの姉妹政党）に有利になることを、スペイン政府が恐れていたことの表れだった。

欠席しているメルケルと、出席しているショイブレとの対決の傍観者《ぼうかん》にすぎない私には、電話やeメールをやり取りする時間があった。会合は午後三時半に始まっていた。八時半にエフクリディスが進行状況を聞いてきた。「いい結論が出そうかい？」

「今のところ、ショイブレはどうしようもなく孤立しているね」、と私は答えた。

「ドラギは締め付けを緩《ゆる》めると約束したかい？」

「表向きはまだだ。彼とはすぐに話をするよ」

アレクシスがメールしてきた。「メディアは、状況は私たちに有利だと報じています。冷静に、落ち着いて、こちらに不利なコミュニケの変更はさせないでください」

八時半に、エフクリディスとアレクシスに異常な動きをeメールで知らせた。ショイブレが明らかに腹を立てて退室したのだ。

アレクシスにはこれが信じられなかった。「これをリークしていいですか？」、と尋ねてきた。

しかし数分後にショイブレが戻ってきた。私は立ち上がって、彼の方に歩み寄って、彼に言った。あなたが反対しているのは理解できますが、このコミュニケに基づく暫定合意はギリシャにとってもヨーロッパにとっても素晴らしいものです。終わりなきドラマに終止符《ピリオド》を打つことに繋がるでしょう。彼は分かったよという素振《そぶ》りをしたが、相当にイライラしていて、私と関わりたくはなさそうだった。

八時五六分にアレクシスが最新情報を聞いてきた。

ショイブレ陣営はまだ諦《あきら》めていなかった。だが、仲間はスペインとポルトガルだけになり、頑張《がんば》っているのはルイス・デギンドスだけだった。デイセルブルムは何とか彼らを抑えようとしていた。「デイセルブルムは仕事をこなしているよ」、と私は報告した。

九時一四分に、アレクシスが、ドイツ・スペイン同盟にコミュニケを潰《つぶ》される可能性はあるのかと尋ねてきた。

「彼らは必死だ」、と私は答えた。数分後に私は、ラガルドがコミュニケを支持する発言を始めたことを報告した。「彼女はコミュニケを救おうとしているよ」、とメールしたのだ。

アレクシスは安心したようだった。だがエフクリディスと同じように、ECBのことを心配して尋ねてきた。ドラギはギリシャへの締め付けをやめさせるでしょうか。私は答えた。まず今回の合意が先決だ。その後で、ドラギに責任を自覚させるよ。適用除外《ウェイバー》を復活させて、敵対行為をやめさせるんだ。コトは一歩ずつ進めるしかない。

九時二八分にアレクシスがまたメールしてきた。ダメになる可能性はないですか？　デイセルブルムが最初に読み上げたコミュニケは修正されていませんか？

九分後に私は返信した。「今回は勝ちだ。だが、祝勝《しゅくしょう》はしないでおこう。ショイブレをこれ以上刺激したくない」

少し遅れて、エマニュエル・マクロンも心配してメールしてきた。私は返信した。「よい結果が出そうです。さあ、仕事にかからねばなりません。ありがとうございます」

「戦い続けよう！」、と彼は同志のような返事を送ってきた。

私は部屋を出る時にマリオ・ドラギに近づいて、彼が触れてほしくない話題を投げかけた。一六日前に彼自身が自分のオフィスで私に教えてくれたことを、さらにその夜わざわざ電話をかけてきて伝えてくれたことを、覚えていますかと言ったのだ。あの日、彼は妙《みょう》に急いで、ギリシャの銀行に対する（適格担保要件の）適用除外を停止して、ECBからの流動性を止めたのだった。私は聞いた。ユーログループとの合意ができれば、ECBにはギリシャの銀行に対して適用除外を認めない理由はなくなるのではありませんか。ドラギは頷いて、ユーログループがギリシャとの融資契約を延長した以上、ECB役員会はこの問題を近いうちに議論しますと約束した。私は、何月何日にギリシャの銀行が再びECBの流動性にアクセスできるようになるのですかと聞いた。彼は出口に向かって歩きながら言った。まもなくです、でもおそらく、ECB役員会が予定されている次の水曜日までは、無理だと思います。この時点では、私にはこう言わせるのが精一杯《せいいっぱい》だった。

私はプレスルームに向かった。そこで待っている報道陣に合意を知らせる吉報を伝えられるので、ほっとしていた。さらに、アレクシスが有頂天《うちょうてん》になっていないことが分かって、安心した。彼は記者会見前に私にeメールを送ってきて、コミュニケに書かれた「適正な黒字」は国民所得の一・五％以下であることを、これまでの三・五％の目標は終わりだということを、報道陣に向かって強調してくれと伝えてきたのだ。それから二か月後、アレクシスのオフィスを出て財務省に戻る時、私はこのeメールを読み返した。心がちぎれそうになった。

この瞬間に酔いしれる、どんよりと

ギリシャと欧州の関係を改めるのに、三回のユーログループ会議が必要だった。集まった報道陣への言葉は、次のように締めくくった。交渉に妥協は付きものです。でも、ノーと言う覚悟を示すこともできました。道徳的にも、政治的にも、有権者の負託《ふたく》に照らしても、絶対にイエスと言うわけにはいかない提案や指図《さしず》に対しては、ノーと言うしかないのです。私たちは、論理《ロジック》と思想《イデオロギー》を結びつけ、ルールの尊重と民主主義の尊重とを統合させせました。重債務国には現状を変えるような選挙は許されない、という見方に私たちは挑戦しました。私たちはすさまじい圧力に立ち向かいました。私たちの挑戦は、ほかのヨーロッパの人々を犠牲にしてギリシャの状況をよくしようというような、ナショナリスト的な、ポピュリスト的な試みではありません。私たちは最初から、交渉相手を騙《だま》そうとしているわけではなく、ヨーロッパ全体の利益のために政策の再調整を行うのだと言い続けてきました。私たちがめざす交渉は、誰かの損失が自分の得になるようなゼロサムゲームではないのです。

その日のユーログループ会議を暫定合意に導いてくれたデイセルブルムに感謝を述べ、私はさっそく仕事に着手するつもりだと述べた。報道陣には次のように伝えた。私のチームと一緒に、私は三日後にはギリシャ政府の改革リストを提出できるように、週末は休日を返上して徹夜《てつや》で作業します。「きつい作業になることでしょう。しかし、やっと、新しい対等な関係に移れたのですから、喜んで作業しますよ」。成功に導くのは強制ではなく協力関係だということを証明する、よい機会だ。

厳しい週末になるのは間違いなかった。私たちはMOUの最も有害な部分を、それとは根本的に異なる私たちの改革に置き換える権利を、確かに勝ち取った。だが、その権利は自動的に実現されるものではない。これはギリシャのための新協定に向けた最初のステップにすぎない。合意されたプロセスには、さらに三つのステップがあったのだ。まず、私たちがeメールで改革リストを送付する（二月二三日〔月曜日〕の深夜が締め切りだから、七二時間足らずしかない）。すると、火曜日の午後に開かれるユーログループのテレビ会議まで（つまり火曜の午前中まで）トロイカには私たちの提案を検討する時間があるわけだ。そこではドラギ、ラガルド、モスコヴィシが債権団の三機関を代表して、私のリストが「充分に包括的」であるか、これがギリシャ政府を審査する基準として使えるものかを判断するのだ。第三のステップは、四月中旬に行われる審査であるが、これをパスして初めて、IMFに返済するためのカネを手にすることができるのだ。この三つのステップが完成して初めて、交渉という約束の地に足を踏み入れることができる。私たちが渇望《かつぼう》してきた、ギリシャの回復と成長のための新たな契約をめぐる交渉だ。それは（暫定合意の終了期限である）六月中には決着をつけねばならない。

私は何度も質問を受けた。ギリシャがユーロ圏に留まるための新たな協定をめざして、嵐のなかをうまく航海してゆくことが、本当に可能だと思っていましたか、と。私は、その可能性は計算できませんし重要でもありませんと答えることにしている。私たちは債権団にチャンスを与えなければならなかった。人間味のある論理的なアイデアを携《たずさ》えて私たちと同じテーブルに着くチャンスを、私たちの話に耳を傾ける機会を。それは一か八《ばち》かの試みだった。だがとにかく、ギリシャの人々から私たちが受けた負託は、ユーロ圏に留まって持続可能な未来を確保するために、全力を尽くすということだったのだ。

今でも私は、この二月二〇日合意を結んだことに対して、猛烈《もうれつ》な批判を受けることがある。前の二度の救済プログラムに署名してその名を汚《けが》したギリシャの議会内野党は、バルファキスはMOUに署名だけして金を受け取らなかったアホだ、と批判した。もちろん、三回分の会議を費やして、コミュニケからMOUやプログラムの文字が削除されたという事実には目をつぶってのことだ。奇妙なことに、シリザの左派プラットフォームも同じ主張をしている。自分たちが最終的に降伏することになったのは、戦時内閣のこれまでの失敗ではなく、この二月二〇日合意のせいだと言い張ったのだ。また、ショイブレがこの合意を阻《はば》もうと必死で戦っていた事実を棚に上げて、建設的曖昧さはいつも強者に有利となる、と論じる評論家たちもいる。さらには、ECBが流動性収縮を終わらせるとする一文をコミュニケに含めなかったのは失敗である、と批判する同志たちもいる（エフクリディスもその一人だ）。ECBは独立性を保証された神聖な機関だから、そんな文言をEUのコミュニケに入れることなど不可能だということが、分からないのだろうか。

いずれにせよ、敗北が確定した二〇一五年七月以降に、この二月二〇日合意に対する批判の雨が降り注いだことは、私とダナエの予感が正しかったことを証明した。アレクシスのアパートで私が財務大臣の就任を受諾《じゅだく》した時に、私たちは、新政権が失敗すれば、その真の原因が何であれ、すべて私のせいにされるだろうと予感していたのだ。

ギリシャの最終的敗北の根本原因がこのユーログループ合意にあるという馬鹿げた考えが広まったのは、興味深いことだ。二月二〇日の暫定《ざんてい》合意はベイルアウティスタンから抜け出す第一歩としては、必要ではあったが、十分ではなかった。それを完全なものにして、解放への道につくためには、この合意が切り開いたチャンスが閉ざされないうちに、戦時内閣が揺るぎない姿勢を示すことが必要だった。銀行閉鎖や資本規制の脅しを受けた瞬間に、私たちの抑止力を行使する覚悟をしておく必要があった。その覚悟のためには、銀行閉鎖を恐れてベイルアウティスタンの延命に署名することは、最悪の結末だということを確信している必要があった。二月二〇日の暫定合意をうまく使えば、ベイルアウティスタンから確実に脱却できたに違いない。何らかの方法で、ギリシャに持続可能性と尊厳を取り戻せたはずなのだ。その方法が、ユーロ圏に留まるための新たな協定であれ、痛みをともなう決裂を通じてギリシャが独自の歩みを始めることであれだ。

アテネに戻る飛行機に乗り合わせたギリシャ人は、ほとんどの人が野党支持ではあったが、有頂天だった。私たちはトロイカに立ち向かい、ドイツ財相が必死に葬《ほうむ》り去ろうとした名誉ある暫定合意を手に帰国していたのだ。これを祝福しない理由などあろうか？　しかし、疲れと眠気にもかかわらず、ある疑問が私の頭から離れなかった。戦時内閣はトロイカを制するのに必要なことをするだろうか？　債権団が汚い手を使ってきたら、こちらの抑止策を行使できるだろうか？

アテネに戻ると、ノーマン・ラモントからeメールが来ていた。「『エコノミスト』紙が、ギリシャは破産していると君が言ったのを、批判しているのが可笑《おか》しかったよ」。ECBのルール自体が破産国に金を貸すことを禁じているので、ECBの役員たちは何年間も自分たちのルールを破っていたことになる。それを私が指摘したことが、ノーマンには「可笑し」かったのだ。だが、『エコノミスト』紙の報道の情報源は間違いなくECBの関係者だ。ラモントと違って、彼らは可笑しがってはいられないから、私を批難する記事を書かせたのだ。もっと心配だったのは、この情報がフランクフルト〔ECBの所在地〕から、二月二〇日以降に発せられていたことだった。それは、ECBがギリシャに対する締め付けを緩めるつもりがないことを意味していた。私は、この事実から、私たちが本当にIMFに対してデフォルトし、ECBのSMP国債のヘアカットを断行し、並行通貨を導入する覚悟を決めないかぎり、債権団たちは暫定合意の精神を尊重しないだろうと確信した。

同じeメールで、ラモントはここ数日の出来事に対する評価を知らせてくれた。

君は強い向かい風に逆らって、波に逆らって、苦しみながら着実に前進しているね（まるでユリシーズみたいだ〔ユリシーズは古代ギリシャのホメロスの叙事詩『オデュッセイア』の主人公オデュッセウスの英語表記。長い苦難の船旅を経て帰郷する〕）。君は短期的な「構造改革」（みんな使う表現だが、その意味は誰も知らない）では少し譲歩することになるかもしれないが、四か月後には大きな成果を得ることになると思う。いずれにせよ、嫌われ者のショイブレと比べれば、君の方が点を稼《かせ》いだと思うよ。

同じような見方が広まっているので、ショイブレが頭にきていることは間違いなかった。彼は必ず反撃してくると思った。しかし予想外だったのは、まず最初に自分の財務省のなかで一撃を食らうことになったことだ。それからしばらく後には、戦時内閣のなかで打ちのめされることになる。その場所はほかでもない、大臣就任の日にアレクシスが私に感激の涙を流させた、あのマキシモスのオフィスだ。

10. 正体を現す
Unmasked

ギリシャ国会議事堂へと向かった。そこでは内閣のみんなが安堵《あんど》して、ユーログループの合意について話をしていた。私が空港から国会に戻る途中、スマホを通じて賞賛と罵倒《ばとう》の声が同じ分量で届いた。ジェフ・サックスからのｅメールは、私が成し遂《と》げたことへの賛辞だった。「一二〇日間もともに考える時間がとれたことは……歴史的なブレイクスルーだよ。ユーロ圏のトップダウン行政のルールをすべて破ったのだからね。これは栄誉だよ！」と。しかし、ギリシャ左派の英雄二人はこの合意を酷評《こくひょう》した。★1 マノリス・グレゾスは反ナチ・レジスタンスの英雄で、二〇一五年二月の時点では欧州議会の議員だった。他方、ミキス・セオドラキスは伝説的な作曲家だ。私にとって二人は少年時代からの英雄で、私は彼らの考え方をいつも気にかけていたのだ。彼らはみな正しい。それは確かに英雄的なブレイクスルーなのだが、注意してかからなければ敗北と屈辱をもたらしかねないものなのだ。

二月二一日土曜日の遅く、私は財務省に戻り、ＭＯＵ《エムオーユー》と引き替えに提示する改革リストの作成にとりかかった。私はオフィスに飛び込んだ。分厚いドアが背後で大きな音を立てて閉まった。私の任務はＭＯＵの有害な項目を削除し、新たな政策方針に置き換えることだ（ちなみに、私のチームメンバーたちはＭＯＵを「醜悪《しゅうあく》な文集」と読んでいる）。緊縮策を強化し、弱者に対する階級闘争を激化させるように求める有害項目は、文書全体の三〇％程度だった。私たちが議論してきたような本当の治療に繋《つな》がる措置には、トロイカが反対するに違いない。こうした措置の導入に道を開くものでありながらも、トロイカでさえ反対しないような文言《もんごん》にしなければならない。この文書の完成まで、制限時間は四八時間だ。しかし実際には他にも切迫した問題がたくさんあるので、時間はもっと少ない。

月曜夕方にこれを送信すれば、マリオ・ドラギ、クリスティーヌ・ラガルド、ピエール・モスコヴィシは翌朝のうちにこれを読んで、火曜午後に予定されているユーログループのテレビ会議に望むだろう。そこでは弁解の機会はない。各国財務大臣たちにも発言権はない。上の三人が措置のリストについて順番に、緑か赤の旗を揚《かか》げて判断を下すだけだ。

テレビ会議で赤旗が上がったら破滅だ。それまで数週間の努力でどうにか勝ち取ってきた成果が、全部フイになってしまう。銀行は閉鎖され、私たちは請願書を却下されたみたいになってしまうだろう。どういう結果になるのかを前もって、できれば月曜夜までに知ることが重要だ。行き詰まりが避けられないと分かれば、いかなる改革リストを提出することも拒否し、交渉の失敗を説明する記者会見で、古《いにしえ》の戦士だったグレゾスとセオドラキスの直感力を賞賛することにしよう。

同時に私は、乗り越えることが可能な些細《ささい》なすれ違いによって交渉が行き詰まるのは、何としても避けたかった。私は、債権団との意思疎通《そつう》のパイプを開いておくために、ユーログループ作業部会での私の代理人であるヨルゴス・フリアラキスをブリュッセルに残すことにした。彼の使命は、債権団のレッドラインがどこなのかをブリュッセルの主要な職員たちから探り出し、私たちのレッドラインに対する債権団の感度を確認し、デッドロックに乗り上げる可能性について、月曜の夜までに私に注意を発することだ。

この土曜の夜は一人でオフィスにこもって、刑務所に収監された私の国が看守たちに突きつける自由回復計画の策定に没頭した。「人道上の危機」と題した最後の第四節から着手した。リトマス試験紙のつもりでこのタイトルにしたのだ。イエルン・デイセルブルムは私にとって最初のユーログループで、この表現は「あまりに政治的」なのでコミュニケに含めることはできないといって却下した。もし火曜のテレビ会議で、この節のタイトルを理由に私の改革リストが拒否されるようなら、やるべきことは決まっている。ユーログループでの交渉は終わりだと宣言して、テレビ会議装置のスイッチを切り、アレクシスに電話をかけてこちらの抑止策を発動させるのだ。この文書で難しかったのは、曖昧《あいまい》さと明確さのバランスをきちんととることだった。さまざまな分野で、私はわざと曖昧《あいまい》な態度をとっているが、この文書の最後の節《せつ》の、最後の項目は非常に明確なものにした。恥の烙印《らくいん》を伴わないプリペイドのデビットカードを貧困世帯に配布して、食料、住居、医薬品、電気の代金が支払えるようにするというものだ。このことをギリシャ政府が約束し、大騒ぎしているユーログループにも呑《の》ませるという意思表示だ。

最後の節が完成すると私は、MOUのなかの人権侵害的な項目を洗い出した。それに対して私が書き加えたのは、次のような項目である。家族を住居から立ち退《の》かせることを禁止すること、民営化の基準を見直して最低投資水準、環境基準、労働権、地域コミュニティへの配慮を含めること、公的な資産を活用して投資銀行を設立し、その利益を（困難に陥《おちい》っている）年金基金と分け合うこと、すでに合意された年金カットを凍結すること、労働組合の代表権を復活させるという私たちの政府の公約を尊重すること、公務員の賃金がこれ以上引き下げられないよう保証すること、などである。その代わりに私は、MOUにあった相当数の「優先的項目」を残した。そのいくつかは醜悪《しゅうあく》で、いくつかは酷《ひど》くて、まともなものはわずかだった。だがここは妥協の精神が優先される箇所だ。二月二〇日のユーログループの議論の最後でデイセルブルムは、私のリストは「浅く広い」ものにすべきで、三ページ以内に収めるべきだと言っていた。結局、彼らに送ったものは五ページになった。

敵との共同作業

日曜、ヨルゴス・フリアラキスは知らせを持ってブリュッセルから戻った。彼が話をしてきたのは、トロイカにおける欧州委員会側の重要人物、デクラン・コステロだ。この人物は明らかに乗り気で、私たちに火曜日の試験にパスしてほしいと思っていた。私はフリアラキスに、私の草稿をコステロに見せてくれたかと聞いた。彼は、見せましたし反応もよかったです、と言った。だがコステロが言うには、あのリストはトロイカ好みの用語と様式でまとめてほしいのだそうだ。「彼らは内容には満足していますが、様式はどうしても維持してほしいと言うのです。いったん自分のオフィスに戻って、ひと息ついたら、あのリストを彼らの用語と様式で整えてきてもいいですか」と、フリアラキスが言った。悪くなさそうな話だ。彼らの陳腐《ちんぷ》な様式を受け容れても、酷い内容をいくらか削ることができるなら、それは私の許容範囲内だ。

フリアラキスが戻ってきた。彼が持ってきたのはとんでもない文書だった。その用語はトロイカのMOUとまったく同じで、私の草稿を反映させたと彼が言う部分も、内容が消えてしまったか、受け容れがたいほど中和されていた。私は椅《い》子《す》を引き出してフリアラキスを招き、文書を編集《エディット》している間、隣《となり》に座っていてほしいと言った。共同作業は簡単ではなかった。私たちは懸命《けんめい》に協力し、うまくいった部分もあったが、明らかに私と彼は、分析上も、政治的にも、文化的にも、波長《はちょう》が違っていたのだ。フリアラキスにとっては、この文書自体がゴールだった。しかし私にとっては、これは改革リストが合意された後に、次のステップである前倒しの債務再編に至るための足掛かりにすぎなかった。債務再編を含んでいなければ、私の改革リストは（いや、い丶か丶な丶る改革アジェンダも）、債務返済を強いられるなかで無意味なものになってしまう。ギリシャは債務デフレ・スパイラルから脱することができない。この状態では、どんな社会であっても改革の効果は現れない。結局は破産が待っているのだ。分析上も、私たちの見解の違いが大きくなりつつあった。財政政策に関する議論を続けるうち、フリアラキスがトロイカの馬鹿げた経済モデルを許容していることに私は驚愕《きょうがく》した。私が思うに、この経済モデルこそが、とんでもない財政目標に対する、怖《こわ》いぐらいに呑気《のんき》な態度のもとになっているものだ。

財務大臣たる者は、経済諮問委員会の委員長に対して全幅の信頼をおいていないといけない。財務大臣のために複雑な計算をするチームを統括するのは委員長だ。重要なフォーラムで大臣の代理をするのも委員長だ。だが私は彼を信頼できなかった。しかしそれはフリアラキスの過《あやま》ちではなく、私の過ちだった。私の知る人物をこの重要な地位に就《つ》けることを最優先課題とすべきだったし、副大臣が反対してもそれを押し通すべきだった。しかし、私たちには今、やるべきことがある。何時間も互いに隣に座って、できるかぎりのことをした。

私のノートパソコンで、お互いが満足いくまでフリアラキスのＷｏｒｄ文書を整えた。午後九時過ぎにこれをコステロに送り、反応を待った。三時間あまり後に返事が来た。幸い、リトマス試験には合格したようだ。驚いたことにコステロは「人道上の危機」のセクションにも何ら異議を唱えなかった。言及さえしなかったのだ。その代わり、「大きな問題を起こしかねない分野が二つあります」と指摘し、そこで私と対決することを選んだようだ。「立ち退き」と「民営化」だ。

家族を第一の住居から立ち退《の》かせることを一時的に禁止《モラトリアム》することは、トロイカにとっては驚愕すべき内容だ。トロイカは、大きかろうが小さかろうが、第一の住居だろうが第二の住居だろうが、すべての住宅を自由に差し押さえて、自由に競売《けいばい》にかけられるようにすることを、銀行家たちに約束していた。トロイカは支払いを滞納《たいのう》した企業や家計を清算するよう求めていたのだ。清算された人たちには、毎月数百ユーロ〔数万円〕の補償金を与えて、廃墟《はいきょ》のなかから自力で立ち上がれと言うだけだ。ランブロスをはじめとするたくさんの人たちが、そうして惨《みじ》めに暮らしている。コステロはランブロスに対する私の誓《ちか》いを知らないだろうが（そしてまったく興味もないだろうが）、彼ほどの頭なら、私がこんな措置《そち》を絶対に受け容れないことは理解できるようだ。そこで彼は「ことば」を提案してきた。「現段階で」モラトリアムと言わずに、政府は立ち退きを「避ける」ための取り組みを約束するというのでどうだろう、と。フリアラキスは大局的にみれば合理的な譲歩《じょうほ》だと思うと言った。私は同意した。

民営化に関しては、コステロは二点を突いてきた。第一に彼は、前政権がすでに実施した民営化は中止しないこと、および、入札手続きが始まったものについては民営化を進めることを求めた。これについて私は、入札手続きを尊重しつつ、民営化を中止すべきかどうかは裁判所に判断を委《ゆだ》ねる条項を挿入《そうにゅう》していた。この点、ギリシャの裁判官たちは、二〇一〇年いらい初めてのことだが、国家が略奪に遭《あ》わないよう監視し、あまりに非道《ひど》い大安売りを取り消すことができるように、憲法に裏づけられた権限を保持したがっていたので、安心だった。[★2] 第二に、新たな公的開発銀行を設立し、公共財産を担保として投資を行い、赤字を出している年金基金とその利益を分け合うという私の案に、トロイカは断固反対だという。「この案を検討するには数か月は必要で、すぐに議論してまとめられるものでもないので」、これを私のリストから削除すべきだ、というのがコステロの提案する外交的な解決策だ。これに対しても、譲歩することにした。だが私はこれを四月以降の最優先課題として、しっかり記憶しておいた。

オフィスの赤い長椅子で数時間眠った後、首相や戦時内閣の仲間たち、大臣たちの同意を得るために、面会の持久走《マラソン》を開始した。私のリストの何らかの項目に対して、誰もが強い意見を持っていた。最も強く反対したのは左派プラットフォームのメンバーか、彼らの仲間たちだった。彼らからみれば、私たちが債権団と進めている交渉は根本的に無分別《むふんべつ》であり、トロイカの言葉に彩《いろど》られた私のリストは裏切りにも等しい。これはグレグジットが自分たちの目標であるという、彼らの考え方の反映だ。しかし私の考えでは、その方針は戦略的に間違っているだけでなく、選挙民から私たちに与えられた負託《ふたく》にも反するものだ。あれこれの反論があったが、二月二三日月曜日の午後までに私たちはコンセンサスに達した。

同じ頃、私はトロイカの役人から別個のeメールを三通受信していた。それは、MOUから私が削除した項目を元に戻すよう「勧める」ものだった。コステロの場合と違って、彼らのeメールは、「友人」として「手詰まり」を避けたいという趣旨で、個人の資格で書かれたものだった。私はそれぞれに、コステロでさえ要求していない有害な措置を復活させるつもりはない旨《むね》を、感情を交《まじ》えずに返信した。彼らがこれをよく思わなければ、リーダーたち（ラガルド、モスコヴィシ、そしてドラギ）に、明日のテレビ会議で私の改革リストを拒否するよう助言するだろう。

彼らは折れて、月曜午後に私が送ったリストに非公式に同意した。しかし、そこからは無礼《ぶれい》な遅延行為に走った。彼らは青信号を出し渋《しぶ》った。真夜中の一二時までに、返事は来なかった。意図的な遅延なのか？　もしそうでなかったら、彼らにとってはあまりにラッキーなことだ。なぜなら、私はリストが却下されないという言質《げんち》がもらえるまでは、公式にこれを提出しないつもりだったからだ。待つしかなかった。一二時が過ぎた。来ない。そして一〇分が経過した頃、三者が奇跡的なほど同じタイミングで返事をしてきた。一二時一三分、私のリストはコステロと、彼に対応するＥＣＢとＩＭＦの担当者に送られた。

読者は一三分の遅れは重要ではないと思うかもしれない。しかし、プロパガンダ戦争の犬たちがあなたを嗅《か》ぎ回っている時には大問題だ。火曜の朝、世界中のメディアがこの一三分をつかまえて、私のことを無能だ、遅刻魔《ちこくま》だ、出鱈目《でたらめ》だなどと書き立てた。「バルファキス、改革リストの締切り守れず」というのが、典型的な見出しだった。この批判は、公式にリストを送付する前に債権団と秘密交渉していたことを暴露《ばくろ》しなければ、私には反駁《はんばく》しようのないものだった。それでも、これは些末《さまつ》なことだった。この時期にはもっといろんな批難が私に浴びせられていたからだ。そして、まさにその火曜の朝、ブリュッセルの宣伝機械《プロパガンダ・マシーン》はフル回転しており、これと比較にならないほど打撃の大きなプロパガンダが発せられようとしていた。

私の案の提出が遅れたというリークがなされた直後、彼らはリストそのものをリークした。ギリシャの閣議で公式にこれを承認する一時間前のことだ。閣僚の過半数はまだリストを見ていなかった。国会議事堂に向かう途中にタブレットでニュースを見る前に、本物を見ておきたかったものだと、彼らが不満を抱《いだ》くのも当前だ。だが、その当然の不満を政治的・個人的攻撃に変えたのは、これを報じた記事の見出しだった。トロイカ寄りのメディアで典型的な見出しは「コステロのリスト」であり、ある左派のサイトは「バルファキス：トロイカの最後のカモ」と報じた。閣議に出てきた閣僚の一人は憐《あわ》れむような残念そうな目で私を見て、あんたがコステロの命令を受けていたなんて思いもしなかったよ、と言った。

コステロが私のリストを作成したという本末転倒の批難に呆然《ぼうぜん》として、まず私は、それは新手《あらて》のでっち上げだと反論した。だが、今回の場合はメディアの批難に根拠があったのだ。聞くところによると、(後に私の友人となった)一人の賢明《けんめい》なジャーナリストが、リークされた文書ファイルの「プロパティ」というタブをクリックすれば、「作成者」が分かることに気づいた。これはソフトウェア上の定義によれば、文書作成に最初に使用されたコンピューターに登録されているユーザーのことだ。これを聞いて、私はノートパソコンを取り出し、私の改革リストを含む文書を開き、「ファイル」そして「プロパティ」をクリックしていった。すると「作成者」の横に「コステロ・デクラン(ＥＣＯＦＩＮ経済金融総局)」とあり、その下の「会社名」の欄《らん》には、私に完璧な屈辱を与える組織名が、すなわち「欧州委員会」の名が書かれていた。間もなく閣議が始まるので、閣僚たちの合意を取り付けるのに集中できるよう、必死で怒りを抑えた。二時間の議論の末に何とか合意を取り付けると、私は財務省に戻ってフリアラキスを呼びつけた。そうですよ、と彼は認めた。私のオフィスで私が受け取り、大幅に手直しした文書は、ブリュッセルでデクラン・コステロが作成したもので、彼のものではなかったのだ。私は聞いた。「言いにくかったのか？　きみの文書は、私が気に食わなかったあの文書は、敵が作成したものだと教えてくれる気はなかったのか？」答えはなかった。私は続けた。「言いそびれただけか？　それとも、認めるのが恥ずかしかったのか？　トロイカの最も手強《てごわ》い職員が作成したWordの文書を、その内容を私が一生懸命に直しているところを横で見ていて、その時に注意しようと思わなかったのか？　それを私がトロイカにeメールで送る瞬間にも、何とも思わなかったのか？」

まったくフリアラキスらしい反応だった。彼は肩をすくめて馬鹿にしたような無表情で、私の質問を一笑に付した。誰も彼の表情から、何を考えているのかを読み取れなかっただろう。[★3]　普通なら彼はその場でクビだ。だが私が大臣職に就いている間は、普通などという贅沢《ぜいたく》な状況は一度もなかった。すでに電話が鳴っていた。ユーログループのテレビ会議が始まっている。私はモニターの横に座り、ノートをつかみ、フリアラキスを横に座らせた。もっと大きな戦いに全霊を注がねばならないのだ。

ショイブレの反撃

弱い立場で交渉をしている時には、電話回線の雑音は立場を悪くするだけだ。実際に会っての会議ならば、声や視線や身振りを使って部屋の空気をコントロールできる。しかしテレビ会議では、ただでさえ困難な話し合いがさらに難しくなる。ただ私は、不公平な土俵を何とか公平にするために、イエルン・デイセルブルムから約束を取り付けることができていた。三機関（欧州委員会、ECB、IMF）の代表は、テレビ会議において、イエスかノーの判断を告げることしかできないとしたのだ。私のリストは、ギリシャの二度目の救済協定の「最後のレビューを成功裏《り》に終わらせるための根拠として、十分に包括的なものなのか」、あるいはそうではないのか？　この日の議題で、唯一の問題はこれだった。実際、二月二〇日のユーログループ会議の最後にデイセルブルムはみんなの前で、二四日のテレビ会議では議論はしないと公言していた。これにはヴォルフガング・ショイブレもがっかりしていた。三機関に許されていたのは、白か黒かの煙を上げることだけで、ほかには何もできないのだ［ここでは白い煙はよい結果を意味する。ちなみに、教皇選挙会《コンクラーベ》では、結果が決まったら白い煙を、決まっていなければ黒い煙を、システィーナ礼拝堂の煙突から上げる］。

非公式ではあるが、私のリストに対する事前同意がなされていた。だから、白い煙が上がらなかったら驚きだ。だがそうならなかったとしても、記者会見でトロイカの二枚舌を暴露し、批難合戦に勝利するタマは十分に持っていた。私の心配の種は、ショイブレが議論禁止の約束を破棄し、雑音だらけの回線で論戦を仕掛け、MOUを議題に引きずり戻すことだった。私は神経を集中して、彼がどのように振る舞うか、どうやって彼を止めるかを想像した。私の防御策といえば、先日のデイセルブルムの明白な約束を持ち出すことだ。しかし、この私が、あのオランダ人を信用してもよいのだろうか。

すぐに分かったことだが、ショイブレはテレビ会議で論争を吹《ふ》っ掛《か》けようとはしなかったし、デイセルブルムがそれを止めるために約束を持ち出す必要もなかった。私が想像する以上に巧妙な仕掛けがなされていたからだ。三機関の代表たちが口を開くと、すべてが明らかになった。最初に口を開いたのは、欧州委員会の副委員長で、ラトビア人のドンブロウスキスだ。「委員会からみれば、最終レビューを成功裏に終える根拠として、このリストは十分に包括的です……」白い煙が上がるのを予想していたので、私はほっとした。だがドンブロウスキスは続けた。「ただし、ここは強調させてください……このリストはMOUの代わりにはなりません。プログラムの公式の法的基盤はMOUなのです」

しばらく混乱したが、何が起こっているのかはすぐに分かった。ヴォルフガング・ショイブレは三日前の屈辱から立ち直り、今や事態を完全に制御していたのだ。週末、私がMOUの代わりになる文書を懸命に作成していた頃、ドイツの財務大臣は潮の流れを見事に逆転させていた。もはやMOUを復活させるために、会議に割り込んだり、議論を吹っ掛けたりする必要もなかった。それどころか口を開く必要もなかったのだ。★4 リストは「MOUの代わりになりません」と明言することで、ドンブロウスキスがショイブレの代役をこなした。リストがMOUの代わりにならないというなら、リストはまったく無意味となる。最初のユーログループと同じ袋小路に突入した。

ドンブロウスキスは一人で動いたのか？　そうではないことが、ピエール・モスコヴィシ、マリオ・ドラギ、そしてクリスティーヌ・ラガルドの発言ではっきりした。

ドラギは言った。「私たちの理解では、先週金曜日のユーログループの決定に従えば、このリストは、現行のMOUの取り決めや、現行の約束を問題にするものではありません。

MOUがレビューの根拠なのです」
「先週金曜日のユーログループの決定に従えば」だと？　ジョージ・オーウェルの言う「二重語法《ダブルスピーク》」〔矛盾を含んだ発言〕の実例としてふさわしいものは、他にはなかなか思い浮かばない。この欧州中央銀行総裁は、MOUが優先されると主張することが、二月二〇日の合意の精神と文言に完全に背《そむ》くことになると、完全に理解しているにもかかわらず、臆面《おくめん》もなくそう言ってのけたのだ。

このドラギの大きなウソを、すぐにクリスティーヌ・ラガルドが上塗《うわぬ》りした。「ドラギさんの指摘した点に、私はまったく同意します……レビューを完成させるための議論は……ギリシャ政府が提出したリストに制限されません。私が思うに、MOUに関するドラギさんの指摘は非常に重要です……最後に、レビューを開始するために、バルファキスさんがギリシャ政府の資金状況を説明していただければ、非常に助かります」と彼女は言った。これで分かった。とんでもない裏切りに始まり、ほとんど剥《む》き出しの脅《おど》しに終わる、周到に準備された奇襲攻撃だったのだ。

仕上げに、デイセルブルムが人を食ったような発言をした。
「バルファキスさん、すべての措置《そち》について三機関と合意する必要性に関して、いま指摘されたいくつかの点について、答えてください。これが、作業を進める基礎となるのです」

マイクをオンにする時、私は考えを迫られた。合意がこんなに手ひどく反故にされた状況で、どんな反応をすべきなのか？　どうやって籠手を身につければいいのか？　私は考える時間を稼ぐために、ドンブロウスキス、モスコヴィシ、ドラギ、ラガルドが言及した比較的重要でない点について、説明を始めた。言葉を発するごとに、胸が苦しくなった。

二月二〇日の合意は、MOUをギリシャ側の改革リストで置き換えるという約束を意味しないという馬鹿げた解釈を受け容れることは、MOUの完全復活を受け入れるのに等しい。これまでの私たちの戦いが、すべてなかったことになってしまう。ヴォルフガング・ショイブレが最初のユーログループ会合で私たちに要求したものを、イエルン・デイセルブルムが私と最初に会った時に喉元《のどもと》に突きつけてきたものを、すべて受け容れることになる。何より、ギリシャ国民に対する許しがたい裏切りとなる。私たちに信頼を寄せてくれていた人たちや、グレゾスやセオドラキスのようなかつての戦士たちが、すでに私が降伏したと批難し始め、私の顔を睨《にら》みつけているのだ。

民営化と財政目標について話している時、二つの選択肢が頭のなかで争っていた。一つは、三機関の代表たちがMOUを完全復活させようと目論《もくろ》み、交渉は重要ではないとみなしているので、ギリシャ政府はユーログループでの交渉から手を引くと言って、礼儀正しくテレビ会議を打ち切ることだ。もう一つは、話し合いの場に留まって、二月二〇日のユーログループ合意に関する三機関の解釈に対して異議を唱え、その合意の精神と文言に沿ってギリシャ政府は断固としてMOUの復活を拒否すると発言し、これを記録に残させることだ。

決断の時が迫った。この場で決断をしなければならないのに、隣《となり》にはフリアラキスしかいない。これまでの人生で最も難しい決断だった。

懺悔《ざんげ》します

話し合いから撤退《てったい》すれば、翌朝にも銀行閉鎖が起こるのは明らかだった。翌朝といえば、二〇一五年二月二五日、私たちが選挙に勝利して、ちょうど一か月後のことだ。ギリシャに対する融資協定の期限切れはわずか四日後に迫っているが、ECBが電源を切るのは間違いない。したがって、私はテレビ会議が終わるや否や、マキシモスに走り、首相に悪いニュースを伝え、抑止策をすぐに発動するよう強く進言しなければならなくなる。それは、SMP国債をヘアカットする日時を宣言し、国税庁のウェブサイトに電子的債務証書を創出し、ギリシャ中央銀行を管理する法律を改正することを意味する。大変なことだ。だが、私はそれをやり遂《と》げないといけなくなる。

しかし最悪なことに、私はやさしい方の選択肢を選んでしまった。私のスピーチのなかで、決断の時が訪《おとず》れると、私は次のように発言したのだ。

> 私は三機関の方々から、「私たちの」リストはMOUの代わりにならない、リストはMOUの付け足しにすぎないと伺《うかが》いました。……ご存じのとおり、これまで三回のユーログループ会議では、あのプログラムとギリシャ政府の義務との折り合いを付けるために、議論をしてきました。そして私は、ギリシャ政府は、よいスタートを切れたと思っていたのです。……私は、ギリシャ政府の改革リストが出発点だという理解のもとで、レビューが進められるべきだと……主張いたします。

今から思えば、ゾッとするほど臆病《おくびょう》な発言だった。私は確かに、二月二〇日の合意によってMOUが棚《たな》上げされており、レビューの根拠は私のリストだと発言した。だが、この原則が再確認されないかぎり、手続きは進められないと明言すべきであったのだ。もちろん、再確認せよと主張したとしても通らなかっただろう。そしてテレビ会議を抜けて、破滅の引き金を引かざるをえなくなっただろう。だが、そうしなかったのには、三つの考えがあった。

第一に、MOUを再確認すると言っても口約束だ。コミュニケを発するわけでもなく、私のリストを承認することだけを目的としたユーログループのテレビ会議で、口頭で確認されるにすぎない。文字に残っているのは二月二〇日の合意だけで、そこでは私の改革リストが優先されており、MOUについては書かれていない。しかも、交渉によって緊縮策を終わらせることや、債務再編についても含みが残されているのだ。[★5]テレビ会議を抜けなかったからといって、私はどんな形であれMOUの復活に同意したわけではない。

第二に、ギリシャ新政権が誕生してわずか二七日だ。並行決済システムの準備ができていない。私たちが銀行閉鎖に対処し、銀行がシャッターを閉じることによって生ずる困難に備えるために必要なシステムを立ち上げるには、もっと時間が必要だったのだ。

第三に、このテレビ会議で交渉手続きを終わらせるという決断を、首相や内閣の判断を待たずに、私が下してしまうのはまずい。しばらくの間は私が財務大臣として、MOUを復活させる試みを拒否すると宣言すれば十分だ。政権が債権団の謀略《ぼうりゃく》に強く反発して結束し、みんなで責任をもって交渉から撤退する適切なタイミングを決めるだろう。そうするべきなのだ。

最初の二つの考えは正しかった。三番目は間違《まちが》っていた。もしこれも正しかったら、テレビ会議での私の判断が正当だったと今でも言えるだろう。私が想像したように、こちらが断固とした姿勢を貫き、冷静に機会を待って反撃をしていたならば、私は今、悔悟《かいご》の念に苛《さいな》まれながらこの段落を書いてはいない。しかし、私たちは二月二四日の、再び私たちにMOUを突きつけようとする試みに、一丸《いちがん》となって対抗できなかったのだ。私たちは分裂し、支配されてしまったのだ。

この事態を予測するだけの十分な情報を、私は得ていただろうか？　大量の情報を得ていたわけではないが、いま振り返ればかなりの情報があったと思う。あのWord文書でフリアラキスとコステロが通じていることが明らかになったが、それは仲間割れを警告していたのかもしれない。だが、私は部下の行いに、判断ミス以外の理由があるとは想像もできなかった。ほかの理由を考えたくなかったからだ。あれは彼が無気力で内向的なせいで起こったことだと考えたかったからだ。だが私の心に影響したものはほかにもあった。猜疑心《さいぎ》を抱きたくないという真っ当な心理だけではない。それは、一種の恐れだった。

二月二〇日の夜の記者会見で、合意は大きな転換点だと私は述べた。それは間違いではない。一時的なこととはいえ、あのヴォルフガング・ショイブレがホームグラウンドでの真っ向《こう》勝負に敗《やぶ》れたのだ。ルイス・デギンドスやジェフ・サックスが述べたように、これは大逆転だった。ギリシャの政府も人々も天からの恵みをしっかりと摑《つか》んだのだ。一二〇日間のいわば平常な時間を獲得し、まったく新たな改革方針、財政目標、債務再編について交渉する権利を得た。祝うべき瞬間だった。それなのに、私が二月二四日のテレビ会議を抜けて、すべてはムダでした、公正な妥協は夢にすぎませんでした、銀行はすぐに閉鎖されますと伝えたら、人々の落胆《らくたん》は耐えがたいものとなっただろう。そんな重荷を背負えるような心理ではなかったのだ。

失敗は犯罪のごとく、次の過《あやま》ちを引き寄せる。二月二四日にユーログループのテレビ会議のスイッチを切らなかったという私の失敗は、数日後、遥《はる》かに大きな過ちに繋《つな》がることになる。

嵌《は》められた

私にとって第一の懸案《けんあん》は、トロイカの豹変《ひょうへん》と私の決断について アレクシスに説明することだ。国会議事堂の首相執務室で彼と会い、事情を話した。債権団は私たちを欺《あざむ》きました。彼らはMOUを再び議題に載せようとしており、それを防ぐには一体となった行動が必要です。「抑止策を発動し、IMFとECBに対してデフォルトを宣言する用意がこちらになければ、彼らは私たちを自分のペースに巻き込みます。私たちの牙を抜き、私たちを消耗《しょうもう》させ、六月の末までには、私たちを干上《ひあ》がらせるでしょう」と、率直に語った。

アレクシスは注意深くそれを聞くと、心配いりません、彼らはそうしようと思っても、すぐに考え直すことになりますよ、と言った。私はその言葉が聞きたかったのだ。私は、手続きを正常な軌道に戻す努力を続けることにした。

今や、ユーログループのテレビ会議で私の改革リストが公式に承認されたので、ギリシャ政府は債権団に対して公式に、融資協定の期限を二月二八日から六月三〇日まで延長することを要請せねばならない。公式の要請文を債権団に送るのは私の仕事だ。その要請文の様式が問題だった。

翌日、二月二五日、ヨルゴス・クツコス（私のスタッフ長）が、期限延長を要請するために欧州委員会とECBとIMFに対して私が送るはずの文書の雛型《ひながた》を持ってきた。

「これはどこから？」と私が聞いた。

「デイセルブルムのオフィスです」と、クツコスが答えた。

私はすぐに目を通した。受け容れられない内容だ。債権団が求める表現を採用するのはかまわないが、一〇〇％向こうが書いた文書に署名するつもりはない。現政権の公約は、ギリシャの国家主権の回復だ。したがって私は、融資協定の延長を求める場合にも、オレは自分で手紙を書く、それにはオレたちの目的と原則を反映させる、と主張せねばならない。クッコスはそれには完全に同意したが、ブリュッセルは彼らの素案を変更することはいっさい許さないと明言しています よ、と注意した。

手紙を持って私はマキシモスに走り、官房長官のスピロス・サギアスに会った。彼も私と同じく、債権団の姿勢に唖然《あぜん》とし、また怒りを露《あら》わにした。アレクシスに話すと、債権団宛《あ》てのこちらの手紙を債権団に書いてもらうのはおかしいと言って、彼も賛成した。これは単なる象徴的な問題ではなくて、本質的な、主権に関わる問題なのだ。それから二時間、サギアスと私はオフィスに残って、首相が手紙を新たに書き起こすのを横で見ながら待った。そして私は財務省に戻り、手紙をブリュッセルに送って反応を確かめることにした。

返事をくれるのはユーログループ作業部会の議長であるトマス・ヴィーザーのはずなので、私に代わって作業部会に出ているヨルゴス・フリアラキスにこれを託《たく》した。そして私は家に帰り、ダナエと一緒に中国大使公邸での晩餐《ばんさん》会に向かった。その目的は、ギリシャ政府と中国政府の間の波風《なみかぜ》を沈静化させることだ。

翌二月二六日の早朝、トマス・ヴィーザーからの返事が財務省に届いていた。融資協定の期限延長を求める要請文を改めようにも、もう時間切れです、とのことだ。送られた文書に私が署名するか、この文書がなかったことになるか、二つに一つだ。

私は腹を立てて、クッコスに尋ねた。「時間切れだって？ いつ時間切れになった？」。クッコスは知らなかった。「正午までに調べてくれ」と私は彼に命じた。

クッコスが調べている間、私はギリシャ中央銀行に赴《おもむ》いて、旧友ストゥルナラス総裁の中央銀行株主年次総会演説を聴くことにした。中央銀行を尊重することに決めていたので、これには出席すべきだと思ったからだ。だが、私たちの政権も同じように尊重されるだろうという期待はすぐに裏切られた。

ストゥルナラスの演説を聴いていると、私には、アントニス・サマラス前首相が一月二五日の選挙戦で私たちを倒していたら、これと同じような演説をしただろうと思われた。それは、前政権の政治に対する賛辞、選挙前にギリシャの回復が始まっていたというウソのくり返し、トロイカの方針に対する全面的な支持、そして私たちの政権に対するオブラートに包んだ一連の恫喝《どうかつ》であった。それはあたかも、ショイブレとデイセルブルムとドラギによって構成されるパネルによる面接に備えて、ストゥルナラスがリハーサルをしているかのようだった。中央銀行の独立性という概念にとっては残念な一日だ。こう思いながらこの場を後にし、貴重な二時間をムダにしたことを後悔した。

財務省に戻るとクッコスとヴァシリをオフィスに呼び、ヴィーザー文書の真相を聞いた。詳しく調べたところ、文書修正の締め切りは三日前の、二月二三日だったとのことだ。これは、私が改革リストを送らねばならなかったのと同じ日だ。

数分後、私はマキシモスに戻り、アレクシスとサギアス、パパスに会った。「これはあんまりですよ。二月二五日に文書の内容を確認しろと言っておいて、二日前の二三日がその締め切りだったなんて。これは宣戦布告です。こんなやり方をされて、文書に署名なんてできませんよ」と私は言った。彼らも賛成した。アレクシスは私に、ヴィーザーに連絡をとって、こんなマネをするなら文書には署名せずに、この汚い手口を世界中に明らかにするぞと、はっきりと伝えるよう指示した。

財務省に戻ると私はヴィーザー宛ての文書を作成した。「当方から融資協定の延長を要請する文書について、あなたは二月二五日に修正の機会があることを伝えてこられましたが、実際にはその期限は二日前にすでに過ぎていたのではありませんか。このようなことがあっては、私はこのまま手続きを進めることはできません」。クッコスはこれをブリュッセルに送った。二時間後、ヴィーザーから返事が来た。二三日が締め切りだと伝える文書を、二月二一日に私に送ったはずだということだ。

「そんな文書、届いてたか？」私はクッコスとヴァシリと自分の秘書に訊《き》いた。届いたという証拠を見た者はいなかった。「今すぐヴィーザーのオフィスに電話しよう。私たちは二月二一日にその文書を受け取っていないので、アテネでの受取人が分かるコピーをくれと伝えるんだ」

午後遅くに返事が来た。ヴィーザーのオフィスが私の部下たちに伝えたのは、期限延長手続きに関する重要な情報をすべて記した二月二一日のeメールは、五人のギリシャ政府職員に送られたということだ。それは、ユーログループで私の代理人を務めユーログループ作業部会の委員でもあるフリアラキス、副首相のドラガサキス、ギリシャ中央銀行総裁のストゥルナラス、財務省の公的債務管理部の部長、ギリシャ金融安定基金（ＨＦＳＦ）の理事長である。eメールを見せてもらうと、二月二一日という日付で、この五人に当てたeメールであることがはっきりと書かれていた。驚愕《きょうがく》した。過去の締め切りを設定したという、ブリュッセルに対する私の批判は、完全に的外れだったのだ。

ヴィーザーの宛名《あてな》にあった五人のうち、二人には責任を問えない。公的債務管理部の部長とＨＦＳＦの理事長は、ヴィーザーが連絡網に加えようとしたために、たまたまこれに巻き込まれただけだ。ストゥルナラス総裁は、いろんな意味でトロイカの現地工作員だ。債権者との戦いのなかで情報提供を彼に頼っていたら、私はどんな目に遭《あ》っても仕方がない。しかし、あとの二人は、私に文書を伝達すべき憲法上の義務と政治的責任がある人間だ。フリアラキスとドラガサキスだ。

私はまずドラガサキスに電話した。eメールを受け取ったかどうかは記憶にないという。「私のオフィスにはいろんなeメールのコピーが来るので数えていられませんよ」というのが彼の返事だ。私は納得しなかった。彼の部下はヴィーザーから来るeメールの重要性を、とりわけ今回のeメールの重要性を、完全に理解しているはずだ。

「だから、何週間か前に言ったとおりだろう」とヴァシリが言った。「ドラガサキスはこれまでずっと君の邪魔をしてきた。今朝も彼の部下がジャーナリストたちに、君はトロイカの罠《わな》に嵌《は》まったと説明していたよ」。それが本当だとしても、副首相が意図的に邪魔をしていると批難できる証拠は一つもなかった。

フリアラキスの場合はまったく違う。彼はユーログループでの私の代理人だ。トマス・ヴィーザーやトロイカの要人たちとの連絡役を務めるのが彼の仕事なのだ。債権団からのどんな些細《ささい》なメッセージをも私に伝えるのが彼の職務なのに、今回のような重要なeメールを伝えないでどうする。私が彼を叱責《しっせき》すると、彼も受信箱のなかでeメールが「行方不明になったのです」と主張した。

自分の耳を疑いながら、「ヨルゴス、こんな大事なeメールがどうして受信箱から行方不明になるんだ?」と私は尋ねた。二日前に、コステロが作成したWordファイルをめぐって彼を問い詰めた時と同じだった。彼は謝《あやま》ることなど何もない、何も大したことは起こっていない、というような反応をしたのだ。

ぐっと感情を抑えて、「この話はまだ終わっていないからな」と言い残して、私はマキシモスに戻った。この男が引き起こした危機を処理するためだ。

私が自ら手を下したのだ

マキシモスでは、サギアスとアレクシスが感情を露わにした。フリアラキスが仕掛けた罠《わな》が、どれほどの政治的打撃をもたらすかを理解していたからだ。この手の要請文に関して、債権団の文言を修正なしにすべて受け容れることは極めて危険だ。これでは、私たちが期限延長を勝ち取ったのではなく、トロイカの都合で期限延長を呑《の》まされた形になってしまう。ギリシャはトロイカに支配されていて、主権を取り戻そうなどという私たちの試みはとんでもない間違いだという人たちの言い分が、正しかったことになってしまう（私がドラガサキスやフリアラキスを問い詰めた時の反応を、後にサギアスに伝えた時、彼は苦笑いを浮かべ、「だから言っただろ」と言わんばかりに右手の人差し指で自分のこめかみに触れた。そして彼は、ドラガサキスはアレクシスを密かに攻撃しようとしているぞと、政権に就いて数日のうちに私に警告していたことを、思い出すように言った）。サギアスは最も強い言葉で、フリアラキスをクビにしろと言った。「すぐにあいつを追い出すんだ！」と言って、ここに書けないような罵《のの》りの言葉を連《つら》ねた。私は決意を固めた。だが、まずは今の状況を処理しなければならない。

債権団の文書に私が署名することに対して、アレクシスは非常に否定的だった。サギアスはいかにも法律家らしく、政治的な支持が公式に確認されていない状態で署名することは極めて危険だと考えていた。通常の手続きだとこの文書は国会に提出すべきだが、アレクシスはそうしたがらなかった。完璧なトロイカ語で書かれた文書の承認を国会に諮《はか》れば、自分の党の国会議員を仰天《ぎょうてん》させ、左派プラットフォームに付け入る隙《すき》を与えることになる。彼らは私たちを、すでに債権団に屈したと言って批判しているのだ。また、有権者を落胆させることになる。野党は、債権団に屈した仲間が増えたと言って大喜びするだろう。どちらの道を選んでも困ったことになる。一方で、私が拒否したからにせよ議会の承認が得られなかったからにせよ、私が署名しなければ銀行は閉鎖され、三か月の期限延長はなくなる。他方で、文書に署名すればまさに敵の思うつぼだ。解決策を見いださねばならない。それも、金曜の朝にヒュメトゥス山から太陽が昇るまでにだ。

木曜の夜は終わりなく続いた。首相のオフィスやその周囲の部屋を閣僚たちや党の職員たちがひっきりなしに出入りしたが、いくら相談をしても議論をしても打開策は見えなかった。何とか丸を四角に変えようと、サギアスと私はずっとアレクシスのソファーに座り、ときには立ち歩いたりしながらアイデアを出しあったが、どれもダメだった。

その夜は、経済大臣のスタサキスも私たちを訪れた。彼は私たちをこんな状況に陥《おとし》いれたフリアラキスに激怒し、なんであんな奴を採用したんだと言って私を批難した。私は、オレじゃない、ドラガサキスがオレの意思に反して直《じか》にフリアラキスを任命したのだ、と説明した。すると、じゃあどうしてコステロのＷｏｒｄファイルの問題が出た時にクビにしなかったんだと責《せ》め立てた。今度は、フリアラキスの悪事は同時進行だったから、あの時にクビにしても遅かったのだと言うしかなかった。コステロ文書の問題が明らかになった日にも、彼はヴィーザーのｅメールを私に転送しなかったのだった。とにかく、フリアラキスをクビにする前に解決すべき重大な問題があるんだと、私は言った。彼は賛成し、何度も頷《うなず》いて、去った。家路《いえじ》に向かう彼が死ぬほど羨《うらや》ましかった。だが有難《ありがた》いことに、アドレナリンのおかげで私は数分で使命感を取り戻すことができた。

しんどい夜になった。アレクシスは上《うわ》の空のようだった。「おれはこの文書を国会に出せない。左派プラットフォームに攻撃されるし、野党に笑い者にされる」と、何度もつぶやいていた。ここで私は革新的な解決策を提案した。真実を語るのだ！　国会議員たちに何が起こったのかを、ありのままに説明するのだ。「恥ずべきことは何もありません」と私は言った。ヴィーザーが卑劣《ひれつ》にも一部の人にしか締め切りを知らせなかったので、それが過ぎてから知ることになったのだと知らせましょう。これを、左派プラットフォームを含む国会議員とともに、私たちの戦略に対する政府全体の支持を固め直す機会としましょう。こう言うのです。皆さん、交渉に可能性を見いだすための時間を確保しましょう、しかし、債権団がいつまでもMOUを突きつけて債務再編を拒否するようなら、こちらが決めるタイミングでスイッチを切る覚悟でいましょう、と。

アレクシスはその気にならなかった。そんなことをしたら党と国会議員が分裂すると、彼は言うのだ。「起こったことを話せば、文書のことを知っていながら私たちに伝えなかった人物が、私たちの側にいたことが明らかになってしまいますよ」

サギアスも同じ意見だと言った。今の私たちは、仲間割れしていることを世間に暴露《ばくろ》したり、免職にもしていないのに政府の一員を無能だと言って批難している場合ではないというのだ。「公衆の面前で仲間割れしている場合か？　債権団に四方八方から包囲されているんだぜ」。一理ある。こうして夜はさらに更《ふ》け、空気はさらに重苦しくなった。

ブラックホールに呑み込まれてはならない。誰かがそれに対抗しないといけないのだ。瞬時に私は覚悟《かくご》を決めた。アレクシスの負担を軽くし、自分がすべての批難の受けることにしたのだ。シリザ内部からの批判をそらすスケープゴートとしても、野党からの攻撃の標的役としても、私はうってつけだ。私たちがともに決めた方向性をアレクシスが維持すると約束するかぎり、国益のためにも期限延長を確実にすべきだ。個人的な損害は問題ではない。

「国会に出てありのままを話し、文書に署名する権限を私に与える投票をして、ことを進めるのは無理なのかい」と私は聞いた。

アレクシスは疲れた落ち込んだ表情でサギアスの方を向いた。サギアスもやつれた顔をしていたが、アレクシスには、やめとけ、と言った。

そこで私はできるかぎり決然とこう言った。「では、アレクシス。オレが全責任を引き受けることにする。議会の承認なしにあの最悪の文書に署名して、債権団に送り、ことを進めることにするよ。このことで、たとえ仲間たちに軽蔑《けいべつ》されることになっても、たとえ法的訴追《そつい》を受けるようなことになっても、それはオレが負うべきリスクだ。とにかくこのままではダメだ。時間切れだ！」

アレクシスの目が光った。「やるんですか、そんなこと？」

「誰かがやらねばならないとしたら、オレしかないだろう。そもそもオレを選んだのは、こんな時のためじゃなかったのか。オレにシリザのメンバーになるなと言ったのは、党員にはできないようなことをやらせるためだろ？　それを、今やらないで、いつやるんだ。アレクシス、オレはやる。ただし条件がある。トロイカがオレたちをMOUで縛《しば》ろうとした時は、ギリシャを永遠の債務の束縛に陥れようとした時には、こっちから手を引くんだ。いいな？」

アレクシスは私には答えなかった。その代わりサギアスに、「彼がこんなふうに署名することは可能なのですか」と聞いた。

サギアスは懐疑《かいぎ》的だった。「後ろ盾《だて》となる法律専門家の意見がないと、オオカミの群れに飛び込むようなものだな。最低でも、これが財務大臣の権限の範囲内だという意見書を、政府法制審議会の会長に書いてもらいたいところだ」

「今すぐ電話しましょう」とアレクシスは言った。朝四時だった。三〇分後、気の毒な男がマキシモスに到着した。顔色は青く、自信なさげだった。

政府法制審議会は保守的な弁護士からなり、大臣や政府機関が訴えられて困ることのないように法律上の助言を行う。慎重に、というのが彼らのお題目《マントラ》であり、論議を避けるというのが彼らの宗教だ。この紳士は退陣するサマラス首相の置き土産《みやげ》で、数週間前に指名されたばかりだ。こんな時間に新しい首相に呼びつけられて、私やサギアスに睨《にら》まれて、彼はすっかり緊張していた。私はさすがに彼に同情したが、私たち個人のことよりも、この事態を打開することの方が重要だった。債権団と誠実な協定を結ぶことができるのか、それをしっかり見定めるために、三か月の時間を稼ぐための文書がここにある。この文書に署名する前に、私には彼の助言が必要だった。

私たちが彼に尋ねている件も、法的には問題ないはずだ。それは、サギアスがすでに精査しており、憲法上も法律上も明白だったからだ。財務大臣である私にとって、政府に代わって融資協定の延長を求める文書に署名することは、完全に職権の範囲内なのだ。法制審議会の会長が指摘したのは、前例という問題だった。彼はボソボソと小さな声で言った。「首相、以前はどんな場合でも、融資協定を求めて財務大臣が債権団に文書を送る場合には、まず議会の承認を受けていましたが」

その意見に対して、アレクシスとサギアス、そして私は、十分に稽古《けいこ》を積んだトリオのように団結して答えた。それとこれとは全然別物なんです、もちろん新規の融資協定に署名する場合はもちろん議会の承認がいりますよ、なぜって国家が新たな借金をして新たな義務を負う約束をするわけですからね、でも既存の融資協定の延長を求める書類に署名する場合には、新規の借金も義務もないじゃないですか。私たちの意見がまったく正しいのだが、彼はどうしても前例のない事柄を支持する助言を出すことには抵抗があるようだった。

彼はしばらく抵抗を続けた。アレクシスと私は理屈と頑固さを織り交ぜて、説得を続けた。そしてついに私たちの圧力が実った。会長は苦しそうな顔で自分のオフィスに戻り、財務大臣には例の文書に署名する権限があるとする法律意見書を書き、使送便《しそうびん》で届けてくれたのだ。私は意見書を受け取ると、腸《はらわた》を煮えたぎらせながら公式の要請文に署名して債権団に送った。最低な所業《しょぎょう》だ。私が自ら手を下したのだ。アレクシスはそのお返しとして、私たちの盟約を尊重してくれるだろうか。彼は、交渉のチャンスが与えられたことに感謝するとともに、交渉が行き詰まった場合には抑止策を発動してくれるだろうか。二月二七日金曜日の早朝、確信は持てなかったが、私は彼がそうしてくれると信じていた。それに疑念が生じたのは、その翌日のことだった。

正体を現す

フリアラキスを解任することは至上命題となった。ユーログループ作業部会におけるギリシャの代表で、ユーログループにおける財相の代理人は、財相にとってはいわば槍《やり》の穂先《ほさき》だ。スイスチーズのような穴だらけの財務省のなかで、経済諮問委員会の委員長には経済学者としても人間としても信頼できる人間が何としても必要だった。だが彼はそのどちらでもない。フリアラキスの分析力はあやふやで、学者としての資格もほとんどなく、彼がトロイカのばかげた計量《けいりょう》経済モデルを信用していることが恐ろしかった。人間としても彼はチームプレイヤーとは言えない。存在感がなく、必ず会議に遅れ、連絡がつかないことも多い。私が電話をかけてもめったに出ないし、彼の秘書でさえ彼がどこにいるのかを知らない。エフクリディスやアレクシスでさえ、彼はめったに電話に出ないと言っていた。「フリアラキスはどこだい」、というのが、私たち三人の間でジョークになっていたほどだ。そんなとき私は、肩をすくめて「知らないよ、だってオレはあいつの上司なんだぜ」と言ったものだ。だが、もうジョークではすまなくなってきた。

とはいえ、先のことを考えると、クビにしにくい理由もあった。反抗的なメディアに、内部対立があることを知られるのは絶対に避けたかったからだ。しかしコステロの文書とヴィーザーのeメールの件によって、ギリシャ政府は笑いものにされ、早くもギリシャは債権団との衝突を余儀《よぎ》なくされているのだ。とにかく、ユーログループやユーログループ作業部会との連絡役として彼を置いておくことはもうムリだ。

二〜三時間眠ると、朝のうちにマキシモスに戻り、フリアラキスをクビにする計画をアレクシスに説明した。経済諮問委員会の委員長から、財政政策担当の事務局長に昇進させるという案だ。財務省のなかでは事務局長の方が地位は高いが、政権に与えるダメージは小さく、ちょうとポストが空いていたのだ。フリアラキスの代わりに、アテネ大学の同僚であるニコラス・セオカラキスを据《す》えたい。もともと彼を財政政策担当の事務局長に指名していたのだが、手続き上の理由で遅れていたのだ。彼はケンブリッジで教育を受けたトップクラスの経済学者であり、シリザが結成される前から政治的にはシリザに近く、私が心から信頼できる友人だ。経済諮問委員会の委員長としてはうってつけなのだ。

アレクシスはこの案を気に入らなかった。私はフリアラキスの怠慢《たいまん》のせいで、どれほどの損害が生じたかを考えてほしいと言った。彼は私の意見に反対しなかったが、驚いたことにそれでも私の案を支持してくれなかった。私が、サギアスとスタサキスもフリアラキスをクビにすべきだという意見だと伝えると、ようやく彼も折れ、「そうしたければ、そうしてください」と言った。だが彼の表情は不満げで、意気消沈《しょうちん》しているようだった。

財務省に戻る道すがら、アレクシスが乗り気ではなかった理由について、私は考えをめぐらせた。たぶん、ドラガサキスを怒らせたくないのだろう。彼は副大臣と同盟関係を築くために、かなりの努力をしてきたはずだ。しかし私の案をアレクシスが評価しなかったことは、理解に苦しむ。フリアラキスを昇進させれば、ドラガサキスとアレクシスのどちらも顔が立つはずだからだ。

この疑問が頭から消えなかったが、私はセオカラキスに電話をかけた。「ニコラスかい。お願いしたいことがあるんだ、断らないでくれ。経済諮問委員会の委員長の職を受けてほしいんだ」と私が言うと、ニコラスは困惑した。一方では、私の友人でシリザの支持者である彼は、これを受け容れるべきだと感じていた。だが他方で、私は二〇一二年にアテネ大学を去って米国に渡った時に、政治経済学部をまとめる仕事を彼に押しつけてしまっていたのだ。私たちが二〇〇一年に苦労して一緒に立ち上げた革新的な経済学博士課程プログラムも、彼に任せてしまっていた。私の申し出を受け容れたら、彼が大学でやってきたことが全部崩壊してしまうのではないかという心配があったのだ。だが、ギリシャという国が重大な岐路《きろ》に立たされていること、私が深刻な人事問題を抱えていることを説明すると、彼は受けてくれた。

今度はフリアラキスを呼ぶ番だ。彼がオフィスに到着すると、私は単刀直入に言った。先日起こった二つの事件のせいで、きみが就いている役割にふさわしいだけの信頼を、オレはきみに寄せることができなくなった。いや、この二つの事件だけが理由ではない。あれはたまたま失敗が重なったと言い訳できるかもしれん。しかしきみは普段《ふだん》から遅刻が多いし、連絡がつかない。それに、どうみても間違っているトロイカのマクロ経済モデルをきみは使い続けているじゃないか。だからオレは、きみを財政政策担当の事務局長に昇進させ、経済諮問委員会の委員長にはニコラス・セオカラキスを就けるつもりだ。

フリアラキスには不本意だろう。当然だ。きみは信用できない、きみの経済モデルは間違っている、きみを追い出すために昇進させる、などと言われて嬉しい人間はいない。だが、私が想定していた最悪の答えよりも遥かに最悪の言葉を彼は吐《つ》いた。

「大臣、そう決めたんですね。ただし、もし私を経済諮問委員会から遠ざけるというご決断でしたら、お耳に入れておきます。私は財政政策担当の事務局長の職は受けません。政府の職はもういっさい受けません。ギリシャ中央銀行では、ストゥルナラスさんがポストを用意してくれているので、あちらに行くことにしますよ」

正体が現れた。なんという酷《ひど》い話だ。彼が今言ったことは、財務省のなかにいるトロイカ職員との繋がりが絶ち切られるぐらいなら、直接トロイカで働くつもりだという意味だ。それだけではない、トロイカのいちばんの協力者であるギリシャ中央銀行総裁と通じていることを、彼は公然と認めたのだ。あの総裁は、私たちの政権を妨害しようとして、選挙期間中に銀行取り付け騒ぎに火をつけた男だ。私は愕然《がくぜん》とした。口汚《くちぎたな》いやり取りをしたくなかったので、考えてみるからもう行きなさい、とだけ言った。そしてすぐにマキシモスに向かい、内通者がいることをアレクシスに注意した。

総選挙の何か月も前から、アレクシスと彼のチームはストゥルナラス総裁がシリザ政権の障害だと考えていた。そのとおりだ。サマラス前首相はシリザ政権が成立したら妨害させようとして、ストゥルナラスを財務大臣から中央銀行総裁へと移し変えたのだ。だからアレクシスは何度も、ストゥルナラスを追い出すことが彼の至上命題だと言っていた。それに対して私は皮肉なことに、次のように助言してきた。ストゥルナラスに対する敵意を和らげろ、落ち着け、ギリシャ中央銀行の総裁を解任すると、欧州中央銀行の政策理事会と正面衝突することになるぞ、ＥＣＢが私たちと誠実に交渉するかぎり、ＥＣＢのギリシャ支店を尊重すべきだ、たとえギリシャの銀行を閉鎖したり、民主的に選ばれた政権を転覆《てんぷく》させようとしたとしてもだ、さもないとすべてが水の泡になってしまうぞ、と。だが、ストゥルナラスに対するアレクシスの憎しみを和らげようとしたことで、「アテネにいるトロイカお気に入りの息子」に対して私が弱腰だという印象が、シリザ指導層の間で生まれていたのだ。

　私は、経済諮問委員会の委員長がストゥルナラスに寝返ると言えば、アレクシスは激怒すると思っていた。しかしそんなことはなかった。何時間か前に、フリアラキスを解任する決意を私が伝えた時に見せたのと同じような、がっかりした表情で私を見つめた。その瞳《ひとみ》は驚くほど曇《くも》っていた。アレクシスは裏切り者に共感するかのような表情で言ったのだ。「あいつのことは理解できますよ。ストゥルナラスとさっきまでこの件で調整していましたからね」

　それはあたかも、英国軍情報部第五課（ＭＩ５）の長官が首相に対して、あなたスパイのトップが、クビにされたらロシア連邦保安庁（ＦＳＢ）に移ると言っていますよと伝えた時に、「あいつのことは理解できますよ。ＦＳＢとさっきまでこの件で調整していましたからね」と首相から聞かされるようなものだ。

　二月二四日のユーログループテレビ会議でトロイカがＭＯＵを復活させようとした時の、私の反応が悔《くや》しいほどに手ぬるかったとするならば、ぼんやりしたアレクシスを前にして、私がとった対応はほとんど病的なものだった。確かに私が彼の心のなかを覗《のぞ》いたのはほんの一瞬だった。しかし、たった一瞬でもおぞましい心理を垣間見《かいまみ》たのなら、私は激怒してもよかったはずだ。フリアラキスが寝返りますよという脅《おど》しをかけてきたのに、アレクシスが怒りを見せなかったということは、トロイカの魔の手は財務省に留まらず、首相のオフィスにも及んでいるはずだ。私はそれに気がついてもよかったはずだ。だが恥ずかしいことに、そうは考えなかった。私はこの目で見たことを、都合のよい理由を探して頭から消し去ろうとしたのだ。それ以来、こんなことがパターン化してしまった。それから何週間も何か月もくり返し、アレクシスが裏表《うらおもて》のある人間だということを認識できずに、彼が私たちの盟約《めいやく》を破りそうに思われた時には、それには何か理由があるのだろうと考えるようになっていた。それは、不安のせいかもしれない、浅い経験や落胆《らくたん》のせいかもしれない。いずれにせよ、根拠のない希望によって、彼がいつか初心を取り戻してくれるはずだ、魔の手を払いのけ、初心を取り戻し、マキシモスに入ったその日に私に語ってくれた、あの素晴らしい言葉を思い出してくれるはずだと、私は信じてしまっていたのだ。

別の行動はありえただろうか。後知恵《あとぢえ》で過去を正しく見ることはできない。根拠なき仮想は精神を歪《ゆが》めるだけだ。だが、たった一つだけ確かなことがある。二月二四日のユーログループのテレビ会議の前に、この深い闇《やみ》を少しでも覗《のぞ》いていたならば、私は即座にトロイカとの交信を絶っていただろう。私がそうしなかった理由は、アレクシスがいずれその時が来たら、みんなの同意をとって決裂《けつれつ》への引き金を引いてくれると確信していたからだ。フリアラキスが敵のために働くと言っているのに、アレクシスが彼を弁護したことで、この確信は消滅した。

私は、疑わしきは罰せずという原則をアレクシスに適用し、否定しようのない不都合な事実から目を背《そむ》けてきた。今でも、その言い訳にできることが一つあるとすれば、それはアテネの街路や、ギリシャ全土の町や村で起こっていたことだ。国民全体が尊厳を取り戻そうという声を上げていたのは、私たち二人がブリュッセルで、フランクフルトで、ベルリンで、彼らのために戦っていたからだ。あろうことか、彼らの尊厳を損《そこ》ないたくないと思ったがために、あの時私は、必要な行動をとることができなかったのだ。今では、その行動が、人々の尊厳を守るために不可欠だったということが分かっている。アレクシスが初心を忘れているのに気づいた時に、私は（公衆の面前であっても）アレクシスとやり合うべきだったのだ。しかし私は、アレクシスと自分は一心同体だと信じ続けた。トロイカが私たちの間に鋭い楔《くさび》を打ち込み、じわじわと私たちの間の亀裂を広げようとしていた、まさにその時に。

11. われらが春は遠ざかる

Whittling our spring

二〇一五年の春の訪《おとず》れは、ギリシャでは早かった。雨がちの冬が過ぎて、三月の晴れた日には、野生の花々がいっせいに咲き出した。それは、債権団に対する人々の反乱の舞台背景としては最高だった。返済期限の延長が認められて、新しい協定を追求するために、六月三〇日までの時間が与えられた。シリザの一部の国会議員たちの不満をよそに、国内の機運は大いに盛り上がっていた。[★1]

ブリュッセルやフランクフルト、ワシントンの、蛍光灯で照らされたオフィスから動けずにいるトロイカの高官たちにとって、それは悪夢だった。彼らはギリシャに飛び、メルセデス・ベンツとBMWの隊列を組んでアテネを爆走し、その権威を見せつけてギリシャ人の心を制圧したいのに、それができずにいたのだ。うかうかしていると危険な思想が、ほかのヨーロッパ人の心にまで、たとえばスペイン人やイタリア人、ひょっとするとフランス人の心にまで伝染してしまうかもしれない。個人の主権を取り戻し国家の尊厳を回復するなどということが、このヨーロッパにおいても可能なのだという危険な思想が……。トロイカにとって、カネが戻ってくることは悪いことではないのだが、物事の全体からみれば、それは大して重要なことではなかった。債権団も、緊縮策を強めて債務スワップを拒否すればギリシャの国民所得が減り、長期的には彼らも損をするということは分かっていたのだが、そんなことはどうでもよかったのだ。スロバキア財相は、ユーログループでショイブレの応援団長だった男だが、彼は数か月後にこう言い放った。「ギリシャの春があったからこそ、我々はギリシャに厳しく当たらなければならなかったのです」[★2]と。プラハの春がソビエトの戦車《タンク》によって撃破されたように、アテネの春は銀行《バンク》によって打ち砕かれるかもしれない。相手の戦略は次のようなものだった。

第一に、彼らはいかなるロードマップについても、合意することを拒否した。（私たちの望む目的地とは限らない）何らかの具体的な目的地を示した路程地図《ロードマップ》についても、その道をたどるための道標《みちしるべ》についても話し合いを拒否することによって、彼らはギリシャの先行きについて大きな不確実性を生み出し、それが解消できないようにした。これにより、（家庭か、中小企業か大企業かによらず）誰もが、（短期か長期かを問わず）資金計画をいっさい立てられなくなったのだ。この「果てしない宙《ちゅう》ぶらりん状態」は、占領地の支配を続けるために、世界各地で試みられてきた戦略だ。★3

第二に、彼らは、私の言うところの「財政的な水責《ぜ》め」を行った。★4水責めの拷問《ごうもん》を受けている囚人のように、被害者（今回の件ではユーロ圏の政府）は窒息寸前まで追い込まれる。だが債権団はここぞというところで、その政府が窒息死しないように最小限の流動性を与える（債務不履行《デフォルト》になれば、ＥＣＢがその国の銀行を閉鎖しないといけなくなるからだ）。その束《つか》の間の息継《つ》ぎの間に、その政府は債権団の要求どおりに、緊縮策や民営化の法案をすべて成立させてゆくというわけだ。ギリシャのケースでは、この水責め作戦は、私たちがまだ政権に就く前から、巧妙に仕組まれた銀行取り付け騒ぎによって始まっていた。そしてそれは、二〇一五年二月四日に適格担保用件の適用除外が停止されたことによって、ぐっと強化されたのだ。

私たちの目の前には、債務返済期日の地雷原が広がっていた。国民は不確実性のただ中で、税金を納めるのも難しくなっていた。そのためトロイカは、遅くとも六月初旬にはギリシャ政府がぐはっと息を継がずにはいられなくなり、進んで白旗を揚《あ》げるだろうと考えていた。彼らの唯一の懸念は、アレクシスが私たちの盟約を尊重することだ。つまり、債権団に対して債務不履行《デフォルト》を宣告し、並行決済システムを起動し、後はメルケルに委《ゆだ》ねるというケースだ。これを避けるために彼らは三番目の戦略を展開する。それは、かつて大英帝国がわずかな軍事的資源で、長きにわたって世界を支配することを可能にした戦略、すなわち分割統治だ。

二〇一〇年以降、債権団は占領政策を実施するうえで、ギリシャを支配するエリート層（私の言う「大罪のトライアングル」）をうまく利用してきた。エリート層を人々から断絶させるとともに、政府機関には直接・間接にトロイカに対して説明責任を負わせることとした。すでにみたように、国税庁、銀行救済機関、統計局はすべて、議会のチェックを受けないことになった。これに加え、シンクタンク、マスコミ、マーケティング部門のネットワークはトリクルダウンの正当性を売り込み、黙《だま》って従っていればよいのだというプロパガンダを流した。しかし、私たちの政府が選ばれたことで、三角形《トライアングル》は破壊され、彼らの機械装置《マシーナリー》もダメージを受けた。今やトロイカが支配権を回復するためには、ギリシャ政府の仲間割れを引き起こさなければならない。

トロイカの戦略はこのようなものだったが、それはどのように実行されたのだろうか?

邪魔者はつまみ出せ

私にとって最初のユーログループ会議の時から、デイセルブルム議長はしきりに私を迂回《うかい》して、ギリシャ政府の人たちと接触していた。彼はアレクシスに直接電話をかけ、ブリュッセルでは彼のホテルの部屋を訪ねた。そこで首相に対して、バルファキスと自分が交渉しなくてもよいようにしてくれれば、ギリシャに対する強硬姿勢を弱めると示唆した。そうやって彼は、ユーログループ内での私の発言力、そしてギリシャそのものの立場を弱めることに成功したのだ。

おそらくもっと重要な点は、トロイカはいわゆる事務局レベル《テクニカル》での、つまりユーログループ作業部会での、対戦相手の選択が上手だったということだ。私は二月二七日、敵に寝返《ねがえ》るぞというフリアラキスの脅《おど》しに対して、アレクシスがあんまりな反応を見せたことに呆然《ぼうぜん》としていた。また、ユーログループ作業部会にショイブレが送り込んでいる代理人は、経済諮問委員会の委員長ではなく財務省の職員であることを思い出した。そこでまず私はフリアラキスを経済諮問委員会にとどめようと考えた。〔政府のなかに人事上のスキャンダルがあるという話題が〕人々の間で沸騰《ふっとう》し、ただでさえ不安定な政府が大混乱に陥《おちい》ることを防ぐためだ。その代わり、ユーログループで私を補佐し、かつユーログループ作業部会で私の代理人を務める人間はすげ替えようと考えた。〔アテネ大学の経済学者で親友の〕ニコラス・セオカラキスを財務省の財政政策担当事務局長という(形式上は上位の)地位に任命し、彼に任せることにしたのだ。

この策は見事に当たった。セオカラキスの着任後、最初のユーログループの作業部会の会合は、三月一七日のテレビ会議だった。司会者だったトマス・ヴィーサーはさっそく自分の好みを口にした。「残念ですね、今日はフリアラキスさんが不参加で、代わりにセオカラキスさんとテレビ電話が繋《つな》がっています」。それからというもの、ヴィーザーやデイセルブルム、その他のトロイカの面々たちが、フリアラキスを復帰させるために臆面《おくめん》もなく手を回した。二か月を要したが、彼らは四月末までにあの男を引き戻した。

トロイカがなぜ私とセオカラキスを追い出したかったのかは明らかだ。フリアラキスと違って、セオカラキスはトロイカが財政予測に用いていた経済モデルのことを、ヴィーザーたちよりもよく理解しており、その弱点がどこにあるかを知っていた。また彼は、ユーログループ作業部会のおかしな仮定がユーログループでの「事実」となってしまう前に、徹底して反対しようと決めていた。一方、私に関しては、ユーロ加盟国の代表として融資協定に署名できるのは財務大臣だけで、しかもトロイカは三度目の救済協定に私が絶対に署名しないと知っていた。そのため、私を追放することが至上命題だった。それに、対戦相手を選択できれば圧倒的に有利だ。裁判の原告や将軍、あるいはビジネスリーダーたちが、そんなチャンスをフイにすることはありえない。予想外だったのは、アレクシスが諾々《だくだく》とすべてを受け容れたことだ。ギリシャの分割統治は、ユーログループでトロイカと交渉する人間を、トロイカが選んで送り込むという茶番を生み出したのだ。

ユーロ圏流のたらい回し

ヘンリー・キッシンジャーが、ヨーロッパと交渉したい時に誰に電話をかけていいのか分からない、と皮肉った話は有名だ。だが、私たちの状況はもっと酷《ひど》かった。ここまでみてきたように、ショイブレ財相と実りある議論をしようという試みは、すべて「三機関へどうぞ」という台詞《せりふ》によって阻止されていた。そこで三機関に向かうと、そこもいろいろと割れていることがすぐに分かった。ＩＭＦが債務再編に積極的な一方で、ＥＣＢはそれに真っ向から対立していたのは有名な話だ。しかし欧州委員会はもっと酷かった。財政政策や労働問題についての私の一貫した議論に対して、モスコヴィシ委員は、個人的に話せばいつだって賛同してくれた。だが私の考えを、ユーログループ作業部会で欧州委員会を代表していたデクラン・コステロに持ち込むと、すべて門前払いにされた。

初心者ならば、債権団側に能力がないせいで、ユーロ圏でのたらい回しが常態化していると考えるのも無理はない。だが、この考え方には正しい部分もあるが、結論としては誤りだ。たらい回しは、銀行や公的部門の資金繰《ぐ》りが逼迫《ひっぱく》している国の政府を支配する手段なのだ。実際、ショイブレ財相のような政治家にとっては、それはユーロ圏の喜ばしい性質だ。たとえば債務再編案を提案しようとする一国の財務大臣は、誰に話せばよいかも、その電話番号も教えてもらえない。だからとにかく、誰と話をすればよいのか分からないのだ。ヴィーザーやコステロのような官僚にとって、たらい回しは個人の権力維持にとって重要な要素だった。

スウェーデン国歌

私たちは、よい考えが実りある対話へと繋《つな》がり、苦難を切り抜けるのに繋がると信じていた。そこで、しっかりした計量経済モデルに基づく、きちんとした経済分析に基づいた提案を作成しようと力を尽くした。その提案を、ウォール街やシティの金融屋たちから一流の研究者に至るまで、各分野の最高権威にチェックしてもらったうえで、債権団に提起した。しかし、私が提案を終えて席に着くと、相手は何事もなかったかのようにぼんやりした目をしていた。まるで私が話をしなかったか、目の前の文書など存在しなかったかのようだった。彼らのボディ・ランゲージは、私が提示した文書の存在さえ認めないということを意味していた。その反応を見るかぎり、私が言ったことは何も伝わっていないようだった。私が代わりにスウェーデン国歌を歌って聞かせていたとしても、反応は同じだっただろう。

私が学者だからということもあるが、これはブリュッセルでの経験のなかでも、最も予想外で腹立たしいものだった。学者の世界では、提出した論文がビリビリに破り捨てられるということは、よくあることだ。だが、論文など提出されなかったと言わんばかりに、まったくの沈黙をもって、関わり合いになること自体が拒否されることはない。また、パーティーでこちらの話を聞かずに自分のことばかり話す奴《やつ》に捕まってしまったら、グラスを持って部屋の隅《すみ》っこに移動すればいい。しかし、ギリシャの経済回復は債権団との会話次第で決まってしまうので、部屋の隅っこに引き下がることもできない。苛立《いらだ》ちは絶望や怒りに変わるほかない。ここで実際に行われているのは、トロイカの権威に楯《たて》突く者は、徹底的に無視するという戦術なのだ。

ペネロペの策略

時間稼ぎ作戦を使うのは、カチカチという時計の音が自分たちの味方だと考えている側だ。トロイカのやり方は、私の提案を（スウェーデン国歌と同じように）どうでもよいものとして扱う一方で、自分たちからは、実行不可能なMOUのプログラムを超えるマトモな提案をいっさい示すことなく、ギリシャ政府に残されたわずかな流動性を絞りつくそうというものだった。さらに彼らは、私が言うところの「ペネロペの策略」を仕掛けてきた。

ホメロスの『オデュッセイア』のなかにこんな話がある。オデュッセウスの忠実な妻だったペネロペは、夫がいない間に執拗《しつよう》に求婚してくる者たちに、夫の父ラエルテスを埋葬《まいそう》するのに使う白布がきちんと織《お》り終わったら、あなた方のうちの一人と結婚しますと告げて、彼らを追い払ったという。ペネロペの策略は、日中に白布を織り続ける一方、夜になるとそれを解《ほど》いて時間を稼ぐというものだった。トロイカ版ペネロペの策略には二つの意味があった。一つは、もし私たちがギリシャ側の提案を公表でもすれば、トロイカは絶対に話し合いに応じないという脅しだ。それはペネロペが求婚者たちに、白布を織り終わる前にプロポーズした者は、結婚相手の選択肢に含めないと言ったのと同じような話だ。もう一つは、ギリシャ政府に対して、データをよこせ、事実確認をしろ、個々の公共機関や企業が保有しているすべての銀行口座を開示せよ、などと、のべつ幕《まく》なしに要求を突きつけることだ。そうしたうえで、彼らはペネロペのように、昼間に編み上げた表計算ソフトのデータを、夜中のうちに解《ほど》いていたのである。

おかしな話だが、彼らは完全に自分たちのコントロール下にある省庁に対して、情報を出せと要求していた。単純な事実として、私がスイスチーズの穴と呼ぶギリシャのいくつかの省庁の一部では、自分たちのデータや文章をまずトロイカに送ってチェックを受けた後で、私たち閣僚に見せるというようなことがなされていた。それにもかかわらずトロイカは、(私たちが目にする前に自分たちが審査・承認した)データを集めたいから、トロイカの派遣《はけん》団に(問題の)省庁に立ち入る権限を認めろと言っていたのだ。彼らが発掘したデータが多くなればなるほど、そのデータが示していたはずの現実はさらに悪化し、ギリシャ社会の痛みは大きくなり、そして国の流動性の喪失《そうしつ》も加速していった。

真実反転作戦

その間に、「真実反転作戦」が決行された。トロイカは、ツイッターでのつぶやき、マスコミへのリーク、ニセ情報キャンペーンを通じて、私が時間を無駄にしているという嘘《うそ》を拡散した。ニセ情報キャンペーンは、ブリュッセルのメディアネットワークにおけるキーパーソンを巻き込んで行われた。私がまったく提案を準備せずに会議に出席したとか、提案があったとしても定量的な根拠に欠けるイデオロギー的な空理空論《くうりくうろん》ばかりだと吹聴《ふいちょう》したのだ。反対にトロイカは、ギリシャの社会経済のあらゆる側面に関する改革案を含む、まったく包括的な解決策を提案した、との評価を確立するのに成功した。包括的な解決策なるものを、私はどれほど渇望《かつぼう》していたことか! トロイカが掲げていた唯一の「解決策」は、現実には解決を不可能にするものでしかなかったのだ。

何らかの債務再編と、銀行の破産に対処するための規定を含まないかぎり、包括的な協定はありえない。包括的な協定がなければ、いかなる財政政策も長期的にはうまくいかず、提案された改革案もギリシャの人々に受け容れられない。しかし、ドイツ政府は債務再編の議論をあっさり拒否した。協定の締結のために私たちに残された時間を考えると、早急に合意できる四つ五つの分野を特定し、必要な法案を作成し、ギリシャ議会を通すことが、長期的な協定の基礎となる現実的なアプローチだった。だが相手方は、いっぺんにすべての点に合意したうえで包括的な協定を結ぶことに拘《こだわ》った（すべての問題に影響する一つの問題についてだけは、個別に合意してもよいとされた〔バルファキスを排除するという合意のこと〕）。そのために、何一つ合意できないことになってしまったのだ。

因果関係の誤解

いじめっ子はいじめられっ子のせいにする。ずる賢《がしこ》いいじめっ子は、いじめられっ子に原因があるように見せかける。私と交渉していた三機関のうち、特にＥＣＢはこれを熟知していた。財務省短期証券（Tresury Bills, TB）をめぐる厄介《やっかい》な問題は、この点に関係するものだ。

ＴＢは、流動性を即座に確保するために政府が発行する、短期の債務証書のことだ。普通、ＴＢの満期は（たとえば）三か月などと短期なので、ＴＢは非常に安全な債券だとされている。そんな短期間で政府が倒産することは、まずないからだ。そのため、資金を安全な形で保持したい銀行や保険会社などの機関投資家からの需要も大きい。しかも投資家たちは、中央銀行から現金を借りるさいにＴＢを担保として使うこともできる。つまりＴＢは現金と同程度の流動性があるだけでなく、利子までついてくる。需要があるのはそのためだ。

ただしＥＣＢは各国政府に対して、ある時点でのＴＢの発行残高を制限している。ＴＢが過剰に発行されると、政府の償還《しょうかん》能力に対する信用が損なわれ、ＴＢ自体の安全性も損なわれるからだ。言い換えれば、ＴＢは政府にとってのクレジットカードのようなもので、ＥＣＢがその借り入れ限度額を決めているのだ。二月二〇日の期限延長合意から六月三〇日の期限切れまでの間、ギリシャの流動性の運命は、ＥＣＢのドラギ総裁がクレジットカードの限度額を減らさないことと、ギリシャの銀行がＴＢへの需要を減らさないことにかかっていた。以前、サマラス政権が誕生した直後、ＥＣＢは〔自分たちが保有するＴＢの償還に必要な資金調達のためという手前勝手な目的のためだが〕、ＴＢの限度額を一五〇億ユーロ〔約一・九五兆円〕から一八三億ユーロ〔約二・三八兆円〕に増加させていた。

しかし、新政権ができた時には、現金が底をつくまであと数日しか残されておらず、ギリシャのＴＢへの需要は干上がっていた。そこでドラギは、これはギリシャのＴＢが非常に危険な証拠だと言って、ギリシャの銀行がそれを買うのを禁止した。表向きは銀行をリスクから守ると言いながら、実際にはギリシャ政府を締《し》め上げたのである。彼は因果関係を逆転させて、私たちの息の根を止める武器を生み出したのだ。Xの後にYが起きるからといって、必ずしもXがYを引き起こしているとは言えない。たとえば、毎年クリスマス前におもちゃの需要が増加しているからといって、おもちゃの需要増加がクリスマスを生み出しているなどということはない。

同じことが財務省のTBにも言える。TBの需要が干上がったのは、（ECBが自らリークしたせいもあって）ECBがギリシャ政府の流動性を締め付け、ギリシャを破綻《はたん》の縁《ふち》に追いやるだろうという予想が広まったためだ。もうすぐクリスマスだという予想がおもちゃ需要の増加の原因なのと同様に、ECBがギリシャ政府を締め上げるという予想が、TBの需要減少の原因なのだ。★5

ドラギは、ギリシャの銀行にTBの購入《こうにゅう》を禁じたのは、ECBの規則に従っただけだと巧妙に主張した。そうやって、私たちがTBの借り換えをできないようにしたのだ。そうだ、ある人間を、中央銀行の定款《ていかん》に定められた規則に従ったという理由で責めることなどできようか？　ドラギには他に、どんな方法があったというのか？　ドラギにきちんとお説教してやれば、彼が納得して違う方法をとるだろうと考えた私の方が馬鹿だったのではないか？　それはギリシャの銀行の健全性を優先した、ECBの良識的な行動にすぎなかった。ギリシャ政府が流動性の問題に直面したのは、自業自得だったのだ。

しかし本当にそうか？　二〇〇八年以降にECBが定款の規則を一度でも厳格かつ公平に適用しようとしていたら、さまざまな適用除外も、拡大解釈も、度を超えたインチキもありえなかったはずだ。だが実際のところは、ユーロ圏が完全に崩壊しなかったのはこうしたインチキのおかげなのだ。ECBが政治的でないというのは嘘《うそ》だ。ECBには巨大な裁量権があり、いつ規則を適用し、いつそれを迂回《うかい》するか、いつ加盟国政府を締め上げるか、いつ勘弁《かんべん》してやるかを決めることができる。ECBは世界でもっとも政治的な中央銀行だ。悲劇に登場する暴君のように、あまりに強い権力を持っているので何もせずにはいられないが、まともな行いをするためには権力がなさすぎるのだ。ドラギは、ほかの加盟国に対しては適用しなかったルールを、例外的に、ギリシャだけには厳しく適用することに決めたのだ。

赤い龍の牙

TBに対する需要がなくなったのは、ECBが臆面《おくめん》もなくギリシャ政府を締め上げたせいだ。だが、私たちが（ギリシャの利益になるかもしれない）外国からの投資に対する古い左翼的な反感を払拭《ふっしょく》できなかったせいで、ギリシャはドラギの罠《わな》に嵌《は》まってしまった。トロイカは、ギリシャ政府は粗暴な左翼連中だから、ECBに締め上げられて当然だという宣伝ができたのだ。そこで私は一石二鳥の作戦で、ECBに対抗しようと決めた。それは、TBの買い手を集めてギリシャの底力を示すとともに、外国からの投資を引き入れて実体経済の底上げを図るというものだ。

ギリシャには叩き売りの民営化は必要ないというシリザの直感は、その意味では正しかった。私たちに必要なのは、根気強い投資家が、壊れかけたギリシャのインフラに巨額の外国資金を投じ、死にかけの国内産業に新たな命を吹き込んでくれることだった。そのために部分的な民営化が必要なら、私はそれに大賛成だ。この方向で私がまずやるべきことは、中国政府所有の海洋物流コングロマリット企業であるC《コ》OS《ス》C《コ》O（中国遠洋海運集団）をピレウス港から締め出すというシリザの無謀《むぼう》な公約を、撤回《てっかい》させることだった。

二〇〇八年以降、COSCOはピレウス港（アテネの主要港）にある三つのコンテナ埠頭《ふとう》のうち、二つを運営していた。さらに、この港を完全に管理下に置くために、COSCOは前政府との長年にわたる交渉を経て、三五年間の営業権を認められた第三埠頭の株式のうち六七%を確保しつつあった。★6 だがシリザが二〇〇八年から二〇一五年にかけて行ったキャンペーンの目的は、この交渉を阻止することだけでなく、ピレウス港からCOSCOを完全に排除することだった。実際、内閣の同僚の二人は、このキャンペーンのおかげで議員に当選したのだった。

当然ながら、シリザが選挙で勝ったというニュースは、北京では歓迎されなかった。

戦略的にみて、ドイツ政府、ECB、EUとの対立が深まっているなかで、中国政府を敵に回すのは愚策《ぐさく》だ。たが、戦略云々《うんぬん》はさておいても、シリザがCOSCOや中国人を標的にするのは間違いだと、私は確信していた。私は入閣する数年前、シリザの仲間たちがCOSCO反対運動をしている頃に、一本の記事を発表していた。それは、COSCOがピレウス港に関与することに賛成するだけでなく、鉄道システムを中国企業に売却することを勧《すす》めるものだった。ギリシャの鉄道は老朽化し、機能不全に陥っており、しかも赤字を垂《た》れ流していたからだ。私はイギリスの鉄道民営化は大失敗だと考えていたが、ギリシャの鉄道業は別の意味で大失敗だった。ギリシャの港や鉄道は、まるで一九世紀の遺物だったのだ。インフラの改修や更新には大規模な投資が必要だが、自国の経済力では資金を工面《くめん》できなかったし、フランスやドイツの企業もカネを出そうとはしなかった。だから中国は確かな希望だった。彼らは莫大《ばくだい》な投資資金と驚くべき技術力を持っていた。さらに彼らには、改修されたスエズ運河と、ピレウス港から中央ヨーロッパに至る鉄道を用いて、中国とヨーロッパを結ぶ「新シルクロード構想」を完成させようという長期的な関心もあった。これが完成すれば、ヨーロッパの中心までの物流に要する時間が、ジブラルタル海峡を回ってロッテルダムに至る海路と比べて、丸八日も短縮されるのだ。必要なのは、古代文明を受け継いだ二つの国の政府の間で、誠実で、相互の利益となる協定を結ぶことだけだった。

私は着任したその日から、この中国との協定の話を進めようと考えていた。調査を進めていたグレン・キムからの報告は予想どおりだった。一部閣僚による反COSCO発言によって中国政府は困惑していたが、魅力的な提案をすればダメージを修復できるチャンスが十分あるというのだ。グレンは、彼の助言に従えば、具体的にどんなメリットがあるのかを、次のようにまとめた。

> まず何より、短期資金を確保できます。それは、これから数日の間に非常に重要なものとなるでしょう。次に、長期的な投資資金が確保でき、国内の商業インフラを大幅に刷新できます。これによって、新規の雇用も創出できるでしょう。最後に、新政権が就任して数日で、外国から多額の投資資金を集めることができるということを、ヨーロッパの交渉相手に示すことができます。

これはまさに私が考えていたとおりのことだった。そこで中国の様子を窺《うかが》うために、私は中国大使から招待されて二月二五日の晩餐《ばんさん》に出席すると答えるよう、秘書に頼んだのだった。（もし大使から招待を受けた時に、救済融資協定の延長を申請する文書に関する事件〔第10章参照〕が二月二五日頃に発生することが予測されていたら、私は考え直していたかもしれない。財務大臣に就任してからというもの、どの国の大使から届いた招待も、時間がないという理由でほとんど辞退しなければならなかったのだ）。私がすべてを擲《なげう》ってその晩餐に参加したという事実から、中国との関係を修復して長期的な関係を築くことを、私がどれだけ重要と考えていたかが理解できるだろう。

晩餐の前夜、私はダナエにそれがどれほど重要かを説明した。翌二五日、マキシモスから急いでアパートに戻り、ダナエの姿を見て驚喜《きょうき》した。彼女は、私たちが二〇〇六年に旅行で上海を訪れた時（現在とはまったく違う生活をしていた時）に購入した、中国の美しいシルクドレスを身に着けていたのだ。大使と大使夫人は、ダナエのドレスのことはもちろん、私が招待に応じたことを明らかに喜んでいたようだが、始めのうちは、礼儀作法の蔭《かげ》に感情を押し隠していた。しかし、夜が更《ふ》ける頃にはお互いに打ち解けて気さくになり、お祝いムードになった。

前菜《アントレ》とメインディッシュの間に、私は中国側の話をじっくり聞いた。大使は大きな不満を表明し、COSCOに対するあらゆる敵対的な行動をやめさせてほしいと私に懇願《こんがん》してきた。私を、中国人をピレウス港から排除しようとしているシリザの重要人物と勘違《かんちが》いしたのだろう。彼の意図するところは、大したことではなかった。COSCOがギリシャで完成させたものを解体するのは酷《ひど》い話だということを、私に理解してほしかっただけなのだ。だから、私がデザートを食べながらこちらの意見を開陳《かいちん》した時、大使は嬉しさを隠せなかったようだ。シリザ内の反対意見はさておいて、私は自分のビジョンを大使と共有した。そのビジョンとは、ピレウス港におけるCOSCOのプレゼンスを強化するだけでなく、条件次第では、さらにたくさんの事業を立ち上げようというものだった。

私は大使に次のように語った。「ギリシャの造船所は瀕死《ひんし》の状態です。数千年かけて培《つちか》ってきた技術が失われつつあります」。こう言って私は、共同事業の第二弾として、COSCOをはじめとする中国企業から、ギリシャの主要な三か所の造船所に投資するよう提案した。そうすれば中国が地中海に集中させようとしているコンテナ船の、修理拠点ができることになるからだ。私は話を続けた。「でも、中国の貨物を中央ヨーロッパへ運ぶギリシャの鉄道はガタガタで、遅いし、安全性も低いですよね。そんななかで、ピレウス港を確保してもあまり意味はないのではないですか」。こう言って私は、瀕死のギリシャの鉄道に投資することも重要だと訴えた。最後のひと押しとして私は、「ギリシャには高水準の教育を受けた労働力があります。しかも賃金は四〇%も低下していますよ。フォックスコンのような企業が工業団地に生産拠点を作ってはいかがですか。ピレウスに隣接する特区では、租税優遇措置も活用できますよ」とも語った。

共同事業《ジョイント・ベンチャー》の目録に刺激されて、中国大使はギアを上げた。COSCOを追い出さないでくれという陳情ではなく、自信を持って、パートナーとしての会話を始めたのだ。私たちは共同事業から得られるさまざまな利益について話し合った。だが、疑念は消え去ったものの、不安は残っていたようだ。

「大臣、中国政府の立場から言えば、COSCOは龍の顎《あご》だということをご理解ください。龍がここに入り込むために、まずは牙がしっかりと食い込みます。そうなれば、もう心配も疑いもありません。引き続き、龍の体が入ってきますよ」

メッセージは明らかだった。まずはCOSCOとの商談を片づけましょう、それ以外は後でついてきます、というわけだ。

私はこれに同意した。そして、「新政権に対する不安は杞《き》憂《ゆう》だと、中国政府に伝えてくれますか?」と私は言った。

彼は答えた。「今回の楽しい晩餐が終わりましたら、間もなく、新たな関係構築の兆《きざ》しが見えたことを北京政府は評価してくることでしょう。また中国政府内の懐疑《かいぎ》派に対して、状況が変わったことを示す材料も揃《そろ》いました」と付け加えた。

「近いうちにCOSCOのピレウス港本部を一緒に訪問しませんか？　いかがでしょう？」と私は提案した。

「えっ、大臣、本当ですか？」そう聞いてきた彼は、素敵なプレゼントを約束された子どものような笑顔だった。

「もちろんです。私がご案内しますよ、約束です」と言って、私は彼を安心させようとした。

それでも彼は、まだ信じられないという様子で、「中国人のカメラマンを同行させてもいいですか」と聞いてきた。

「ぜひともご一緒ください」と私は答えた。

残りのひと時は、まるで旧友の再会のようだった。ピレウス港見学は二日後に予定された。その後、私のオフィスで会談し、最初の条件に合意する手はずとなった。

中国大使と私がCOSCOの施設を訪問すると知ったザギアス官房長官は、喜びを隠さなかった。総選挙の前、ザギアスはCOSCOの法律顧問をしていたのだ。しかしこの頃は、重大な利益相反《そうはん》になりかねないので、COSCOに有利な意見が言えなくなっていた。今回の仕事は私がやったことなので、彼が利益相反に陥《おちい》らないようにするだけでなく、COSCOに敵対的なシリザの閣僚たちの不満は、私が全部受け止めることにした。自分にとっては危険な動きだったが、誰かがやらないといけないことなのでやったと、私はサギアスに話した。「本当に、本当によくやってくれました」と、サギアスは言った。

ピレウス港訪問は、文句なしにうまくいった。朝から昼食過ぎまでずっと激しい雨が降っていたが、ダナエと私は施設のすべてを見せてもらうことができた。COSCOの現地支配人であるフォン所長はいかつい顔だが、非常に聡明な人物で、すべてを一手に取り仕切っていた。彼はギリシャ人の支配人と企業の顧問《こもん》弁護士に、私たちを案内させた。また彼は、身振り手振りと心からの笑顔、それに慎重《しんちょう》に選ばれたわずかの言葉で、今回の見学をうまく運んでいた。彼は口には出さなかったが、現代的できれいに整備・維持された素晴らしいCOSCOのコンテナ港と、その隣《となり》の国営の（錆《さ》びついた惨《みじ》めな）埠頭《ふとう》との間の大きな落差を、私たちに強く印象づけた。

昼食のために移動していた時、私は従業員が休憩する食堂を見つけた。そこで私は案内役から少し離れて彼らに話しかけた。彼らは私の手をとって笑顔で迎えてくれた。だがCOSCOでの仕事について尋《たず》ねると、言葉少なだった。彼らは、「いい仕事ですよ」ぐらいのことしか言ってくれなかったのだ。だが彼らの表情から本音を察するのは容易ではなかった。

後ろを振り返ると、フォン所長と、彼の側近であるホワイトカラーのギリシャ人がこちらを見ていた。その時、今日ここを離れる前に、すべての労働者に組合に入る権利を担保することを、中国との協定の前提条件として突きつけようと心に決めた。

その場を離れ、ホストが私たちを会社のレストランまで連れていってくれた。めったに見られない景色が迎えてくれた。見下ろせば古代の港があり、その背後にはサラミス島が見えた。さらに、ペルシャとアテネとの間で紀元前四八〇年に起きた、有名なサラミスの海戦の舞台になった海峡を望むこともできた。ここで今、第三の古代文明が歴史を創ろうとしていた。

「いいニュースと悪いニュース、どちらを先に聞きたいですか?」

ギリシャ料理と中華料理が入り交じった（風変わりだが）素晴らしいランチの後、中国のテレビ局のインタビューを手《て》短《みじか》にすませた。そして、協定の条件などを交渉するために、COSCOのギリシャ人代理人とザギアスを交えて詰めの協議に入った。その数日後、三月二日の夕方に財務省で会議をした。短時間の、要領のよい会議だった。

私はここでも、ピレウス港の民営化を加速し、さらに大規模な共同事業を進めたいという考えを述べた。そして、中国大使に提示したのと同じ条件を説明した。まずピレウス港におけるCOSCOの株式持ち分を六七%から五一%に減らし、減少分の一六%はギリシャ政府の手元に残し、打撃を受けている海軍・造船所・公務員の年金基金に移す。次に、COSCOは一八か月以内に三億ユーロの投資を行うことを約束する。さらに、ピレウス港に勤務するすべてのCOSCOの労働者で労組《ろうそ》を作り、賃金と労働条件に関する労使協定をきちんと結び、下請《う》け労働者は雇《やと》わないことにする。最後に、沿岸海運はピレウス市役所が取り扱うこととし、ピレウス港と関係のある周辺の島々の役場も積極的に関与させ、この地域の自治体と利益を分けあうことを約束する。

最後に私は、中国がギリシャ復活のために手を貸してくれた証拠として、ドラギのECBがギリシャの銀行に買うことを禁じた一五億ユーロ分〔約一九五〇億円分〕のTBを、中国政府がすぐに購入することを約束するよう求めた。どうにかして、債権団との交渉の行き詰まりを脱することができたなら、「中国政府には、最低でも一〇億ユーロ分〔約一三〇〇億円分〕のギリシャ国債を購入して、新規の国債発行を手助けしてほしいのです。そうなれば、ギリシャ政府は中国の人々に感謝してもしきれません」と私は言った。

ＣＯＳＣＯの代理人は、中国政府がギリシャの提案を受け容れるだろうと確信しているようだった。中国大使は、その後のやり取りのなかで、中国の友人たちがこの協定に満足しており、龍の国からよい返事が聞けると請《う》け合ってくれた。すでに龍の牙は食い込んだ。実際、四八時間もたたないうちに、誠意が具体的な形で示された。三月四日の朝に、財務省の公的債務管理部の部長が電話で、中国の財政部〔財務省〕が間接的かつ秘密裏に一億ユーロ〔約一三〇億円〕分のＴＢを購入したというニュースを伝えてくれたのだ。私はそのニュースで危うく満足してしまいそうになった。

だが、満足してはならない。忘れてはならない。二日後には三億一八〇万ユーロ〔約三九二億円〕を準備して、ＩＭＦに返済せねばならない。それから一週間後の三月一三日には、再びＩＭＦに三億三九六〇万ユーロ〔約四四一億円〕を返済せねばならない。そこからわずか三日後の三月一六日には、五億五六九〇万ユーロ〔約七二四億円〕という莫大な金額をＩＭＦに送金せねばならない。その後の三月二〇日には、空っぽの金庫から三億三九六〇万ユーロ〔約四四一億円〕を捻出《ねんしゅつ》し、ＩＭＦに送金せねばならない。三月だけで、ＩＭＦに対して一五億ユーロ〔約一九五〇億円〕の大出血だ。その意味で、一五億ユーロ分のＴＢを購入すると中国政府が約束してくれたおかげで、水責め作戦が再開される四月一三日まで、三週間ぐらいは空気を吸うことができそうだった。その四月一三日には、再びＩＭＦに四億五二七〇万ユーロ〔約五八八億円〕を返済せねばならない。その後、五月一二日から六月一九日の間に、六回に分けて総額二五億二〇〇〇万ユーロ〔約三二七六億円〕をＩＭＦに返済する。しかし、最も暑く苦しい月日はその後だ。債権団に対して、七月には約四〇億ユーロ〔約五二〇〇億円〕を、八月には三二億ユーロ〔約四一六〇億円〕を返済せねばならないのだ。[★7]

ようするに、中国が一五億ユーロ分のＴＢを購入して流動性を注入してくれても、まだまだ足りないのだ。実際には、中国政府がどんなに乗り気でも、いくら融資《ローン》を注入してくれても、ギリシャ政府は破産状態を脱却できない。私が何年も前から言ってきたように、融資は追い貸しにすぎないからだ。それでも、一五億ユーロあれば少なくとも二か月は時間を稼げる。その時間で、債権団との新たな協定が可能かどうかを確かめることができる。また、中国のＴＢ購入によって、ギリシャの銀行のほかにギリシャのＴＢを買いたがる者など誰もいないという、ドラギの議論を封じることもできる。それと同時に私たちは、海外からの投資を誘致し、柔軟な姿勢を示し、植民地のような「全品売り尽くし」の民営化ではなく、超大国を相手にお互いの利益に繋《つな》がる協定を結ぶ力があることを示せるのだ。

ザギアスと私はアレクシスに経緯を説明して、次の準備に入った。中国と新たに合意した条件のもとで、ピレウス港の入札手続きを正式に再開する準備だ。その一方で、水面下では両国政府が、中国からギリシャ政府への融資に合意した。計画はすぐにまとまり、実施の準備は整った。まず、約束の一五億ユーロ〔約一九五〇億円〕のうち一四億ユーロ分〔約一八二〇億円分〕として、中国政府がギリシャのTBを購入する。ほぼ同時に、ドラガサキス副首相が北京を公式訪問し、両国政府の関係を強化すると共に、協定に非公式に署名する。最後に、アレクシスが四月か五月に北京を公式訪問し、ギリシャ政府と中国政府の包括協定を公式発表し、これに署名する、という手はずだ。

それは両国にとって素晴らしいチャンスだった。ギリシャにとっては再建に向けた生命線であり、中国にとってはヨーロッパ中心部に繋がる新シルクロード形成への大きな一歩だった。三月二五日、ドラガサキス副首相は外相と共に北京へと出発した。私は一四億ユーロが月末までに財務省に入ってくるものと期待しつつ、金庫の底を引っ掻《か》いて、三月中にIMFに返済する一五億ユーロを工面した。この三月中に、債権団が堅実な協定に向けた誠意を示すよう、最後のチャンスを与えよう。今や中国も、私たちの成功の利害当事者となった。中国の投資を呼び込む能力はギリシャにとって、債権団との交渉上、大きな武器となるだろう。中国のカネで、さらに一か月ほどの時間を稼ぐことができる。この時間を使って、ギリシャ経済を回復させるための完全な計画を提示できるようにするのだ。

三月三一日は、中国政府が一四億ユーロ分のTBを購入するという約束の日だった。私はオフィスで電話を待っていた。TBの入札は午前一一時頃に終わることになっていた。一〇時半になると、私は居ても立ってもいられなくなり、公的債務管理部の部長に電話した。「まだ話は来ていませんね。でも心配無用です。時間ギリギリまで札《ふだ》を入れないのが中国人のクセですから」。私は待つことにした。

一一時二分に電話が鳴った。私は受話器に飛びついた。さっきの部長の声だった。「大臣、よいニュースと悪いニュースがあります。どちらを先にお聞きになりたいですか？」と尋ねた。

「いいニュースから聞かせてくれ」と私は言った。

「はい、よいニュースとしては、中国側は入札に参加してくれましたよ。悪いニュースは、彼らは一億ユーロ〔約一三〇億円〕分しか買ってくれませんでした」

私はその電話を切る前に、携帯電話で中国大使に電話をかけた。何が起きたのですかと聞くと、彼は「信じられません。すぐそちらにお伺《うかが》いしていいですか？」と言った。

「もちろんです」と私は答えた。

三〇分後、私の赤いソファーには中国大使が青ざめた顔をして座っていた。本当に苦悩している様子だった。彼は、信じてください、こんなことになるとは夢にも思いませんでした、会わす顔もございません、不足分を工面《くめん》するために、私にできるだけのことはいたします、と言った。彼は、私のオフィスから中国の財政部に電話をかけようとしたが、繋がらなかった。そこで彼は、今の状況を財政部に問い合わせたらすぐに戻ってくると約束して、いったん彼の事務所に戻った。

数時間後、彼からの電話の声はかなり落ち着いていた。「大臣、ご安心ください。技術的な障害が起きていたようで、中国政府も非常に申し訳ないと言っています。二日後のTB入札の時に、購入はきちんと行われます」

私のなかには安心感と不信感が渦巻いていた。一方で、中国政府には、大使にウソを吐《つ》かせる理由はない。それに、どうみても大使は本気でギリシャとの協定を成功させたがっている。その一方で、中国の技術官僚《テクノクラート》がしくじっただけだという話も信じられない。しばらく時間がたてば分かるだろう。

二日後、同じように私はオフィスで公的債務管理部長からの電話を待っていた。一一時五分に電話が鳴った。「大臣、いいニュースと悪いニュースがあります。どちらを先に聞きたいですか？」またかよ、と思った。

「お願いだから、まさか彼らがまた、一億ユーロ分しか買ってくれなかったなんて言わないでくれよ」

「そのまさかです」と彼は答えた。

今回は大使に電話することもなく、私はまっすぐマキシモスに向かった。そこでアレクシスに何が起こったかを話し、中国首相に直接連絡することを強く勧めた。

翌日、アレクシスが中国政府からの返答を伝えてきた。どうやら、誰かがベルリンから北京に電話をかけて、単刀直入に「こちらの用が済むまでは、ギリシャとはいっさい取引しないでくれ」と伝えたらしい。

再び中国大使と話をする機会があった。外国政府に味方のふりをされて、回復と尊厳への希望を踏みにじられたら、ギリシャの人たちはどんな気持ちになると思いますか、と私は言った。

「分かっています、分かっています」と彼は答えた。私は彼を信じた。

歴史ある二国間の素晴らしい協定は白紙となった。カネを取り返す気のない債権者たちが演じる長編ドラマのなかの、忌々《いまいま》しい一幕が終わった。★8

三月の潮目《しおめ》

三月の初め、潮の流れが突然止まったかのように感じられた。私が二月二〇日のユーログループ会議からアテネに持ち帰った希望は、放置され、ぐしょ濡《ぬ》れにされ、行き場を失っていた。債権団は、ギリシャの改革方針をともに描き、私たちを救うために債務再編交渉に応じるという約束を、二月のうちに反故《ほご》にしていた。二月は、冷たい風が私の決意を強くしてくれた。しかし三月の生ぬるい風は、私の気持ちを凍《こご》えさせた。

違うのは、私とアレクシスの間にかすかな亀裂が走りつつあることだ。かすかだとは言え、無視することはできない亀裂だ。私はそのことを考えないようにしていたが、忘れることはできなかった。三月にギリシャ政府が何らかの譲歩をするたびに、そしてトロイカからの攻撃に対するアレクシスの対応が遅れるたびに、私の疑念は深くなった。彼は、トロイカが彼をテストしてきたら、いつでも抑止策を発動するぞという覚悟でいるのだろうか。三月末か、遅くとも四月初めまでに、私のなかの「公平な観察者」が言った。敵はアレクシスを縮み上がらせるのに成功したぞ、と。心のなかの他の部分が同じ理解に達するには、もう少し時間がかかった。

債権団とのやりとりには二つの側面があった。一つは改革方針についての交渉で、これは四月中旬には結論を出す予定だ。もう一つは債務再編と、緊縮策の終了についての交渉だった。希望の灯《ひ》を消さないためには、債務再編と改革方針をセットで考える必要がある。債務再編がなければ、改革方針は意味をなさないからだ。しかし債権団は、三機関の間で意見の違いがあったにもかかわらず、債務再編と改革方針を切り離してやろうという目論見《もくろみ》では見事に一致していた。ギリシャが改革の優先事項を受け入れないかぎり、債務再編交渉については考えてやらないというのだ。ますます孤独な闘いになってきた。アレクシス、パパス、ドラガサキス、そして友人のエフクリディスでさえ、シリザの「聖なる牛たち」(たとえば労使間の団体協約復活や、年金の保護など)を何頭か生き延びさせることができるなら、債務に関する約束があやふやでも、協定を受け容れようと考えるようになっていたからだ。彼らは、有名なブリュッセル・ファッジのような心理に変わっていたというわけだ[「ファッジ(fudge)」には、柔らかいチョコレートキャンディという意味と、ごまかしという意味がある]。

トロイカ側の断固たる意志と、こちら側の萎縮《いしゅく》する野心。その対比が私の恐怖と孤独感を強めていった。戦時内閣は今や、次の選挙でシリザが生き延びるために、複数の降伏案の利害得失を検討する場になっていた。そんな状況なので、私は党内政治を軽蔑《けいべつ》し、そこから距離を置くことができてよかったと思った。パパスは、行政による大規模リストラの禁止措置（ＩＭＦが廃止しようとしている措置）を維持しようと努力していた。アレクシスは年金の維持（ドイツ政府が睨《にら》みをきかせている問題）に注力した。ほかの人間たちは民営化に反対の声を荒げた。私は我慢《がまん》できなかった。私だって、これらの問題はとても重要だと思っている。しかしなぜ、何よりも先に悪循環を止めようとしないのか。緊縮策が強化され、大企業、中小企業の経営が立ちゆかなくなれば、大量解雇《かいこ》を防ぐ行政措置を続けても意味がない。また、政府そのものが破産状態なのに年金システムだけを守ろうとしても、何の意味もないではないか。

　結局のところ、債務再編や緊縮策の終了、投資、バッド・バンクなどの本当に重要な問題を、改めて議論の俎上《そじょう》に載せようという私の試みは、ことごとく邪魔《じゃま》物扱いされた。

　私は問うた。トロイカが債務再編について真剣に議論することを拒否するなら、約束どおり、三月末か遅くとも四月の始めにはＩＭＦやＥＣＢに対して債務不履行《デフォルト》するという話でいいですよね？　向こうが資本規制とか銀行閉鎖をもって脅してきたら、ＥＣＢが持っているＳＭＰ国債を踏み倒《ヘアカット》して、並行決済システムを起動する覚悟はあるんですよね？　彼らは、これらの戦略に対する誓いの言葉を反復して、私の機嫌をとろうとしてくれた。だが、その説得力はなくなりつつあった。

　財務省へ戻ると私は、自分の精神を回復させ、努力を続けることにした。私の署名がなければいかなる協定も成立しない。そのために私は極めて重要な立場にあるが、またそのために使い捨てにされてしまうかもしれない。だが使い捨てにされるまでは、私にも少しは権力《パワー》が残されているはずだ。債務免除を議題のトップに据《す》え続け、二つの交渉を統合し、アレクシスに盟約を守らせ、国境を越えた同盟関係を構築し、脱税撲滅《ぼくめつ》のアルゴリズムを完成させ、並行決済システムを開発し、何より、人道上の危機に対処する法案を成立させるための権力が。ランブロスをはじめとする数百万人の人々のために、私にできることはそういうことだ。私の祖母のお気に入りだった、古《いにしえ》のペロポネソスの表現を使うならば、私たちは「彼らのすべての祈りを受け、［彼らを失望させたなら］すべての呪いを受ける」ことになっているのだ。

　ブリュッセルでの次回のユーログループ会議は三月九日だ。そこでは交渉の進展状況を確認することになる。報告すべき進展は何もない、それはギリシャ側の怠慢《たいまん》のせいだ、このように報じることがトロイカの利益だ。また、ＩＭＦのトムセンが三月一日に私に電話をかけてきて、トロイカのアテネ行きの準備ができたと告げた時、とどめを刺しにくるのだなと私は思った。

トロイカのメンバーをギリシャ財務省が受け容れれば、交渉は間違いなくおかしな方向に向かうだろう。欧州委員会やECB、IMFの専門官僚《テクノクラート》が、トロイカのプログラムのごく些細《ささい》な部分まで譲歩するよう、ギリシャの閣僚たちに迫ってくるに違いないからだ。だが、もしこちらが、債務スワップや緊縮策についても話ができるならば、些細な点についても話をしましょう、などと言えば、彼らは、私たちの職位では債務の交渉をする権限はありません、などと言って拒否するだろう。当然ながら、官僚にはそんな権限はないのだ。この窮地《きゅうち》を回避する唯一の方法は、トロイカの小役人《こ》と、選挙で選ばれたギリシャの閣僚との交渉は、アテネではいっさい拒否すると主張することだった。こう言って拒否することは、象徴的な意味があるだけでなく、戦略的にも重要だったのだ。トロイカの高官たちはマスコミを通じて、トロイカは実務的に仕事を進めたいだけなのに、アテネ入りを拒否したことは「イデオロギー的だ」と言い出した。

三月三日、私は仲間たちに、二つの交渉を統合して、包括的な合意にこだわることがどれほど重要かを説明した。そして、トロイカは資本規制をもって脅してきます、それに対する抑止策として最も有効なのは、私のチームが作業をしている並行決済システムと、SMP国債のヘアカットです、と注意した。一方その頃、ジェフ・サックスはワシントンでポール・トムセンや、IMFのナンバー2のデヴィッド・リプトンに面会し、何とかして私たちの橋渡しをしようとしてくれた。

メディアからの攻撃は続いた。その翌日か翌々日、マリオ・ドラギは「お喋《しゃべ》りな人たちだ」と言って、私とアレクシスを公然と批判した。ジェームズ・ガルブレイスが、彼らしいやり方で反論してくれた。「普通、中央銀行の総裁はこんなメッセージを表に出さないものです。総裁がこんなことを公言したのは、きっと彼がお喋りだからでしょう」。また私は、財務大臣にしては、ユーログループの同僚に「はっきり」モノを言いすぎだと批難されていた。これについてイタリアの『ラ・レプブリカ』誌からコメントを求められた時、ジェイミーは「バルファキスが、一般的な財務大臣の基準から言えば、はっきりモノを言う人間だというのは本当でしょう。でも私はその基準を引き上げたいと思っているのです。どこに問題があるのか、全然分かりませんね」と答えてくれた。

私はトロイカの戦略を阻止しようとした。三月五日には、ユーログループのデイセルブルム議長に書簡《しょかん》を送り、交渉を開始するよう要求した。その書簡には、二月二四日のテレビ会議で三機関が承認した数々の改革のうち、早急に実施すべき七つの改革を含めた。だが彼らは、この七つの改革を歯牙《しが》にもかけなかった。彼らがいちばんバカにしたのは、租税回避を防ぐための提案だ。さまざまな階層の人たちを雇って、取引をチェックし、脱税を取り締まるというものだ。それは、ドイツのガブリエル副首相と二月に会った時に、彼が非常に興味を持って聞いてくれたものだったにもかかわらずだ。[★9] こうして、コンピューター・アルゴリズムを用いて大規模な脱税を摘発《てきはつ》するという計画は完全に無視され、「旅行者盗聴」というレッテルだけが貼られた。

　同じ日、財政担当大臣のナディア・ヴァラヴァニと私は、人道危機対策法案の仕上げ作業を行っていた。その法案の核心は、二つの措置だった。一つは食糧や住居、電気が満足に得られない生活をしている三〇万世帯に、プリペイド式のクレジットカードを配ることだ。もう一つは、税金が払えず課税システムから脱落した四〇%の人々に、再び納税者になってもらうための困難な作業だ。その方法とは？　毎月、二〇ユーロ〔約二六〇〇円〕という少額を納付してもらうことだ。数百万もの人々が、このような少額の納付も厳しいほどの窮地《きゅうち》に立たされていた。だが私たちは、再び納税者番号が使えるようになり、破産者の汚名を返上するために、彼らが手を尽くして二〇ユーロを納めてくれるだろうと確信していた。それは寛大な措置であると同時に、経済学的には常識でもあった。事実、システムが導入されてから一か月以内に、公式の経済部門《フォーマル・セクター》に復帰しようとする人々から、七億ユーロ〔約九一〇億円〕が国庫に納められた。[★10]

　人道危機対策法案がほぼ完成すると、私は重要な電話をかけることになった。私の秘書が、米国のジャック・ルー財務長官が私と話したがっていると伝えてくれたのだ。まず彼は、交渉の最新状況を教えてくださいと言ってきた。私は説明した。二月二〇日の暫定合意によって、一二〇日の時間が与えられましたので、行き詰まりを打破するための新たな手続きが開始されるものと私たちは期待していました。しかしトロイカ側はここ数週間、明らかにその合意に背《そむ》き、合意の精神を踏みにじるような声明を発表し続けています。現行の協定をそのまま受け容れろと要求しているのです。そんなことはできませんし、するつもりもありません。彼の反応は、オバマ大統領の公式声明よりも、駐ギリシャ米国大使の立場に沿ったものだった。ようするに、米国財務省は緊縮策の問題点についてはギリシャの言うことに賛成するが、それでも相手の言うことを聞け、という反応だったのだ。私は、三月一八日のＩＭＦに対する返済分を履行《りこう》する自信はありませんと答えた。ルーは、債権団を信頼しなさい、という主旨のコメントをくれた。

　ワシントンにあるブルッキングス研究所のケマル・デルヴィッシュが、絶対にそんな助言に従ってはいけないと注意してくれた。彼はトルコの元財相で、私と連絡をとってくれていた人物だ。彼の考えでは、ＩＭＦのギリシャ派遣団長のトムセンがＩＭＦの欧州局長に昇進したことは、ギリシャにとって災難だ。現行の対ギリシャ・プログラムは惨憺《さんたん》たる失敗に終わったが、これはトムセンの落とし子だからだ。彼は言った。「人事にはあなた方も、ほかの誰も、口を出すことはできません。だからこそ、クリスティーヌ・ラガルドさんに個人的に面会することが、とても重要です。私は彼女と仲がよいのです。それに、基本的に彼女はとても理性的な女性です。でも彼女はやるべきことが多すぎるのですよ。ウクライナ危機のせいもありますからね、こっちでもいろんな仕事が後回しになっていますよ」[★11]。この話はだいたい私の予想どおりだった。だが、トムセン欧州局長が防御しようとしているプログラムを脇に追いやるために、ラガルドと賢明な合意に達するためには、どのようにすればよいのだろうか。

それ以上に、交渉の扉を開いてくれそうな人物はメルケルだった。二月二〇日のユーログループ会議で共通の基盤に立つことができた理由は、彼女をおいてほかにない。しかし、メルケルがショイブレとデイセルブルムから目を離した時、ＭＯＵが復活し、手続きは崩壊した。次回のユーログループ会議は目の前に迫っているのに、交渉は止まっている。そこで私はアレクシスに、メルケルに電話するように言った。「もし彼女が二週間前の手柄《てがら》を無駄にしたくなかったら、もう一度介入してくれるはずだよ」と言って。

その夜、アレクシスは電話でメルケル首相と話した。彼女の対応は親切で前向きだった。解決策を見いだすために、トマス・ヴィーザーをアテネに派遣すると言ってくれた。私たちは励まされた。ヴィーザーはとんでもなく退屈だが、信じられないほどパワフルな男だ。それに、メルケルとショイブレの間を綱渡りする方法を知っていた。見事な人選だった。

手ぶらの使者

メルケルがヴィーザーをギリシャに派遣するさいの条件は、絶対に秘密にすることだった。ギリシャの省庁も、ヴィーザーの訪問予定には関与しなかった。彼を迎えに行くのに公用車を使ってはならず、人目につかない普通の住居で会議を開かねばならなかった。私のアパートがちょうどよいと考えた。公用ではない車を派遣して、彼を空港から私たちのところへ連れてきた。曇った寒い日だったので、アパートの外の道路には誰もいない。新アクロポリス博物館に行く観光客が彼に気づくのではないかという心配も無用だった。

ヴィーザーが私のアパートまでこの天気を連れてきた、と言えば分かりやすいだろう。ギリシャ側は、ドラガサキス副首相、エフクリディス、セオカラキス、フリアラキス、それにアレクシスの秘書と、私と妻ダナエの七名だ。私たちは一生懸命にヴィーザーを暖かく迎えようとした。彼は一生懸命に私たちと距離を置こうとした。彼の最初の一言には愕然《がくぜん》とした。彼は「お伺《うかが》いできて光栄です。でも、なぜ私がここに来たのか分かりません」と言ったのだ。私は、あなたをこちらへ派遣なさった方が、その理由を説明しておられるでしょう、と尋ねた。しかし彼は答えた。「誰が私を派遣したのかも知りません。私のオフィスで、アテネ行きの飛行機に乗るようにと書かれたメモを見ただけなのです」

探りを入れるのは本意ではないので、私は事実を次のように説明した。交渉は行き詰まっています。これを打破できるのはメルケル首相による介入だけです。そして彼女は、それができるということを示してくれました。非公式にあなたを派遣して、交渉を再開する方法を議論するようにしてくれたのです。

驚いたことに、ヴィーザーはその説明を受け容れず、彼が来たのはメルケルの意向だという話を否定し続けた。そして長時間の食事のなかで彼は、官憲のような迫力と、訴訟にあたる弁護士のような細やかさをもって、一つの掟《おきて》を押しつけてきた。これから数週間、数か月の予定を説明しながら、交渉の内容には触れないように気を配り、代わりにユーログループやユーログループ作業部会の規則や制約について事細かに説明したのだ。トロイカ語で語られた長々しい講釈を聞いていると、一つだけ重要なことが理解できた。私たちは、四月三〇日より前に流動性の引き締めが緩和されるなどと期待してはならないのだ。彼はそれを、ごく自然な、まったく政治的な配慮とは無関係な、官僚制の制約の結果にすぎないものだと説明したのだった。

それに対して私は、次のように話した。大幅な債務再編がなければ、改革方針についての妥協も、理性的な財政政策も不可能です。債権団がこれに真剣に取り組むというサインを受け取ることができなければ、四月三〇日までにギリシャはＩＭＦに対してデフォルトを宣告するしかありません。「私たちの選好《せんこう》とか政治的意思とは関係なしに、その日までにギリシャの流動性は枯渇《こかつ》してしまうでしょう」

彼の返事はこうだ。年金基金とか大学とか、電力会社とか地方自治体とか、政府ではないですが、政府が所有している機関の積立金を分捕《ぶんど》ってやれば、政府はしばらく持ちこたえるのではないですか？

「そんなことをするわけがないでしょう」と私は答えた。債権団には誠意を持って交渉に臨《のぞ》もうという気持ちがありません。それなのに、骨と皮だけになったギリシャの社会から、さらに肉を切り取って、ＩＭＦに返済を続けないといけないのですか。その債務はＩＭＦでさえ、返済不能だと認めているのですよ。

この疑問を突きつけられると、彼はお稽古《けいこ》どおりの反応をした。債務再編や緊縮策について話をする権限が自分にはないと言って、逃げたのだ。

私は、こんなやりとりを続けても時間の無駄《むだ》だと判断し、一二億ユーロ〔約一五六〇億円〕の話を持ち出した。これは私の法律顧問や財務顧問によれば、ギリシャのカネだ。債権団に対して返還を迫ることができるカネだ。明らかに前の政権は、いくつかの銀行を救済するうえで、二度目の救済融資の資金を、ギリシャ金融安定基金（ＨＦＳＦ）に預けられている資金を使うべきだという合意があるにもかかわらず、政府の積立金から同じだけの金額を取り崩して使っていた。だが私は、ヴィーザーが言うような積立金の分捕《ぶんど》りはやりたくなかった。そこで、この一二億ユーロを使ってＩＭＦに対する三月分の返済をしようと思うのだがどうか、それで交渉の時間が稼げるのではないか、と聞いた。彼は「一理あると思います」と答えた。そして、一二億ユーロが欲しければ、自分の上司であるデイセルブルムに正式な要望書を送ってはどうですかと助言してくれた（数日後、私は言うとおりにしてみた。するとデイセルブルムは、ユーログループ作業部会の議長、トマス・ヴィーザーに相談してくださいと言ってきたのだ！さて、今や決定権を持つのはヴィーザーだ。彼は何と答えたか？　私の要望は「ややこしすぎます」と言ったのだ）。

進展はみられそうにない。ほかにやるべきことは、何らかの人間的な関係を築くことだけだ。このやり取りに、とにかく少しでも人間味を持たせなければ。エフクリディスとセオカラキス、ダナエと私は、こちらから話題を変えて、交渉の件ではなく、芸術や音楽、文学、私たち自身の家族の話などをした。六時間もの間、私たちはシンプルだが美味しいギリシャ料理を食べ、たっぷりとワインを飲み、さらにクレタ島のラキを酌《く》み交《か》わした。しかしヴィーザーのガードの固さは並大抵《なみたいてい》ではなかった。彼は食い、飲み、何度も笑顔を見せた。だが、仲間意識が芽生《めば》えないようにと彼が張りめぐらしたバリアを、最後まで突破することはできなかった。

夜も遅くなり宴《うたげ》もお開きだという頃、ニコラスがヴィーザーに、あなたはフリードリヒ・フォン・ヴィーザーと親戚関係でもあるのでしょうかと尋ねた。フォン・ヴィーザーとは、右派の経済学者の先駆者で、オーストリアの財務大臣を務めた人物だ。ルードヴィヒ・フォン・ミーゼスやフリードリヒ・フォン・ハイエクのようなリバタリアンの精神を形成したのは、この人物なのだ。ヴィーザーの答えはイエスだった。彼は、その従兄《いとこ》の孫にあたるのだそうだ。だが、親戚といっても、その業績についてはよく知らないと言った。私は本棚に手を伸ばすと、二〇一一年にニコラスと共著で出版した分厚い本を取り出した。[★12] そのなかの「無関心の帝国」と題された章には、私たちがフォン・ヴィーザーから影響を受けていたことが明記してあった。私はヴィーザーに、お持ち帰りくださいと言った。彼は受け取った。

彼はホテルに向かった。明日の朝、飛行機でブリュッセルに戻るという。それを見送った時、私には学者時代のことが懐《なつ》かしく思い出された。あの頃は、見解の違いを、剥《む》き出しの力ではなく議論の力で解決していたものだ。数週間後、トロイカの剥き出しの力がいよいよ極限に達した時、私はフォン・ヴィーザーの最も印象的な一節を思い出した。「自由は、秩序の体系にその座を奪われるべきだ」。ユーロ圏の苦難のなかで、自分の子孫がどんな役割を果たしているかを知れば、この人物は嬉しく思っただろうか、それとも愕然《がくぜん》としただろうか。

いざ、ユーログループへ！

ヴィーザーのギリシャ訪問で、私は現実を思い知らされた。次のユーログループ会議までは二四時間しかないのだが、前回と違ってメルケルは介入してくれるつもりはなさそうだ。彼女は本気で私たちと共通の基盤に立とうとは思っていなかったのかもしれない。ショイブレに押し切られてしまったのかもしれない。だがそんなことは重要ではない。私たちに残された選択肢は、変わらないからだ。トロイカが私たちの首を絞め続けるかぎり、トロイカに対するいっさいの返済をストップし、彼らのMOUに基づく交渉はしないと宣言し、債務再編と残酷な緊縮策の中止が大前提だと主張し続けるか、降伏の覚悟を決めるか、二つに一つだ。

ブリュッセルへ飛ぶ前に、私はアレクシスや戦時内閣の閣僚らに対して、ユーログループでどんな要求が突きつけられると予想されるか、説明を行った。一番目は、公共機関の生き血を吸い上げてIMFへの返済を続けることだ。二番目は、トロイカのアテネ凱旋《がいせん》を容認することだ。三番目は、MOUの枠組みのなかでしか協議をしないことだ。彼らが二番目の点に最も強い反応を示し、三番目の点にはさほど怒りを示さなかったことに、私は強い懸念《けねん》を覚えた。

懸念すべき理由も見つかった。ブリュッセルへの出張の準備をしている時、私は興味深い事実に気づいた。フリアラキスがマキシモスに戻ってきて、私の知らないところで、非公式のシリザ顧問団を主宰《しゅさい》し、トロイカに捧げる譲歩のリストを作成していたのだ。財務省の顧問チームと並んで、もう一つの経済顧問チームを用意することは、首相にとって必ずしも悪いことではない。私たちが直面している状況の深刻さを考えると、このようなチェックとバランスは賢明ですらある。しかし、このチームの性格と、アレクシスによるその使い方は、危機的状況を引き起こすことになった。彼らはシリザの執着心と、トロイカの最も醜悪《しゅうあく》な強迫観念とを結婚させた。財政黒字を増やせというトロイカの要求を満たすために、法人税の増税を主張したのだ。これは、平常の状況ならまったく理にかなった左派の政策であるが、企業が死に瀕《ひん》している今の状況ではそうではない。この右からみても左からみても最悪の経済政策は、税率を下げるために緊縮策を緩和《かんわ》しようという私の主張に、直《じか》に、大きな打撃を与えた。

その頃サギアスは、彼の権限や能力を超えて、法案の策定を始めていた。たとえば、移転価格（同一の複合企業体に属する別々の子会社の間でモノを取引する際の価格）に関する法案を作って、私にそれを押しつけようとしたのだ。さらに悪いことに、ユーログループ会議に参加するためにブリュッセルに向かう前日に、国防大臣（議会で過半数をとるために受け容れざるをえなかった、右翼の陰謀論者）が、悪魔メフィストフェレスの手帳から引き写したような声明を出した。ロンドンの『デイリー・テレグラフ』紙の見出しは、「ギリシャ国防相、過激なイスラム教徒を含む移民を西ヨーロッパに移送するとの脅し」だった。[★13] これはギリシャのためには絶対にやってほしくないことだった。マキシモスは、交渉をできないようにする方法を記した教科書を綴《つづ》っているかのようだった。

ブリュッセルへの飛行機に乗る前、最後にアレクシスともう一度会って話した。私は彼に注意した。トロイカは言い逃れをして、返済がスムーズに進んでいないと言ってオレたちを批難するだろう。公的機関の積立金を全部横取りする法律を通して、ＩＭＦへの返済を続けろと要求してくるだろう。そしてギリシャがペロポネソス・スルタナ〔レーズン〕のように干上がってしまえば、銀行を閉鎖して、人々の怒りをギリシャ政府に向かわせるだろう。オレたちは沈没を防がないといけない。もし今度のユーログループ会議が、オレの予想どおりに進んだら、ＩＭＦに対して強硬に債務不履行《デフォルト》をして、抑止策を発動するしか道はないぞ。

ブリュッセルでの交渉で使おうとしていたいろいろなメモや資料を彼に手渡す時、私は次のように話した。「ＩＭＦ、ショイブレ、ドラギ、モスコヴィシ、彼ら全員と個人的に話をしてくるよ。超融和的《チョーゆうわ》に、できるかぎり妥協的に話してくる。ただし、ギリシャの回復のチャンスを台無しにしないかぎりでだ。協調的で誠意のある言葉しか使わない。しかしだ、アレクシ、もし相手がいつもどおり真実を曲げて攻撃的な態度で対応してきて、どうにもできないようにしてきたら、いいな。私が帰国すればすぐに、断固たる措置をとる。賛成してくれるよな」

アレクシスは頷《うなず》いた。私は最大限に妥協的に振る舞おうと覚悟して、ブリュッセルへと向かった。最小限の合理性を備えた協定であっても、債権団はことごとく拒否するだろう。そのことを、ただの憶測ではなく、この目この耳でしっかりと確認するためだ。

そのとおりだという証拠が、すぐに手に入った。要人との個人的な話し合いのすべてに同席してくれた、ジェフ・サックスがその証人だ。[★14]

12. メルケルの魔法

Merkel's spell

三月九日午前一一時、ユーログループ会議の朝だ。私はジェフと一緒に、ホテルのロビーでポール・トムセンに会った。トムセンは会話の最初で、ＩＭＦは「独善的《ドグマティック》ではない」ということを私に納得させようとした。ギリシャで左翼政権が選ばれるずっと前から、ギリシャ救済プログラムはＩＭＦにとっても耐え難《がた》いものだったと言うのだ。トムセンはサマラス政権について憤《いきどお》りを込めて語った。「サマラス政権に対しては、堪忍《かんにん》袋の緒《お》が切れましたよ。約束したことを、ほとんど何も実現できなかったのですからね。ドイツ人に対して聞こえのいいことを言うだけで、何にもしない。そして選挙が近づくと、手にしたカネを使って、自分の支持者に税金を負けてやったり、利益をバラまいたりしたわけでしょう」

私はここで口を挟《はさ》んだ。彼はきっと、これまでの対ギリシャ・プログラムに関わった経験から、私たちの政権が、守れない約束や守るつもりのない約束をしようとしないことを、評価してくれるだろう。私は真摯《しんし》にこう言った。「トムセンさん、これだけは分かってください。もしあなたと私が堅実な協定を結ぶことができれば、私は命を賭《か》けても約束を守ります。でも、国家破産という毒の霧が晴れないかぎり、それは無理なことです。何よりもまず必要なのは、債務の持続可能性なのです」

ジェフも言葉を添えた。「どんな妥協案に合意するにしても、ギリシャにはまず債務再編《ヘアカット》が必要です。債権団はまず、ギリシャに酸素を与えて息ができるようにしないといけません。さらなる要求を突きつけるのは、それからですよ」

トムセンは私たちの話に頷《うなず》き、前向きな表情をしていたので、賛成してくれたようだ。「きちんとした債務持続可能性分析をするのは、難しいことではないと思います。短期的な流動性の問題を克服することも、難しいことではないでしょう」と彼は言った。

私は彼の言葉を受けて、当り前の結論を述べた。「トムセンさん、ギリシャの負債がとんでもなく持続不可能なことと、その理由については、ワシントン［IMF］の優秀な人たちがもう、見事な分析を済ませているに違いありません。そして、ギリシャの短期流動性の問題も、ドラギ総裁の手さばき一つで、あるいはIMFの手さばき一つで解決できるに違いありません。でも、それがいかに有益だとしても、それはここでの問題ではありません。誰もが触れたがらない重要な問題、それは債務再編です。債務再編なしには、ギリシャは破産状態が続き、改革もできません。そういう分析をIMFから出していただいても、流動性の締《し》め付けを緩《ゆる》めてもらっても、その事実は変わりません。何よりもまず債務再編です。そして、IMFの皆さんだけが、それを後押しできるのです。ボールはそちらのコートにあるわけです。やっていただけますか？」

トムセンが私の話を理解したのは明らかだ。だが態度をはっきりさせず、「ヨーロピアンたち」がなかなか方針転換できないので、というようなことをつぶやいた。私は言った。「彼らが方針転換しなければ、協定が成立しないだけのことですが、そうなると、避けられたはずの事故が起こってしまって、とても高くつくことになりますよ」

「ヨーロッパ人には、彼らなりのやり方がありますから……」と、意味深な言葉をトムセンはつぶやいた。話はこれでこれで終わった。

次の面会は、中央銀行の二人が相手だ。重いブーツで、ギリシャの喉笛《のどぶえ》を踏みつけているECBの指導者たちだ。

ジェフと私は、ECBのマリオ・ドラギとブノワ・クーレに会うため、小さな事務室に入った。ドラギはジェフと昔からの友人のような挨拶《あいさつ》を交わした。ジェフが私の味方だということに、ちょっとびっくりしていたようだ。だが、温厚そうな声とは裏腹に、彼のメッセージは前と同じだった。ECBは、政治から距離をおいて独立性を保つという精神のため、ユーログループからの許可がないかぎり、指一本動かすつもりもない、ましてや、ギリシャの喉笛を踏んだブーツをどかすようなことはしないというのだ。私は、いつもの反論をくり返した。今回の交渉中にギリシャの流動性を減らすことほど政治的な行為はありませんよ。二〇一二年の夏、サマラス政権との交渉中には、ECBは流動性を増やしたじゃないですか。ドラギは、それは技術的な問題にすぎないと言って片づけようとした。ジェフが口を挟んで、誠意さえあれば、事故を防ぐ方法はあるはずです、と言った。ドラギの心は動かなかった。

そこで私は次の論点を挙げた。いくら何でもECBは、ギリシャのSMP国債で儲《もう》けた二〇億ユーロ近いカネを、こちらに引き渡すことはできるでしょう。これは二〇一四年にギリシャに返されるはずだったカネですよね。私はこの話をしながら、クーレを真正面から見つめた。クーレがこの主張に賛成なことを知っていたからだ。「今後数週間、IMFに対する返済期日が立て続けにやってきます。ギリシャは債務をちゃんと履行《りこう》すべきだと皆さんはお思いなのでしょう。でもそのカネはないのです。だから、これは真《ま》っ当《とう》な提案ですよね。そもそも私たちのカネなんですから」と、私は言った。

ドラギは、自分の権限ではSMP国債の利益の引き渡しはできないと言った。彼はこの利益を、ユーロ圏諸国の中央銀行に引き渡す義務があり、各国の中央銀行は各国の政府に引き渡す義務があり、各国政府がギリシャにこれを引き渡すのは、ユーログループで協定が結ばれてからだと述べた。

「全部分かってますよ、総裁。それでも、そのカネはうちのカネなのです」、と私は言った。ユーログループがいかに難解なルールをでっち上げようとも（それも、ヨーロッパ議会やEUの公式機関の承認を受けずにでっち上げたとしても）関係ありません、私はこれから二週間以内に、IMFに対する債務不履行《デフォルト》をしないで済むように、現実的な手段を模索《もさく》しているだけなのです。「状況は至極《しごく》単純です。私たちはトロイカの一部に、つまりIMFにカネを借りていますが、返すカネがありません。他方、トロイカの別の一部は、つまりECBは、ギリシャに同じぐらいの債務を、いわば負っているわけでしょう。論理的に言って、この二つは相殺《そうさい》されるじゃないですか」。私は債権団に対して、私を信じてギリシャのカネを渡してくれと言っているわけではない。ただ単に、トロイカがギリシャのカネだと認めたカネを、トロイカ自身に対する返済に使ってくれと言っているだけだ。「なんなら、そのカネをECBから各国中央銀行に送金し、そこから加盟国政府に送金し、直接IMFに送金してくださいよ。現実的で、論理的で、フェアな解決策でしょう」

「私には決められないんですよ。ユーログループ次第なのです」と、ドラギは言った。

今度はジェフが説得を試みた。「総裁。今までヤニスとあなたの議論を聞いていたんですがね、心配になってきたから言わせてもらいますよ。ヤニスはね、簡単に解決できる問題に対して、現実的な解決策を提案してるんです。でもあなたはそれを却下した。技術的な問題点があるならそれで結構なんですが、代替案は聞こえてきませんでしたよ」

ドラギ総裁は肩をすくめた。「解決策を提案するのは中央銀行の仕事ではないですよ。政治家の仕事ではありませんか」

部屋から出る時に、私はジェフに言った。「オレがこの問題を取り上げたら、政治家たちがどうするか、まあ見ていてくれ。たぶん彼らはECBに行けと言うか、ポール・トムセンに相談しろって言うぞ」。ジェフは信じられないといった表情で首を横に振った。

私は、ユーログループ会議部屋の入り口でセオカラキスに会った。ユーログループにおける私の補佐人だったフリアラキスが更迭《こうてつ》されて、その後任となった男だ。今度の会議はセオカラキスにとって、炎の洗礼となるだろう。だが部屋に入ってみると、私が座るはずの席の、その隣《となり》に座っていた人間は、ヨルゴス・フリアラキスだった！

セオカラキスと私は、フリアラキスに挨拶《あいさつ》をした。そして私たち三人は、各国の代表者やその助手たちが部屋に入ってくると、椅子に腰を下ろした。フリアラキスは、ユーログループにおいては代表者一人につき補佐人一人しか許されていないことを知っていた。ギリシャ新政権にとって最初のユーログループで、ドラガサキスの出席が許されたのは例外だったのだ。私は今になっても、この男が何を考えていたのか想像もできない。私が丁寧《ていねい》に、ギリシャ代表団の部屋でジェフ・サックスと一緒に待っていてくれないかとお願いすると、なんとフリアラキスは断ってきた。セオカラキスが自分の後任になったということを、うっかりヴィーザーに報告していなかったからだというのだ。私は言った。「心配するな、ヴィーザーとはオレが話をするよ」

その時、デイセルブルムが会議の開始を宣言した。彼の横に座っていたヴィーザーが、私たちのやり取りに気づいた。彼は付け入る隙《すき》を見逃すような男ではない。私たちのところまで歩いてきて、補佐人のうち、お一人は退出してくださいと言った。

フリアラキスは腹を立ててハアっと息を吐《つ》いたが、ついに立ち上がって退室した。フリアラキスが事務室で待たずに、まっすぐ空港に向かってアテネ行きの飛行機に乗ったということは、後になって知った。

三月九日のユーログループはまったく予想どおりの展開だった。さながら放火魔が自分が熾《おこ》した炎を見上げながら、大火事になったじゃないかと文句を言うかのように、トロイカの指導者たちは、自分たちで交渉を行き詰まらせておいて、それはギリシャのせいだという批難を、次から次へと繰《く》り出したのだ。私の番が来た。私はできるかぎりの低姿勢で、行き詰まりの二つの原因を説明した。一つはトロイカがまともな交渉に入るのを拒否したことだ。それは、私の債務スワップ案と、それによって可能となる脱緊縮を含めた交渉のことだ。もう一つは、彼らが（特にＩＭＦが）いわゆる使節団のアテネ復帰を（大臣たちと直接に「相談」できるようにするための復帰を）要求していることだ。私はこの場にいる財相たちに、私がデイセルブルムに対して交渉の開始を求める手紙を送ったことを、思い出してほしいと言った。そして、私がすでにドラギやクーレに提案した現実的な提案を活かしてほしい、はぐらかしやギリシャ政府の首を絞めるような行為はやめにしてほしいと強く求めて、話を締めくくった。

ドラギはまたもや、ECBは厳格な規則に従って運営されており、その業務を政治的なものにしてしまうような決定は行わないようにしているという主張をくり返した。私は穏やかに、しかし毅然《きぜん》としてそのウソを暴露《ばくろ》することにした。

現在の状況はある意味、二〇一二年の夏〔の状況〕に似ています。ギリシャに新政権が誕生し、プログラムが中断され、交渉についての交渉が行われ、ギリシャ政府は次から次へと返済期日に迫られています。しかし現在のECBは、ギリシャの前政権に対して二〇一二年にとったような行動を、私たちの政権に対してとることは拒否しています。いまドラギ総裁がなさった、ECBは政治から距離を置いているという主張は、事実に反しています。本当のところは、ECBの政策理事会のメンバーたちがまったく政治的な理由から毛嫌《けぎら》いしている政権に対して、ECBは偏《かたよ》った対応をしているに違いありません。これ以外に、現在のECBの行動に関する合理的な説明はありえません。

この主張に反駁《はんばく》できないようにするため、私は事実と数字を示した。私の視界の片隅に、マリオ・ドラギの不快そうな表情が映った。他方、ショイブレは嫌な顔をしていなかった。釣り鉤《ばり》に引っかかったECB総裁を逃してはなるものかと、私は続けた。

二月二〇日の合意前、総裁は私に言いました。ユーログループと暫定《ざんてい》合意さえ結べば、〔適格担保用件の〕適用除外《ウェイバー》は復活し、ギリシャの銀行の流動性は回復されますと。この約束は果たされていませんね。それだけではありませんよ。私たちがTB〔財務省短期証券〕の発行限度額を元に戻してほしいと要求した時には、総裁は誤解の余地のない言葉でこう言いましたよね。ギリシャの銀行以外にもTBの買い手がいるという証拠があれば、限度額は元に戻しますと。さて、当事者としてはっきりと申し上げますが、たった五日前に中国の投資家が一億ユーロ分〔約一三〇億円分〕のTBを購入しましたよ。それなのに、ギリシャの首を絞めている限度額は、ぜんぜん緩和されないじゃないですか。皆さん、細かい話を聞かされてうんざりでしょうが、こんな話をする理由はただ一つです。私たちが大変な努力をして成立させた二月二〇日の合意が、〔ECBによって〕台無しにされてい

wikimedia commons

マイケル・ヌーナン
(Michael Noonan)

るからです。おそらく〔財務大臣である〕皆さんとは何の関わりもないやり方で、ギリシャ政府には何の責任もないやり方で、台無しにされているからです。

ＥＣＢが政治的に動いているという非常に真剣な批判を、デイセルブルムはまともに取りあおうとせず、急いで議論を終わらせようと画策《かくさく》した。二日後にアテネで三機関との交渉を開始するという声明を、すぐに発表しませんかと提案してきたのだ。私は即座に、交渉の開始は歓迎するが、それはブリュッセルでやるべきだと答えた。デイセルブルムは、でも交渉担当者は、ギリシャの省庁でしか手に入らないデータが必要になるかもしれませんよと言い返した。私は、三機関の専門家がアテネに来て、データを集めて、ブリュッセルで交渉をしている両陣営にデータを提供するという話なら歓迎しますと答えた。その時、モスコヴィシが珍しく助け船を出してくれた。今日から二、三日で、私と彼の二人でこの問題を片づけましょうというのだ。おかげで、トロイカの復帰の受け容れという罠《わな》に嵌《は》まらなくて済んだ。

会議の後、アレクシスとの携帯メールのやりとりから判断すれば、彼も満足してくれたようだ。「これを成果とみなしましょう。二月二〇日の合意の線に沿って、ブリュッセルで政治的交渉を開始し、袋小路を突破するということです」。また彼は私に注意を促した。どうやらアイルランド財相のマイケル・ヌーナンが、バルファキスの更迭は近いと言ったそうだ。アレクシスのeメールには、「これは否定しましたよ」とあった。その後のeメールで、「おれには、先生の足下をすくうための債権団の計画を、あのアイルランド人が進めているように思えるんです。交渉相手としては、先生は手強いですからね」と、彼は付け加えた。

さらに別のeメールでアレクシスは、デイセルブルムが直《じか》に連絡してきたとメールしてきた。二日後の三月一一日の、トロイカのアテネ訪問を実現させるためだ。「ヤツは先生がこの件に賛成したと言っていました。パパスは、バルファキス先生が賛成するとはとても思えないと答えましたが」

私は答えた。「デイセルブルムは、アテネ訪問が実現しなかったらすべてがおしまいになるぞと脅してきたよ。オレは、そんな脅しは効かないと言い返してやった」

アレクシスはデイセルブルムの見え透《す》いた策略に腹を立てていた。「デイセルブルムは『疲れてきたから』交渉を打ち切るぞと、脅《おど》しをかけてきたんです。そこでパパスはあいつに、深呼吸してくれと言ったんです。歴史的な手続きは、まだ始まりにすぎませんよと。先生、立場が悪くなる前に、今日中にこの問題を片付けましょう」

彼の考えは分かった。交渉は必ずブリュッセルで行おう、何としてもトロイカのアテネ復帰を阻止しよう、ということだ。私は返信した。「アレクシ、心配無用だ。芽は早いうちに摘《つ》み取るよ」。そのためにはすぐに、モスコヴィシと話をしないといけない。だが、その前に予定が二つあった。

ジェフも絶句

ユーログループ会議直後の定例記者会見では、デイセルブルムが「二週間が無駄になった」と嘆《なげ》いてみせた。ギリシャの遅延行為のせいだと言っているのは明らかだった。私はギリシャ代表団の事務室に戻り、ジェフを呼んで、廊下《ろうか》を歩いてドイツ連邦共和国の事務室に向かった。

私のようなヨーロッパ統合主義者にとって、この廊下には美のようなものがある。この廊下沿いに、ヨーロッパ各国の事務室が並んでいるのだ。醜《みにく》い建物のなかの、何の変哲もない一フロアの廊下なのだが、この廊下が存在するという事実は、冗談抜きで、誇りに思うべきことだ。この時ジェフとニコラスを連れて私が向かっていたのは、ショイブレの事務室だ。何が起こるか恐ろしかったが、プランはあった。

これまでの経緯を思い起こし、私はマイク・タイソンが激動のキャリアの絶頂期に発した見事な言葉を思い出した。「誰もがプランを持っている、顔面にパンチをくらうまでは」。私のプランは、イタリアの財務大臣ピエール・カルロ・パドアンの助言からひらめいたものだった。彼とローマで会ったのは、わずか一か月前のことだ。パドアンはショイブレに対して、改革法案を一つ提案してください、それをイタリア国会で成立させますからと言って、相手の緊張を解いた。それを成功させて、ショイブレの信頼を得たのだ。「同じようにやってみたらどうですか」というのがパドアンの助言だった。

ショイブレは絶好調だった。「ギリシャの首相と閣僚の皆さんは、ギリシャ政府に対する私たちの信頼を、すっかりなくしてしまいましたね」、それが彼の最初の台詞《せりふ》だった。

私は心底びっくりした。「ショイブレさん、私たちが皆さんに信頼されたことなんて一度もありませんよ。ほかでもない急進左派連合のギリシャ政府なのですよ！　ありえないでしょう、皆さんが私たちを信頼するなんて？」あまりに率直な発言にショイブレは苦笑した。私は急いで付け加えた。
「でも、信じてください。私は、あなたの信頼と信用を獲得したいんです。これは本当なんです」。私は続けた。「問題は、その方法ですよね。ショイブレさん、私はあなたに嘘《うそ》は言いません。私の前の人間たちと違って、守れない約束や、守るつもりのない約束はしません。そんなことしたら、まったく逆効果になりますからね。私は、あなたの信頼を得る方法は、たった一つしか知りません。それは、難しい約束をすることです。ただしそれは、第一に私自身が守りたい約束、第二にあなたが私に守らせたい約束です。ここで私の提案を申し上げます。あなた方がギリシャに実行させたいと考えている、三つか四つの大きな改革を教えてください。もしその三つ四つの改革案に合意できれば、……それがギリシャの治療に役立ち、皆さんがお金を取り戻せる可能性を高めるということに合意できるならば、こちらからお願いすることは、たった一つだけです。四週間だけでも、流動性の締め付けをやめてください。その四週間のうちに、私は全力で、改革法案をギリシャ国会で成立させ、実施に移します。それが成功すれば、私を信用する材料ができるでしょう。失敗すれば、私たちを締め上げる計画を続行すればいいでしょう」

　ジェフには私の計画を説明していなかった。だがどうやらジェフはこの計画が気に入り、ショイブレの返答を、固唾《かたず》を呑んで待っているようだった。ショイブレの返答は、ジェフにとってはびっくりだったろう。「あなたと交渉するつもりはない。前に言ったように、三機関の方に行きなさい！」

「でも、ショイブレさん、時間がないのです。一、二週間のうちに、ギリシャはＩＭＦに対して債務不履行《デフォルト》しないといけなくなります。そうなると、誰もが計り知れない損害を被《こうむ》ることになるでしょう。三機関に行けとおっしゃいましたね。でも、三機関には、破滅を避けるためならどんなことでもやるという権限はありませんし、ユーロ圏内での堅実な協定をギリシャと結ぶ資格もありません。何でこんなことをあなたにお話ししているのかというと、このプロセスを頓挫《とんざ》させようとする力が働いているからなのです」

　ショイブレの表情は、無関心から関心へと変化した。これまでの経験から、彼の表情にこのような変化が見られたとしても、期待してはならないということは分かっていた。だが、その時の彼の返事は、予想を遥《はる》かに超えるものだった。「私は、どんな政権が成立しても、ギリシャがユーロ圏に留まることはできないと思いますよ」、そう彼は断言したのだ。

「メルケル首相も同じ見解ですか？」と私は尋《たず》ねた。

「彼女は違う考えです」と、彼は素《そ》っ気《け》なく答えた。

カネを取り返すということは、債権団にとって優先順位の低いことなのではないかと、私は疑いを持っていたのだが、ショイブレのおかげで疑いの余地はなくなった。ショイブレは、ドイツのカネが返ってこなくても構わないと考えているらしい。ギリシャのような国がユーロ圏を離脱すれば、新通貨は暴落する。ユーロ建ての債務はすでに持続不能なのに、ギリシャにとっての債務はさらに重くなる。

　ショイブレの爆弾発言によって、話し合いは終わった。どんな国家運営を行ってもギリシャはユーロ圏で生き残れないとショイブレが確信している以上、ギリシャの債務の相当部分を返済できる方法を探りましょうと言っても、もはや意味がない。メルケルが「違う考え」なら、グレグジットに関する議論もできない。また行き詰まりだ！

　次の話し合いに向けて部屋を出た。ジェフは髪を掻《か》きむしり、顔を歪《ゆが》めてこう言った。「わが耳を疑うよ。ショイブレは、人類が〔ヨーロッパで〕六〇年かけて築き上げてきたものを全部台無しにしようとしているんだが、本人はそれを分かっていないのか？[★1]」ギリシャの事務室に向かいながら、彼は怒りをぶちまけ続けた。「貧乏人のことはどうでもいいと彼らが考えるのは当然だとしてもだよ、大した額でもないカネのために、かなりの数の富裕層や権力者を激怒させる結果になりかねないってことを、彼らは分かっていないのか？」事務室に入った時も、彼の問いが頭から離れなかった。

　クラウス・レグリングが私たちを待っていた。ヴォルフガング・ショイブレがユーロ圏の救済基金（当初はEFSF、後にESM）の委員長に任命した男だ。彼のような役人には自由裁量権はほとんどなく、私たちの状況を変える権限はなかった。それでも彼が私に会いたいと言うので、礼儀として私は了承した。この機会を利用して、債務スワップに関する私のアイデアのなかで、救済基金の権限の範囲内でできそうなことをいくつか彼に提案できないかと、少しは期待もしていた。しかしすぐに、この長い長い一日の間に私と話をしたほかの誰と比べても、彼は解決策の議論をしたがらない人間だということが分かった。彼が熱く語ろうとしたのは、一四二〇億ユーロ〔約一八・五兆円〕の債務を負っているのは私だということだけだった。

　『払えないの？　払わないのよ！』というダリオ・フォー〔イタリアの劇作家〕の戯曲のタイトルを声に出して唱《とな》えるぐらいしか、返事のしようがなかった。そこで私は、倫理学のジレンマ問題を出した。「一、二週間でギリシャは資金が底を突きそうです。IMFへの返済と、年金や〔公務員の〕給与の支払いの、両方を履行することはできなくなりそうです。さあレグリングさん、あなたのアドバイスはどちらですか？　選択肢は二つに一つ、高齢者や社会的弱者への支払いを停止するか、IMFに対して債務不履行をするか、です。もちろん、

wikimedia commons

クラウス・レグリング
(Klaus Regling)

ECBが私たちに同じぐらいの債務を負っているので、無用なジレンマですけどね」

レグリングにとっては、考えるまでもない問題だ。「IMFに対する債務不履行は、絶対にしてはいけません。年金の支払いを停止してください。そうしなければなりません」。彼は、信念に満ちた顔でこう言い切った。

私は、たとえ年金生活者を全員飢《う》え死にさせても翌月以降のIMFやECBに対する返済は不可能ですよ、と指摘するのはやめて、代わりにこう言った。「今日は残念な日ですね。欧州安定メカニズムの責任者が、ギリシャの社会と経済を著しく不安定にするような行動をとれと、アドバイスしてくるわけですから」

忙しく不毛な一日は、グレグジットは避けられないというショイブレの声明で終止符を打たれた。ジェフは大いなる賛辞で私をねぎらってくれた。「君と、トムセンやドラギ、ショイブレ、レグリングとの話合いに同席させてもらって、これだけは言っておかないとね。僕は何十年もの間、債務国の政府と、IMFや米国政府、世界銀行などの債権団との会合に立ち会ってきたが、今回みたいな場面は一度も見たことがない。……どの話し合いでも君は積極的で、現実的な解決策に関するアイデアに満ちていた。しかし彼らは君のアイデアをことごとく却下した。本当にすぐれたアイデアなのに。しかも、自分たちからは何一つアイデアを出さなかったんだ。信じられないよ！」

トロイカを閉じ込める

私はアレクシスから明白な指示を受けていた。何事もなかったかのように、トロイカのアテネ復帰を認めてはならない。デイセルブルムの、トロイカのアテネ復帰が妨げられたらプロセスを終わりにしますよ、という脅しに屈してはならない。

私は微笑みながら、デイセルブルムの脅しを撥《は》ねつけた。「今重要なことは、協定成立の可能性を最大化するようなやり方で、交渉を始めることです。そのために、もう少しポジティブになりましょうよ。何しろ、私とモスコヴィシの間で正確な場所と手続きを決めましょうって、同意したじゃありませんか」

彼はしぶしぶ譲歩した。「いいでしょう、でも、二四時間以内には決めてほしいですね」

その朝のうちにブリュッセルで、私はピエール・モスコヴィシに会った。彼は、私たちがトロイカ復帰を拒否したことに、まったく共感していた。実際、トロイカの振る舞いは欧州委員会の役割を蔑《ないがし》ろにするもので、トロイカの手続きはギリシャだけではなく、欧州委員会にとっても屈辱的なものだという考えを、彼は改めて話してくれた。そして私たちは一五分以内に、理にかなった手続きについて合意した。債務再編、財政政策、そして改革方針に関する政治的交渉はブリュッセルで行う。大臣は、大臣やモスコヴィシとだけ交渉をする（欧州委員会委員は各国の大臣と同格である）。その間、副大臣や補佐役たちは隣の部屋で審議する。他方、三機関は自由にアテネに「専門家」を派遣し、現場でのデータ収集と事実確認を行う。彼らは、確認したい事実やデータに関してギリシャの「専門家」とだけ話をする。議論や政治的交渉はいっさいしない。彼らが集めた事実やデータはブリュッセルに送られ、政治的交渉を行っている人たちに手渡される。モスコヴィシはこの新たな手続きを、ブリュッセル・グループ（BG）と呼ぶことを提案した。ニコラス・セオカラキスは冗談半分に、それに「ビー・ジーズ（Bee Gees）」というあだ名を付けた〔ビー・ジーズは一九六三年にオーストラリアでレコードデビューした歌手グループ〕。

モスコヴィシと私はビージーズについて合意すると、トロイカの悪意あるメンバーが、私たちの合意を掘り崩そうとするのを、どうやって防ぐかについて話し合った。モスコヴィシは、ドラギとラガルドがこれに参加するまで、計画を秘密にしておくことが重要だと考えた。彼は、この計画が誰かに嗅《か》ぎつけられて、実行に移される前に葬《ほうむ》り去られることを恐れていたのだ（彼は名前を挙げなかったが、頭のなかの妨害者リストにはトマス・ヴィーザーとデクラン・コステロ、そしてもちろんポール・トムセンの名前は確実に入っているはずだ）。だから彼は、ドラギとラガルドを説得するまで沈黙《ちんもく》を守ってくれと言った。私は、アレクシス以外には誰にも話さないと約束した。すると彼は、二四時間以内に私のところに返事をすると約束した。デイセルブルムが新たに設定した締め切りの前、ということだ。

その日は緊張感でいっぱいだった。モスコヴィシと私はメッセージをやり取りし、新しい手続きを説明する共同声明を書いた。締め切りには間に合った。「ビー・ジーズ」を始動する準備ができたのだ。私はニコラス・セオカラキスに電話し、翌朝までに我が軍をブリュッセルに招集し、戦闘準備を整えるよう頼んだ。スピロス・サギアスにも電話をした。彼には、トロイカの専門家をアテネで受け容れる仕事を統括してもらうのだ。

サギアスの懸念《けねん》はもっともだった。アテネに到着するやいなや、トロイカの突撃隊員たちは従来のやり方を復活させようとするだろう。だがアレクシスは、彼らがおなじみの省庁に自由に立ち入ることを断固認めないハラだ。そこで政府は、アテネのヒルトン・ホテルのフロア一つを丸ごと押さえ、地下の会議場も予約して、トロイカの総司令部をそこに閉じ込めることにした。トロイカが求めれば、ギリシャの省庁の職員や専門家の方からヒルトンに出向く。データや事実に対する彼らの陰険《いんけん》な空腹感を満たすのに必要な文書ファイルやノートパソコン、ハードディスクなどもすべて持参するのだ。もっとも、それらのデータや事実は、私たちよりも彼らの方が先に知っていることばかりだ。私たちよりも彼らの方が、ギリシャの省庁をしっかりと支配していたからだ。

その「客人たち」がホテルに着いてから一二時間もたたずに、最初の小競《ぜ》りあいが起こった。ラガルドが私のオフィスに連絡してきて、ＩＭＦチームがアテネのヒルトン・ホテルに幽閉《ゆうへい》されてびっくりしている、安全面が心配だと言っている、と伝えてきたのだ。彼女が言うには、ギリシャ政府は警備員を一人も派遣していないそうだ。私は国家情報庁のルバティス長官に電話をかけて実情を把握《はあく》したうえで、すぐにラガルドに電話をかけ直した。すると彼女は下から聞いた話をくり返した。アテネにいる彼女の部下たちが、やはりセキュリティが不安だと言っているというのだ。私はルバティスに教わったとおり、約三〇〇人の私服警官とシークレット・サービスがヒルトン・ホテルを警備していると話した。そして、ＩＭＦのアテネ使節団のためにこれほど大々的な警備を提供したことは、いまだかつてありませんよ、と言った。ラガルドは驚いて、制服警官の方がいいというようなことを言った。「なぜですか」と私は尋《たず》ねたが、答えはなかった。トロイカの存在を誇示《こじ》することが理由ではなかろうか。車列を並べて、パトカー隊を護衛につけてサイレンを鳴り響かせなければ、ギリシャの人々は彼らが到着したことに気づくはずがない。やはり、トロイカはアテネにいて事態を掌握《しょうあく》しているということを、人々に見せつけたいのだとしか思えない。

アテネ入りしたトロイカチームは、私とモスコヴィシが合意した政治家と専門家の分離という原則を、初日から破ってきた。ギリシャの省庁に提出された書類には、次のような質問が含まれていたのだ。「ギリシャの人口動態に鑑《かんが》みて、年金基金の慢性的な赤字にどのように対処しようとしていますか？」見事な質問だ。これは事実を確認するためのものでも、ギリシャの状況を把握するためのものでもなく、政治的決定に関わる質問なのだ。また、トロイカチームがあまりに広範かつ膨大なデータを要求してきたので、その要求を満たすには大勢の公務員がとりかかっても何週間もかかりそうだった。

一方のブリュッセル・グループでは、政治的交渉はまったく進展しなかった。ユーロ圏ならではのたらい回しとペネロペの策略と、スウェーデン国歌をかき混ぜた強いカクテルのおかげだ［これらの比喩《ひゆ》については第11章を参照］。公正に言うなら、交渉がうまくいかないのはギリシャにも責任があった。ニコラス・セオカラキスが担った仕事は非常に厄介なものだった。ギリシャの混成チームは基本的に二つに分裂している。一方が私のチームで、エレナ・パナリティやラザールの職員、グレン・キムたちがメンバーだ。もう一方はフリアラキスと、彼より若いシリザの仲間たちだ。この混成チームを運営するのが、ニコラスに課せられた使命だった。フリアラキスと仲間たちは、私のチームとの協力を拒否し、遅れて会議にやってきて、大事なところで昼メシや晩メシを食いにいった。彼らはいつも、首相に直接意見できると思っている人間にありがちな傲慢《ごうまん》な態度を見せていた。ニコラスは私に「幼稚園の先生になった気がしたよ」と鬱憤《うっぷん》をぶちまけた。

それに引き替えトロイカは時間に正確で、調和がとれており、標的をしっかりと定めていた。彼らは何一つ内容のある提案をしなかった。彼らの関心事といえば、どうやって債務再編の議論を避けて通るかということしかなかった。ニコラスの報告によれば、グレン・キムが部屋に入った時、コステロが再び抵抗したそうだ。「債務免除を生業《なりわい》としている人間に、この部屋に入ってもらっては困る」というわけだ。もちろんニコラスは、人選はこちらの権限だといって押し通したが、そしたらコステロは見え透いた戦術をとってきた。フリアラキスと仲間たちには温厚で曖昧《あいまい》な態度をとり、グレンやニコラス、エレナに対しては冷淡で尊大な態度をとったのだ。それは古くさい分割統治戦略だった。

アテネでも、ギリシャ側の劣勢は明らかだった。トロイカが、ありもしない事実の確認を求めたり、すでに持っている膨大なデータを要求してきたのは、もちろん論外だ。しかし、こちらの省庁に応対能力がなかったことも事実だ。いくつかの省庁は、特に左派プラットフォームの管理下にある省庁は、これはぜんぶ茶番劇だと言って、いっさいの協力を拒否した。それはもっともなことなのだが、よくも悪くも政府の方針は、モスコヴィシと私の間の合意と、二月二〇日のユーログループ合意の枠内で、債権団に協力するということだ。これらの合意のなかでギリシャ側も、債権団と共通の基盤を築くために最大限の協力をすると約束していたのだ。アレクシスと戦時内閣が誠意をもって交渉すると約束した以上、債権団が約束を破ったからといって、こちらの非協力的態度が正当化されるわけではない。セオカラキスとサギアスと私は何人かの閣僚たちに、トロイカのデータ要求にはお願いだからしっかり対応してください、時間も守ってくださいと言いながら、時間をかけて談判をした。説得に失敗したこともしばしばだ。私たちは、問題の省庁からではなく、それに代わる外部の情報源からデータをもらったり、別の省庁の協力的な役人に頼んで回答をもらったりして対応した。

私たちの側にも不手際《ふてぎわ》はあったが、それが行き詰まりの原因でなかったことには、いささかの疑いもなかった。たとえブリュッセル・グループに派遣した私たちのチームやギリシャ国内の省庁が模範的な行動を示していたとしても、結果はまったく同じだっただろう。二〇一五年の春には、債権団はまったく交渉をしようとはしなかったのだから。彼らは何としても、反乱を起こした帝国領土に自分たちの権威を復活させ、ほかの属領《ぞくりょう》の民《たみ》が同じような考えを抱かないようにさせたかった。『ウォールストリート・ジャーナル』紙や『フィナンシャル・タイムズ』紙の解説では、ブリュッセルやアテネでは財政黒字目標や税率、行政改革などについて大きな見解の相違が見られるなどと書かれていたが、現実に起こっていたことは、一九世紀の大英帝国の砲艦外交と同じようなことだったのだ。

アレクシスとサギアス、パパスはこれを理解しているようだった。彼らは少しずつ、債務再編と緊縮策の終了という目標を諦《あきら》めようとしていた（それは私にとって大きな悩みの種だった）。だがこの段階では三人は、ギリシャの省庁が再び占拠されるのを防ぐために、断固たる行動をとる覚悟《かくご》でいた。サギアスはトロイカの専門家たちをヒルトンに閉じ込めるために尽力し、パパスは彼らを全員追放すると脅《おど》した。そして三月一五日にトロイカの専門家チームから年金に関する馬鹿馬鹿しい質問リストが届くと、アレクシスはついに叫んだ。

「いい加減にしろ！」

彼の怒りはもっともだった。その質問は、データや事実とはまったく無関係の、まったく政治的な質問だったのだ（「年金制度をどうやって持続可能なものにしますか、という趣旨の質問だった」）。こんな質問をされたら、ショイブレだって答えられないに違いない。ドイツのように成熟した金持ち国の政府でも、人口動態に関する困難を抱えながら、年金制度をどうやって長期的に持続可能なものにできるかという問いに、答えを出せていないのだ。そんな質問に、経験の浅いギリシャ政府が答えられるはずがない。ギリシャでは、政府は破産状態で、二世帯のうち一世帯は収入が得られる仕事に就いている人間がおらず、たった一つの年金に頼って生き伸びているのだ。お手上げ状態の社会保障局の職員たちにこんな質問を突きつけることによって、トロイカの専門家たちは職員たちの不誠実な行動を煽《あお》っていた。職員たちは、回答できませんと言えば非協力的だと批難されるが、回答しようとすれば、越権行為をせざるをえなくなるからだ。

三月一七日の、ユーログループ作業部会のテレビ会議が近付いてきた。そこでは交渉の「反省」をすることになっていた。アレクシスは私に命じた。ニコラスに対して、アテネにいるトロイカのチームはレッドラインを越えていると、会議ではっきり発言するよう指示してくれ、ということだ。誤解がないようにするため、私はアレクシスのオフィスでニコラスの発言の台本を書き、まずアレクシスに読んでもらい、承認をもらうことにした。彼は目を通すと、すぐにそれを承認してくれた。

テレビ会議はいつものような形で始まり、トロイカの代表たちがいつものように意見を表明した。まずコステロが喋《しゃべ》り、クーレが喋り、最後にトムセンが喋った。三人とも、予想どおりの台本を読み上げた。

ギリシャ側がスピードを上げてくれないと、四月中の協定成立はありえません……包括的なアプローチが必要です……仕事の密度を強化することが急務です……ギリシャの人たちには、以前の約束を尊重するだけでなく、ヨーロッパの規則も尊重してもらわないといけません……約束した協議手続きを、ギリシャ側が破ったとすれば、それは残念なことです……私たちは、ギリシャ政府が一方的な行動に出ようという誘惑に駆《か》られることを心配しています……人道的な措置《そち》とか、そのための新法とか言われるものが私たちの懸念事項です……手続きにはとても不満です……彼らは使節団を厄介《やっかい》者扱いしています……

しかしこのテレビ会議は結局、歴史的なものとなる！　彼らの話が終わると、議長のトマス・ヴィーザーは、ギリシャの代表がフリアラキスでなくて残念だと言った。ここでニコラスの番だ。アレクシスが私に書くように命じ、承認してくれた原稿を彼が読むのだ。まさに今やろうとしていることからの重圧のためか、彼の声はしばらく不安に揺れていた。彼は次のように述べた。

遺憾《いかん》ながら申し上げます。ギリシャ政府および首相の見解では、三機関の専門家チームのアテネでの振る舞いは、事実とデータを集めるだけだという合意に違反しています。チプラス首相はいま、交渉を最も高度な政治レベルへと引き上げました。解決策を見いだすのは、専門家レベルではなく、政治家レベルです。ユーログループ作業部会のレベルを、遥かに超えるレベルです。その意味で、このテレビ会議が何かの役に立つとは思えません。はっきりと申し上げますが、私にはこの場でこれ以上の発言をする権限はありません。

数秒間の沈黙があった。ヴィーザーは、あたかもニコラスの発言がなかったかのように、会議を続けようとした。ほかの人間たちも彼に加担して、ギリシャとの交渉に関する議論が進んでいるかのように取り繕《つくろ》おうと奇妙な抵抗をした。アレクシスと私の指示に従って、ニコラスはテレビ会議装置をオフにした。私たちは互いに顔を見合わせ、ニヤッと笑った。それは誇らしい瞬間だった。もちろん、その代償が高くつくことは百も承知だった。おなじみの情報漏洩《ろうえい》源は数時間以内に、私が知るヨーロッパ人のなかでも最も親しみやすく、教養があり、配慮がきいて、穏健で、高度の学問を修めた人物であるニコラスを、野蛮人、愚か者、ぶち壊し屋に仕立てて、マスコミを通じて罵詈雑言《ばりぞうごん》を流布し始めた。

その日のうちにデクラン・コステロは、私ではなくニコラスにeメールを送り、人道上の危機法案を議会に提出しないようにと警告してきた。法案審議に進む前に、彼自身やトマス・ヴィーザー、ポール・トムセンらに相談するよう「強く要求」してきたのだ。「そうでなければあなた方は、約束と違って一方的に、断片的に、ことを進めることになりますからね」、とも書かれていた。素晴らしい贈り物だった。これをきっかけとして、私はすぐに法案を成立させ、コステロのeメールを公開して、最も苦しんでいるギリシャの家族に対する緊急支援にトロイカが反対していることを、白日の下に晒《さら》すことにした。ギリシャや周辺国での抗議の声は、予想以上に大きなものだった。コステロは臍《ほぞ》を噛《か》んだに違いない。しかし、トロイカも教訓を摑《つか》んだ。彼らは二度と、自分たちの意図や性格を明らかにするようなことを、eメールや文書で送ってくることはなくなったのだ。少なくとも、六月下旬のある日、ギリシャにとどめを刺す準備ができるまでは。

翌朝、トロイカの専門家チームは空港に向かった。この数週間で初めて私は、ギリシャ政府がギリシャの人々のために、危機を終わらせるために考え抜いて策定したプランのもとで、ギリシャが一致団結できる可能性があるかもしれない、と感じた。だが、成功のためには、ドフギやメルケル、ラガルドに対しても、ニコラスが初めてのテレビ会議でやってくれたようなことを、全員がやる覚悟が必要だった。OFFボタンを押すという覚悟だ。

メルケルの魔法

シリザが野党だった数年間、アレクシスはドイツの首相を公然と批難していた。彼がメルケルを「マダム」とか「フラウ」などと皮肉ったジョークは、あらゆるマスコミの紙面を飾っていた。その頃、シリザは政権をとればすぐに、MOUを一方的に破棄し、債務を帳消しにし、画期的な政策を実施しますと約束していた。それは、ギリシャをユーロ圏とEUに留める、そのために新協定の交渉を行うという彼らの公約とは矛盾するものだった。特にアレクシスは、ヨーロッパ域外の大国が、なかでもロシアや中国、米国、イランなどがギリシャを助けてくれるだろう、ヨーロッパ域内の周縁国も何らかの形でドイツやメルケルを牽制《けんせい》してくれるだろう、という幻想を抱いていた。

　私は正反対の意見を何度も表明した。ヨーロッパの内でも外でも、ギリシャの味方になってくれる可能性のある人間たちのなかでいちばん期待できるのは、メルケルだと私は考えていたのだ。当然ながら、この意見はアレクシスや仲間たちを驚かせた。彼らは、フランスやイタリア、スペインなどにとってメルケルは共通の敵だから、私もそうした国々に着目するだろうと予想していたからだ。だが私は、ユーロ圏の赤字国は、たとえ心のなかでドイツに反旗《はんき》を翻《ひるがえ》したいと思っていたとしても、絶対にベルリンには逆らえないと確信していた。ギリシャにとっての成功の鍵は、アンゲラ・メルケルの（現状維持というちっちゃい意味での）保守主義と、構造破壊を避けたいという気持ちと、その結果としての、ユーロ圏をまとめたいという決意のなかにあるはずだ。★2

　二〇一〇年から二〇一四年にかけて、私はギリシャの政治家を次のように説得して回った。ギリシャのための債務再編と堅実な協定を実現するために、メルケル首相に介入してもらうためには、彼女にシンプルな選択肢を提示せねばなりません。メルケルさん、あなた自身が政治的代償を支払ってギリシャをユーロ圏から追い出すか、あるいはギリシャを強制労働収容所から救いだすか、二つに一つですと。ショイブレならば、ギリシャをユーロ圏から排除するチャンスがあればそれに飛びつくであろうが、メルケルは（消極的な理由からであれ）そんな方針はとらないだろうと私は確信していた。私は財務省を引き継いだ日から、ドイツの指導者から目を離すことはなかった。私たちが作った債務スワップ案や改革方針を、メルケルが自らの判断で、自分が考えたギリシャ危機の解決策だと言って連邦議会に提出するようなことがあれば、ギリシャ側の動きでこれを妨げることのないように、私は心を砕いた。メルケルに自分で考えた解決策だと言わせておくことが、堅実な協定ための必要条件だからだ。だがこれは十分条件ではない。そもそも私たちの提案を採用するように彼女を動機づけるためには、ショイブレとその仲間たちがグレグジットを迫っても、ギリシャには一歩も引かない覚悟が必要だった。そうして初めて、メルケル首相が介入してくる可能性が生まれるのだ。

ここがアレクシスと私との相違点だった。彼はメルケルをとても否定的にみていた。米国やロシアのような超大国が強制しないかぎり、けっして屈服しない強敵だとみなしていたのだ。しかし私が彼女のなかにみていたのは、万策《ばんさく》尽きれば最後には正しいことをする、現実的な政治家の姿だった。多くのギリシャ人と違って、私はメルケルを悪者扱いすることもなければ、自分のトクにもならないのにギリシャを助けてくれる人間だという期待もしていなかった。二月二〇日のユーログループ会議の前に彼女が有益な介入をしてくれたことで、私の予想は的中した。メルケルは、私たちが姿勢を変えないことが空恐ろしくなれば、最終最後、切羽《せっぱ》詰まった時に、介入するということだ。数週間後、彼女は有益な介入をもう一つ約束してくれたのだが、その約束はヴィーザーが私のアパートを訪問するという残念な形で果たされた。その時も、やはり私の予想は、別の意味で的中した。メルケル首相は、屈服せざるをえない時がくるまで絶対に屈服しないということだ。

だがアレクシスは、メルケルの振る舞いを違ったふうにみていた。それまで彼女を否定的にみていた分、二月二〇日の会議前に彼女が介入してくれたことは、彼にとっては大興奮するほどの驚きだったのだ。彼が期待を高ぶらせると、メルケルは思うがままにその期待を打ち砕き、アレクシスを不幸のどん底に沈めた。彼女はアレクシスの精神を高揚させ、意気消沈させ、そして再び持ち上げて、彼を弄《もてあそ》んだのだ。それは彼女にふさわしい所業だった。アレクシスに対する彼女の影響力を弱めようと、私は全力を尽くした。彼女の行動を分析し、まともな協定を結ぶための唯一の方法は、こちらがＯＦＦボタンを押すことも辞さないことを、いつも彼女に意識させることだと論じた。だがうまくいかなかった。四月に入るまでには、私はアレクシスがメルケルの魔法にかかっていたことを知った。

アレクシスはメルケルに簡単にやられたとお考えなら、それは間違いだ。彼が彼女になびいたのは、冷戦期の超大国からの支援が望めなくなってからだ。だが、アレクシスはもともとメルケルに批判的だったのだから、アレクシスを飼い慣らすためには、メルケルも心血を注ぐ必要があったはずだ。

一九四〇年代の激動の内戦によって、ギリシャの人々は分断され、ロシアと米国という二つの超大国に対する畏怖《いふ》の念を抱き続けることとなった。右派はアメリカ合衆国を、共産主義の赤い熊に対する防壁とみなした。一方左派は、政権をとればソ連が援助をしてくれると期待した。もちろん、シリザが政権をとった時にはソ連は消滅していたが、いまだにシリザの一派は新自由主義のトロイカと闘う時、ロシアが味方してくれると考えていた。相当数の人間が、ウラジーミル・プーチンが私たちの大義をオイルダラーで支援してくれるという幻想を抱いていたのだ。

アレクシスはどちらかと言えばそんな妄想《もうそう》を抱いていない方だったが、ロシアから一定の援助があると信じていたらしい。彼がそんな話をしてきた時には、私は全力で再考を迫った。「ロシアは中国とは違うんだ」、と私は言った。たとえプーチンがギリシャのパイプラインや国営企業にカネを出すと申し出てきても、断るべき理由が三つある。第一に、プーチンは安全な友人とはいえず、ロシア企業は長期投資をする能力も意欲もないことで有名だ。中国企業とは違うのだ。第二に、ロシアは経済的に困窮《こんきゅう》しており、大幅な支援をするといっても空《から》約束に終わるだろう。第三に、プーチン政権の人権問題は目を覆《おお》わざるをえない。私たちの政権を本当に支えてくれるのは、ヨーロッパの革新派《プログレッシブ》しかいないのに、ロシア政府と手を組むわけにはいかないだろう。

同じ頃、シリザと連立を組んでいる極右政党は正反対の考えを抱いていた。メルケルの支配から逃れるために、アメリカ合衆国の軍門に降《くだ》ろうというのだ。ある時、閣議の休憩中にカメノス国防相が私のところに歩いてきて、ドイツ人にやられてばかりではいけません、と言った。「大西洋の向こう側から数十億ドル〔数千億円〕のカネと、ＦＲＢとのスワップ協定をとってきてあげますよ。そしたら、痛い思いをせずにユーロから抜けられますよ」[★3]。私は微笑んで、懸命に心情を悟《さと》られないようにした。続けて彼は、それを考え出したのはウォール街にいるギリシャ系米国人の友人だから、一度会ってくださいと私に勧めてきた。これを聞いていたアレクシスも私に、ぜひこれを検討してくださいと言った。カネに困っている国の財務大臣として、あらゆる手を尽くすのが私の義務だ。私はこの話がインチキだと確信していたが、件《くだん》の紳士と私のオフィスで面会する一方で、ジェイミー・ガルブレイスに頼んで、ニューヨークにいる紳士の仕事仲間を訪ねてもらった。思ったとおり、カメノスがいう「ドルの生命線」は幽霊《ゆうれい》だった[★4]。ＦＲＢスワップも米国の援軍も妄想《もうそう》だということを私が確認し、それをアレクシスに報告した頃には、どうやらプーチンからもアレクシスに話があったようだ。ロシアからはカネを期待しないでくれ、それどころか、何の援助も期待しないでくれと。「ドイツ人と協定を結べ」と、プーチンは言った[★5]。

冷戦期の超大国のいずれからも支援を得られる見込みがな

くなり、アレクシスはメルケルのところに出向く以外にほとんど道がなくなった。こうしてアレクシスは、彼女の勤勉さと巧みな心理操作の影響を受けることになる。三月九日のユーログループ会議での無益な失敗をきっかけに、アレクシスはメルケルに電話をかけて、二回目の介入をお願いした。それに対してメルケルは、アレクシスが同僚たちに命じて、MOUのなかの合意できない点や代替案について詳しく注釈をつけるよう求めてきた。アレクシスはもちろん同意して、すぐに私に電話をかけてきて、文書を準備してくださいと言った。その夜、私は一人でオフィスに残り、一五か条のMOUと再び格闘した。それぞれの段落の下に、色つきの文字で、コメントを書いていった。緑色で、その段落のどの点になぜ賛成できるのかを記した。赤色で、異議を述べて説明を加えた。青色で、異議がある点に対する代案を示した。もともと四ページだった文書は、翌朝までに二七ページにまで膨らんだ。

三月二〇日、ユーログループ作業部会でセオカラキスがOFFのボタンを押してから三日後のことだ。EUサミットのためにアレクシスはブリュッセルにいた。メルケルは、公式晩餐会《ばんさん》の後で二人で会って、彼がその文書を説明したうえで、それについて議論しようと言ってきた。晩餐会が思ったより長引いて、夜の一二時近くなったので、アレクシスはサシでの話し合いのチャンスはなくなったと考えた。だが、そうではなかった。疲れ知らずのメルケルは、隣《となり》のセミナー室に彼を招いて数時間をかけて、文書中の各行の一言一句まで、そのニュアンスについても確認していったのだ。ついにそれが終わると、彼女はアレクシスが持ち込んだ文書に対して、おめでとうと言った。実は二回もおめでとうと言ってくれたのだと、アレクシスは満足げな表情で語ってくれた。彼女の祝福と仕事熱心ぶり、それに対ギリシャ・プログラムの細部まで熟知していたことは、アレクシスを驚嘆《きょうたん》させた。★6

彼に対するメルケルの影響力は着実に強くなった。彼女がとどめの一撃を刺そうと決めた時、その切《き》っ先《さき》は、アレクシスと私との間の絆《きずな》に向けられた。メルケルの提案はこうだ。ギリシャの人々はずいぶんショイブレのことがお嫌《きら》いのようですから、両国とも財相を外すことにしましょう（正確には、バルファキスとショイブレとを「相殺《そうさい》」しましょう、というのが彼女の言葉だった）、あなたと私とは水面下で合理的な協定を結びましょう、そのために第三レベルの交渉の場を確立しましょう、ブリュッセル・グループともユーログループとも違って、バルファキスもショイブレもいない交渉の場で、ユーログループではありえないような譲歩をお約束します。

アレクシスはこの考えが気に入った。そしてフランクフルトで両者の代理人どうしの秘密会議を行うことになった（代理人たちは、後にフランクフルト・グループと呼ばれるようになる）。メルケルは代理人として、欧州委員会のドイツ人職員であるマルティン・ゼルマイヤを選び、アレクシスはニコス・パパスを選んだ。そこには、ECBのマリオ・ドラギ総裁の代理人としてブノワ・クーレが加わり、IMFのクリスティーヌ・ラガルドの代理人として、神出鬼没《しんしゅつきぼつ》のポール・トムセンも加わった。フランクフルト・グループはユーログループと似たようなものだった。違いは、ショイブレと私とモスコヴィシが外《はず》されていたことぐらいだ。モスコヴィシに代えて、欧州委員会委員長のユンケルの代理人として、欧州委員会のフランス人職員であるリュック・トロニアが充《あ》てられた。

　フランクフルト・グループはあまり意味がないことが分かった。だが、狙《ねら》いどおりの重要な効果があった。アレクシスは、私がショイブレと「相殺」されることで、この会議の目的に大きく貢献《こうけん》してくれているとの確信を深めた（彼自身がそう言っていた）。だが、現実は、アンゲラ・メルケルが私を排除するのに成功しただけだった。見事な策略だった。私たちの陣営は亀裂《きれつ》を広げ、アレクシスは希望を膨《ふく》らませた。その希望を打ち砕くのがメルケルの意図だった。私とショイブレがひと括《くく》りにされたことによって、フランクフルト・グループが作られて一か月もたたないうちに、不気味な副作用が現れてきた。戦時内閣の皆が、今ではショイブレと私は、刺し違いにさせられた二人の戦士として、気持ちが通じあっていると考え始めたのだ。もともとはショイブレと刺し違えてくれてご苦労さんという賛辞が、五月の半ば頃には私に対する攻撃に変わった。私がショイブレと共謀《きょうぼう》して、両国首相の見えないところで絵を描いて、資本規制を導入してドイツをユーロ圏から切り離そうと企《たくら》んでいる、という噂《うわさ》が広まったのだ。

　そんな噂は、戦時内閣のなかでそれを積極的に応援する人間がいなければ、真《ま》に受ける人間などいなかったはずだ。だが実際には、応援があったというどころの話ではなかった。その噂が、国家の情報機関によるウソの報告に基づいていた（情報機関が噂を拡散した可能性もある）と知った時の、私の恐怖感を想像してほしい。

　「アレクシスはいつ変節《へんせつ》したのか」と、今でもよく聞かれる。自分でも満足いくように答えることは不可能なので、そのような質問には取りあわないことにしている。だが、他人が与えてくれる回答は、興味をもって聞くようにしている。そのなかに、ハッとさせられるような答えが一つあった。二〇一六年初頭、ダナエと私はもう一組のカップルと夕食をとっていた。映画監督とその妻だった。この問題についてパートナーたちが議論している時、それを監督と私はじっと聞いていたのだが、ついに彼は、端的に、それは二〇一五年の三月二三日だと答えた。あまりに厳密なので私は驚いて、なぜ日付まで分かるのかと聞いた。彼は映像作家らしくタブレット端末を取り出して、二枚の写真を示して説明してくれた。一枚目はベルリンへの最初の公式訪問で首相官邸に入る時のアレクシスで、ブリュッセルでメルケルと夜遅くまで話し合ってから数日後の写真だ。[★7] 落ち込んだ表情に見える。二枚目は、その数時間後、メルケルと一緒に建物を出る時の写真だ。儀仗兵《ぎじょうへい》が敬意を表している。アレクシスの表情は意気揚々としていた。

「官邸を出る時、彼はどんなふうに考えていたと思う?」と、友人が聞いた。

「全然分からんよ」

「さて、これからバルファキスのヤツをどうしてやろうか?そう考えてたんだよ」

13. レディと直談判
The right stuff, foiled

「革命なんてものが、破滅以外の何かをもたらしたことなんてありましたか?」

一九八〇年代のなかば、私が教えていたイースト・アングリア大学で、同僚の講師が私に投げかけた問いだ。エドマンド・バークの思想に影響された英国人の彼にとっては、真実と知恵に満ちた問いであり、答えを聞くまでもないものだったのだ。しかしギリシャ人にとっては、この問いはタワゴトだ。一八二一年の革命がなかったら、私の祖国は存在していなかっただろう。それはオスマン帝国に対する反乱だったが、成功の見込みはごくわずかであり、ギリシャの支配層の大部分はその頃、それを無謀だといって反対していたのだ。

毎年三月二五日、国内のどの村でも町でも大都市でもパレードが行われる。夢想家《ユートピアン》たちの信念に基づく蜂起《ほうき》を、ほとんど偶然に近代的なギリシャを誕生させた戦いを、祝福するためだ。正直言って私は、この手のパレードはちょっと軍国主義的で低俗なものだと思っていた。だが二〇一五年に入って、ギリシャの大部分の人々にとって一八二一年の反乱の精神は、新たな意味あいを持つようになったように思える。今年の春を告げたのは、野花とツバメだけではなかった。自尊心と尊厳《そんげん》とが、国じゅうで再び花開いた。米国やオーストラリアに在住するギリシャ人の間でも同様だった。だから、どこかのパレードに政府の代表として参加してほしいとアレクシスに頼まれた時、ハニアでのパレードに行かせてくれと答えた。そこは今年、クレタ島で最大のパレードが予定されている町だ。

私の両親の祖先の何人かがその島の住人だったという以外に、ほとんど繋《つな》がりはなかったものの、クレタ島は私にとって特別な場所だった。ダナエは(どういう意味であれ)私の性格がクレタ人的なものだと確信しているし、オーストラリアで生まれた私の娘は、一回しかクレタ島に来たことがないのに、シドニーの友人たちに、自分はクレタ人だと言っているのだ。脈絡《みゃくらく》はどうであれ、ダナエと私は、ハニアでのギリシャ革命記念日パレードに参加するのを楽しみにしていた。その日が来ると、私たちは地元役人の大集団と一緒にハニアの中心街へと歩み、ゆっくりと大テントへと向かった。そこで私は、クレタ大主教や市長、警察署長らの隣《となり》に立って、感動的な行進の様子を参観した。[★1] 地元の児童や警官隊、消防士、救急隊、革命当時の衣装を着た男女のグループが隊列を組んで歩いた。さらに、クレタ戦の古参兵《こさん》五人が、孫たちに車椅子《くるまいす》を押《す》されて行進した。パレードが通過すると参加者たちは、政府の代表である私の方に向いて敬礼をした。それを見て私は、滑稽《こっけい》さを覚《おぼ》えると同時に、誇らしさでいっぱいになった。私の心のなかの無政府主義者《アナキスト》は、私に対してしきりに「おいおいお前、どうしちゃったんだよ」と叫《さけ》んでいた。しかし、私はこの一部始終を楽しんだことを素直に白状《はくじょう》せねばならない。やがて、私たちは戦争祈念碑《きねんひ》に花輪を供《そな》え、昼食が用意された軽食堂《タベルナ》へと、人混みのなかをゆっくりと歩いていった。

その間、人々が不安げに私の手を握りしめ、ハグをし、声援をくれた。人々のメッセージはただ一つ、「屈服するな！　降参するな！　後戻りするな！」であった。ふと、一人のジャーナリストが私たちの映像を撮っているのが見えた。高齢の女性が「交渉を決裂させろ！」というスローガンをくり返しているのが聞こえた。私は彼女のところで立ち止まり、その手をとって、レポーターの方に目線を送って、こう言った。「お分かりですね、これは団結が必要なことなのです。私たちだけではありません。みんなが一丸《いちがん》とならなければいけません」

「もちろん、私たちは支持しているわ！」と彼女は言った。「ええ、でも、決裂した後も、支持し続けてくださいね！」

期待したとおり、どのテレビ局でも、その夜の主なニュースにこの映像が使われた。債権団との本物の交渉はまだ始まっていなかったが、決裂か、降伏かが迫られる瞬間は近づいていた。数百万の人々が前者を求めていた。これについて、アレクシスは戦時内閣ですでに問題提起をしていた。「みんな決裂させろと言っていますが、その後になっても支持してくれるのでしょうか。それとも、決裂させたと言って批難されるのでしょうか」。それは重要な問題であり、公《おおやけ》の場で私はこれに対処したいと思っていたのだ。

その夜、アテネに戻ると、アレクシスと私は長電話をした。「おばあさんに、決裂した後も支持してくれって本当に言ったんですか？」と、彼が聞いた。

「言ったよ。人々にも覚悟《かくご》してもらわないといけないからね。何も心配するなと言うことは許されん。衝突が起こった時にも、人々に支持してもらいたければ、少しずつ現実を理解してもらう必要があるんだよ」

アレクシスは分かったと言ったが、不安になった人たちが銀行取り付けを起こすかもしれませんよ、と付け加えた。それは言うとおりだ。しかし私には、アレクシスがだんだん弱気になり、何とか時間稼ぎをしたがっているように思われた。

話題を変えて、ラリー・サマーズとの電話の内容を彼に話した。少し前にサマーズが電話をくれて、情報と具体的な助言を与えてくれた。IMFは緊縮のネジをきつく締《し》めるよう求める計画であり、彼らはギリシャの巨額なプライマリーバランス赤字が、国民所得の二%ないし五%に達すると主張するだろう、というのだ。それは馬鹿げた予測だ。それまでずっと、ギリシャ政府はプライマリーバランス黒字を出していたからだ。実際、二〇一五年夏にさまざまな出来事が起こった後も、この年度はプライマリーバランス赤字にならずに終わっている。

アレクシスは驚いて、サマーズに対する怒りを口にした。私は説明した。サマーズはIMFの立場を容認しているわけではないよ。彼が言っているのは、ほかにどんな譲歩《じょうほ》をしてもいいが、これ以上の緊縮策だけは絶対に受け容れてはならないということだ。オバマも、ルーも、IMFも、ウォール街やシティの銀行家たちも、誰もが緊縮策は残酷で、愚《おろ》かで、普通ではありえない懲罰《ちょうばつ》だと言っているんだからね。続けて私は言った。「サマーズさんのメッセージは単純だ。緊縮策だけは絶対に呑《の》んではいけないということだ。このことに関しては、世界最強の権力をもった人たちが、みんなオレたちに賛成なんだよ」

アレクシスは納得し、ホッとした様子だった。緊張をほぐすために一つ二つジョークを言って、電話を切った。

遅くなった。午前二時はゆうに過ぎていた。ダナエと私はソファーで少し寛《くつろ》いでから、寝室に向かった。彼女が、いまどんな気分かと聞いてきた。私が答えようとすると、彼女はスマートフォンを取り出して録画を始めた。「歴史的な瞬間だから」と彼女は言った。それ以来、彼女は何度もこんなふうに録画をした。私にはこれらのビデオを見るのは辛いことで、一回見ればもうたくさんだった。その夜、私はふとこう漏らした。「ダナエ、オレは孤独だよ。大臣の椅子に座って、一万四千人の職員のトップということになってはいるが、実際には一人なんだ。完全武装した強大な敵を前にしているのに、自分を守る小さな楯もない。まともな報道局もないから、私の小さなチームが取り組んでいるまともな政策を、きちんと世界に伝えることもできない。ヨーゼフ・ゲッベルス〔ナチスの宣伝大臣〕まがいのウソや歪曲《わいきょく》報道から、自分を守ることもできない」

この気持ちは強まるばかりだった。それを裏づける証拠も増える一方だった。

落ち込んで、熱狂し、バカをみる

三月末までに、ギリシャ政府がとっておいたカネはすべてIMFへの返済に使われた。二回目の救済融資協定によれば、およそ一五億ユーロ〔約一九五〇億円〕に上《のぼ》るこれらの返済には、欧州の救済基金やIMFから支払われるカネが充《あ》てられることになっていたが、もちろんその支払いは、私たちを兵糧《ひょうろう》攻めにするためにストップされた。ECBが私たちに返すはずの一九億ユーロ〔約二四七〇億円〕も止められているし、中国政府が私たちに提示した一五億ユーロ〔約一九五〇億円〕も阻止されている。ギリシャ財務省がIMFに返す一五億ユーロ〔約一九五〇億円〕を工面《くめん》しつつ、公務員や年金生活者に対する支払い義務を果たせているのは、まさに奇跡だ。これは、深刻な危機のさなかでも、ギリシャ政府が自分たちの資金でやりくりできていることを証明していた。贅沢《ぜいたく》な年金や公務員給与を支払うために、ヨーロッパ諸国に私が融資を求めているというあらゆる批難は、ナンセンスなのだ。

　だが、私たちは壁にぶつかっている。彼らが私たちに譲歩する意志があるのか、誠実な交渉のテーブルに着き、ギリシャの危機を終わらせるための真っ当な計画を議論するつもりはあるのか、私たちはそれを確かめるために債権団に丸《まる》一か月の時間を与えた。しかし彼らはわざと、そのテストに落第したのだ。ブリュッセル・グループが行き詰まったのは、彼らが私たちの提案をすべて却下しておきながら、自分たちから何も提案しなかったからだ。具体的な解決策や政策が書かれた紙切れ一枚も、私たちは受け取っていない。しかし、ギリシャのメディアをはじめ、主要メディアは「細心の準備がなされた」国際機関の提案に匹敵する、十分に練られた提案をギリシャ政府は提示していないと報じていた。彼らの報道と現実とのあまりのギャップに、私たちは夢遊病者のように破滅に向かって歩いているのだと、私は確信した。すぐにでも手を打たねばならない。降伏するか戦うかを決める時がきた。降参するか、さもなくば債務不履行《デフォルト》だ。

　手始めに、ユーログループや国際機関が交渉を拒否するかぎりは、IMFやECBへの支払いを続けるつもりはないことを表明する必要がある。四月三日、首相のオフィスで非公式の主要閣僚会議が開かれた。私はマキシモスに早めに着き、アレクシスに会って、いますぐに決断せねばならないと説得した。いますぐIMFに債務不履行を宣言するか、メルケルに電話して、私たちの降伏の条件を決めてもらうかだ。「アレクシス、ほかに選択肢はないぞ」と私ははっきり言った。「いまの膠着《こうちゃく》状態を引き延ばしても、ショイブレやヤツの取り巻きたちが有利になるだけだ。ヤツらはオレたちを消耗させて、ユーロ圏から押しだそうとしているんだぞ」

アレクシスは乗り気ではなかった。どんよりとした様子でいつものように、デフォルトはするが、今はその時ではありません、と言った。「批難合戦に負けるわけにはいきません……もう一度メルケルと話をしてみます……今、デフォルトはまずい」

批難合戦にはとっくに負けているんだよ、と私は切り返した。「アレクシス、新聞を読んでくれ。毎日毎日、オレたちがまともな提案を示せなかったと報じられてるんだぞ」。オレたちは十分に待ち、妥協の用意を示し、相手にも妥協の機会を与えた。そのせいで二月二〇日には多くの仲間の心が離れていった。それで、反応はどうだった？ ヤツらはたった数日で協定を破ったんだぞ。「一か月前のことだぞ、アレクシス。それ以来、ヤツらは要求をエスカレートさせてきた。メルケルは君に聞こえのいい約束をしたようだが、この間、何一つ手を打ってくれていない。今じゃなければ、いつデフォルトするんだい？」

やりとりはしばらく続いた。いつものように彼は、私の言うことすべてに賛成しつつも、しぶとく反対の結論を導いた。彼がゆっくりと、だるそうに話すので、気分はいっそう落ち込んでいっているように見えた。時間切れだ。彼のオフィスの向かいにある会議室に、閣僚たちが集まっている。会議が始まる前に、アレクシスにリフレッシュしてもらうため、彼のオフィスを後にして会議室に向かった。会議の議長は彼なのだが、彼の役割は、大臣たちに報告を行うことだけではない。彼らの精神を高揚《こうよう》させることなのだ。

私が席についてしばらくすると、アレクシスが入ってきた。少しは回復したようだった。いつものように彼は、会議の手始めに勢いよく状況説明を行ったが、いいニュースもなければ威勢《いせい》のいい行動宣言もなく、話の勢いはすぐにしぼんだ。交渉に関する状況分析はまったく先が見えず、彼が話を続けるにつれ、室内の空気は重くなっていった。彼が話を締《し》めくくる頃にはすっかり諦《あきら》めの空気が充満していた。続いて発言をした大臣は一人残らず憂鬱《ゆううつ》な声だった。発言を希望する者たちがひとしきり話し終えると、アレクシスが会議の総括を始めた。つかみのスピーチを終えた頃、彼はゆっくりと、控えめに、ほとんど落ち込んだ様子で、この状況がいかに困難で危険なものかを、語った。が、次第に、彼の言葉はスピードを増し、勢いを取り戻してきた。

皆さんが来る前に、私はオフィスで先生と話をしました。ＩＭＦに対してデフォルトをする時だと、先生は私を説得しようとしたのです。彼らはまったく妥協の素振《そぶ》りを見せない、経済的にも堅実で、政治的にも私たちが対応できるような、厄介《やっかい》でもまっとうな協定を結ぶ意欲はみられないと。そこで私は言いました。今はデフォルトすべき時ではないと。二月二〇日に返済猶予《ゆうよ》がなされたおかげで、まだ三か月の時間があるのだから、今そんなことをすると批難合戦に敗れることになると。ＩＭＦに対してデフォルトすれば、デフォルトの連鎖が起こり、ギリシャの銀行を閉鎖する口実をドラギに与えることになると。★2

「おいおい、オレが一言も発言していないのに、閣議でこの話を決着させるつもりか！」、と私は思った。

だがそれは大きな勘違《かんちが》いだった。芝居がかった小休止《ポーズ》の後、彼は話を続けた。その声はだんだんと自信を取り戻した。声だけではなく彼の全身にもエネルギーが充満してきた。驚いたことに、彼はこう言ったのだ。「しかし、同志たちよ。私は、先生の言うとおりだと思う。もうたくさんだ。我々はヤツらのルールで勝負してきた。ヤツらの手続きを受け容れた。妥協する意志を示し、控えめな態度をとってきた。しかし、ヤツらは時間稼ぎをして、交渉が遅れたのはお前らのせいだと言ってきた。ギリシャは今でも主権国家だ。私たちには、内閣には、はっきり声に出す義務があるのです。もうたくさんだと！」。そして彼は立ち上がり、私を指さして怒鳴《どな》った。「ただデフォルトするのではありません。飛行機でワシントンに飛び、直《じか》にあの女に会って、我々はＩＭＦに対してデフォルトすると言ってきてください！」

瞬《また》く間《ま》に室内に生気が蘇《よみがえ》った。閣僚たちは顔を見合わせて、おい聞いたかと囁《ささや》きあった。それが歴史的発言だということは、みんな理解していた。暗く重苦しい空気は、夏の日にさっとカーテンを開けた時のように消え去った。ほかの皆と同じように、いやそれ以上に、私は高揚《こうよう》感を覚えた。それは（無神論者の集団にもかかわらず）あたかも崇高《すうこう》な聖体拝領《せいたいはいりょう》のような瞬間だった。

私は、アレクシスと静かにハグをして、マキシモスを後にした。エフクリディスが一緒だった。彼も嬉しそうだった。行く方向が同じなので、バイクの後部座席に彼を乗せた。ヤマハＸＪＲに大臣が二人乗った写真が世界中に配信された。その夜、エフクリディスからテキスト・メッセージが届いた。「娘たちが羨《うらや》ましがっていたよ。あのバイクに乗りたいって」。嬉しい一日だった。

その夜は、スピロス・サギアスとともに数時間かけて、クリスティーヌ・ラガルドにプレゼンする法的議論の準備をした。スピロスは法律ノートにギリシャ語でメモをとり、私はノートパソコンにタイプをした。二人で少しずつ、ＩＭＦ専務理事に対する公式書簡の、ギリシャ語版と英語版を作成した。要点はこうだ。ギリシャ政府の見解として、第一にトロイカがギリシャのカネをギリシャに返さない間は、第二にＥＣＢがギリシャの流動性を減少させている間は、ＩＭＦはギリシャからの返済を期待しないでいただきたい。[★3]

その間、私の秘書が、クリスティーヌ・ラガルドのオフィスに連絡を試みていた。聖金曜日だったので、しばらく時間がかかった。[★4]アレクシスはすぐにワシントンＤＣに出発してくれと言った。復活祭《イースター》の日曜日には向こうに着けということだ。ラガルドのオフィスに繋《つな》がり、特別な事情でどうしても会って話がしたいと伝えると、彼女は復活祭の休暇を早めに切り上げて、日曜の午後遅めに彼女のオフィスで私に会ってくれるという話になった。

ミュンヘン経由でワシントンに向かう長時間のフライトでは、ＩＭＦの元ギリシャ代表だったタキス・ルメリオティスが一緒だった。彼は早くからギリシャに対するＩＭＦのプログラムに反対していた男だ。[★5]私の鞄《かばん》には公文書が忍ばせてあった。その文面に加えて私が口頭で、ＩＭＦに対する次回の返済は、つまり二〇一五年四月九日が期限の四億六二五〇万ユーロ〔約六〇一億円〕の返済は、ギリシャ財務省が履行することはできないと伝えるのだ。だが私は頭のなかで、ギリシャを蟻地獄から救出する最善の策として、この債務不履行《さいむふりこう》を活用する計画を練っていた。飛行機での長旅によって、数時間は自分だけの時間が作れたので、ある文書を書き直した。それは後に、ジェフ・サックスたちに手伝ってもらって、かのＭＯＵに対する我が財務省の建設的な代案となるものだ。まず債務不履行をし、すぐにギリシャに対する穏健かつ真っ当な計画に立ち戻る。債権団を動揺させて、悪循環を断ち切るには、この道しかなかった。

ロナルド・レーガン・ワシントン国立空港に到着すると、米国入国に必要な私のビザが切れていたことが分かった。本来ならもう一年は有効なはずだったが、ギリシャの選挙に出るさいにテキサス大学を辞職したためだ。もちろん、私がギリシャの大臣で、二時間後にはＩＭＦのトップに会い、翌日は米国財務省とホワイトハウスで予定があるからと言っても、それは入国管理官にはまったく通用しなかった。入国検問所で、ほかの外国人と一緒にオンラインで入国手続きを行わねばならなかったのだ。面倒だったが、米国の入国管理局の平等主義を、いささか嬉しく思った。

入国手続きで余計な時間を使ったので、携帯電話をオンにするのが遅れた。思えば、そのおかげで私はしばらくの間、精神の平和を維持できていたのだ。スイッチを入れると、アレクシスから簡潔に「電話ください」とのテキスト・メッセージが入っていた。当然すぐに電話した。

「ヤニさん、おれたちはデフォルトしないことに決めました。今のところは」

仰天《ぎょうてん》して私は尋《たず》ねた。「おれたちって誰だ？　デフォルトしないと決めたオレたちって、いったい誰なんだ？」

ためらいがちにアレクシスが答えた。「おれと、サギアスと、ドラガサキス……おれたちは復活祭までは、そういう動きはよそうと決めたのです」

「話してくれてありがとう」と私は答えたが、頭に来たし、落ち込んだ。できるかぎり冷静で客観的な声で、こう聞いた。「そしたら、オレは今からどうしようか。同じ飛行機で帰ろうか？　今からラガルドに会う理由もないだろう」

「いや、会ってきてください。話し合ったとおりにやってきてください。あそこへ行って、あのレディにデフォルトすると言ってきてください」

こんなアホな話は聞いたことがない。聞き間違えたのかなと思った。確認が必要だ。「どういう意味だい？　君たちがデフォルトしないと決めたのに、彼女にデフォルトすると言うのかい？」

アレクシスは「そうです」と言う。「彼女を不安にさせて、ドラギに電話せずにはいられなくする。流動性の引き締めをドラギにやめさせるのです。そうなったらこちらから、ＩＭＦに対してデフォルトしないと宣言するのです」

アドレナリンが私の体内で沸騰《ふっとう》し、疲れや時差ボケが吹っ飛んだ。憤《いきどお》りを抑えつつ私は聞いた。「それで、オレがＩＭＦをデフォルトで脅《おど》して、ラガルドが電話して、それでもドラギが流動性の締め付けをやめなかったらどうするんだい？　なあ、どうするんだい？」

「彼らは折れますよ。ヤニさん、きっと折れますよ」。根拠なき楽観論だった。

「だから、折れなかったらどうするんだい？　ダビデが小さな石投げ器を片手に、ゴリアテに立ち向かう時、その石投げ器を粗末《そまつ》にするのはアホだと思わないか？　オレたちの石投げ器はデフォルトなんだぞ。それを使うつもりなら、大事にするべきだよ。だって、デフォルトをするぞと脅しても、ハッタリだと見抜かれたら終わりじゃないか。そしたらもう金輪際《こんりんざい》、ハッタリは通用しなくなるんだぞ。アレクシス、オレたちはハッタリをかますには弱すぎるんだよ。君の財務大臣として、たった一つの武器を君が粗末にするのを、オレには見過ごすことはできない。君がデフォルトするなと言ったすぐ後に、ラガルドにデフォルトするとは言えないよ」

「デフォルトすると言うのです。これは首相の命令だと理解してください」

アレクシスが地位を振りかざして私に命令したのは初めて

だ。それも、切り札をみすみすフイにするための命令だ。携帯の電源を切った時、それは耐えがたく熱く重く感じられた。ルメリオティスがターミナルの出口を出て、大使館のスタッフに導かれて車を待っているのを見ると、喪失感《そうしつ》のせいか、彼との距離を感じた。この事実を知らず、私のなかで反響する疑問とも無縁の彼が羨《うらや》ましかった。私が飛行機に乗っている間に、サギアスとドラガサキスがアレクシスの考えを変えたのか？　私の提案を受け容れたと言って、マキシモスでアレクシスが雄弁な演説をぶったのはただの方便《ほうべん》で、デフォルトはすぐに撤回《てっかい》するつもりだったのか？　世界最強の金融機関に対して、軽々しく虚仮威《こけおど》しを決め込む首相に、どうやって仕えてゆけばいいのか？

車が走り出した時、私は頭のなかの雑音をどうにか静めなければと思った。マキシモスで何が起こっているかという、答えようのない疑問は後にしよう。本来なら空っぽのはずのIMF本部で、クリスティーヌ・ラガルドが待っている。私は首相の命令に従って、この建物に入り、私がやるべきだと信じ、しかし首相がやらないと言ったデフォルトの脅しを、彼女に突きつけるのだ。

レディは理解していた……

大臣の任期中に私が訪れた数々のオフィスのなかで唯一、IMFのクリスティーヌ・ラガルドの部屋だけが美的快楽を与えてくれるものだった。彼女自身も寛《くつろ》いでいて親切だった。だがさっきの馬鹿げた指示ですべてが損なわれた。足の裏にトゲが刺さっているようで、部屋に向かうまでの一歩一歩に痛みが走った。クリスティーヌと私の間には、何らかのコンセンサスが生まれる可能性はまだあると思っていた。だが、彼女の側にポール・トムセンがいたので、その希望も消え去った。

まず私は、復活祭の日曜日にお邪魔して申し訳ないと言った。同時に、どうやってこちらの信用を損なうことなく、アレクシスの絶対的命令を遂行できるのかに頭を悩ませた。「私たちは誰も、負の歴史を作りたいとは思っていません」、私はこう切り出した。そして、債権団である彼らが、私たちをいかに難しい状況に追い込んでいるのかを納得させようとした。ギリシャの国民所得の一四・二一％という、心に刺さる数字が私の武器だった。これは新政権発足から三か月の間に、わが財務省がIMFにカネを返すだけのためにかき集めなければならなかった金額だ。[★6]ラガルドに対して私は言った。当方の超人的な返済の努力とECBの強情さを考えれば、

「四月九日頃には私たちは危険域に入ります。はっきり言えば、年金生活者や公務員たちと、ＩＭＦと、どちらの債務を踏み倒すかという究極の選択を迫られるでしょう。お分かりでしょう、こんなジレンマに直面した時、一国の政府というものは……」

ラガルドは私を助けるかのように口を挟《はさ》んだ。「ええ、考えるまでもありません」

彼女の名誉のために言えば、このジレンマにどう対処すべきかという場合、このＩＭＦ専務理事の見方は、クラウス・レグリングのとは正反対だった。三月九日のユーログループ会議の後にジェフと私が、あの男と面会した時のことを思い出してほしい。もちろん、私がもう一押し、あなたがもし一人の財務大臣としてこの問題に直面したとしたら、いったいどうしますかと聞いた時には、彼女はそんな問題に直面しないようにします、と言って逃げてしまったのだが。

アテネからのメッセージを伝えるべき時だ。「アテネで、法律家からの助言を受けて、有力になりつつある議論を、お伝えいたします」。こう言って、サギアスと一緒に書いた手紙を読み上げた。要点は単純なものです、と言って私は説明を始めた。ギリシャと債権団は融資協定に拘束されています。融資協定が規定しているのは、第一に、（ギリシャから債権団への）返済スケジュール、第二に、（債権団からギリシャへの）資金返還スケジュール、そして第二に、この資金返還の行われる条件となる一連のコンディショナリティ（いわゆるＭＯＵ）です。総選挙の後、大きな動きが三つありました。第一に、資金返還が止められました。第二に、ＥＣＢがギリシャの流動性を締め付けました。第三に、二月二〇日のユーログループ合意の文脈で、コンディショナリティについての再交渉が行われています。したがって、再交渉によって新たなコンディショナリティが定められるまで、債権団からの資金返還だけでなく、ギリシャからの返済も中断されるべきです。何より、ギリシャの流動性を締め付けるために、ＥＣＢが権力を行使しているのですから。[★7]

ラガルドは速やかに、そつなく、しかし二月二〇日の合意の精神に抵触《ていしょく》する態度で答えた。もしギリシャが、コンディショナリティの再交渉が行われているという議論によって返済のモラトリアムを主張するなら、そもそもコンディショナリティについての再交渉など行われていないというのが、私の答えですと。[★8] 私は微笑んで尋ねた。コンディショナリティについての交渉でなければ、いったい私たちは何の交渉をしているのですか？　もちろん、答えは曖昧《あいまい》だった。「ＭＯＵと、あなた方の公約とを合致させる交渉でしょう」

この問題に決着をつける裁判をしているわけではないので、これ以上はどうにもできず、アレクシスが命令した台詞《せりふ》を言うほかなくなった。「私にはあなたと言い争いをする権限はありません。ただ、債権団が交渉を滞《とどこお》らせ、ＥＣＢがギリシャの流動性を制限し続けるなら、ＩＭＦに対する返済分を四日以内にデフォルトするでしょう」。本当にその行為に及ぶ意図があれば、もっと堂々とその言葉が言えたと思うが、そんなつもりがないので、違った姿勢をとらざるをえなかった。率直《そっちょく》に事情を説明して、ＩＭＦ専務理事を説得しようとしたのだ。

　私たちの話し合いは長時間に及び、内容は多岐《たき》にわたった。双方が相手の観点を理解しようと努めたので、話し合いは友好的で、建設的で、楽しかった。いつものような言い訳を言わせたくないので、彼女に私は最大の懸念《けねん》を伝えた。ユーログループの議論は、ブリュッセル・グループの交渉も含めて全部、ウソの看板の下で行われています。ギリシャの経済回復とか、ユーロ圏内での持続可能性などというものは、まやかしにすぎないのです、と。この点を納得させるために、ヴォルフガング・ショイブレとの会話の内容を伝えた。私は重要な改革法案を三つ四つ提案して、一緒にこれを策定しようと言ったのだが、ショイブレは、ギリシャをユーロ圏内に留めることができる政権はギリシャには存在しえないという考えから、この考えを却下したのだ。

　私は彼女に嘆願《たんがん》した。「ラガルドさん、分かるでしょう、私たちは、みんなの目的が一致しているという証拠が欲しいのです。ギリシャがユーロ圏に留まれるための包括的な解決策を、みんなが求めているという証拠が欲しいのです。私たちは、みんなが同じ目的だという確信が持てないのです」

「それは政治的に、ですか？」と彼女が聞いた。懸念が顔に表れていた。

「そうです、政治的に」と私は答えた。「ユーログループの席についている誰もが「事故」を避けたいと願っているという証拠を、強く望んでいます。私の誤解ならよいのですが、けっして誤解とも言い切れないように思うのです。過半数が、むしろ事故を望んでいるように思えます。私たちは妥協の用意があります。でもＭＯＵに署名をするという意味で、妥協させられて終わるつもりはありません。あのＭＯＵは執行できないし、執行しても意味がないと思っているからです」

「どういう意味ですか、執行できないとは？」

　緊縮策の世界記録をすでに打ち立てた国にとって、さらなる緊縮策がいかに破壊的なものとなるのかを、私は説明した。ギリシャは債務と所得の比率でも、世界記録を突破することでしょう。緊縮策を強め、ギリシャに債務再編が必要なことを無視し続ければ、数学的にも確実に、この国はユーロ圏から追い出されるか、脱落することでしょう。

　私は横目で、トムセンが視線を落として床を見つめているのを見た。パリでの初めての会合で彼が、私が言ったこと一《いち》言一句《ごんいっく》すべてに熱意をもって同意したのを思い出した。[★9] また、トムセンやトロイカの工作員たちが何度も私たちを、「イデオロギーに凝り固《こ》まっている」と言って批判していたのを思い出したので、トロイカの方がイデオロギーに凝り固まっているのだということを、例を挙げて説明した。「失業者のうち、失業給付を受け取ったのは九％しかいません。ギリシャはリバタリアンの夢の国なのです。六か月以上も給料を受け取っていない人々は五〇万人います。賃金労働の三分の一は無申告です。ＩＭＦがあちこちの国に持ち歩いている模範解答《テンプレート》は、ギリシャでは無意味なのです。なぜなら、私たちの最大の問題は、労働市場の硬直性ではないからです。最大の問題は、非公式《インフォーマル》な柔軟性の最悪の形、すなわち無申告の労働なのです。観光業がブームになっても、必要とされる総需要の増加が起こりません。六〇代で失業して、雇用されることもできず、社会保障にもアクセスできない人たちがいます。そういう人たちを年金制度に含めるかどうかという、切迫した問題もあります。私が話をしたいのは、そういう問題なのです」

ラガルドはまったく融和《ゆうわ》的な態度で、「私たちもそうした問題を話し合いたいと思います」と言った。だがそこにトムセンが割り込んで、そういう話はしないと言った。彼は、現在の交渉の「手続き」へと話を引き戻すつもりだ。予想どおりトムセンは言った。「問題は手続きです。合意に達することは可能です。あなた方が私たちに協力してくれるというなら、私にはトンネルの向こうに光が見えます。今のプログラムのどこが気に入らないのか仰《おっしゃ》ってください」

私は、メルケル首相がすでにアレクシスに対して、まさにそのような文書を求めたことを話した。そして、私自らが、色つきで合意点や合意できない点、そして私たちの対案をまとめた二七ページの文書を作成したことを説明した。さらに、アレクシスとメルケルが夜遅くに会って、この文書をめぐって議論したことも伝えた。

「彼女は見事です」、と私は言った。

「首相のことですか」とラガルドが聞いた。

「そう、首相のことです」と私は答えた。

「私たちはみんな彼女が好きだわ」とラガルドが応じた。

そこで私はこう応じた。「では、物事を少し先に進めましょう！」

私はその文書を手渡した。トムセンはこの文書に満足げだった。目を通すと、「これはとても役に立つものです」と言い、「ＩＭＦには……包括的な措置についての合意が必要です」と付け加えた。

よろしい、と私は答えた。膝《ひざ》をつき合わせて包括的な長期計画を作ること、それ以上のことは求めていないと、私は伝えた。私たちは議論を一秒も引き延ばしたくなかった。私は言った。「私たちが真剣だということをギリシャの人々や国際機関に示す一方で、流動性の断崖絶壁は克服しましょう……改革を後押しするような法案を三つ用意して、二週間以内に国会を通過させましょう。そしてもちろん債務再編についても話し合いましょう。それなしでは、包括的な合意はありえません」

そこにラガルドが口を挟んだ。「もしかすると、あなたのアプローチが正解なのかもしれませんが、私は懐疑的です……。三つ四つの法案というアイデアを彼ら［ヨーロピアンたち］が気に入るとは、私には思えません。ショイブレさんがどう反応するでしょうか。むしろ私には「包括的に進める」［包括的な審査《レビュー》の手続きを受け容れる］方が、そしてあなたの決意を示す方がいいと思います」

ラガルドは説得できたようだったが、トムセンは納得しなかったようなので私は続けた。「ラガルドさん、まずすべてに合意してから、その後で改革とか、流動性の引き締めとかについて、何か具体的なことが実現できるだろうという考え方は、私には何と申しますか、解決策を見いだそうという意欲が欠けているように聞こえます……私たちの間には、つまりギリシャとＩＭＦとの間には、誠実さがあると私は確信しています。でも、ほかの機関の誠実さについては自信がありません。この私の思いを変えてほしいのです。ショイブレさんの立場が変わらないのが残念です。あなたが議論すべきなのは彼です。私ではありません。首相がメルケルさんに会いに行ったのもそのためです。彼らの善意を確認したかったのです」

彼女には確実に伝わった。それは、彼女がトムセンに向かって、「ギリシャが可決したいというこの三つ四つの法案に関して、［ギリシャの］政府の優先順位をメモしておいてくれない？　これと、包括的プロセスとの折りあいをつけることはできるかしら？」と聞いたからだ。

ラガルドが私の提案に肯定的《こうてい》で、ピッチからボールを蹴り出そうとしているのを見て、トムセンは不服そうだった。「もっと実務的な手続きに沿って、アテネで作業を始めるべきだと思います」と言って、彼のお好みのテーマに、つまりアテネにトロイカを復帰させるというテーマに引き戻そうとしたのだ。

今度は私が彼を挑発する番だ。「恐縮ながら、アテネにおけるあなたのお仲間の振る舞いは非道《ひど》いものです。二〇一〇年以来あなたがアテネにおける使節団長としてなさってきたことをマネして、キャリアを築こうとしておられる」

ラガルドは笑いながら、話を遮《さえぎ》った。「いえいえ……それには同意できません。私は自分のチームを支持します」と言いつつ、笑いをこらえられない様子だった。

私も笑いながら、「もちろんあなたは、ご自身のチームを支持しないといけません。私も、自分のチームを支持しないといけませんしね」と言った。

トムセンはおなじみのユーモアのない態度で、「話を戻しませんか……」と言った。

ただ、この時だけは、ラガルドが口を挟んだ。「スピードを上げることについて、よね」（交渉プロセスを加速することについて、という意味だ）

そこで私は、言うべきことを言った。「トムセンさん、あなたは包括的なプログラムの作業を進めようと仰《おっしゃ》っていますが、不都合な事実をお伝えします。ギリシャの持続可能性について私たちと話し合おうという人は誰もいませんし、ギリシャを持続可能にするために一肌《ひとはだ》脱ごうという人もいませんよ」

「その話がしたいのです」と、ラガルドが言った。

「アテネにいるＩＭＦの人たちも、ブリュッセル・グループにいるＩＭＦの人たちも、真面目な議論にはまったく関心がないのです」と私が答えた。

「なんだかケインズみたいな話しぶりですね」と、彼女は言った。

私はまた、笑いをこらえることができなかった。彼女の言葉には応《こた》えないことにして、私は話を続けた。「あなた方の仲間たちと話をしていると、なんだか、私たちをユーロ圏から追い出そうとしているのか、はたまた、私たちをゾンビ化したいと思っているのか、そんな印象を受けるのです。メルケルさんの立場は明確です。その場しのぎの弥縫策《びほうさく》です。私たちの破産状態を解決しないまま、私たちをユーロ圏に留まらせようというものです。ショイブレさんの立場はもっとはっきりしています。ユーロ圏内での問題解決を望んでいません。ギリシャをユーロ圏から追い出したいのです。私たちは、ほかのユーロ圏諸国を統制しようという、彼の試みの巻き添えになるだけです。これはヨーロッパにとっては大きな災いの種ですよ」

相槌《あいづち》がもらえない状態が数分続いた後、ラガルドはついに納得した。「ギリシャのような前例を作るのは、賢明ではありませんね」。トムセンやショイブレたちに影響されることなく、私の予感を認めたのだ。彼女と私は共通の土台に立った。

私は敬意を示すべく、言葉を継《つ》いだ。すると、次のように会話が続いた。

バルファキス：スピードを上げるのは結構ですが、流動性問題の解決策を見つけなければなりません……二週間後までにデフォルトしていないかどうかも分からないので、テーブルを囲んで、冴《さ》えたアタマで二〇二五年の計画を練ることも私には難しいのです。最後の一滴まで、流動性が尽きてしまうまでに、レビューが完了できると考えるのもおかしいでしょう。考えてもみてください。そもそも私が申し上げたように、ECBがSMPで儲《もう》けたカネをIMFに渡してくれていたら、ここで私たちが会う必要もなかったのです。流動性なくして前進なし。簡単なことです★10

ラガルド：ドラギさんを押してください。過去一〇日間で議論が加速されたことを、彼は評価しているのです。押してください

バルファキス：IMFからも押してくださいよ。ドラギさんがギリシャを締め上げ続けるかぎり、IMFのカネは返ってきませんよ

ラガルド：ずっとその話はしています。でも、彼自身が、自分のチームのヒアリングを受けて、自分で決断すべきことなのです

バルファキス：ラガルドさん、私はあなたからのプレッシャーも必要だと思います。こっちはやれるだけのことはやっています。でも、IMFへの返済が目前で、それを返そうとしたらギリシャ国民のカネを踏み倒さないといけないという状況です。だから、IMFも決断してください。あなたは返済猶予《モラトリアム》よりも検死解剖《ポストモーテム》の方がいいと思いますか？　ECBを説得して本来の仕事をさせる方がいいと思いませんか？　ECBは職務怠慢《たいまん》ですよ

ラガルド：でもECBは「最後の貸し手」ではありません。彼らはあなた方にもそう言っているでしょう

バルファキス：彼らは二〇一二年の七月に、サマラス政権に対して「最後の貸し手」として振る舞いました。政治的なECB総裁という汚名を着たくなければ、ドラギさんは同じルールを適用すべきです。私たちは特別扱いを求めているわけではありません

ギリシャがIMFに対してデフォルトするという事態を避けるには、どうすればよいか。素晴らしい議論は当たり前の結論にたどり着こうとしていた。私の話をまともに理解できる人物は彼女しかいない、こんな機会はめったにない、問題の核心を説明するのだ。

バルファキス：真面目《まじめ》な話をしましょう。皆さんは……ドラギさん、メルケルさん、そしてラガルドさんは、私たちにロードマップを示してください。ここにショイブレさんは含めません。だって、彼のロードマップがどこに向かうものかは分かってますから。そのうち奇跡が起

こってギリシャが健全になるという噂《うわさ》を信じて、どこか知らない場所へと彷徨《さまよ》ってゆくようなことは、私たちにはできません。私たちは期限を決めて、大人の議論をしないといけません。そして、四月一三日あたりには流動性の蛇口《じゃぐち》を開いてもらわないと。私はアテネに帰って、崖っぷちに追いやられる寸前に奇跡が起こると合意してきました、なんてことを閣議で報告できませんよ。交渉プロセスを再開するにも流動性が必要です。流動性の供給を伴うプロセスを、誰かが電話で約束してくれないと、仲間たちを元気づけることもできません

ラガルド：流動性再開のプロセスと、交渉プロセスの再開は、はっきり結びついていると

バルファキス：はい、でもそれ以上のものが必要です。タイムリーなプロセスになるという約束です

そこにトムセンが割り込んで、私を再び被告席に座らせた。「九日の返済をやめても解決策にはなりません。ヨーロッパのお仲間にそんな話をするつもりですか？」私とアレクシスとの最後の通話を傍受《ぼうじゅ》したわけではないだろうから、何気なくそう言ったのだろう。

「そんなことは言ってません」と私は答えた。

ラガルドが助け船を出した。「彼はそんなことは言ってませんよ」

そこで私は弁明した。「私が言ったのは、流動性の供給が受けられなかったら、自分たちの意志とは関係なく、デフォルトに追い込まれるだろうということです」

「大人の議論を」という私の要望について、ラガルドの方から提案があった。「大人の話し合いと言うなら、ジャーナリストの追っかけなし、駆け引きなし、アドリブなし、そういう話し合いでなければいけません。私たちは退屈な人間たちなのです。専門的で、退屈な話し合いをしましょう。これまで私たちにはそんな話し合いができませんでした。今からが始まりです。昼間でも、夜でも、週末でも構いませんし、場所はどこでも構いません。できれば全部アテネでやりたいと思います。でも視覚的な観点から［ギリシャの人々に与える印象という観点から］、一部をブリュッセルでやっても構いません。あなたのご提案は、あなたの改革リストよりももうちょっと浅くなくなれば［もう少し肉づけすれば、という意味だ］、当初案の目的にかなうものだと思います」

私たちは正しい道を進んでいる。その道をできるかぎり広くするために私は、小さな一歩から新たな協力関係を開始しようと提案した。アテネとブリュッセル・グループの両方で、今後はテーマ別に議論を分けましょう。一つの問題が行き詰まっても、ほかの問題での前進を妨《さまた》げないようにするのです、

と。ラガルドはこのアイデアをたいそう気に入り、トムセンも満足げだった。これは前進だ。答えについての共通理解はできなくとも、問題については共通理解の基盤を、私たちは築くことができたのだ。

真剣な議論をする初めてのチャンスが訪れた。私と彼らが、すぐにも必要だと考える改革とは何か、ラガルドに最初のコメントを求めた。

興奮気味に彼女が聞いた。「ええと、いいですか？　冗談みたいだし、些細《ささい》なことだと思われるかもしれませんが……」

「まさか薬局のことじゃないですよね！」と私が口を挟んだ。「薬局のことを仰りたいのですか？」

「そうですよ」と彼女が答えた。「『ウォールストリート・ジャーナル』であなたが薬局の弁護をしているのを読んで、不思議だと思ったのです。バルファキスさん、違うでしょ、と。ベビーフードとか化粧品について、彼らが独占しているのを、あなたが弁護しているのはおかしいと思ったのです。これは問題になると思います。私が財務大臣だった頃から問題だと思っていました。だから批判してきたのです」

私は耳を疑った。ギリシャの薬局に関するＩＭＦの執念《しゅうねん》は知っていた。薬局はたいてい小さな家族経営で、法律によって保護されており、薬剤師学校の卒業者しか薬局を経営できないようになっており、処方箋《しょほうせん》のいらない薬をスーパーマーケットで販売することも禁じられていた。しかし、取り組むべき問題はいろいろあるだろうに、ＩＭＦの専務理事ともあろう人物が、デフォルトの瀬戸際に立たされている国を相手に、ほかでもないこの問題を議論したいのか？　私は説明した。ベビーフードや化粧品を薬局が独占する状況はすでに終わっています。それに、私が反対しているのは、あれこれの商品に関する独占を終わらせることではありません、一社か二社の多国籍ドラッグストア・チェーンが家族経営の薬局を買い占めて、経営者を無産労働者《プロレタリアート》にしてしまうことです。

ラガルドは、この問題はもういいと言って、今度はギリシャにおける税金滞納《たいのう》分の分割払いという問題を提起した。人道危機法の一環として、ギリシャ市民の四〇％を納税制度に復帰させるために、毎月わずかずつでも納税することを認めたものだ。彼女はこれを「ショッキングだと思った」そうだ。★11

ラガルド：税金が払えない人と、税金を払わない人の区別もしないで、あなたがこんなふうに納税債務をリスケジュールする制度を導入したのには、信じられない思いでした

バルファキス：まず、金持ちが税金逃れをする手口を説明させてください。税金を課されると、彼らは税務当局を

裁判所に訴え、二〇二二年に裁判が行われるようにするんです。それまで彼らには手がつけられなくなるんですよ。そこで私たちが始めたのは、裁判外調停手続きを進めながら、少しずつでも税金を払う機会を与えることだったのです。そうやってやっと、わざと税金逃れをした者たちの財産を、取り上げることができるようになったのです

ラガルド：なるほど

バルファキス：でも、それは私たちの一方的な行動だから、撤回しろと命令されるのでしょうか。三〇〇〇ユーロ〔約三九万円〕に満たない国税を支払えない人々が、三六〇万人いるって話ですよ。彼らは少しずつでも税金を払って、フォーマルな経済に復帰したくてたまらない人たちですよ

ラガルド：でも、彼らの担税力《たんぜい》をチェックすることはできるでしょう……

バルファキス：うちの税務当局には三〇〇万人、四〇〇万人を短時間でチェックする能力はありません。だから、私たちがやろうとしているのは、人々の方から分割納税制度に参加してもらって、納税を再開してもらって、その後で、わざと税金逃れをする者たちに対応しようということなのです

今度は私が、本当に重要な改革とは何かを説明する番だ。これは彼女のアンテナがまったく感知していなかったことだ。だがこれから説明するように、彼女がそれを知らなかったということが、ギリシャ政府が直面している流動性の締め付けと密接に繋がっていたのだ。すべては、ギリシャの腐敗した銀行に関わることだ。「あなたはこの問題の当事者ではないと思いますが、トロイカが薬局や年金生活者を標的にする一方で、ギリシャの腐敗した銀行の肩を持った瞬間に、「改革」という言葉は汚《けが》れてしまったのです。そのうえ、ECBがこの腐った銀行と結託《けったく》して、人々が選んだ新政権に流動性を与えないようにし、最底辺の人々の年金カットを受け容れるように迫った。その時、ギリシャの誰もが、ECBにも、IMFにも、権威ある誰に対しても、反旗を翻《ひるがえ》すようになったのです」

ラガルドは驚いたようだった。私はギリシャの銀行家たちの手口を、自分たちが破産させた銀行を支配し続ける方法を、彼女に説明した（例のアリスやゾルバのことを思い出してほしい）。これはHFSF〔ギリシャ金融安定基金〕を支配するユーログループ作業部会が積極的に支援したものだ。この基金が銀行を生きながらえさせ、そして銀行家に説明責任を免《まぬが》れさせたのだ。私がこの話をしている間、トムセンは心臓発作でも起こしそうな様子だった。だがそれがすべてではない。銀

行家たちはECBから供給された流動性と、債権団の計《はか》らいで流し込まれた資金（最も弱い納税者に負担を負わせる資金）を用いてメディアを買収し、自分たちの息がかかっている政治家に有利なプロパガンダを拡散していたのだ。これが、大罪のトライアングルだ。

「民主主義を踏みにじる腐った銀行家たちとECBが懇《ねんご》ろになったのをみて、私たちはこれを、敵対行為だと判断しました」と、私は言った。「私は、ドラギさんがこのことを知っていると言っているのではありません。でも、私が知っているぐらいだから、ECBの誰かは知っているはずです。アテネにいる優秀なIMFの人たちも知っていると思います。きっとあなたには話していないでしょうが。こういう人間たちが、トロイカの手を借りて、破産した銀行やメディアを支配している。彼らの新規の借金は、底辺の人々の負担になる。人々の利益を損なうために、銀行もメディアも働いているのです。これをみたギリシャの人々が、IMFの言うことを信用すると思えますか？　私たちがあなたたちの言うとおりにすれば、人々は私たちのいうことを信用してくれるというのですか？」

私は続けた。「ラガルドさん、こんなことを続けてゆくことはできません。ギリシャにはつらすぎます。改革についての話はしたい。でもこの非常時に、ショイブレさんが『おまえとは話をしない』と言っている状況では、私は警鐘《けいしょう》を鳴らさざるをえません。これは、私たちが署名したヨーロッパではありませんと。私たちは根っからのヨーロッパ統合主義者です。ギリシャはユーロ圏に留まりたいのです。欧州連合が、関わりのある支配層の政党だけでなく、変わった世界観というか、世界観の違うヨーロッパ統合主義政党とも協力するという姿勢を示すならば、こんなに素晴らしいことはないと思います。私は、ギリシャの人々もこのプロセスに関われることを示したいのです。でも、今ギリシャの人々が見ているのは、IMFの職員たちが、寡頭支配層《オリガルヒ》の大罪のトライアングルと懇《ねんご》ろだということなのです。破産した銀行と、有害なテレビ局と、腐敗した政府調達という三角形です……」

ラガルドが心配そうな表情をしていた。本当に心配していたのだと思う。

ラガルド：でも、彼らがそういう関係だという証拠があるのなら、どうして追跡しないのですか？

バルファキス：彼らが全部のカードを握っているからです。マスコミは彼らの手先です。司法も無力ですし、腐敗している場合もあります。もちろん、こちらに不利でも追跡は行いますよ。ただこれも、ひと息つける時間が私たちには必要だという理由でもあるのです……テレビ局は、トロイカを拒否してギリシャを破滅に追いやろうとしているとして私たちを叩《たた》いている一方で、あなたと年金カットの話をしようとしていると言って私を批判しているのです。でも、勝つのは私たちだと思います。なぜって、私たちは人々に支持されていますから。ギリシャの大部分の人々を、テレビ局から切り離しました。これは大きな成果です。人々はもはやテレビの影響を受けていません。どれぐらいこの状態が続くかは分かりませんが。とにかく私たちに必要なのは、しばらくの平和と平穏です。提案したいのは、九〇日間の平和です……

ラガルド：それは可能でしょう？

バルファキス：そう願います

ラガルド：あなたがその意志を示せるよう、私たちも努力しましょう。協力します

その時トムセンは、ラガルドと彼の発言はいつも一致している、あなたは何か思い違いをしている、と主張した。「あなたが私から聞く話も、アテネに派遣した職員から聞く話も、IMF全職員の統一見解だと保証します」

我慢できずに私は言った。「そうですよね、IMFはカトリック教団みたいなものですからね！」

ラガルドはこのジョークにユーモアで答えた。組織としてはIMFの方が上だというのだ。

すでに日が暮れた。話をまとめるにあたって、ラガルドは私がマスコミに債務不履行《デフォルト》のことを伝えるつもりがないことを確かめたがったし、私は水責めの手を緩めさせるために何かしますと、ラガルドに約束させたかった。私たちはお互いを理解したものの、話を終えるまでに、もう一度だけ剣を交えないといけない。それは、礼を尽くして行われた。

ラガルド：デフォルトはギリシャにとっては災難でしょう

バルファキス：もちろんです。でも、IMFやヨーロッパにとっても災難ですよ

ラガルド：そう、そうです

バルファキス：IMFに対してデフォルトすれば、連鎖的なデフォルトが起こります。そうすればドラギさんはELA〔緊急流動性支援〕を拒否し、その結果、銀行は空っぽになります

ラガルド：その後には資本規制……

バルファキス：ラガルドさん、それは私たちには受け容れられません。これは政治的な決断です。もちろん悪夢です。夜も寝られません。でも、通貨同盟のなかで資本規制を受け容れることはできません。心構えはしておくべきですが

ラガルド：それはギリシャにとって災難でしょう。インフレーションのことも考えてください

バルファキス：なぜですか？　資本規制を課せられて、流動性にアクセスできないで、保護国のようになることが、よいことだとお考えですか？

言うべきことは全部言った。私は暇乞《いとまご》いをして立ち上がった。だがラガルドは私を引き止めて、こっそりと耳打ちした。大罪のトライアングルやギリシャの銀行家たちに関する私の話を聞いて、彼女は「驚愕《きょうがく》しました」と言ったのだ。「私は法律家です、だから理解したいのです……。とてもセンシティブなことでしょうが、私は何が起こっているか知りたいのです」。私は銀行を洗浄する腹案《ふくあん》を彼女に話した。その日私に同行していたルメリオティスを、HFSFの議長に指名するとともに、主要銀行に新しいCEOたちを送り込むのだ。[★12] 彼女は頷《うなず》いた。同意したかどうかはさておき、いま起こっていることと、私が計画していることを、彼女は明確に理解した。そして彼女は、低い声で言った。「ドラギさんには伝えます。結果は保証できませんが」。私がここに来た時の状況を考えれば、この言葉をもらったことは最高の成果だった。

別れ際《ぎわ》にラガルドは、私の仕事を台無しにするかもしれないギリシャ人たちの背景と活動を「洗ってみる」と約束してくれた。これも私をホッとさせてくれる、別れ際の贈り物だった。結局彼女は電話をくれなかったし、私もそれを期待していなかったが、大事なのは気持ちだ。

「貴重な復活祭の日曜日に時間をくださって、改めてお礼申し上げます」。最後にこう言って、私はここを後にした。

14. 残酷すぎる一か月

The cruellest month

翌日、私はギリシャへ飛んだ。一週間後にはオバマ大統領に近い人々を味方につけるべく、再びワシントンに向かう。[★1] ほんの一週間前、私は興奮と期待で天にも昇る気分だった。しかし、仲間への信頼感が損なわれ、そうした興奮も消え去っていた。

だから今回は、マキシモスに行ってアレクシスに状況報告をせねばならないと思うだけで、前回までの帰国時のような高揚感がまったく感じられなくなっていた。彼は私の言うことすべてに賛成するだろうが、きっと何の行動も起こさないだろう。私にはそれが目に見えていた。しかし、私が彼に伝えるべき事柄《ことがら》は、その分量も、重要性も、緊急性もあまりに大きい。ギリシャの運命を決める力を取り戻すための包括的な政策案の形で、状況報告を文章化することは私の使命だ、私はそう決心した。飛行機を降りる頃には、それはほぼ完成していた。私はそれを「*N*＋1計画」と呼ぶ。*N*とは実施すべき数多くの改革の数を意味するが、その数は柔軟である。他方、1は債務再編を意味する。これなしには、ほかのすべてが無意味だということだ。

アレクシスに会うと、私はぶっきらぼうに言った。「時間がないんだ。リガの会議まで二週間しかない〔四月二四日にラトビアの首都リガで、次回のユーログループ会議が開かれる〕。オレの今度のワシントン行きは決定的に重要なんだ。考え抜いたオレたちの政策案に基づいて行動を起こすか、……さもなければ一巻の終わりになるからな」。そう言いながら、私は状況報告書を手渡した。今後二週間の日々の行動計画を記したその文書を一目《ひとめ》見たアレクシスの目は、虚《うつ》ろだった。[★2] 彼にそれを実行する意欲も能力もなかったのは明らかだった。

残念だったが動じることなく私は財務省に戻り、自分のチームとともに最新の債務持続可能性分析と、債務スワップ提案の策定を進めた。四日間の苦しい作業の後、「*N*＋1計画」の改訂版は四月一四日に内閣で開かれる会合で発表できる状態になった。それはワシントンに飛ぶ前日だ。その会合で私は仲間たちに、時間はない、手元の「*N*＋1計画」が我々の最後のチャンスだと警告した。

降伏したくなければ、私たちは債権団にこう言わなければなりません。今後は、この計画が議論の唯一の基盤になるのです、と。この要求を裏付けるために、私たちは二つのことを断言せねばなりません。第一に、ドラギに対して、もし彼が資本規制に乗り出すならば、私たちは彼が抱え込んだSMP国債をこちらからヘアカットするとともに、国内では並行決済システムを始動すると宣言します。第二に、メルケルに対してこう言うのです。ギリシャをユーロから排除するというショイブレさんの案に圧倒されたのなら、私たちからはあなたにそれ以上お願いすべきことはありません、あなたが私たちに突きつける文書がどんなものであれ、署名する用意がありますよと。こうして、不本意ながらプランXに立ち戻り、これを私が話すとおりに完全に実施するわけです。それ以外の選択肢は唯一《ただ》つ……降伏です。

翌日、私は再びワシントンに飛んだ。おそらく、ギリシャ政府の規律が完全に破綻《はたん》したことを最も如実《にょじつ》に示したのは、フリアラキスが電話してきて、ブリュッセルに行ってトマス・ヴィーザーやその仲間たちと時間を過ごしたいと伝えてきたことだろう。わが経済諮問委員会の委員長として、私の米国行きに同行し、そこで開かれるIMF春期会合に出席するよう、私は彼に強く求めた。しかし彼がどうしてもブリュッセルに行くというので、私は諦《あきら》めた。議論しても無駄だった。それに、私がワシントンで何か解決できることが何かあるとしても、それはフリアラキスやヴィーザーのおかげでできるようなことではなく、彼らがいるにもかかわらず、できるようなことであろう。

ワシントンDCでの初日は、私にとってこの上なく充実したものだった。まず、米国の労働組合の中枢部である米国労働総同盟と産業別労働組合会議の事務所を訪れ、暖かく迎えられた。その委員長であるリッチ・トラムカは私に対し、ギリシャの試みが成功すれば、〔米国の〕民主党内での労働者たちの発言力が強まるだろうと言ってくれた。政策主任のデモン・シルバースは、いくつかの賢明な助言で私を勇気づけてくれた。「彼らはあなたたちのことを、道理の分からぬ奴らだと言って批難し続けるでしょう。あなた方を買収したり、脅《おど》したり、畏縮《いしゅく》させることは不可能だと悟るまではね。その時が来れば、彼らは交渉モードに入ります。たいていは夜遅くに」。トラムカがテーブル越しに私に示した紙切れには、こう書いてあった。「これまでに道理が分かる人間によって成し遂げられたことなど一つもない」

次は、たくさんのジャーナリストとの面会だ。「ギリシャ政府はプロパガンダ戦に敗れつつある」という、陰鬱《いんうつ》なメッセージを私は伝えねばならなかったのだ。トロイカは私たち（特に私）をイメージダウンさせるために、信じがたいほどの巨額の資金を投じていた。そのため、当方もブリュッセルにプロのロビイストや広告会社が必要になっていた。だが次の、クリスティーヌ・ラガルドやポール・トムセンとの面会のためにIMFのビルに向かう途上で、ふと私は思った。自分はアテネにまともな報道担当局を設置することさえ、できていないではないか。

ラガルドの事務室で彼女が、一週間前に合意したスピードでギリシャ側が仕事を進めていないのではと苦情を言うので、私はとても気まずい思いをさせられた。彼女の言うとおりだ。しかし、マキシモスの機能停止状態に対する私の憤懣《ふんまん》やるかたない心情を、彼女に話すわけにもいかない。短い面会だったが、彼女は重要な言葉をくれた。ヨーロッパはグレグジットを円滑に処理できないという私の考えに、ベルリンなどにいる多くの人々と違って、彼女は同意したというのだ。そして、この点とギリシャの流動性について、彼女はドラギと話をしたとのことだ。だがしかし、彼女は重ねて、何でもいいからお願いだから急いでくれと言う。これが私の力でどうにかなる問題だったら、どんなに幸いなことか。

次の目的地は由緒《ゆいしょ》あるブルッキングス研究所である。そこで私はギリシャ経済危機の原因と、それを終わらせるための私の提案について演説し、脚光を浴びることとなった。なぜなら、偶然にも数時間前に、ヴォルフガング・ショイブレがここで自身の政策を演説していたからだ。催《もよお》しの後、私を招いてくれた人たちは二つの演説を比較し、大胆な対比をもって批評してくれた。私の経済分析が水も漏《も》らさぬ厳密なもので、具体的な提案を含んでいたのに比べて、ショイブレの演説は一時間にわたって「あれもダメ、これもダメ」と言うだけの無内容なものであり、ヨーロッパを立て直すためのアイデアを一つも含んでいなかった、というのだ。もちろん彼らは私のホストだから、たぶん誇張《こちょう》もあったのだろう。ただ彼らは次の点だけは明確にしてくれた。彼らは、ショイブレへのもてなしは手厳《てきび》しいものとし、彼に同意できないことを率直に告げたということだ。

大統領、私の場合は違います！

ブルッキングス研究所を後にすると、護衛係たちは急遽《きゅうきょ》、私をホワイトハウスに連行した。オバマ大統領と少し話ができるチャンスがあるかもしれないというのだ。その日は四月一五日だった。オバマはギリシャ系米国人の人々を招いて、遅ればせながら、ギリシャの建国記念日（三月二五日）を祝福する。聞くところによれば、私がその祝賀会に出席すれば、大統領が非公式に私と話がしたいと言うだろう、とのことだった。

祝賀会の歓迎スピーチで大統領は、「この場にギリシャの財務大臣がおいでです」と言った。「私は彼に歩み寄って、少しお金を貸してくださいと言いたいところです」。このジョークは面白くなかったし、この場の状況も理想からかけ離れていた。だが、来賓《らいひん》たちが大勢いるなかでの大統領との立ち話は、これまで閉鎖的な部屋で高官たちと行ってきた議論よりも、遥かに重要なものとなった。

オバマ：私があなたを羨《うらや》ましいと思うことはまったくありません。苦しい状況のなかで、難しい仕事をなさっておられる。ですから、できるかぎり最善のやり方で、お力添えをしたいと思っています

バルファキス：ありがとうございます、大統領。ギリシャの選挙の後、私たちを支持してくださるという最初のご発言以来、窒息しそうなギリシャの人々にとって、また私たちにとって、あなたは新鮮な空気のような存在でした

オバマ：政権をとり、巨大な経済危機を引き継ぐということがどういうことか、私は理解しているつもりです。二〇〇九年の経済危機に、私も対処せねばなりませんでしたからね

バルファキス：周知のとおり、あれは一九二九年以来最大の危機でした。しかし大統領、ギリシャと米国の最大の違いは、米国には中央銀行があり、その都度《つど》あなたを支えてくれたということです。それに引き換え、私たちの中央銀行は私たちをその都度、背後から刺してくるのです。それというのも、あなたが二〇〇九年に実施したようなことを、私たちもやろうとしているからなのですよ

オバマ：分かります。でも、私自身も、とても苦しい仕事をせざるをえなかった、それはあなたも理解してください。私はあんなことはやりたくなかった。政治的にも致命傷になるような仕事でした。本来の私のポリシーに反して、ウォール街を救済せねばならなかったのです。問題を引き起こした人たちと、協力せねばならなかったのですよ

バルファキス：大統領、そのご苦労は私たちもよく存じあげています。どうか信じてください、私たちも危機を引

き起こした人たちと協力する心づもりをしています。バランスシートが黒字になるかぎりは、つまりメリットがデメリットを上回るかぎりは、そうすることの政治的なコストも引き受けます。返済不能な債務と緊縮策が一緒になれば、人道上の危機が生じるということは、きっとご存知でしょう

オバマ：知っています、知っていますとも。緊縮策は最悪です。ただ、関係機関との合意を確かなものにするためには、妥協も必要です

バルファキス：大統領、妥協して、妥協して、さらに妥協する用意はできています。でも最終最後、彼らに屈することだけはできません

wikimedia commons

バラク・オバマ
(Barack Hussein Obama)

その時、オバマは微笑《ほほえ》みを見せ、私の左腕に彼の好意的な右手を添えた。大統領の護衛係は、次の予定が迫っていることを彼に示唆した。彼は私の手を握り立ち去った。が、すぐに思い直したのか、こちらに戻ってきた。護衛係の苛立《いら》ちはこちらにも感じられた。

オバマ：お力添えとなるよう、私たちはヨーロッパの人たちに圧力をかけ続けます。でも、あなたは妥協的に対応してください

バルファキス：妥協以上のことをしますよ、大統領。私たちはすでに五分の四ぐらいまで彼らに歩み寄っています。でも、彼らはいっさい、歩み寄る姿勢を見せないのです

オバマ：試みを続けるしかありません。私たちは応援します

バルファキス：米国の財務省も応援してくれるというなら、有難いのですが。申し上げますが、ジャック・ルー長官が大統領の方針に従っていないことに、私たちは落胆しているのです。公式の声明で彼は、進歩が見られないのはギリシャのせいだと言っているのです

オバマ：「哄笑《こうしょう》して」お分かりでしょう。財務長官や財務大臣は上司より保守的なものなのです

バルファキス：「笑いそうになって」大統領、私たちの場合

は違います……しかし、米国の財務省も、もっと大統領に波長を合わせてくだされば有難《ありがた》いです

再び温かい握手と微笑みを残し、彼は去った。

私も行かねばならない。この近所にある、伝説的なコスモスクラブで、一五人ほどのギリシャ系米国人の政治家たちが集まり、私と夕食を共にする予定なのだ。この会合はジェイミー・ガルブレイスとフィル・アンゲリデスが主催してくれたものだ。アンゲリデスはカリフォルニア州の前出納《すいとう》局長で、二〇〇八年のウォール街破綻《はたん》を調査すべくオバマ大統領が招集した金融危機調査委員会の委員長だった人物だ。★3 私の政策目的や政策実施方法について、メディアが彼らに歪曲《わいきょく》して伝えていた事柄を改め、彼らを味方に付けるのには、一時間もかからなかった。最後には彼らはとても熱狂的になって、今夜はお開きだという前に、米国下院のなかでギリシャ政府への支援を統括する五人委員会を結成してくれた。★4

もう遅い時間だと思ったが、この長い一日はまだ終わらなかった。電話でＩＭＦのオフィスに呼び出され、翌日以降の会合の準備のために短い打ち合わせを行った。そこからホテルのバーまで歩いてゆき、ラリー・サマーズと飲んだ。この本の冒頭で紹介した、長く啓発的な会話はここで交わされたのだ。

思いもよらぬ米国の友人

労働組合の役員たちやギリシャ系米国人政治家たちが、私たちを支援し続けてくれたことは、当然に思われるかもしれない。しかし、私の弱ったエンジンを立て直すうえで、力を貸してくれたもう二人の米国人が、ギリシャの味方だと思った人は少ないだろう。一人はリー・ブックヘイトという破産処理を専門とするワシントンの辣腕《らつわん》弁護士であり、もう一人は、かのＩＭＦのナンバー2《ツー》であるデヴィッド・リプトンである。彼らと話をしたのは翌日の、遥かに著名な人たちとの中身のない会合の合間《あいま》であった。

私はジェイミー・ガルブレイスを伴《ともな》って、ブックヘイトのオフィスを訪れた。私は隠密《おんみつ》を貫《つらぬ》いた。なぜならブックヘイトは、債務再編を求める各国の財務大臣にとってのお助け屋という評判だったからだ。もしマスコミに嗅《か》ぎつけられたら、債務処理を狙《ねら》った単独行動だと書き立てられるだろう。たとえそれが事実だとしても、今はそんな見出しが出るべき時期ではない。私とジェイミーは裏口から入った。歩きながら私はジェイミーに、一時間にわたってマリオ・ドラギと交《か》わしたばかりの会話の概要を伝えた。ドラギは、シリザ政府転覆《てんぷく》の陰謀《いんぼう》に自分はいっさい加担していないということと、自分の「両手は縛《しば》られている」ことを、何とか私に納得させよう

と懸命だった。私は彼を信じた。だが、断固として彼は独立性を主張しているが、ECB総裁ほどに政治的陰謀に影響される中央銀行総裁は、ほかの西側諸国には存在しない。私はジェイミーに言った。「ドラギから、素晴らしいものが一つだけ得られた。それは彼の助言なのだが、IMFとの合意を模索《もさく》し続けるべきだと言うんだ。彼も債務削減の重要性に同意してくれたんだ。要は、IMFとの合意と密接な協力関係だけがギリシャの役に立つということだ」

リー・ブックヘイトは昔の紳士のような、極めて才気のある人物である。彼は、現在の話をする前に、過去のギリシャ政府との関係についてすべてを打ち明けたいと言った。それは、ギリシャを債務者の刑務所から解放する絶好の機会を台無しにするようなやり方で、自分の能力を使ってしまったというふうに彼が考えていたからだ[★5]。彼の話は率直だった。私たちの訪問を償《つぐな》いの機会と捉えていた。現在については、彼の分析は冷徹だった。「彼らは、おおかた中身のない脅迫《きょうはく》でもって、ギリシャを転覆させようという決意でいます」。彼の助言は鋭敏で明快だった。メルケル首相に対して、グレグジットの脅迫には絶対に屈しないという合図《サイン》を送るべきです。それがユーロ圏内でまともな合意に達する唯一の道なのです。それはまるで私が、自分の話を自分で聞いているかのようだった。

彼は、具体的な行動を二つ提案した。第一に、翌週のうちにチプラス首相は、グレグジットの脅迫を阻止するために、メルケル首相に申し入れをすべきだ。三機関があまりに非協力的なせいで、ますます非常事態が避けがたいものになっているので、指導的立場にある者の責任として、この事態に備えておくべきだと伝えるのだ。さらにチプラス首相からメルケル首相に、その力量と判断力を彼女が保証できるような専門家を三〜四人、ギリシャに送り込むよう要請する。そこで彼らはギリシャ側の専門家と共に、非常事態をどう処理するかについて、静かに、専門的に、非公開で検討するのだ。彼らはメルケルとチプラスだけに報告を行う。ブックヘイトの提案では、漏洩《ろうえい》を防ぐだけでなく、その象徴的な価値を高めるためにも、メッセージはベルリンに使者を送って口頭で伝え、文書はいっさい手渡さない。メルケルがショイブレのグレグジット路線の道連れになるか、ギリシャの生存に必要な最小限の債務再編を提案してくるかどうかは、まもなく明らかになるだろう。

ブックヘイトの二つめの提案は、ギリシャ中央銀行と、それが保有する金《きん》に関するものだ。

ギリシャの金準備の所有権はギリシャ中央銀行に残すのではなく、確実にギリシャ政府に移してください。なぜなら、ＥＣＢとの対決が起こった時、マリオ・ドラギ氏はギリシャの金と、ギリシャ中央銀行の全資産を、欧州中央銀行システムにおけるギリシャ中央銀行の負債のカタとして、差し押さえにくるでしょうから。もし新通貨の発行を強いられた場合には、新たな中央銀行を立ち上げ、既存の中央銀行は廃止しましょう。そうすれば、それに対するフランクフルト側の債権も、すべて消滅します。[★6]

　ブックヘイトの助言に考えをめぐらせながら、ジャック・ルーに面会すべく、米国財務省に向かった。オバマ大統領と話をしたことで、ルーとの会談から何らかの有用な成果が得られることを、少しは期待していた。しかし従前《じゅうぜん》の予想どおり、彼はドイツ政府に従うべきだと主張した。たとえ私の分析が正しかったとしても、米国側の考えでは、ギリシャはドイツの経済的な勢力範囲にあるのだと明言したのだ。うんざりするような彼との会話から私が得たプラス要素はただ一つ、ラガルドと同様、「ヨーロッパ人たちはグレグジットを処理できると勘違《かんちが》いしている」と、彼も認めていたということだけだった。[★7]

wikimedia commons

ジャック・ルー
(Jacob Joseph “Jack” Lew)

　ＩＭＦでは、次から次へと要領を得ない演説を行うために、各国の財務大臣やその代理人が集まっていた。その、これまたうんざりするような長々しい会合を終えて、私はジェフ・サックスに会った。悪いニュースが待っていた。彼が言うには、ショイブレはワシントンの有力者のほとんどを、私たちの敵側に付けることに成功したとのことだ。彼が特に心配していたのは、デヴィッド・リプトンが私たちに敵意を抱いたことだ。「今夜すぐに、彼に会うべきだ」とジェフは言った。彼の判断では、ＩＭＦとホワイトハウスの架け橋となっているリプトンと協力できなければ、マリオ・ドラギをこちらに引き寄せることも、メルケルを説得してショイブレよりも私たちの方に耳を貸すようにすることも、困難なのだ。「今夜、君がリプトンの部屋で、彼に会えるよう手配しておいたよ」

　その夜、ワシントンで働いていた頃からリプトンと知り合いだというエレナ・パナリティを連れて、彼に会うべく私は

ＩＭＦに戻った。リプトンはずんぐりした神経質そうな人物で、ジェフが言っていたとおり、私たちに対する敵意を隠そうとしなかった。一時間にわたって私がとことん筋を通して話をして、ようやく彼も穏やかになってきた。彼はジェフ・サックスとも話をしたという。実のところ、彼はジェフのかつての教え子で、サックス先生がバルファキスさんのことをとてもよく言っていたことが、とても印象的だったという。しかし、雰囲気はだいぶよくなったものの、話は行き詰まった。彼はＭＯＵに基づく包括的な審査が必要だというＩＭＦの基本路線を嫌というほどくり返し、それが無用の非常事態を避ける道だということを、嫌というほどくり返し私に説明した。その時突然、リプトンは驚きの言動をした。お説教をやめて、悟りでも開いたかのように私を見つめ、「ただし……」と言ったのだ。

「ただし？」と私は尋ねた。

「ただし、あなた方がポーランドの戦略を採用するならば……」と、彼は思慮《しりょ》深げに言った。

これがとっさに出た言葉なのか、前もって考えていたことなのかは私には分からない。それは問題ではない。これは大きな前進だった。彼の説明によれば、ポーランドの戦略とは単純なものだ。一九九〇年代、ポーランドが共産党政権の残した巨額の債務に苦しみ、ＩＭＦが要請を受けて緊縮策と構造改革と債務再編プログラムを実施した時、ポーランド政府はＭＯＵに基づくＩＭＦの手続きを拒否したのだった。「ギリシャが拒否しているのと同じようにね」、と彼は言った。ポーランドは、債務問題と財政政策と構造改革を包括する独自の計画をとりまとめ、交渉のたたき台だと言ってＩＭＦに提示したのだ。「私が知るかぎり、ＩＭＦが自らのプログラムを放棄して、債務国の政府が作ったプログラムをたたき台として受け容れざるをえなくなったのは、この時だけでした」。天井を見つめながらリプトンは言った。「ポーランドの戦略をとってみてはどうですか。何しろ、ポーランド政府がその案をまとめるのを手伝ったのは、サックス先生だったのですから」

私は二月二〇日に、ＭＯＵを廃して新たな契約を締結するべきだ、最低限私たちもその執筆者に加わるべきだと主張していた。しかし私が言うのと、ＩＭＦの米国人で、ラガルドの右腕で、しかもジェフのかつての教え子だという人物が、私に独自の提案を書くよう助言してくれるだけでなく、ポーランドの案をＩＭＦが採用した前例があると教えてくれたこととでは、まったく次元が異なる。これは二月二〇日以来、私を最も勇気づけてくれた前進だ。ブックヘイトの助言と合わせて、彼の言葉は勝利への戦略の礎《いしずえ》になるように思えた。「リプトンさん、このうえないご助言でした」と言って、出口の前で私は彼と握手をした。私はこう付け加えた。「サックスさんが私のホテルで待っているのです。戻ったらすぐに仕事にかかります」。リプトンは今回の話し合いのなかで初めて微笑みを見せ、幸運を祈ると言ってくれた。

ホテルのバーでジェフに会った。私たちはハグをし、私はリプトンの言葉を伝えた。ジェフは喜び、いまやっている仕事を全部後回しにして、ギリシャ版ポーランド戦略の策定のために全面的に協力すると言った。ただ、注意は忘れなかった。「しかし君は衝突に備えておくべきだな。彼らは君を脅すために銀行閉鎖までやりかねない。それに対する準備ができるように、チプラス首相としっかりタッグを組むように頼むよ。リプトンやドラギと協力関係が築けたとしても、ショイブレはユーログループをしっかりまとめているし、交渉のさなかにギリシャの銀行を閉鎖して、君を屈服させようという意志を固めているのだからね」

それはまさに私が考えていたことだ。リプトンの助言を活用するには、これをブックヘイトの助言と結びつける必要がある。二正面作戦というわけだ。MOUに対抗するギリシャ側の包括的提案を策定すると同時に、アレクシスを説得して、ブックヘイトのメッセージを伝える使節をベルリンへと派遣させるのだ。ほかに方法はない。とはいえ、この方法に、マキシモスの疲れ切った仲間たちが賛成するかどうかはまったく分からない。

パリにもトロイカを

翌日、四月一六日は、一日中がIMFでの会議だった。午前中の基調講演のセッションは、兵役《へいえき》に行ったような経験だった。長々しい退屈な演説のなか、ときおり突然に、力強いアジテーションを聞かされるのである。会議の間、ほとんど私は、ECBのナンバー2であるブノワ・クーレの横に座っていた。私たちは、いつ終わるともしれない講演を聴かずに、行儀の悪い学生のように話をしていた。彼はいつも友好的で、ECBのなかでは自分はギリシャの味方だとアピールしていた。だが彼は、表面的には心配してくれていたが、自分の言葉のなかに脅迫を込めていることを、隠せてはいなかった。会話のなかで、ふと彼はこう言ったのだ。「非常事態に備えないといけませんね」。彼の助言は、私が資本規制を要請すべきだというものだった。

「あなたの言う『非常事態』って、ECBが一二月から計画してきたあれのことですか?」と、私は皮肉っぽく聞いた。彼は怯《ひる》まなかった。「もし銀行取り付け騒ぎが起こって、もしECBがELAの流動性を増加させなかったら、交渉がまだ続いている最中《さなか》に、私たちは銀行を閉鎖しないといけなくなるかもしれません」
資本規制を要請して自ら墓穴を掘るような形で、私たちが協力すると期待するのは無理がある、そしてそれは根本的に通貨同盟の原則に違反している。そんなことを私が説明しているさなかに、フランス財務大臣のミシェル・サパンが私に近づいて、ギリシャと三機関との交渉や、ブリュッセル・グループに関して、何かニュースはありませんかと聞いてきた。ちょっとしたやりとりの後、彼は会議場の反対側の、ショイブレの隣の席に戻った。私とクーレは私語を再開した。その時、叫び声が聞こえた。クーレは心配そうな顔をした。

「何が起こったのですか」と私は彼に聞いた。私はクーレとの会話に夢中だったので、背後で起こっていることに気づかなかったのだ。

「サパンさんがショイブレさんを怒鳴《どな》りつけたんですよ」と彼は答えた。

「なぜ?」私には大声しか聞こえなかったが、私に対面していたクーレは、一部始終を見て、サパンが何を言ったのかも聞いていたらしい。

「なぜって、ショイブレさんが、パリにもトロイカが必要だと言ったからですよ」と、苦々しげに口角を上げて、彼は言った。

それはまったく筋が通っている。アテネで生まれ育ったトロイカは今、パリを標的にしている。なぜなら、彼らの究極の使命は、フランスの政府債務を規制することだからだ。ギリシャが強いられている過酷で誤った政策は、実はギリシャとは何の関係もなかった。サパンがショイブレを怒鳴りつけたその時に、クーレがギリシャの銀行を閉鎖すると伝えていたことは、実は私たちの銀行とは無関係だった。それはショイブレがフランス政府に送った合図《サイン》だったのだ。フランスがユーロを望むなら、財政赤字に関する主権を放棄せよというわけだ。そこには論理があった。ねじれた論理かもしれない、欧州連合に損害を与える論理かもしれないが、論理であることには違いがない。しかし疑問だったのは、「フランス人の」サパンやクーレが、ギリシャを屈服させる役割を演じながら、実際にはフランス政府を屈服させる工作に加担することになったのはなぜなのか、ということだ。

アテネに戻る途上、ワシントン空港でもう一人のフランス人である、ピエール・モスコヴィシと鉢《はち》合わせした。それぞれの飛行機の時間まで三〇分ほどしかなかったが、話をすることになった。「ドイツは問題児ですよ。それは、ギリシャに対してだけではない」と彼は言った。しかし彼はすぐに、「ショイブレの意に反して」ギリシャと債権団が協定を結ぶことは可能だと付け加えた。私は反論として、IMFと米国政府から自国に持ち帰るニュースの内容を知らせた。すなわち、米国政府とＥＣＢ、欧州委員会が合意に達しなければ、協定は成立しないということである。彼は同意した。私は、クーレがやりとりのなかで、交渉中に銀行閉鎖が起こる可能性をちらつかせていたことも話した。

「こんな、あやふやな会話の内容でも、アテネでは生存を脅《おびや》かす脅威と解釈されてしまいかねません」と私は言った。

「心配いりません」、と欧州委員会のメンバーであるモスコヴィシは答えた。「クーレさんは心配性なんです。それに、中央銀行マンですから、あらゆる非常事態に備えておきたいのでしょう。あなたのお言葉は、彼に伝えておきますよ」

私は彼の言葉に説得力を感じなかったが、次の週の再会を約束して別れを告げた。

アテネに戻ると、クーレから電話があった。ショイブレをサパンが怒鳴りつけたことで中断された会話を再開したかったようだ。ひょっとすると、モスコヴィシから彼に電話があったのかもしれない。私を安心させようというクーレの意志が感じられた。そこで私は彼に、銀行閉鎖を仄《ほの》めかしたことについての説明を求めた。そもそも、銀行の閉鎖は、自然現象やなんらかの事故によって起こるのではなく、彼が所属するＥＣＢの純然たる政治的決定の結果としてなされるものだと私は指摘した。

クーレ：そんなふうに言わないでください。適格担保が枯《こ》渇《かつ》すれば、銀行が閉鎖されることもあります

バルファキス：それはありえません。財務大臣である私が、銀行が発行する無価値な債務証書に毎週毎週、政府保証の署名をしているのです。それは数百億ユーロ〔約数兆円〕の金額です。銀行はそれを担保にギリシャ中央銀行からカネを受け取っているんですよ。銀行の適格担保が枯渇するのは、あなた方ＥＣＢがギリシャ中央銀行に対して、私の債務保証を受け容れることを禁止した場合だけです。そしてこれは百パーセント政治的な決定なのです。なぜなら、ギリシャ政府が債務保証する資格などないことは、私たちはみんな分かっているからです

クーレ：仰《おっしゃ》るとおりです。しかし中央銀行マンの一人として、私は政策理事会の三分の二がそういう決定をする可能性に備えておかないといけません★8

バルファキス：分かりました。ただこれだけは覚えておいてください。もしそんな事態になれば、私たちの政府は受け身でいるつもりもなければ、キプロス型の「解決策」を誰かが策定してくれるのを、口を開けて待っているつもりもありませんよ。あなた方がギリシャの銀行を閉鎖したら、私たちは独自のユーロ建ての通貨を発行します。税金の裏づけのある電子債務証書をベースにしてね。も

し私たちをそこまで追い詰めれば、ＩＭＦやＥＣＢに対するデフォルトは避けられませんし、遺憾《いかん》ながら、取り返しのつかない結果になるでしょう

クーレ：お話しくださってありがとうございます。それを知ることができてよかった。では、一つあなたにお約束させてください。もし事態が、私たちの意志に反して、そういう方向に動きそうに思われたら、前もってあなたにお知らせします。その時には、緊急の欧州理事会サミットの開催を要請し、最高レベルの政治的な判断を求めることにしてください

バルファキス：クーレさん、それを聞いてうれしく思います。この問題は私たちの職位のレベルを超えていますからね

確かにそうだ。その決断に関わるのはアレクシスなのだ。

リガでの不意打ち

四月二四日にラトビアのリガで開かれるユーログループ会議は、間違いなく終盤戦の始まりだ。私が出国するまで二日しかなかった。その間に私はアテネで、ワシントン訪問から生まれた戦略を採用するよう、アレクシスを説得せねばならない。その戦略とは、デヴィッド・リプトンが示唆したポーランドの戦略に沿ったギリシャのプランと、リー・ブックヘイトが提案したメルケル首相に対する手紙のことだ。私は提案を文章化したが、コピーがネットに流出しないよう注意した。アレクシスが受け取る唯一のコピーは、私がプリントアウトし、私自身が手渡すこととした。

まさしく懸念したとおりの面会となった。私は、ギリシャのプランを打ち出すべきだという考えを示した。するとアレクシスは、おなじみの憂鬱《ゆううつ》な表情で、「彼らはこれを開戦の理由にするんじゃないですか」と言った。ブックヘイトのアイデアについては検討しようとさえしなかった。私の提案書に数秒間目を通しただけで、それを脇に置き、「メルケルさんは加勢すると約束してくれましたから、今は、邪魔するようなことはやめときましょうよ」と言った。

「オレたちの方から信用に値する行動計画を提示して、先手を打って納得させないといけない。そうでなければ、彼女は君に何もしてくれないよ」と私は答えた。

「今はその時じゃないでしょう。とにかく明日リガに行っても、譲歩だけはしないでください。恐れずに、守りに徹してください。おれが明日の夜、改めてメルケルと話をして、首脳レベルの合意をめざしますから」

メルケルの魔法が効いていたのは明らかだ。もはや私とし

ては期待するしかなかった。アレクシスが、メルケルがやりたくもないことを、積極的にやる理由もないことを、彼女にやれと説得する気になってくれることを。

四月二四日のユーログループ会議は、ラトビアがＥＵ議長国になったことへの祝賀行事の一部であった。理屈上それはおおかた非公式のものであり、会議全体としても二時間以内の予定であった。ニコラス・セオカラキスと私がリガに向かう日、アレクシスは私たちに接触し、励《はげ》ましの言葉をくれた。「今回のユーログループは簡単ではないと思います。おおかた儀礼的な会議ですから、ギリシャのことはさほど話題にならないでしょう。とにかく、冷静を保って、一インチも彼らに譲歩しないでください」

厳選された短い言葉によって私の気持ちを高ぶらせるアレクシスの能力は、衰《おとろ》えていなかった。不安は重くのしかかったが、リガの地獄でも、彼の言葉は励みになるかもしれない。

ラトビアの首都に到着した時、秘書のフォティニが、異様な兆候に注意を促した。私たちの仲間が泊まるホテルは、私のホテルからかなり離れていたのだ。これでは、会って大事な話をすることが難しくなる。陰謀説に屈したくないので、私は、宿泊の手配に何か問題が生じただけだと解釈した。

一日目の夜、晩餐《ばんさん》会では何の成果も得られずに、ホテルに戻った。リラックスできなかったので私は、明日朝のユーログループに向けて相談しようと、遠く離れたホテルからニコラスを呼び出した。彼が到着するまで三〇分ほどかかる。時間を潰《つぶ》すために、下の階のロビーで彼を待つことにした。そこには、彼らがいた。

バーにはトロイカの役者たちが勢揃《せいぞろ》いしていた。ポール・トムセン、ブノワ・クーレ、トマス・ヴィーザー、イエルン・デイセルブルム、ピエール・モスコヴィシ、……それ以外の何人かの名前は思い出せない。私は気軽に挨拶しようと覚悟を決めた。彼らは口をつぐみ、明らかに不快な様子だった。緊張を解くため、私は冗談めかして聞いた。「みなさん自分たちでだけで何を楽しんでおられるんですか？　現行犯で逮捕しますよ」。向こうから気軽な言葉は返ってこなかった。いま話し合いをしていますので、少したってからどうぞ参加してください、ということだった。私は微笑んで、お休みなさいと言って立ち去った。

翌朝、ニコラスと私はユーログループ会議が開かれる部屋に向かった。背後から、ピエール・モスコヴィシが陽気に声をかけてきた。私たちはともに歩き、話をした。ブリュッセル・グループに関して、「ついにやりましたよ」と彼は言った。「閣僚は閣僚とだけ話をし、官僚は官僚とだけ話をする、そういうあるべき姿で、ブリュッセルでの交渉が行われることになるんですよ」。「失われていた欧州委員会の名誉が、少しは回復されますね」と私が言った時、私たちは部屋に着いた。

気味の悪いことにその部屋では、半分の席が空いていた。皆はどこにいるのだろう？　モスコヴィシとニコラスと私のほかには、イエルン・デイセルブルム、トマス・ヴィーザー、それにあと四、五人の代表しかいなかった。ヴォルフガング・ショイブレ、マリオ・ドラギ、ポール・トムセン、ミシェル・サパンや、各国の財務大臣の姿は見えなかった。会議が始まると、ニコラスと私は顔を見合わせ、何かとてつもなく不吉なことが起こることを確信しあった。第一の議題は、議論の必要のない手続き上の問題だった。それを片づけるとデイセルブルムは言った。「では皆さん、第二の議題に移りましょうか。ギリシャのことです」。突然ドアが開き、ショイブレ、ドラギ、トムセン、サパン、その他、姿の見えなかった閣僚たちが、ずかずかと部屋に入ってきた。

まず、聞き捨てならなかったのは、デイセルブルムの言葉だった。会議の挨拶で、トロイカをアテネに復帰させ、ブリュッセル・グループの「非効率さ」を終わらせるべきだと言ったのだ。彼自身が最近まで賛成していた手続きを、擁護《ようご》する気はないのか？　それはまさにユーログループの議長が、前言を撤回《てっかい》して、会議参加者の一人に恥をかかせてやろうと計画していたかのようだ。ちょうど、彼が二月のユーログループ会議の直前にそうしたように。[★9]　モスコヴィシはデイセルブルムの言葉の最後の部分に賛成した。「確かに、技術的な議論と政治的な議論は、合わせて同じ場所で行われるべきでしょう」。ポール・トムセンは急いで、その場所がアテネであることを付け加えた。

そして今度はトムセン自身が、一八〇度方向転換して、対立していたモスコヴィシに歩み寄った。二月一日に私とパリで会った時に、ギリシャの債務は持続不能であり、二〇一五年よりずっと前に数百億ユーロ〔数兆円〕の債務免除が必要だったと言った人物が、今ではまったく違うことを言っているのだ。シリザ政権が選ばれるまでは、ギリシャの債務は持続可能だったとトムセンは主張した。私たちが政権をとった後に、それが持続不能な債務に化けたというのだ。私たちが政権をとらなければ、債務免除も追加資金援助も不要だったというわけだ。[★10]

次の一撃を準備したのはマリオ・ドラギだ。彼は、これまでの銀行取り付け騒ぎの場合と違って、現在のギリシャのそれは、ほかのユーロ圏諸国に影響していないとの見解を披露《ひろう》した。言い換えれば、グレグジットはギリシャに打撃となるが、ユーロを用いるほかの国々は無事だというわけである。これは、ショイブレの取り巻きをしている財務大臣連中に対して、グレグジットの脅迫《きょうはく》で攻勢に出ろとの合図となった。私たちが政策転換したり遅延《ちえん》行為を行ったことで、ギリシャの赤字がさらに増えたとするトムセンの馬鹿げた報告を受けて、スロバキア財相は「信じられない！」と叫び、演説を続け、「自分たちはギリシャを助ける用意があります。しかし、ギリシャが助けを必要としないのなら、その結果について議論する時が来たのかもしれません」と締めくくった。すかさず、ヴォルフガング・ショイブレがスロバキア財相の厳しい言葉に同調した。「私たちは間違った方向に、急速に進んできました……［笑い声と、信じられない！　信じられない！　との声が聞こえた］……どういうふうに解決策をまとめればよいか、想像もつきません」。言いにくいことを言う役割は、スロベニア財相に割り当てられた。「ギリシャからいちばん迷惑を被《こうむ》っているのはスロベニアの国民です。この状況でギリシャを助けるために、さらに力を貸してくれと国民を説得するのは無理です。ですから、私はプランBの議論を始めるべきだと思います……もちろん、私たちがこの議論をしたくなかったことは知っています。スロベニアを含め、みんなが問題を解決したかったのです。でも、今はもう、そういう雰囲気ではなさそうです」

私は冷静に答弁を始め、提起されたポイントに一つ一つ穏やかに答え、ウソや誤解はすべて片付けたうえで、急所を突いた。「プランBなどと、［けっして］口にするべきではありません。この議論を持ち出すことさえ、不用意であり、極めて反ヨーロッパ的なことです。親愛なるスロベニア財相にもご理解いただきたい。今ここでプランBの議論を始めることは、スロベニアの人々の利益にもならないのです。そのような議論を私は拒否します。ギリシャ政府は、ユーロ圏に持続可能な形で残留するために、どんなことでもするつもりです」

それ以降、私が口を開く時には、建設的な提案を示して即座に合意を求めるよう心がけた。しかし、私がそのようにすると必ずデイセルブルムが攻撃的な反応を示し、トロイカのアテネ復帰に同意しろ、トロイカの合意なしに法律を作らないことを約束しろ、妥協を許さないトロイカのやり方に従えと、私に求めた。それでは、三つか四つの改革法案と、実現可能な財政計画に基づく暫定《ざんてい》合意を求める私の提案を、ドブに捨てることになる。「一インチも譲歩するな」との指示に忠実に、私は自分の立場を固持した。

人格攻撃

リガでのトロイカの襲撃と同時に、周到に準備されたプロパガンダ攻勢が行われた。ユーログループで緊迫した話し合いが行われている間、メディアは他国の財務大臣たちが、私を個人的に批難しているという歪曲《わいきょく》報道をしていた。ブルームバーグの報道によれば、「以下は会談の状況に詳しい人物の発言であるが、個人的会話のため匿名《とくめい》希望である。ユーロ圏の財務大臣たちは、バルファキス氏の話の進め方は無責任で時間を無駄にしている、彼は博打《ばくち》打ちで素人だと批難しているという」[★11]。直後の記者会見でデイセルブルムは、財務大臣たちがバルファキスのことをそのように批判しているのかと正面切って聞かれたが、はっきりと否定しなかった。ユーログループ議長は、否定しないどころか、意味深《いみしん》な微笑みを浮かべ、次のように言って歪曲報道に信憑性《しんぴょう》を与えた。「それは、非常に重大な議論でした。部屋には切迫した空気が漂っていましたよ」

その夜、私自身の記者会見が終わり、その日の仕事が片づいた時のことである。財務大臣たちは郊外での非公式の夕食会に招かれており、そこにはバスで四五分ほどかかることを聞かされた。疲れていたのと、翌日のECOFIN《エコフィン》会議〔EU経済相・財務相理事会〕での演説を準備するために、私は欠席を決めた。その代わり、リガの下町で、ニコラスやフォティニ、その他のチームメンバーと夕食をとり、その日の出来事を共有し、今後の計画を練ることにした。町の寒さのなかを一人で歩きながら、彼らに会えば十分に元気が回復し、ホテルに戻って長時間の仕事ができるものと信じた。

それはどれほど私を元気づけてくれたことか。半時間ほど歩くと、冷たい霧のなかに街灯のオレンジの光を浴びた古いビルがあった。そこに立ち入り、爽快《そうかい》な空気のなかで、私は再び人間に戻ったような気分になった。それはドイツ式のビールとソーセージのレストランだった。仲間との夕食は、期待どおりに私を回復させ、普段の生活を思い出させてくれた。翌朝、ロイターは次のような報道をした。

金曜夜リガにて、欧州諸国の財務大臣を乗せたバスがガラ・ディナーに向けて出発した時、財相の一人はホテルに残り、やがて一人で暗闇のなかへと歩いて行った。ギリシャのヤニス・バルファキス財相が言うには、夕食の予定がほかにあったということだ。それは、リガでの初日の会議で、彼がギリシャの破産を回避しようと試み、彼の孤立を再確認した後のことであった。リガ会議では、他国の財相たちが暖かい服を着て食事のもてなしを受けている間じゅう、バルファキス氏はいつも一人でおり、補佐官や特別警護官を避けていた。「彼は完全に孤立しています」と、ユーロゾーン高官は匿名を条件にロイターに語った。「彼は国の代表として、その日の夕食会にも来なかったのです」[★12]

「博打《ばくち》打ち」、「素人《しろうと》」、「時間を無駄にしている」、そして今度は「いつも一人」で「孤立」しており、ほかの大臣に失礼で、国を代表しようとしない人間、というわけだ。これは米国財務省の親切な高官が警告してくれたとおりの出来事だった。彼は私が一週間以内にネガティブ・キャンペーンに直面するだろうと言っていたが、違っていたのは、日にちが一日ずれていたことだけだった。

もちろん、私がこんな形で標的になっていることは、ブリュッセル界隈《かいわい》では些《いささ》かも秘密ではなかった。二〇一五年の二月初旬、私が初めてユーログループ会議に二回ほど参加した頃のことだが、このキャンペーンについて直接知っているレポーターが、何人かのギリシャ人ジャーナリストに話をしていた。それを聞いたうちの一人が、その会話の内容を報じている。

「バルファキス氏はその圧力を耐え抜くことができるでしょうか?」と、そのレポーターが聞いた。

「少なくとも、チプラス首相は今でも彼を信頼しています」と、私たち[ギリシャ人ジャーナリスト]は答えた。

「では、ギリシャの政府と国民の皆さんに、さらなる攻撃が予想されることを伝えてください」と彼は言った。★13

アレクシスと私の間の信頼の絆《きずな》は、トロイカにとって最大の障害物だ。私はそれを知っていた。彼らも明らかにそれを知っていた。そして、私もじきに気づくことになるのだが、アレクシスもそれを理解していた。

毛糸の上着

リガからアテネに戻る飛行機で、アレクシスがあれほど当てにしていたメルケルとの対話が、うまくいかなかったと聞かされた。さらに悪いことに、メルケルがアレクシスを冷たくあしらっただけでなく、ユーログループを迂回《うかい》しようとした彼の試みを快《こころよ》く思わなかったことを、ドイツの首相官邸がメディアにリークしたのである。不誠実な行為としては意外なものではないが、例をみないな行為だ。メルケルは、バルファキスとショイブレが対立している背後で、アレクシスと彼女で解決策を見いだそうと約束していたのに、今や彼を締め上げにかかっているのだ。

アテネ空港に突くと、運転手にはマキシモスに向かうよう頼んだ。アレクシスのオフィスに着いた。何と美しい春の午後だろうか、アッティカの暖かい日差しが、海側の大きな窓から差し込んでいた。アレクシスと私はハグをして、窓側に置かれた二つの肘《ひじ》掛け椅子に腰を下ろした。アレクシスの机からも、戦時内閣が会議をするテーブルからも離れて、日の光を直接浴びた。まず私が口を開き、ユーログループで何があったかを話し、三つの大きな動きが合わさって手強《てごわ》い攻撃となっているという私の意見を述べた。その動きとは、アレクシスとの約束をメルケルが反故《ほご》にしたこと、リガでのトロイカの奇襲攻撃、資本規制を要求するよう私たちに対してクーレが圧力をかけたこと、この三つである。彼らはこれらをもって私たちを脅しているわけだ。★14

アレクシスが答える前に、私は心からこう言った。「アレクシ、オレがなぜここにいるのか、思い出してくれないか。オレがテキサスでの仕事を辞めたのは、大臣になりたかったからではない。ここに来て、個人的に、君を支えたかったからだ。悪循環を終わらせるためのオレの計画に、君が賛成だと言ってくれたからだ。しかし今、オレたちは分かれ道に立っている。オレは債権団の弓、弾丸、ミサイルの集中砲火を受けている。それは、君の身代わりになることが本望だから、何とも思ってはいないよ。だけど、君は最初の約束とは違う考えを抱いているように見える。今じゃ、バルファキスは邪魔だと思ってはいないか。いまだにバルファキスは当初の案にしか可能性はないと思いこんでいるから、誰か別の財務大臣のほうが、自分の計画に好都合だと思っているんじゃないか。もしそうなら、ほかの誰かと交代させてくれ。オレは嫌だとは言わない。思い出してくれ、オレがなぜここにいるのか。それは、君を支えるためなんだよ」

アレクシスは私を暖かい戦友のまなざしで見つめ、間を置いて、こう言った。「ヤニさん、聞いてください。おれたちは毛糸の上着のようなものです。奴らに毛糸をつまれて引っ張られたら、上着は解《ほど》けてしまう。それが奴らの戦略です。奴《やつ》らはおれを解くために、ヤニさんを解こうとする。奴らはヤニさんに、おれをやっつけるように仕向けたいのです。おれたちは奴らにそんなことはさせない。そうでしょう。一緒に立ち向かうのです。こんなナンセンスな話を、ヤニさんから二度と聞きたくない。強い気持ちでいましょう。勝たねばならない戦をしているのですから」

またもや、少しの言葉をもらっただけで、私はアレクシスを許し、このことを忘れることにした。私が心から彼の言葉を信じたかったことと、ギリシャを悪循環から脱却させる正真正銘の機会を掴《つか》んでいたことから、彼の言葉に私は希望を取り戻し、気持ちを強くした。

数分後、ニコス・パパスが部屋に入ってきた時、この使命感はなおさら強くなった。私を見ると、彼は私に大きく微笑みかけ、リガでトロイカの攻勢をしのいだことを祝福し、プシリでの最初の会合の頃の精神を、一瞬で蘇《よみがえ》らせた。パパスもニュースを届けてくれた。どうやら、今しがたイエルン・デイセルブルムがアレクシスの事務所にeメールをし、私の更迭《こうてつ》を求めたということのようだ。

「見てください」と、アレクシスは私に向かって言った。「やっぱりだ。彼らはおれたちを引き裂《さ》こうとしているんだ」。そしてパパスに向かって、彼は言った。「ニコス、ヤニさんにしっかりしろって言ってよ」

しかし、パパスの反応は厳しいものだった。ここで私がくり返すのが憚《はばか》られるような数多くの形容詞を添えて、「全部これは君の失敗だよ、アレクシス」と彼は言った。「君はデイセルブルムに、先生を通せと言わずに、あいつと直接話をしただろ。それであいつは、あいつに抵抗する財務大臣を迂回《うかい》して、首相と直接接触できると踏んだんだ。君が批難すべき人間は自分自身だ、それ以外にはいないよ」、彼は最高に甲高《かん》い声で、こう断言した。

アレクシスは彼自身の「ミス」を認めた。「何か言いたいことがあったら絶対にヤニさんを通すように、今夜、彼にメールするよ」

その夜、私は再び希望を抱いて家に帰った。「上着は丈夫なようだ」と、端的にダナエにそう言った後、その意味するところを説明した。

翌日、戦時内閣の会議の後、デイセルブルムにeメールを送ったかどうか、アレクシスに私は聞いた。「いいえ、やめておきました」と彼は言った。「どうして意味もなく彼と対立するのですか？ いずれにしても彼は、ヤニさんと対決せねばならないことに気づくことになるでしょう？」この言葉に危険を感じたものの、不都合な真実を私は認識できなかった。上着はすでに解けていたのだ。

残酷すぎる四月のある日

「四月は残酷すぎる月だ」と、T・S・エリオットは『荒地』（*The Waste Land*）の冒頭で述べた。二〇一五年四月二七日の月曜日は、そのなかでも最も残酷な一日だった。戦時内閣の会議は六時間一五分続いた。まず、アレクシスが、トロイカに対して善意の印として、あるものを提示することに決めたと言った。その「あるもの」とは、私の腹心であるニコラス・セオカラキスの首である。彼は、チプラス首相の命令で、トマス・ヴィーザーやユーログループ作業部会との電話を切った男である。

自らの決断を説明している時、アレクシスはほぼ理性的な印象を与えていた。「私はデイセルブルムと二回電話をしました。彼はバルファキス先生の首を要求しました。さらに彼は、ユーログループ作業部会ではフリアラキスがギリシャの代表を務めることを求めてきました。私たちのことを、彼が決める資格はありません。しかし、すべてにノーと言うこともできません。そこで私は、セオカラキス先生を降ろして、フリアラキスを復活させることに決めたのです」

最初に反応したのは、官房長官のスピロス・サギアスであった。彼は「交渉は失敗」であり、私たちは「間違った手続き」を追求していたのであり、交渉をすぐに切り上げる必要があると述べた。それは中身のない退屈な演説だった。そのなかで私は名指しこそされなかったが、私を批難していたことは明らかだった。経済大臣であり、私の長年の学友であるヨルゴス・スタサキスが言葉をつないだ。「バルファキスとセオカラキスのコンビは、私の親愛なる兄弟なのだが、ギリシャに合意を持ち帰ることはできなかった。フリアラキスなら、それができる」

スタサキスの言う「合意」が、ヴィーザーやデイセルブルムの要求に屈することを意味するなら、彼はまったく正しい。私は割って入り、フリアラキスは降伏文書に調印するにふさわしい人物だ、と言った。彼らは私の短い言葉に、ぎこちない沈黙で答えた。

エフクリディスが話に加わった。この流れに異議を唱えるのかと思いきや、フリアラキスや私の名前を挙げずに、セオカラキスは優れた学者で、思想家で、仲間であるが、この複雑な交渉に必要な組織的スキルを持ち合わせてはいないと言った。暗にそれは、フリアラキスの復帰を彼が支持するということを意味していた。

私がスタサキスに少しでも反感を抱いたことはない。彼の考えは最初から明確だったからだ。私たちは何でもトロイカの提示するものは受け容れるべきだと、彼は言っていたのだ。私がひどく落胆したのは、けっして降伏しないと誓っていた仲間たちのことだ。エフクリディスの意見は心底《しんそこ》情けなかった。彼は、フリアラキスがどんな人物で、何をしてきた人物なのかを知っていた。彼は、私が使った以上の酷《ひど》い言葉で、フリアラキスに対する批判を私に語っていた。そのエフクリディスが、なぜ今になって、友人であるセオカラキスを切り捨て、ぞっとするようなアレクシスの提案を支持しているのか？　なぜ彼は、二日前の空威張《からいば》りを呑み込んでいるパパスと同じように黙っていないのか？　なぜ、この決定を歓迎しつつも、言葉を継《つ》ぐ必要を感じていないドラガサキスのように、沈黙を保たないのか？　その謎は数分後に解けた。アレクシスは、ブリュッセル・グループの交渉を調整するのはエフクリディスだ、専門的な手続きはアテネで行う、バルファキスはユーログループで奮闘《ふんとう》せよ、と宣言したのだ。

その後、長々とした会合のなかで、柄《がら》にもなく私は沈黙を保った。ほかのメンバーは、MOUプロセスに完全に従う道筋を描いていた。私がワシントンから持ち帰った計画とは大違いだ。私が黙っていたのは、頭のなかで新たな辞表を書いていたからだ。道のりは、終わりに差し掛かった。自分たちの意志かどうかにかかわらず、降伏を決めた内閣に私の居場所はもうない。

サメに血を与えるな

その日の遅くに、私はポケットに辞表をしのばせて、議事堂のオフィスにアレクシスを訪ねた。辞表については、ダナエを含めて、誰にも話していなかった。アレクシスにはもう一度考え直すチャンスを与えたかった。そして今回は、不都合な真実を覆《おお》い隠して私の気持ちを奮《ふる》い立たせる言葉では満足しないつもりだった。今回は幸い、彼からそのような言葉を聞くことはなかった。

私が到着すると、アレクシスは歓迎しつつ、トイレに行ってくるのでしばらく待っててくれと言った。私はソファーに腰掛けた。その時、Ａ４判の数ページの書類が、横手のコーヒーテーブルの上に置かれているのに気づいた。私はそれを手に取って、読んだ。アレクシスが戻った時には、私の顔には憤慨《ふんがい》の色がはっきり現れていたに違いない。

書類を手に、私は尋ねた。「ひょっとして、この文書について、前もって相談してくれなかったのは、オレが反対すると思ったからかい？」

「そうです」と、彼は申し訳なさそうに微笑んだ。

「アレクシス、この数字の意味が理解できるかい？　この数字を受け容れるなんて、自分がやったことの意味が分かっているのか？　ついに、とんでもない緊縮策を受け容れてしまったんだぞ」

三・五という数字が、錆びた釘のように私の記憶に刺さっている。この文書は、ギリシャの首相が署名をし、トロイカに宛てたものだ。そこには、国民所得の三・五％にあたるプライマリーバランス黒字を産み出す財政目標が約束されている。信じられないのは、二〇一八年、二〇一九年に続いて、二〇二八年まで同じ数字が並んでいたことだ。シンガポールや、産油国のノルウェー以外には、一〇年続けて三・五％以上のプライマリーバランス黒字を出した国は存在しない。金融機関が機能せず、投資も減少している国がそんな黒字を出そうというのは、経済政策としては不条理きわまりない。

「アレクシ、なんでこんなことになったんだ？」こう言って私は答えを迫った。

「フリアラキスが、合意に達するためには、この承諾《しょうだく》書を書くべきだと言ったんです」、これが彼の答えだった。フリアラキスこそが迅速《じんそく》な合意を取り付けられる唯一の男だと、スタタキスが言っていたのはこういう意味だったのだ。完全なる降伏だ。

私は深呼吸して、自分を落ち着かせた。「オレに相談せずに、この承諾書をヴィーザーやデイセルブルムに送ってしまおうと言ったのも、フリアラキスなんだな」

「違います、それはおれの考えです」とアレクシスは答えた。「ヤニさんは、ちゃんとした根拠を挙げてこれに反対してきたに違いない。でも、交渉する時は、何かを得るためには、何かを与えないと」

「それで、君が得るものは何だ？　フリアラキスは何を期待しろと言った？　資本主義の歴史のなかでも最悪で、最長の緊縮策を終わらせるために、人々はオレたちを選んでくれたんだぞ。その人々を緊縮策でさらに一〇年も苦しめる代償として、トロイカが何をくれると言ったんだ？」

「今度は彼らが、債務軽減を検討してくれるべきでしょうね」、と彼は答えた。

私はしばらく言葉を失った。彼の議論の愚かしさに、私は卒倒《そっとう》しそうだった。やがて私は、彼に対して初めて、侮蔑《ぶべつ》的な口調で話し始めた。

「正気《しょうき》か君は？　とうとう完全に頭がおかしくなったのか？　こっちが三・五％のプライマリーバランス黒字をいつまでも続けると提案したら、奴らが債務再編をしてくれるというのはなぜだ？　君の議論は、海でサメから逃れるために自分の血を撒《ま》くようなもんだ。考えてもみろ、ギリシャの経済の痩《や》せ細った肉体から、毎年、財政黒字の形で国民所得の三・五％を吸い上げますよと、こう宣言することは、債権団に対して毎年一〇年間、国民所得の三・五％を返済できますよと宣言するのと同じなんだぞ！　そんなことを言ったら、債務再編なんて不要だと宣言したのと同じことだということが、君には理解できないのか？　債務再編をしてほしいけど、ほんとうは債務再編なんて必要ないって言ってるのと同じことだぞ！」

「フリアラキスは、経済が再び成長し始めたら、三・五％は達成できると信じています」

これは前政権の議論と同じだ。それがあまりに馬鹿げていたから、私たちは過酷な挑戦をし、政権を奪ったのではなかったのか。

「アレクシス、もし言うとおりなら、なぜ政権をとるためにオレたちは戦ったんだ？　栄光のためか？　サマラス政権を向こうに回して、馬鹿げた目標を破棄しろ、せいぜい一・五％ぐらいの目標に置き換えろ、緊縮策をやめないかぎりギリシャ経済はけっして回復しないって、あんなに強く訴えていたじゃないか？」

アレクシスは困惑した表情で、私を宥《なだ》めにかかってきた。「ヤニさん、何も終わったわけではないでしょう。包括協定が結ばれるまでは、おれが書いたどんな承諾書も変えられないわけではありません。いつでも撤回できますよ」

「何だって？」私は激怒した。「君がたったいま承諾したばかりのとんでもない緊縮策が撤回できるなんて、マジでそう思ってるのか？　サメは君の腕に喰《く》いついて、その血の味を知った。それでも喰われてしまうまでは、引き抜くことができると思っているのか？　君は自分の方が強い立場で交渉できるって、勘違《かんちが》いしているんじゃないか？」

頭の血が沸騰《ふっとう》しそうだった。実際、あまりに頭にきていたので、辞表を出すためにここに来たことも、ほとんど忘れてしまっていた。最後になってそれを思い出したが、ここは怒りにまかせて拙速《せっそく》な行動をしないように決めた。まず必要なのは、ここを立ち去って、気持ちを落ち着けて、最終的な決断をするまでじっくりと考え直すことだ。

自分のオフィスに戻った時、友人のヴァシリを呼んで先ほどの出来事を説明した。彼は深く息を吐《は》いて、喉《のど》から大きな不満を表明する音を立てたうえで、辞表のことは忘れようと言った。「君に投票した一四万人のことを忘れないでくれ。彼らは君が辞めることを望んでいない。彼らは君が交渉の場に残って、やつらに一発食わせてやるのを見たいと思っているんだ」

家に帰るとダナエも、ヴァシリが何を言ったかを知らないのに同じことを言った。「あなたを信じて投票してくれた、一四万人の人たちのことを考えて」。私はすぐに、ニコラス・セオカラキスに電話し、首相が君を「降ろして」フリアラキスを就けたことを説明した。胸が引き裂かれるような一時間の通話だった。

私は無慈悲《むじひ》なジレンマに直面した。ニコラスが伝えてくれたのだが、『フィナンシャル・タイムズ』紙はすでに、バルファキスに代えてエフクリディスが主席交渉担当者に就いたと報じている。実際には、交渉を担当するのはヨルゴス・フリアラキスなのだが。この間に、戦時内閣は完全に変貌《へんぼう》した。圧倒的多数が完全なる降伏に賛成し、私を最大の邪魔者とみなすようになっていたのだ。私の名誉のためには辞めた方がいい。しかしその夜、心を落ち着けて考え抜いた時、私が残留せざるをえない理由が、ただの義務だけではないことに気がついた。

緊縮策への降伏を決めたアレクシスの政治的、経済的、道徳的な過《あやま》ちの下には、もう一つの、もっと大きな誤りがあった。それはトロイカが代償として、迅速な協定と三度目の救済策を彼に与えてくれると信じていたことだ。アレクシスやフリアラキスをこう信じるように仕向けたのが、メルケルやヴィーザーであることは疑いの余地がない。しかし、有権者からそんな協定を結べという負託《ふたく》を受けていないという事実はさておいても、そんな甘っちょろい話はありえないと言うべき理由が二つあった。第一に、債権団がアレクシスを見せしめにしようと考えていたのは明らかだ。長年にわたり野党の立場にあって、そして数か月の間は政権の代表として、彼は債権団を厳しく批判してきた男だ。彼をねじ伏せれば、スペインやイタリア、ポルトガル、それにフランスにいる、債権団に抵抗しかねない政治家たちを牽制《けんせい》する効果がある。そして彼を見せしめにするためには、降伏させるだけではなく、公《おおやけ》の場で屈辱を与える必要があるのだ。第二に、トロイカは長年にわたって、三度目の救済ローンも大幅な債務削減も必要ないと言ってきたのだ。三度目の救済ローンが今必要だと説明できる唯一のやり方は、リガのユーログループでポール・トムセンがやったように、実はギリシャの債務は持続可能だったが、シリザ政権が成立して持続不能になったと主張することだ。この主張を根拠づけるため、彼らはギリシャの銀行を閉鎖して、巨額の損失と破産を引き起こして、その責任をアレクシスの政府になすりつける必要があるだろう。

夜が明けるまでには、私は結論を出していた。アレクシスが譲歩すればするほど、彼らの要求はエスカレートし、銀行が閉鎖されるまでは協定が成立しないであろう。そしてその事態に至れば、アレクシスは不名誉極《きわ》まりない協定を余儀《よぎ》なくされる。そしてユーログループはカメラに向かって、すべてのヨーロッパ人に対してこう言う、「我々に逆らうと、こんな目に遭《あ》うのだぞ!」と。そう考えると次に、アレクシスはこれにどう対処するのだろうかという疑問が浮かんだ。思うに、彼はまだ四二歳だし、今回の屈辱を甘受《かんじゅ》した後で、何十年も隠れて暮らそうなどとは考えないはずだ。だとすれば、トロイカやメルケルが望んでいることが、彼の屈辱とギリシャ国民への圧迫であることを知れば、再び彼が拒絶の姿勢を示す可能性は十分にある。そして、その可能性があるかぎり、私にはそこに留まる義務がある。ヴォルフガング・ショイブレとともに、グレグジットを契機にユーロゾーンの解体の引き金を引くか、あるいは私たちの計画を合意の基盤として受け容れるか、その決断をメルケルが下すまでは、「ギリシャのための計画」を実行に移し、私たちの経済が機能し続けるための決済システムを起動させ、彼を支えるという心構《こころがま》えでいるべきだ。

こうして私は留まることに決めた。私は次のことに身を捧《ささ》げよう。まず、アレクシスが私の抑止策を必要とする日まで、それを守り抜こう。次に、ジェフ・サックスやニコラス・セオカラキス（辞表を出さないよう彼には私があの夜に説得した）とともに、ノーマン・ラモント、ラリー・サマーズ、トマス・マイヤー、それに親しいチームメンバーの支援を受けながら、「ギリシャのための計画」を完成させよう。これは誰にも感謝されない困難な道だ。私は、トロイカが私を最大の障害とみなしていたことは重々《じゅうじゅう》承知だったが、今では、わが戦時内閣が同じように感じていることが分かった。アレクシスが屈辱を迫られたその時に、ついに私の元を訪れて、「やりましょう！」という可能性は、まだある。それだけが、私を引っ張る唯一の希望の糸だった。

盗聴

私の辛抱《しんぼう》に対して、友人たちの目は厳しかった。あらゆる証拠に反して、アレクシスが回心する可能性を信じ続ける私のことを、彼らは浅慮《あさはか》だと考えていた。願わくば、次の二つの出来事が、私たちが密かに受けた圧力や、私たちが直面していたものの巨大さを伝えてくれればと思う。

その日の晩、マキシモスから自宅に着いた時、ダナエは私を質問攻めにしながら、答えをスマートフォンに録画した。その時、私のスマホが鳴った。ジェフ・サックスだった。盗聴されているかもしれない回線で自分の絶望感を伝えたくなかったので、私はその日唯一のいいニュースを共有することにした。ほぼ一か月遅れになったが、ついにわが政府はＩＭＦに対する債務不履行《デフォルト》の覚悟《かくご》を決めた。サギアス、ドラガサキス、フリアラキスは反対したが、アレクシスとパパス、エフクリディスはこの件では私の側に付いた。金庫はからっぽだった。ＩＭＦがカネを返せというなら、今やトロイカの仲間、ＥＣＢとＥＵがいくらかのカネを出すべき時だ。私は言った。「サイは投げられた。今回はアレクシスも覚悟を決めたと思う。次回のＩＭＦへの返済は行われないだろう」

ジェフは興奮を露《あら》わにした。「やっとその気になったのか」、と言って、債務不履行の副作用をいかに処理するかについて、アドバイスをくれた。

半時間後、再び私の電話が鳴った。ジェフだった。笑いをこらえきれないようだった。「ヤニス、信じられないだろうけどね、さっき電話を切った五分後に、〔米国の〕国家安全保障会議〔ＮＳＣ〕から電話があったんだ。君が言ったことは本当だと思うかと、僕に聞くんだよ！　だから僕は、バルファキスの言うとおりだ、ＩＭＦへのデフォルトを防ぎたければ、ヨーロッパ人の目を覚《さ》ますようなことをすべきだと言っておいたよ」

予想どおり、私の電話は盗聴されていたわけだ。しかし、ジェフのニュースには注目すべき点が二点あった。第一に、その盗聴者たちが、私の言ったことの重要性を理解できなかっただけでなく、ＮＳＣと直接に連絡できる人物だということだ。第二に、彼らは私の電話を盗聴していることがバレても、面目《めんぼく》ないとはまったく思わないということだ！

午前三時ごろだったが、アレクシスに電話をかけ、このことを伝えた。共同戦線は崩壊し絆《きずな》は失われたが、この時だけは、私と彼が究極的には同じ敵と戦っていることが思い出された。

ダナエの殊勲

もう一つの出来事は、翌日の夕方のことだった。オーストラリアからの友人とダナエと一緒に、大好きなエクサルヒアのレストランで夕食をとることになっていた。それは、めったにない楽しみであった。

エクサルヒアは、私がダナエに初めて会った時に住んでいた場所だ。私の娘、クセニアがよちよち歩きを始めたのは、その界隈《かいわい》の借家でのことだった。また、一九七〇年頃に私がティーンエイジャーとしての一歩を踏み出したのも、この下町だった。アテネのこの野性味あふれる一角には、有名なオフビートのレコード店、書店、バーなどがあり、それに何より、多種多様なアナキスト団体が強烈な存在感を放っていた。つまり、エクサルヒアは私の地元だった。そして、二〇〇五年からそこには住んでいないが、私にとっては今でもある程度は地元なのだ。

ダナエと友人が先についていた。私はドラガサキスと仲間たちの会合を終えて、真っ直《す》ぐにここへ来た。私はレストランの外にバイクを停め、彼らのいるテーブルについた。それは、ヴァルテツィウ通りに面した、塀に囲まれた美しい庭園の一角に置かれていた。五月も間近の暖かい春の宵《よい》、ジャスミンの茂みの香りは眠りを誘うかのようだった。精神的にキツい一日だったので、こうして庭園のなかに座り、ワインを飲み、親しいパートナーたちとリラックスする瞬間は、元気回復のために私が心の底から欲していたものだった。

一時間ぐらいたった頃だろうか、デザートを注文しようとした時、フードを被《かぶ》った三人の男たちが、罵声《ばせい》を上げながら庭に入ってきた。彼らの姿を見る前から、声は聞こえていた。はじめは彼らの標的が自分だとは気づかなかった。だが、突然、彼らが投げた何本かの瓶《びん》が私たちのテーブルの真ん前のレンガで砕けて、ガラスの破片が私の足に当たった。暴漢たちは、ほかのお客には出ていけと大声を上げながら、私たちのテーブルに近づいてきた。私は飛び上がって、パートナーたちを彼らから守ろうと彼らに向けて歩こうとしたが、ダナエの決意とスピードは想定外だった。

ダナエは暴漢と私との間に割って入り、私を抱き留めて背中を彼らに向け、両手で私の頭を守ろうとした。まさに人間の盾となったのだ。私は彼女の安全のために、何とか彼女を押しのけようとしたが、あまりに強く抱き留《と》められており、彼女を傷つけずにどかすことは無理そうだった。私の顔面に頬をしっかりつけた状態で、「先に私を殺《や》りなさいよ！」とダナエは叫んだ。

ダナエの抱擁《ほうよう》はあまりに力強く、彼女の体は完全に私を隠していた。フード姿の男たちは先の尖《とが》った瓶で私を攻撃しようとしたが、彼女を傷つけずに、私を刺すことはできないようだった。彼らはやむなく瓶を捨て、素手や拳《こぶし》で私たち二人を何発か殴った。私よりもダナエの方を多く殴ることになって、気が折れたようだった。どうやら女を殴りたくはないらしく、脅しと罵倒《ばとう》の言葉を吐きながら来た道を戻っていった。私たちはがっくりと椅子に腰を下ろした。オーストラリアの友人は震えていた。

しかし、夜はこれからだった。暴漢たちは加勢を呼んだらしく、三〇分後には六〇人ほどがレストランの表に勢揃《せいぞろ》いしていた。冷静なお客たちのテーブル一つを除いては、店は空っぽになっていた。店員たちは不安げで、申し訳なさそうだった。私は警察を呼ばないように頼んだ。警察官が大勢やってきたら、間違いなく流血沙汰《ざた》になる。実のところ、私が護衛の警察官を付けていなかったことは幸いだったのだ。★15

「どうするつもりだ?」と友人が聞いた。店の主《あるじ》は、今夜は店でじっとしていきませんかと言った。

「オレは表に出てヤツらと話をしてみるよ。オレを殴りたいのなら、きっと殴るだろう」。友人は、おかしなやつだと思っただろう。

「いいわ、そうしましょう」とダナエは言った。私たちは友人に、暴漢が去るまでここでじっとしているように言って、ダナエと二人で通りに出た。

アテネの細い通りにフードを被った若者たちが六〇人も集まって、叫び声や罵《のの》り声を上げている様《さま》は壮観《そうかん》だった。私の心臓の鼓動は速まっていたが、再び彼らに殴られるとは思わなかった。ダナエは彼らに強い印象を与えただろうし、私たちが警察を呼ぶこともレストランに立て籠《こも》ることもしなかったことは、彼らも評価するに違いなかった。また、彼らが私のバイクを壊していなかったことにも勇気づけられた。やろうと思えば簡単だったはずだからだ。彼らはバイクから一〇メートルぐらい離れたところにいた。彼らが私たちを再び襲撃するつもりだったら、バイクはとっくに滅茶苦茶《めちゃくちゃ》にされていたに違いない。

そこでダナエと私は、ヘルメットを手に持って、まっすぐにバイクに向かって歩いた。彼らは私たちを罵り続けていたが、動きはなかった。私がバイクのロックを外すと、ダナエはそれに跨《また》がり、ゆっくりと、ヘルメットを被った。しかし、私は地元であるエクサルヒアからの逃亡はしないと決めていた。私はヘルメットをバイクの上に置いて、彼らの方に向けて歩いた。「オレは逃げないよ。なんでオレを殴ろうとしたんだ。なあ、教えてくれよ」

リーダーらしき男は叫んだ。「それ以上近づくな、痛い目に遭うぜ」

彼らがまだ殴りかかってきていないという事実に勇気づけられ、私は言った。「君たちを怒らせるような、どんなことをオレがしてしまったのかを知りたいんだ。それが、殴られて当然のことなら、殴られるまでだよ」

こうして、考えられないような、騒々《そうぞう》しい対話が始まった。はじめのうち、彼らはその怒りを説明しようとせず、罵りと脅迫の言葉をつぶやき続けていた。私が何度も催促《さいそく》すると、彼らはついに、エクサルヒアの警察がヘロインの売人とつるんでいるせいだと答えた。私は、なるほどそういうこともあるかもしれないなと言った。「しかし、それほどの怒りをなぜ私にぶつけるんだい」

「馬鹿野郎」と、一人が言った。おまえ個人に怒《いか》っているのではない、「国家テロとその親玉たちに怒っているんだ。おまえはその一人だろう。なあ大臣、ここからとっとと出ていけよ。エクサルヒアはオレたちの解放区だ。どこにでも好きなところにいけ。ここ以外のどこかだ。平和なオレたちを放っておいてくれ」

アレクシスや戦時内閣との衝突の直後だ。ギリシャとヨーロッパの強大な支配層が、私を粉砕《ふんさい》しようとしていた。そこで私は、彼らには秘密を打ち明けることに決めた。

「分かるよ。国家権力の一員だからオレが憎いんだな、それはよく分かるよ。でも、これだけは知っておいてくれ。君たちが憎んでいるその支配者たちが、オレを憎んでいるんだ。信じてくれ、オレはあいつらにとって、目の上のたんこぶなんだ。あいつらは今にもオレを追い出そうとしている。排除しようとしているんだ。そして、君たちも分かるだろ……」

彼らの怒りは奇跡のように消滅した。沈黙の後、初めてリーダーが静かな、もうちょっとで親しみを表しかねないような声で、言った。「もういい。バイクに乗って、家に帰れよ」

私は振り返って、ダナエが乗ったバイクに向かって歩いた。しかしヘルメットを被《かぶ》りバイクに跨《また》がる前に、もう一度振り返って彼らに言った。「君たちが生まれるずっと前から、オレはエクサルヒアをうろついていたんだ。ここに戻ってくるなと言ったよな。君らはオレを、地元から閉め出すつもりなのか？」

彼は何秒間か思案して、こう言った。「大臣を辞めたら、戻ってきていいぜ」

「近いうちにまた会おう」と私は答えた。

バイクを発車させる時、バックミラーを見た。六〇人余りの連中は暴漢というよりは、私の出発の安全を見守る警備隊のように見えた。家に着き、私がバイクのスタンドを立てた時、ダナエが私を抱きしめた。私も彼女を抱きしめた。二人とも少し震《ふる》えていた。次の朝、普段は私に批判的なジャーナリストがこう書いた。「昨夜、エクサルヒアの時代錯誤的ファシスト不良集団は一人の女性に、三〇年来最大の敗北を喫《きっ》した。その女性の名はダナエ・ストラトゥだ」

しかしその時、さらに不吉な暴力が、私たちを待ち受けていた。

第 III 部
勝負の終わり

Endgame

15. 破滅へのカウントダウン
Countdown to perdition

エクサルヒアでのあの夜から六六日が経過し、勝負は終わりを迎えつつあった。ヤニス・ヨアノウの政治風刺漫画が、この日々のことを克明《こくめい》に描写している。ギリシャは後ろ手に両腕を縛《しば》られ、跪《ひざまず》かされ、何とか逃亡しようともがいているのだ。ＥＵを象徴する恐ろしい人物が、処刑用の斧を振りかざし、おとなしく処刑台に首を乗せなかったことを責め立てている。「最後の最後に、ちょっとぐらいは誠意を見せたらどうだ？」

私自身の経験は、もう少し違った作品によって、もっとうまく要約できるだろう。『勝負の終わり』と題されたサミュエル・ベケットの演劇だ。この劇では、盲目の権威主義者が召し使い（幼少期に引き取ったクロヴ君）を命令口調《くちょう》で怒鳴《どな》りつけ、理不尽《りふじん》な振る舞いをくり返して困らせながら、避けがたく捉《とら》えがたい終幕、呪われつつ望まれた終幕へと、一歩一歩進んでゆく（この演劇の題名は、現在のヨーロッパの支配層を暗示していると言えるかもしれない。二〇〇八年の金融危機によって、この社会をどうやって維持してよいか分からなくなったが、それでも支配権を手放すことができない人たちを）。私はこの五月から六月、戦時内閣とアレクシスが選んだ戦術でわずかでも勝ち目があるという幻想を抱いたことはなかった。私たちは逃れられない手詰まり《チェックメイト》（敗北）に向かって、ただ駒を動かし続けているだけだった。しかし私は一つだけ、別の幻想を抱き続けていた。アレクシスが最後の最後でトロイカによる屈辱《くつじょく》を拒否して、別の戦術を選んでくれるかもしれない、私たちの本来の計画に立ち戻ってくれるかもしれない、と。日がたつにつれ、このような信念は着実に弱まっていった。だがそれが完全に消滅しないかぎり、私は諦《あきら》めないことに決めていた。少なくとも私は、債権団がギリシャの財務大臣の首をすげ替えて、ギリシャという国の「無期懲役《ちょうえき》刑」を確定させるようなことを、簡単に許すつもりはなかったのだ。

私は四つの仕事にエネルギーを注いだ。第一に脱税や賭博《とばく》への対策、第二にユーログループで完璧なプレゼンをする準備、第三に（プランXを念頭に置いた）並行決済制度の開発、そして第四に、最重要課題として、私たちの「ギリシャのための計画」を完成させることであった。ジェフ・サックスと私はその仕上げにかかっていた。ノーマン・ラモント、ラリー・サマーズ、トマス・マイヤーの助言のほかに、ジェイミー・ガルブレイスと、エコノミストのマリアナ・マッツカートの助力を得ることもできた。

五月七日のことだ。私はブリュッセルで基調講演をする予定だった。それは、五月一一日に開かれる次のユーログループ会議の予行演習として、計画の素案《そあん》を発表するものであった。それと並行して、ワシントンではジェフが、ＩＭＦやその他の場所で支持者を増やすべく遊説《ゆうぜい》を始めるのだ。いかに計画がうまく説明できたとしても、ショイブレと仲間たちが諸手《もろて》を挙げて計画を受け容れる姿はまったく想像できなかった。しかし、説得力のある計画によって、比較的穏健な大臣たちに影響を及ぼし、彼らの結束を緩《ゆる》めることができる可能性は、なくはない。ブリュッセルでの演説の前に、私はパリとローマに行くことに決めた。そこでの演説を終えるとすぐにマドリードに飛び、私の計画がそこで有効かどうかを試すことにした。

こんな敵がいれば味方は必要なのか？

私には失うものはないし、現在の膠着《こうちゃく》状態によってフランス人もイタリア人もスペイン人も不安になっているので、私は率直《そっちょく》に厚かましい提案をして、これに答えてくれと言うことに決めた。私が提案したのは、前に進むための唯一の方法として、チプラスにメルケルを説得させ、ギリシャとドイツの共同提案をまとめさせ、これを三機関に提案させようというものだ。その中身は、第一に、五月末までにギリシャ国会で成立させる一連の改革案だ（財政計画の見直し、付加価値税のシンプル化、課税当局の大幅な改革、早期退職の厳格な制限、などなど）。これは現在の対ギリシャ・プログラムを完了するための新たな「共通のコンディショナリティ」となる。第二に、ギリシャの長期的な成長に関する、ＥＵとギリシャの間の契約である（私たちの「ギリシャのための計画」だ）。ここに含まれるのは、私が提案し続けてきた債務スワップ、大規模な投資イニシアティブ、民間銀行の不良債権を買い取る公的バッド・バンク、政府行政や生産物市場に関するさまざまな必須の改革、そして人道上の危機に対処するプログラムだ。★1

私は論じた。この提案を持ってメルケルにアプローチすることが、私たちにとって唯一のチャンスなのです。これは穏健な提案ですよ、ギリシャにとって即座に、そして長期的に必要となるものがすべて含まれ、債権者にとっても資金を回収できる可能性を高めることができるものです。何より、メルケル首相はこの戦略を、自分のアイデアとして打ち出すことができるのです。彼女がそれを拒否するなら、持続可能な解決策は存在しません。その場合には、なるようになれ、ですよ。

その前の五月五日、私はパリでミシェル・サパンとピエール・モスコヴィシに会っていた。彼らはトンチンカンな話をし、支援しますというのいつもの空約束《から》をくれたが、自分たちの考えは示してくれなかった。私が言う路線でメルケルにアプローチするかどうかという戦略的な問題に入ると、彼らは賛成も反対もしなかった。だが、そこにいたもう一人の政治家は、私の計画に完全に賛成してくれた。これはよい提案だから、これで進めてくださいと、私を励《はげ》ましてくれたのだ。エマニュエル・マクロンだ。

五月六日、ローマで、ピエール・カルロ・パドアンは私に大きなサプライズを用意してくれていた。彼はユーログループのなかでは確実に体制順応《じゅんのう》派であり、片目を常にショイブレの方に向けてお許しを求めていた人物だ。しかし彼は、自分のオフィスでは、私の提案に賛成だと打ち明けてくれた。「あなたは断固として、この方針で行ってください」と彼は言った。「時間がありません。ギリシャの首相は今すぐに、ダメなら明日までに、メルケルさんに電話してこれを迫るべきです。月曜日［ユーログループ会議がある五月一一日］まで待ってはいけません。その日までに、メルケルさんからアクションがなかったら、ショイブレさんが優勢になるでしょう」

私は驚いた。だがそれだけではなかった。パドアンは、次のようなアドバイスをくれたのだ。過去の二度のトロイカ・プログラム（私たちに投票することによって、ギリシャの人々が拒否したプログラム）はＩＭＦの論理に基づいていたが、何らかの新協定はＩＭＦの論理から脱却して、世界銀行の開発の論理に近づけるべきだという立論《りつろん》の方がよいというのだ。それは、ギリシャが遵守《じゅんしゅ》すべき条件が二つもあってはならない（そのせいで、既存のプログラムの条件を満たすまで、新たな合意に着手できない）、だからその両方をカバーする共通のコンディショナリティが必要だ、という私たちの議論を補強するためのものだった。パドアンのちょっとした批判は、「人道上の危機」という言葉はよくないということだ。彼は言った。「そんなものを引き起こしたなんていう批判を、彼らは嫌がりますからね。『反貧困キャンペーン』という用語を使ってはどうですか」と言うので、私はすぐに助言に従った。彼のオフィスを辞してフィウミチノ空港に向かう時、私は嬉しかったと同時にがっかりしていた。嬉しかったのは、ヨーロッパの権力の椅子には少なくとも一人、知的で誠実な人物が座っていたことだ。がっかりしたのは、ヨーロッパが共謀《きょうぼう》して、私たちの共通の機関（特にユーログループ）のなかでは、知性も誠実さもけっして顔を出すことができないようにしていたことだ。

五月七日のブリュッセルでの演説を終えて、五月八日にはマドリードに到着し、ルイス・デギンドスに迎えられた。彼は、ユーログループのテーブルでは隣《となり》に座っている男だ。彼はスペインの保守政権の財務大臣で、シリザの姉妹政党であるポデモスの宿敵であったため、ユーログループのなかではいつも私に敵対し、ショイブレの味方をしていた。だが私は、彼がそうするのは信念からではなく、ご都合主義の戦術にすぎないのではないかと推測していた。その日、彼のオフィスで、この推測が正しかったことが分かった。シンプルだが素晴らしいパエリアの皿を囲み、最高の赤ワインを飲みながら、戦意が萎《な》えるほどの友好的な会話が始まったのだ。行き詰まりを打開するための私の提案に、彼はすぐに賛成してくれただけでない。私が、パドアンも同じような反応を見せてくれたことを伝えると、彼は首を振って、「ギリシャとイタリア、スペインは団結しないとね」と言った。

好奇心を覚えて、私は彼に本音を話すよう促《うなが》した。「デギンドスさん、あなたはもう、私たちの政権の転覆《てんぷく》には興味がないということですか？　こないだまで、そういう意志を隠そうともしておられなかったのに」

デギンドスは少し間を置いて考えた。そして「もうないですよ」と言って、意地悪な微笑《ほほえ》みを見せた。

「何が変わったのですか？　私はあなたが、グレグジットを追求するショイブレに加勢していると思っていましたが」

彼は思慮《しりょ》深くこう答えた。「何が変わったか……それはポデモスが、数か月前のようには、私たちに脅威《きょうい》を与えなくなってきたからですよ。それに、グレグジットには以前よりも不安を感じています。その影響を封じ込められるかどうか、確信が持てなくなったのです」

スペインの小型景気回復は借金によるもので、実のところ脆弱《ぜいじゃく》であり、グレグジットによるショックを持ちこたえることはできない。そして、台頭《たいとう》していたポデモスも、内部分裂のせいで停滞している。公衆の面前で彼がそういう発言をすることはないだろうが、グレグジットを回避し市場を落ち着けるために、ギリシャとイタリア、スペインの同盟は、彼の立場からみれば意味のあることだ。[★2]

マドリードから帰国する飛行機のなかで私は、何としても今回のチャンスを逃《のが》してはならないという思いに、胸が苦しくなった。アレクシスがすぐにドイツの首相に電話して私の提案を伝えるというアイデアに、フランスの経済大臣と、それにイタリアとスペインの財務大臣が心から賛成してくれているのだ。彼らが自分からことを運んでくれるようなことはもちろんありえないが、アレクシスが動けば、少なくとも水面下で、私たちを応援してくれるだろう。

私がアテネに到着するまでには、「ギリシャのための計画」は完成していた。私が数日前に送った草稿を、ジェフ・サックスは完璧にまとめてくれていた。ノーマン・ラモントは重要な文章をいくつか追加してくれた。ラザールの面々は債務スワップ提案を精緻《せいち》化してくれた。そしてラリー・サマーズが推薦《すいせん》文をくれた。そのほかにも、債務の持続可能性分析やバッド・バンク政策に関する優れた仕事を含む、いろいろな原稿をくれた。この文書の標題は、ＩＭＦが好むような退屈で穏健なものにした方がいいとジェフが言うので、それに従って「ギリシャの財政再建と経済の回復・成長のための政策枠組み」という名前にした。傑出した経歴と、最上位の統治に関わるという経験を兼ね備えた、さまざまな政治的立場の政策決定者たちの署名をもらって、この文書は強力な武器となった。[★3]

五月一一日のユーログループ会議のためにブリュッセルに飛ぶ二日前の、土曜日の朝だ。私は自分のオフィスに「政策枠組み」のコピーを印刷するよう頼み、何部かをリュックに入れ、バイクでマキシモスに向かい、アレクシスに面会した。私は彼に、パリ、ローマ、それにマドリードで私の提案が大いに受け容れられたことを話した。そして「政策枠組み」のコピーを彼に手渡し、強くこう助言した。勝利するのは無理でも、全滅を回避するためには、これが君に残された最後の武器だよ。

彼はそれを読もうという素振《そぶ》りも見せずに脇に置いた。そしてメルケルのことを指してこう言った。「いまは彼女と反目すべき時ではありません」

意味が分からなかった。この文書の採用を拒絶し、この文書はギリシャ政府による反ＭＯＵだと宣言する機会を逃せば、彼は、ギリシャ政府によるギリシャの人々のためのギリシャ経済の回復のための計画を提示するチャンスを、フイにしてしまうことになる。しかもこれは、世界で最も賢明《けんめい》で最も経験豊富な政策決定者たちから有力な支援を受けて作られたものなのだ。しかし、首相が承認の押印《おういん》を拒否したことで、今後この「政策枠組み」は財務省のグリーンペーパーにすぎないものとなり、債権団はこれを完全に無視してよいことになった。

アレクシスに残された最後の抵抗は、ＩＭＦに対する債務不履行の脅《おど》しだ（舞台裏でメルケルに対して借り換えの意志を示しつつ、だが）。総額七億六五〇〇万ユーロ（約九九五億円）に上《のぼ》る次の返済分は、ユーログループ会議の翌日、五月一二日の火曜日が期日だ。だが五月一〇日の日曜日、戦時内閣の会議の直前に、ギリシャ中央銀行総裁のヤニス・ストゥルナラスから電話があった。忘れ去られていた口座があって、たまたまそこにカネがいっぱい入っていた、つまり奇跡のように六億五〇〇〇万ユーロ〔約八四五億円〕もの遊んでいるカネが見つかったから、それをIMFへの支払いに使うことができる、というのだ。残りの一億一五〇〇万ユーロの債務不履行《デフォルト》を、正当化することもできなくなった。「ちくしょう！　おれたちがデフォルトするのを阻止するために、ヤツらは自分で自分に返済する算段《さんだん》か」と言ったのは、アレクシスだ。

　私は言った。「アレクシス、ギリシャにデフォルトを宣言させるぐらいなら、自分で自分に返済する方を彼らが選んだということは、君に力と勇気を与えてくれるのだよ。これは、君がどんな力を持っているかを示してくれているんだ」

　彼の精神を鼓舞しようとする私の試みは届かなかった。その後数時間、戦時内閣では現行プログラムに屈服する新たな方法が話し合われた。私は黙っていたが、会議の最後にこう聞いた。「明日私はブリュッセルに飛んで、次のユーログループ会議に出席します。私への指示は？」ショイブレ軍の攻撃をかわし、メルケルからの援軍に期待せよ、それが私への答えだった。

ショイブレの一手

仲間を自分の近くに留めながら、敵をもっと近くに引き寄せたかった。私はニコラスとフリアラキスをともなって、ユーログループ会議が始まる一時間前に、ブリュッセルのドイツ代表団のオフィスに出向き、ショイブレを訪《たず》ねた。[★4] 彼は二人の補佐人とともに私たちを迎えた。お決まりの挨拶《あいさつ》はそこそこに、彼はズバリ核心をついた。「いいですか。欧州委員会があなたに話していることを、真《ま》に受けるのは間違いですよ。彼らがあなた方に何を提供できるっていうんです？　彼らは言う、話す、喋《しゃべ》る、でも全部口《くち》だけです。気に止めないようになさい」

　これまでの経験から、彼の言うとおりだった。だが、私にとって予想外だったのは、欧州委員会だけでなく、なんとドイツの首相も無視しなさいと彼が助言してくれたことだ。「あなたの首相はいつも彼女と話をしておられますよね」と彼は言った。そして見るからに腹が立ってきた様子で、彼は問うた。「なぜ彼はいつも彼女と話しているのですか？　何のために？　彼女に何を期待して？　彼女が彼に与えるようなものは何もありませんよ！」おそらく、礼節《れいせつ》の限度を踏み外したことに気づいたのか、彼は少し態度を落ち着けた。「あなたの首相が、国民投票の可能性を口にしたと聞いて、私はとても嬉しく思っているのですよ。だって、素晴らしい結果になるでしょうからね。ただ、よく気をつけてください。ギリシャの人たちに、自分たちの選択の意味をはっきりと、明確に、教えてあげてください。世論調査によれば、彼らはユーロを望んでいるそうですね。ならば彼らに伝えておあげなさい。ユーロを望むなら、MOUを受け容れなければならない。MOUが嫌《いや》だというなら、それで結構、好きになさい。好きになさってください」

私は、自国がユーロ圏に留まることが不可能になるような誤った政策に同意することが、まさにほかでもない、ユーロ圏に留まる条件だということは、ありえないと反論した。

彼はすぐに私の議論を却下した。「MOUです、このままのMOU、変更点はなしです。嫌ならドラクマ。ユーロを望むならMOUを受け入れる。ユーロを望まなければ、それは別の話です。ギリシャの人たちが決断してください。あなたの首相が国民投票だと言ったのを、私が喜んでいるのはそのためです。国民投票の準備をしてください。そして、いいですか、ギリシャの人たちが心を決めるのに、たっぷり半年かかるというなら、結構。きっかり六か月分の資金を差し上げましょう」

これで分かった。ECBがルールに従っているだけという話は全部ウソなのだ。その気になれば、政治的な目的のために、ギリシャの債務返済義務を助ける資金を「きっかり」出せるのだ。それも、私たちが求めていたような二週間、三週間分ではなく、六か月分だというのだ。それは、一一〇億ユーロ〔約一・四三兆円〕に相当するカネだ!

彼の言葉にびっくりして私は答えた。「しかし、ショイブレさん、責任あるリーダーとしてヨーロッパ人としてグレグジットを回避するために、それに、ギリシャの人々にユーロ圏のなかでちゃんとした生活ができるという明確なビジョンを示すために、私たちはできるかぎりのことをすべきではありませんか。ユーロ圏のなかでの破滅的な財政政策と、ユーロ圏からの破滅的な離脱との二者択一を人々に迫るのは、良識ある政治的リーダーシップとは言えないのではありませんか。まっとうな未来に向けて、何の希望も与えてくれないことが、そのMOUの問題だとは思いませんか?」

もちろん彼もそう思っていたことを、彼は認めた。「あのMOUはギリシャの人々のためにならない。回復にも役立たない。成長にとって好ましくない。だから国民投票が必要なのでしょう? この点をはっきりさせるために」

彼があまりに安易にユーロ圏の解体を容認しようとしているようにみえたので、私は驚いて、こう言った。「ひとまずギリシャのことは置いておきましょう。あなたは本当に、グレグジットによって解き放たれる悪魔のような力を制御できると思っているのですか？　それはまったくおかしい。制御できる人間なんていません。これは前代未聞の過《あやま》ちになりますよ」

　彼は答えた。「ではグレグジットと呼ばないでください。グレグジットとは考えないで。タイムアウトと思ってください。私の考えでは、ギリシャはしばらく退出する、そしてすぐに復帰する。そしたら通貨を切り下げて、競争力を回復させられます。一年後かそこらで、失った競争力の大部分を回復できたら、復帰すればいいのです」

　私は何から話を始めればよいか分からなかった。「ショイブレさん、ギリシャは絶対にユーロに参加してはならなかったと思いますが、それでも私は離脱を許すことはできません。通貨の切り下げをする前に、通貨を作るのに一年ぐらいかかります。それは、一年後の切り下げを前もって宣言するのと同じことです。その短期的、中期的コストは計り知れません。私はそのコストが、破壊的なＭＯＵのもとで永遠にユーロに留まるコストよりは、小さいかもしれないと思っています。しかし、ＭＯＵかドラクマかというジレンマに私たちを追い込むことは、ヨーロッパの利益に適《かな》わないと断言できます。たとえあなたがギリシャなんてどうでもいいと思っていても、グレグジットによって、……ギリシャのタイムアウトとか何とか、あなたが何と呼ぼうとも、そいつによって、ユーロから歴史上の必然だというオーラが失われるでしょう。その余波がパリを襲う前に、すぐにイタリアやスペインが途方もない打撃を被《こうむ》るでしょう。たとえマリオ・ドラギさんが、ユーロ紙幣のピラミッドを築いても、彼にはこのダメージを弱めることはできません。あなたが制御できない力によって、あちこちから、通貨同盟は引き裂かれてゆくでしょう」

　ショイブレは同意しなかった。だが彼の否定の言葉のなかに、私たちの間の奇妙な一致点が示されていた。彼は言った。「ユーログループのなかで、ユーロ圏が持続不能だということを理解しているのは、たぶんあなただけでしょう。ユーロ圏は設計ミスです。政治同盟が必要です。そこに疑問はありません」

　私は口を挟《はさ》んだ。「あなたが献身《けんしん》的な連邦主義者だということは、ずっと前から存じ上げています。一九九〇年代の初めごろ、お仲間たちの意見に反対しておられたのを思い出します。通貨同盟にとっては連邦的な政治構造が必要だということを、メルケルさんはきっとあなたほどには理解できていなかったでしょう」

　しばし彼は満足げな表情を浮かべた。「フランス人もですよ」、と彼は付け加えた。「彼らは私に反対した」

「そうです。彼らは主権を分かち合うことなくドイツマルクを利用したがっていた！」

ショイブレは心から同意した。「そう、そうです。私には受け容れられなかった。それでです。……そいつを守る唯一の道は、そいつを維持する唯一の道は、厳しい規律です。ユーロが欲しい者は規律を守らねばならない。だから、グレグジットで規律づければ、ユーロ圏はもっと強くなる」

横目で私はフリアラキスが真っ青になってゆくのを見た。他方、ニコラスは感心したようだったが、ドイツの財務大臣がかくも暴走する様《さま》には驚きを見せなかった。私の番だ。「グレグジットが引き起こす大混乱を、あなたは制御できないでしょう。一時的なタイムアウトのことは忘れてください。一国が抜ければ、いったん抜ければ、残りの国も飛び出してゆくでしょう。あなたが計画しているのは、あなたが制御できない激動なのですよ」

「同意できませんね」と、彼は首を振り、床に視線を落とした。「ギリシャが去れば、私たちはもっとうまくユーロを防衛できます。私たちが大々的な支援をする。そしたら、ギリシャも復帰できるのです」

凶暴な大自然の力を制御できるという、彼の信念に挑戦しても無駄だった。だが、ドイツの財務大臣が壊滅《かいめつ》状態の国に「大々的な支援」をすると言うのなら、その国の財務大臣には明確な説明を求める義務がある。そこで私は聞いた。「分かりました。では、『大々的な支援』とおっしゃいますが、『大々的』とはどういう意味ですか？　それにショイブレさん、それについて首相には説明されましたか？」

彼は私の方をじっと見つめ、意味深な微笑みを浮かべて言った。「もし私がその問題に答えたとしましょう。その答えを外に漏《も》らしてご覧なさい。この手であなたを殺してやりますよ！」

「ショイブレさん、……私たちが会議で話し合った内容を、私がちょっとでも外に漏らしたことがありますか。あなたにはある。だがご承知のとおり、私が漏らしたことはない！」

彼は声に出して笑った。「そうです、仰《おっしゃ》るとおりです、仰るとおりだ。彼女は知っていますし、それがよい考えだということを彼女に説得しますよ」

思ったとおり、首相はショイブレの計画を知っているが、承認してはいなかった。そこで閃《ひらめ》いた。私と彼は重要な何かを共有している。グレグジットを含め、合意点は一つもないが、一点だけ共通点がある。上司が難儀《なんぎ》しているということだ。私は探りを入れた。

「仰《おっしゃ》られたことから考えますと、今回のような会話を私と交《か》わす権限は、あなたにはなかったのではありませんか」

「そう、この話をするのに、あなたはあなたの首相の委任を受けないといけませんし、私も自分の首相の委任をもらわないとね」

「分かりました、後ほど電話いたします」、と言って、私たちは電話番号を交換し、あとで再び話をすることにした。

その間、ユーログループ会議があった。会議中に私はアレクシスに携帯メールを送り、ショイブレに関するニュースを伝えた。すぐに、次のような返事が返ってきた。

バルファキス：［一六時二一分］今日の話し合いで、ショイブレが驚くべき急旋回《せんかい》をみせたよ

チプラス：［一六時二二分］どういうことですか？

バルファキス：［一六時二五分］タイムアウトのメッセージを君に送った……

チプラス：［一六時二六分］離脱とか並行通貨採用の提案ですか？

バルファキス：［一六時二七分］後者による前者だ。MOUがギリシャを絞《し》め殺すということは、完全に理解している

チプラス：［一六時三〇分］では伝えてください。もし本気なら、どうすれば最善の条件でそれが可能かを議論しましょうと。資金、合意、デフォルト抜きの相互支援

バルファキス：［一六時三五分］移行時の大々的な支援を口にしていた

その時、デイセルブルムが私を指して、ギリシャ政府に対するいつもの批判に答えさせた。遅延行為だ、信頼できる提案を提示しようとしない、などなど。私はお決まりの答弁をし、バランスのとれたコミュニケを嘆願《たんがん》して、アレクシスとのeメール交換を続けた。

チプラス：［一七時五〇分］彼がいったい何を考えているのかが気になります。例の代案も彼に話して、反応をみてもらえますか[★5]

バルファキス：［一七時五一分］OK。これらの問題すべてについて極秘で彼と話すことに、青信号を出してくれるかい？

チプラス：［一七時五三分］はい。でも、同意したという印象を与えないように気をつけてください。それと、彼がリークしないように注意してください

バルファキス：［一七時五三分］OK。こちらの方針は、(一)私は彼の提案を探るために話をするだけで、何も約束はしない、(二)彼が漏らせば当方は否定する、ということで

ユーログループがギリシャ問題からほかの議題に移ると、ショイブレが巨大な会議テーブルの向こう側から私に手招き

した。私は歩み寄って、彼の側《そば》に膝《ひざ》をついた。
ショイブレ：さっき話し合ったことを、ずっと考えていたのです
バルファキス：私もです。嬉しいことに、あなたのアイデアについて同意とか約束とかは抜きで議論するよう、こちらの首相から委任をもらいました
ショイブレ：お聞きなさい。私たちが委任をもらうだけでは不十分です。まず彼らがその話をすることが大事です

彼の言うとおりだ。こんな重要な問題で勝手に動いたとの批判を受けて、二人とも窮地《きゅうち》に陥《おちい》る可能性がある。
バルファキス：分かりました。ではどうしましょうか？　ところで、あの後、おたくの首相から委任は受けられましたか？
ショイブレ：彼女とは明日の朝、話をします。でも彼女の同意だけでは不十分です。彼女とチプラスさんがまず話をすべきです。あなたの首相は彼女といろいろ話をしておられますよね。そこで、この話を切り出してもらえませんか？
バルファキス：［微笑んで］ちょっとちょっと、ショイブレさん。彼がそんなミスを犯すと思いますか？　そんなことをすれば、たちまち『フィナンシャル・タイムズ』とか『シュピーゲル』とかが、ギリシャ政府がグレグジットを提案したと報じるでしょう。もっといい考えがあります。メルケルさんの方からチプラスさんに、話を切り出してもらえませんか？
ショイブレ：（微笑んで）そしたら、ドイツの首相がユーロ圏からギリシャを追い出そうとしていると、あなたがリークするんでしょう
バルファキス：ショイブレさん？　これは行き詰まりのようですね

彼は顔をしかめて沈思黙考《ちんしもっこう》し、数秒後、新鮮なアイデアを示した。「チプラスさんが彼女と話をした時に、彼の方から攻撃的に、『ショイブレさんがバルファキスさんにタイムアウトなんてことを言っているそうですが、それはいったいどういうアイデアなんですか』と聞くのです。彼が批難がましくそう尋《たず》ねれば、チプラスさんやあなたが私の提案に賛成したなんていうリークは、誰にもできません。でもその時、メルケル首相の方にも、『それは悪いアイデアではないかもしれませんね、一度話し合ってみましょう』と言うチャンスが与えられます。そうすれば『大々的な支援』の意味するとこ

ろを、あなたと私で議論することができるようになります」

私は賛成し、アテネに戻ると、このやりとりを忠実にアレクシスに伝えた。彼は困惑を見せたが、ショイブレがひねり出した攻撃的な質問を、メルケルにぶつけてみることを約束した。

融けたユーロ、沈んだ心

それからおよそ一か月後の二〇一五年六月八日、私はベルリンにいた。ジェイミー・ガルブレイスと一緒に、ショイブレのオフィスに最後となる訪問をした。彼は暖かく迎えてくれたが、キツいジョークを言わずにはいられなかったようだ。私たちが席に着くと、彼はユーロコインのミルクチョコレートの山を作った。「これはドイツの子どもたちがくれたものです。でも、私は子どもたちに言いました。これはギリシャの大臣にあげることにするよ、気持ちを落ち着かせるのに必要だからね、ってね」。ニヤッとして私はチョコを取り、その一つを彼に差し出した（彼はそれを断った）。私はアルミ箔を剥《む》いて、チョコを口に入れた。

「本当にほっとしますね」、と私は言った。そうして、悪いニュースを伝えた。「ショイブレさん、一か月前に切り出してくださった話のことですが、あなたが委任を受けていなかったのは確かなようですよ」

彼は明らかに驚いて、説明してくれと言った。そこで私はアレクシスの話を伝えた。彼はメルケルと話をした。ショイブレの助言どおり、彼はメルケルに向かって「ショイブレさんがバルファキスにタイムアウトなんてことを言っているそうですが、いったいどういう意味ですか」と聞いた。すると彼女は困惑して、そんなことは考えたこともないと言った。そして尊大な様子で、「もし彼［ショイブレ］がまたあなたにそんな話を持ち込んだら、私に知らせなさい！」と付け加えたのだ。★6
ショイブレは喉《のど》を詰まらせたようだった。アレクシスの言ったことに異議を唱えようとさえしなかったのは、メルケルがそういう態度をとりうることを理解していたからだろう。彼の微笑みは消え、肩は落ち、元気さは消えた。何度も肩をすぼめて、そういうことなら、考えは尽きたと言った。言葉が出ないようだった。何度も何度も彼は、この手詰まりを打開する「アイデアはない」、三機関に隠れてユーロ圏での合意を話し合う「権限はない」とくり返した。無関心とか冷淡な戦術とかではなく、純粋な無力感を示されたのは初めてだ。そこで、彼を少し元気づけようとした。

窓の方を指さして、「外にいる人々は、正しいことをして、破滅を避け、解決策を見いだすことを、ドラギさんやラガルドさんに期待しているわけではありません。人々が選挙で彼らを選んだわけではありません。一致団結して、合意を打ち出すようにと、彼らは私やショイブレさんを選んだのです。解決策を見いだすことが彼らの負託《ふたく》であり、できなければ私たちは批判を受けるでしょう」

　彼は私の目を見ようとしなかった。実際、具合が悪そうに見えた。私は話を続けた。

「私たちの難問は、私たちの課題は、私たちが意見の一致をみた二つの制約条件のもとで、痛みを最小化する解決策を見いだすことです。第一に、MOUはギリシャにとって持続可能な解決策を与えない。第二に、あなたも私もグレグジットやタイムアウトを議論するための委任を受けていない。ですから、現在の制約のなかで、最善の解決策を見いだしましょう。それが、選挙で選ばれた政治家がやるべきことです」

「どんな解決策ですか?」と彼は聞いた。扉が少し開かれたようだ。具体的な解決策を提案するチャンスだ。

　彼が連邦議会に説明できるような仕方で債務スワップを行う方法、ギリシャが追加資金を必要としないようにする方法、ギリシャがけっして再びプライマリーバランス赤字の屈辱に陥《おちい》らないようにする方法、私と彼が合意できるような広範囲の改革を実施する方法、そして、ドイツの首相官邸にも財務省にも近いドイツのコンサルタントと一緒に私が練り上げた提案に沿った投資銀行の件、これらについて私は説明した。ようするに、私の「政策枠組み」の改訂版について、概要を説明したわけだ。この一か月間、私たちはこの仕事に取り組んでいた。新たなアイデアを盛り込み、これに新たな標題を付けた。名づけて、「ギリシャの危機を終わらせる：構造改革・投資主導型成長・債務管理」だ。[★7]

　私の記憶では、ショイブレはこの提案に欠点を一つも見つけ出せなかったように思う。後に、彼の反応についてのセカンドオピニオンをもらうために、私はジェイミー・ガルブレイスに彼の印象を書いてもらった。ショイブレの反応について、彼はこう記述した。

> ショイブレは長時間にわたり注意深くプレゼンを聞いていた。彼の身振《みぶ》りからは、議論のどんな点についても異論はないようだった。バルファキスはくり返し、これは最終的な解決策であるべきで、さらなる失敗のきっかけや、現在の救済策の延長になってはならないと言った。……ショイブレの反応について最も重要な事実は、彼が何度も肩をすぼめて、この問題を解決する方法について「何もアイデアがない」と言っていたことだ。

　私は彼に何らかの返答を促《うなが》した。「さて、ヨーロッパで最も豊かで強い国の財務大臣であるあなたに、私が何をすべきかお聞きしたい。あなたは私のアイデアを拒否する。あなたの提案はあなたの首相が拒否した。その間に、うちの首相のチームとトロイカは、ブリュッセル・グループのなかで、解決策とは正反対の方向に突き進んでいます。ショイブレさん、私は何をするべきでしょう？」

彼は初めて顔を上げ、熱意なく言った。「MOUに署名しなさい」。結局振り出しに戻ったわけだ。

「分かりました。仮に私がそうしたとしましょう。その最悪の書類に署名したとしましょう。教えてください、私たちは半年や一年で、また同じ状況に陥らないと言えますか？　再び財政危機が起こり、「ギリシャが再び窮地《きゅうち》に」なんていう見出しが躍《おど》り、さらなる不況が襲い、ユーログループでは大反発が起こる、そんなことにはなりませんか？」

元気を取り戻したのか、彼は同意して言った。「だから、あなたの首相にタイムアウトについて考えるよう、説得してくれとあなたに言ったのですよ」

「でも、その話を終わらせたのは、あなたの首相ですよ」

「ええ、ではMOUしか残っていませんね」と言って、彼は再び同じ「解決策」に引き戻した。

論理やレトリックを超えた方法でしか、悪循環を断ち切れないと思った。人間的な意思表示が必要だ。「ショイブレさん、お願いがあるのですが」と、私は控えめに言った。彼は優しく頷《うなず》いた。「あなたは四〇年間、この仕事をやってこられましたよね。私はたった五か月です。前にお会いした時に申し上げたと思いますが、私は一九八〇年代後半からずっと、あなたの記事や演説を興味深くフォローしてきました。しばらくの間、私たちが大臣だということを忘れましょう。アドバイスをください。何をすべきかではなくて、アドバイスを仰ってください。お願いできますか？」

補佐人たちが油断なく見つめるなかで、彼は再び頷いた。力を得て私は彼に礼を言い、政策の執行人ではなく、年上の政治家としての答えを求めた。「もしあなたが私の立場だったら、あのMOUに署名しますか？」私は、彼がいつもどおりの無意味な議論を付けて、この状況ではほかに方法はないと答えるだろうと予想した。しかし違った。彼は窓の外に目をやった。その日は、ベルリンにしては暖かい晴れた日だった。彼は私に向かい、衝撃の答えを口にした。「一人の愛国者として、ノーです。あれは人々のためになりません」

隙間《すきま》が見えた。当然私はそれをこじ開けようとした。MOUがためにならず、グレグジットは問題外だということに合意したのだから、ドイツやギリシャの人々の負託《ふたく》や、私たちの義務に合致する解決策は、私が提案したようなものしかないのではありませんか。そう言ったが、その時には、ショイブレは壊れた人間のような様子になっていた。

　皮肉屋は言う、ショイブレはもっと大きなゲームをしているのだと。ＩＭＦ会議でミシェル・サパンを激怒させたように。そして五月一一日のユーログループの直前に、グレグジットは彼にとっての手段だ、パリにトロイカを進駐《しんちゅう》させて、より小さく、より規律のとれたユーロ圏を実現するための手段だと私に告げたように。その皮肉屋は、ほぼ正しい。[★8] しかしそれは物語の全体ではない。その日、私が別れを告げようとした時、そこにいたのは手段を選ばない独裁者ではなかった。そこにいたのは、表向きはヨーロッパでほぼ最高の権力者でありながら、自分が正しいと分かっていることを実行するにはあまりに無力だと感じている、気落ちした男だった。偉大な悲劇作家たちが教えてくれたように、最高の権威とまったくの無力さの組み合わせほど、悲惨なものはないのだ。

　彼のオフィスから出る時、私はチョコのユーロを何個かもらって、上着のポケットに入れた。私たちはさよならを告げた。私はエレベーターで下まで降り、明るい日差しのなかへ歩き出した。待っていた車に乗り、ショイブレのオフィスの辺りを見上げると、気落ちした彼の姿が思い出されて、妙な悲しみがこみ上げてきたのが不思議だった。次は、ベルリン大聖堂での講演だ。あの夜に私を迎えてくれた熱心な聴衆の方々は誰も、私がそんなふうに感じていたと言っても信じてくれないだろう。[★9] 私が大聖堂に着いた頃には、ユーロのコインは体温ですっかり融けていた。このポケットに入れたままにしていた辞表は、チョコでベトベトに汚れてしまった。

コンピューター戦争

「コンピューター戦争」(*A Taste of Armagedon*)とは、『スタートレック』の最初のテレビドラマ・シリーズの第二三話で、一九六七年に放送されたものだ。エミニアとヴェンディカーという二つの惑星の間の、五〇〇年にわたる戦争についての話だ。その当事者たちは戦争のコストを抑えるために、面白い協定を結んでいた。お互いに本物のミサイルを撃ちあうのをやめて、コンピューター・モデルのデジタル環境のなかで、紛争を続けようというわけだ。そのなかでは、相手のモデル都市に対するモデル・ミサイルの爆発として、互いに対する攻撃がシミュレートされる。ただ、物的損害は生じないものの、犠牲者は実際に発生する。なぜなら、この協定によれば両陣営は、もし本当に攻撃が行われていたら(モデルの計算によれば)死んでいたはずの人数と同じ数の人間たちを、特別に作られた「分解マシーン」に送らなければならないからだ。

　トロイカとの交渉のなかでも、同じような「コンピューター戦争」が起こっていた。そこでの現実の犠牲者はギリシャの人々だ。たとえば、貧困と租税回避に苛《さいな》まれ苦闘する経済において、付加価値税（消費税）や法人税の税収を増やす最善の方法は、税率を下げることだと私は論じたが、その度《たび》に、トロイカは彼らのコンピューター・モデルでは逆の結果が出ていると反論した。付加価値税や法人税の税率を上げることによってのみ、税収が増えるというのだ。しかも、ヨルゴス・フリアラキスが委員長を務めるわが財務省の経済諮問委員会も、同じトロイカのモデルを使って緊縮策に賛成する同じような議論を生み出していた。ある日、腹立ちと疑いを抑えられない私は、経済モデルの中身を見せてくれるよう頼んだ。この手のモデルは複雑ですよ、つまり、あなたには理解できませんよ、というようなことを言われたが、私はこう言って食い下がった。私の前職は計量経済学者だったのですよ。

彼らのモデルを見た時、なぜ彼らが見せたがらなかったのかがはっきりした。まともな経済学者が見ればとんでもない代物だったのだ。まったく馬鹿げた仮定が置かれていて、付加価値税が引き上げられて価格が上がっても販売量はまったく減らず、法人税を増税すれば企業が納める税額が必ず増えるというのだ。この欠陥《けっかん》は専門用語で言えば、「価格弾力性」がいっさいモデルに組み込まれていなかったということだ。私が知るかぎり、価格をどれだけ急激に引き上げても販売量はまったく影響を受けないなどと仮定するような経済学者は一人もいない。逆に、いくら価格を引き下げてもけっして販売量が増えないと言う者もいない。ましてや法人税をどんなに上げても、企業は納税額を必ず増やしてくれるなどということはありえない。トロイカや、わが経済諮問委員会や著名な金融業界紙は（彼らのなかにはギリシャの増税に賛成しなかった人もいたが）、いつも私の議論に対抗してこのモデルを弁護していたが、それは結局、こんな馬鹿げた経済モデルを彼らが支持していたことを意味する。

欠陥を明らかにするために、私は簡単な課題を出した。トロイカのモデルで、付加価値税の税率を二三％から二二三％に引き上げた時、政府の税収にどんな影響があるかをシミュレートしてもらったのだ。現実にこんな無茶苦茶な増税をしたらどうなるか、私たちはみんな知っている。販売量は激減し、政府の税収も減少するはずだ。しかし、トロイカのモデルではそうならない。税収が爆発的に増えるという結果がはじき出されたのだ。どんなモデルでも、仮定がゴミなら結果もゴミだ。とはいえ、『スタートレック』の「コンピューター戦争」と同じように、犠牲者は現実に発生する。貧しい年金生活者はさらに困窮《こんきゅう》し、企業は崖《がけ》っぷちから突き落とされ、命を守る経済全体が危機に瀕《ひん》する。

トロイカのモデルに対抗するには、どうしても、私自身の経済モデルが必要だ。科学的にも優れていて、社会的にも人道的なやつだ。もちろん、それは本来ならば経済諮問委員会の仕事だが、フリアラキスにはその知識も、それをする意志もなかった。彼は、ヴィーザーやコステロの立場を強くするような結果を出すトロイカのモデルの言いなりになって、満足していた。しかも、今や彼はマキシモスから完全な支持を得ているので、彼と議論しても仕方がない。代わりに私は、エレナ・パナリティを筆頭とする自分のチームに頼んで、まともなモデルをゼロから作ってもらった。

総勢七〇人の経済諮問委員会のような資源もなく、作業をするまともなオフィスもなかったのに、小さなチームは素晴らしい仕事をしてくれた。私たちは一緒に、計量経済学的な推定を行い、価格や税率の変更に対するさまざまな市場の反応に関する推定値を組み込み、計算コードを完成させた。二週間もしないうちに、アテネにいるトロイカの専門家たちも、私たちのモデルの方が優秀だと認めた。ただ問題は、もっとも正確なモデルが勝利するという、学問的な競争をしているわけではなかったことだ。これは、力のある陣営が勝利する、モデルの戦争だ。これを示すために、IMFのポール・トムセンに関わる逸話《いつわ》を紹介しよう。

ある日、ブリュッセルでの夕刻、トムセンはギリシャの付加価値税制について、そしてそれを単純化する方法について、いつもの長広舌《ちょうこうぜつ》で私をうんざりさせていた。「付加価値税の税率が六つもあるのは馬鹿げています。サヤ取りとか不正が起こりやすくなるじゃありませんか」と彼は大声で言った。[★10]

私は答えた。「ギリシャの付加価値税の本当の問題は、その複雑さではなくて、二三%という税率が高すぎることです。不況に陥った経済で、貧困に喘《あえ》ぐ社会で、何百万もの人々がそんな税金を払えないからです。私たちはギリシャの人々に、新しい社会契約を提案せねばなりません。政府が税率を下げる代わりに、人々は本当に税金を納めるのです。さらに、租税回避を防ぐために手続きをデジタル化しましょう、と。

トムセンは頑固《がんこ》だった。税率が多すぎるのが問題だと、何度も何度も言い続けた。「税率は二種類だけにしてください」と、彼は主張した。

その一日は長く、私は疲れていたので、私はズバリ切り出した。「オーケー、いいですか、トムセンさん。二種類だけの税率という、あなたの考えを採用しましょう。ただし、税率は六%と一五%、それにデビットカードではなく現金を使った取引では三%の割り増し、これにあなたが賛成することが条件です。いかがですか？」

トムセンは私を見つめ、「本当ですか？」と言った。明らかに私の提案に満足していた。

「本気ですとも」と私は答えた。「では、これで手を打ちましょう」と、彼は手を差し出し、私たちは握手を交わした。

アテネに戻り、この政策を承認するようにアレクシスの仲間や閣僚たちを説得するには、かなり骨が折れた。私は論じた。これで人々や企業が大きく息をつくことができます、人々と政府の信頼関係を築き直すことができます、私たちとＩＭＦとが、大きな改革に関して意見の一致をみたのは初めてです。私はゴーサインをもらったが、彼らの多くが明らかに不機嫌そうだった。フリアラキスはトロイカ式の彼のモデルが否定されて憤慨《ふんがい》していたし、私たちのチームの存在を厄介《やっかい》だと感じている人たちも腹を立てていた。

五月一八日、私はギリシャのテレビで生放送のインタビューを受ける予定だった。前もってアレクシスに声をかけて、交渉の進捗《しんちょく》と租税負担軽減の象徴として、新たな付加価値税制に関する発言をすることについて、許可をもらおうとした。彼は賛成し、私はそうした。次の日、新聞のインタビュー欄に、その付加価値税の案に対して、「実現不能だ」とか「バルファキスの空想の産物だ」といった攻撃が見られた。副首相の事務所やフリアラキスが、私の政策に反対する説明を記者に対して行ったと、私の報道担当官とヴァシリが教えてくれた。仲間の悪口を気にかけてはいられないよ、と私は言った。「トムセンとアレクシスの同意をもらったので、私にはそれで十分だよ」

二日後、ブリュッセル・グループへのギリシャ代表団の一人から電話があった。彼は、トムセンと私の合意を大変に喜んで、ブリュッセル・グループでこれを確定させようとしていた。だが、彼の声は不機嫌だった。「ＩＭＦは合意を破りました。向こうの交渉団の代表が言うには、トムセンとあなたは税率を二つだけにすることに賛成したが、高い方の税率は二三％から一五％に下げるのではなくて、二四％に上げるのだ、ということです。それが、彼らのモデルのお告げだと」。前にジェフ・サックスが注意してくれたことは本当だったのだ。「あいつらは嘘《うそ》つきだ。彼らを信じてはいけない」。しかし、トムセンがこんな見え透《す》いたことをするとは、どうしても信じられなかった。

次に彼に会ったのは、ブリュッセルの廊下ですれ違った時だ。彼は床に視線を固定し、明らかに会話を避けようとしていた。私は彼を呼び止めた。「トムセンさん、付加価値税に関する私たちの合意はどうなったのです？　六％と、一五％と、現金の場合はプラス三％って言いましたよね。うちの代表から、高い方の税率は二四％だと報告を受けましたが、いったいどういうことですか？」彼は税収が足らないとか、意味の分からないことをつぶやいた。「トムセンさん、約束しましたよね」と私は迫った。

彼はニヤリとして、言った。「労働市場改革をやってくれますか？」[★11]

交渉の余地はないことが分かった。何も言わずに私は立ち去った。

ギリシャの新聞には嘲笑《ちょうしょう》されたが、私は屈服しなかった。六月の始めから終わりまで、私のチームと私は、自分たちのモデルの方が精度が高いことをくり返し示し、自分たちの議論を貫いた。これは本当に馬鹿げた状況だった。急進左派連合シリザを代表する左翼の財務大臣が、増税を主張する自称ネオリベラルの役人たちを向こうに回して、レーガンの共和党よろしく減税のための議論をしているのだ。交渉には経済学的な基盤がなかったことは、このことからも明らかだろう。

ある日、マキシモスでアレクシスが私を祝福してくれた。「ヤニさんたちのモデルの勝ちです。ブリュッセルも、彼らのモデルより優れていると認めましたよ」と、満足げに言った。そしてこう付け加えた。「でもねヤニさん。彼らはやはり、そのままのパラメーター改革［税率設定］を主張して譲らないのです。ですから、おれたちはそれを認めてやることに決めました」[★12]。そんな彼を見て、私は「アナン7」のことを思い出した。「コンピューター戦争」におけるエミニアの指導者である。彼は自分たちが統治する人々に、自発的に「分解マシーン」に入るよう命じていた。なぜなら、彼が敵と合意したモデルがそれを命じていたからだ。

突然の中止

前の政権がやらかした数々の恥ずべき行為のなかで、芸術や広義の文化の領域に関するものが二つある。一つ目は（英国のBBCに相当する）国営ラジオ・テレビ放送局ERTの廃止だ。二つ目は、国立現代美術館（EMST）のアナ・カフェツィ館長を違法なやり方で解任したことだ。この美術館の設立と完成、そして成功は、彼女のライフワークだった[★13]。野党の頃にシリザは、この愚行《ぐこう》を撤回すると約束していた。

旧体制の遺物であるサギアスと、アレクシスの分身を自認し私たちの反逆の保証人でもあるパパスは、経歴が異なるものの、戦時内閣のなかでは本来の公約を擁護する多数派の要人だった。だが、パパスとサギアスがあっち側に行こうとしているという印象を初めて受けたのは、ERTとEMSTに関する私たちの公約から、彼らが距離を置き始めた時だ。あの残酷すぎる四月、サギアスが爆弾を落とした。再開されるERTのCEOに誰が指名されるのかという他愛《たわい》もない質問に、彼はラビス・タグマタルヒスの名を挙げたのだ。二〇一一年に、ERTのブラックリストに私が載せられるのを黙認した男だ[★14]。

「私たちがめざすERTの新時代が、それですか？」と私は聞いた。「ERT復活の戦いは、ラビスを復帰させるためだったのですか？　低劣な国営放送を政府が直接管理する、古き悪しき時代に戻ろうっていうのですか？」

　サギアスは肩をすくめた。「聞いたことを話しただけだ。わしを批難しないでパパスに聞いてくれ」

　翌日、定例の戦時内閣の会議の前に、私はパパスと顔を合わせた。彼はメディアを監督する担当大臣だった。「君は本気で、ERTのトップにラビスを復帰させようと考えているのか」

「馬鹿言わないでください。まるでおれが彼に決めたみたいじゃないですか！」と彼は答えた。

　ほっとして、では誰にするのかと聞いた。パパスは、優れた若手のドキュメンタリー作家で、戦争特派員をやったこともあるヨルゴス・アヴゲロプロスの名を挙げた。私は素晴らしい人選だと思った。その夜、私はパパスを疑って申し訳ない気持ちだと、ダナエに話した（余計な後悔だったことが、後で分かった）。

　他方、文部大臣に会う度に、アナ・カフェツィのEMSTへの復帰について私は尋ねた。「彼女をいつ復帰させられるのですか？」

「なるべく早く」と、彼はいつも答えた。時には気を持たせるような一言を付け加えることもあった。「美術館をきちんと開館できるのは彼女だけですし、あれを世界的に貴重な美術館にするには彼女が必要ですからね」。まったく私も同感だった。

　間もなく、二つの知らせが私の幻想を打ち砕いた。パパスは、再開されたERTのCEOにラビス・タグマタルヒスが就任するというプレスリリースを出した。そして文部省は、サマラス政権がアナ・カフェツィの代わりに据《す》えたEMSTの臨時館長が、今後も役目を果たすと発表した。私たちが二つの公約を破ったせいで、数え切れないほどの人々が、怒って私に問い合わせてきた。ERTの刷新を求めてバリケードを築いた数千人の人々や、アナの解任に反対した世界中の人たちだ。

　私はそんな人たちよりも、もっと腹を立てていた。なぜなら皆が知らない事実を私は知っていたからだ。EMSTの臨時館長はタグマタルヒスの伴侶《はんりょ》だったし、サギアスからは直接、タグマタルヒスとは長年の友人だったと聞いたことがあった。タグマタルヒスをERTのCEOに就けることで、パパスはどんどんサギアスと近しくなった。また、パパスは首相と直接話ができる男だということを、文部大臣を含むすべての大臣たちが知っていた。たとえ能力に基づく人選だとしても、私には、縁故《えんこ》主義が私たちの陣営にも忍び込んでいることの、そして旧体制を倒そうとした私たちが旧体制と同じようになりつつあることの、警告のように思えた。

私が思うに、パパスとサギアスがあからさまに公約を裏切り始めた頃に、戦時内閣でも大きな動きが見られたのは、偶然ではなかった。パパスとサギアスが寝返ると、本来の計画を支持していた四対二の多数派は（しかも、会議の最後で必ずアレクシスが五票目の賛成票を投じていたのだが）、四対二の少数派となった。私とエフクリディスは孤立を深めていった。

ニセ情報機関

一見すると重要性が低そうな人選をめぐって、トロイカへの寝返りを見せたのは、パパスとサギアスだけではなかった。三月のある日の午後、国家情報庁（NIS）のヤニス・ルバティスが、マキシモスで私に頼みがあると言って近づいてきた。それまでギャンブルを規制するギリシャ賭博《とばく》委員会の議長を務めてきた人物を弁護したいというのだ。彼は言った。「確かに、彼は前政権にとても近しい男です。でも、どうにかあの怪しい業界をクリーンにしてくれたと思います。こっち側の人間でないという理由だけで、彼を外すのは間違いでしょう」。継続性をできるかぎり維持しようと私は決めていたので、普通ならルバティスの言葉で十分だった。彼との関係は良好だったし、かなり彼を尊敬していたからだ。

しかし、財務省では私のチームが賛成しなかった。ルバティスが解任させないでほしいという人物について、「解任すべき人間がただ一人だけいるとすれば、あの男ですよ」と彼らは言った。彼らの主張を確認し、状況をみて私はその男を解任した。たちまち、民営化された宝くじ法人から、私と、新たなギリシャ賭博委員会に私が指名した人々に対する個人攻撃キャンペーンが始まった。[★15] 偶然かもしれないが、ちょうどその頃から、ルバティスが私に有益な助言をくれることもなくなった。

他方、パパスとサギアスの私に対する態度は顕著《けんちょ》に悪化した。デイセルブルムの要求を受け容れてニコラス・セオカラキスを解任させるというアレクシスの四月二七日の決断は、事態の悪化をはっきりと示すものであり、それから彼らはどんどん無礼《ぶれい》になっていった。一月もたたないうちに、彼らの態度はまったく粗暴《そぼう》で攻撃的になってきた。ある日、戦時内閣の前に、私はアレクシスに、そのことに気づいているのかと聞いた。気づいていますよと、彼は平然と言った。なぜ気づいたのかと聞くと、こう答えたので私はショックを受けた。

チプラス：サギアスは、ヤニさんがユーロ圏からギリシャを離脱させようとして、ショイブレと共謀《きょうぼう》してしていると信じているのです。パパスにも、そう説得したのだと思います

バルファキス：君もそう信じているのか、アレクシ？

チプラス：いいえ、でも彼らは確信しています

バルファキス：なぜ？　どうして？　何を根拠に？　君のためにオレがやりとげたことが何か一つあるとすれば、それはショイブレのグレグジットの試みを阻止《そし》したことだぞ

チプラス：ルバティスが彼らに、それとは逆の情報を吹き込んだのです

戦時内閣が議論を続けている間、この驚くべき情報を何とか頭のなかで整理しようとした。ルバティスが彼らに、ショイブレと私が共謀していると語っている。もしそうなら、この国のスパイのボスがウソを触れて回っているということだ。誰かが、戦時内閣の同志の二人を感化し、そして彼らがアレクシスに影響を与えているのは確かだ。だがそのすべてをアレクシスから聞いた。どういうことだ？　もしアレクシスが、ショイブレと私がグルだと信じているのなら、なぜそれを私に話すのだ？　まさかこの情報を理由に私を批難して、追い出そうというのか？　だがもし、アレクシスがその情報を信じていないとすれば、なぜ彼は私に味方して、サギアスやパパスに注意してくれないのだ。ウソをついているのはアレクシスの方で、ルバティスは私がショイブレとつるんでいるなんて言わなかったのではないか？　真実を確かめる必要があった。

五月一一日のユーログループ会議の前日に、その機会があった。戦時内閣はユーログループに向けた私の戦略を決定し、もうすぐ会議終了というところだった。たまたまルバティスが、一時間の会議の最後の一五分だけ、これに参加していた。会議を終えて皆が立ち上がろうとする時、アレクシスが私の方に向いて、皆の前でこう言った。「明日は落ち着いて。冷静にお願いしますよ」

私は微笑んで、静かな声で言った。「オレはユーログループ会議では、いつも超《チョー》冷静だよ」。私はルバティスを見つめながら、聞いた。「アレクシ、どこぞから違うふうに報告を受けていたのかい」

アレクシスはルバティスを見たが、何も言わなかった。

「バルファキスさん、あなたはリガで取り乱していましたよね」と、ルバティスが言った。

「いいえ。一瞬でも私は冷静を失ったことはありません。もしあなたが仲間たちに逆のことを話しているのなら……」、私はほかの人たちを指しながら、ルバティスに言った。「それは、あなたが部下の諜報《ちょうほう》員から偽《ニセ》情報をもらったか、あなたがウソをついているのです」

オフィスに戻ると私は、リガのユーログループでの録音を、

スマートフォンからコンピューターにダウンロードした。それをUSBメモリーにコピーして秘書に渡し、さらにコピーして戦時内閣のメンバーたちに個人的に渡すように指示した。「これが実際の出来事です」という私のメモを添付して。興味深いことに、誰からも反応がなかった。彼らがそれを聞こうとしたのかどうかさえ、今日に至るまで私には分からない。

破滅へのカウントダウン

国税庁や経済諮問委員会など、財務省の重要な部局からの支援がほとんど得られないため、今や私の小さなアドバイザー・チームだけが頼りだった。だが、彼らのモデルと執念《しゅうねん》は、最初からトロイカと協調的に働いてきた人たちや、途中で降伏への道を選んだ人たちには、苛立《いらだ》ちの元だった。アドバイザーの一人が、エレナ・パナリティである。

五月のはじめ、IMFのギリシャ代表職にエレナが就くことを、私はIMFに伝えた。アレクシスの許可と、IMFのギリシャ前代表のタキス・ルメリオティス、それに経済大臣のヨルゴス・スタサキスの全面的な賛成によって、そのようにしたのである。彼女の指名は数日後に承認された。しかし、五月半ば、アレクシスは彼女を取り下げるよう頼んできた。「過去にMOUに署名したことがあるような人物を、党は容認できない」というのだ。確かに、エレナは新自由主義者としての経歴が顕著《けんちょ》で、ネオリベラルの政治家や経済学者の集まりに出席していたし、メディアでは、大臣のアドバイザーに期待される謙虚《けんきょ》な態度ではなく、元国会議員らしい態度で話をしていた。ギリシャ語が母語ではないということも影響していたかもしれない。だが、私にとって唯一重要だったのは、彼女が国際会議で私と政府を見事に代表し、ギリシャを窮地《きゅうち》から救うための使命に全力を捧《ささ》げていたことだ。その職務において、彼女は余人《よじん》をもって代え難い人物だった。

アレクシスへの返事で、私は次のように説明した。彼女を信頼しているのは、MOUの論理に対抗する彼女の知的勇気と道徳的度胸のためだ、自分たちが何に反対しているのかも分からないシリザの無学な過激派よりも、私は彼女の方を信頼しているよ。アレクシスはこの説明に微笑んだが、自分たちは問題を抱えているのだとくり返した。私は譲らなかった。この人事は財務大臣の権限だ、以上。ただし、党員たちの圧力を彼が跳ね返せるように、次のように提案した。ドラガサキス、スタサキス、エフクリディスそして私が委員会を作り、ほかの候補者との比較のもとでエレナの適性を評価するために、公開の人事手続きを進めよう、と。[★16] その結果、彼女の任命を再確認する手紙がIMFに送られた。

四日後、サギアスが、彼女が任命されたことに承服せず、エレナを「MOU賛成派」と呼んでいたことを、新聞の記事で知った。まさにその頃に、アレクシスをMOU受諾《じゅだく》への道に引きずり込もうとしていた人間が彼だったことを考えると、皮肉としか言いようがない。六月一日までに、アレクシスから強い圧力を受けて、エレナは辞任した。

このようなエピソードが重要ではないと考えるのは誤りだろう。トロイカは私たちが債務再編を延期し増税をしなければ協定は不可能だと明言していたので、債務免除を中心に据えている「ギリシャのための計画」を撃破し、私のチームが使っていた租税モデルを抹殺《まっさつ》する必要があったのだ。債務再編を追求してきたシリザ政権に転換を迫るサギアスとフリアラキスのキャンペーンは、パパスとドラガサキスの支援を受けていたが、エレナの辞任はその大きな助けになった。

戦時内閣の会議のなかで、(二〇一二年に債務再編を強く主張しているという理由で私に接触し、二〇一五年に私が財務大臣になるべきだと言った)パパスが私を債務再編に「固執《こしゅう》している」と言って批判してきた。

私は答えた。「そのとおりだよ。強制収容所に入れられた人間は、脱出に固執する責任があるからね」

サギアスが急いでパパスに加勢し、債務はトロイカが返済資金を出してくれるので問題ないなどと、信じがたい議論をした。私が二〇一〇年からずっと言ってきたことをすべて否定するこの発言に対して、アレクシスが何も言わないのを見るのは屈辱的だった。今や、トロイカのMOUのプロセスに服従し、私たちの政権をサマラス政権の軟弱バージョンにすることが、彼らの目標だった。エフクリディスとともにマキシモスをうろうろしながら、戦時内閣が始まるのを待っていた時のことが思い出される。その頃、隣《となり》の部屋ではサギアスとフリアラキスが、ドラガサキスに手伝いをさせながら、トロイカのいわゆる実務者協定(Staff Level Agreement, SLA)を何度も何度も書き直していたのだ。これは事実上の新たなMOUであり、恥部《ちぶ》の隠し方がちょっと違うのと、財政の持続可能性が大幅に下がること以外は、これまでのMOUとまったく同じであった。これらすべての出来事の恐ろしさに、私は責《せ》め苛《さいな》まれた。

ある日、私はアレクシスに、サギアスのSLAに関しては議会の与党どころか自分自身を納得させることもできないだろう、と言った。彼はそれを認め、さらに落ち込んだ表情を見せたので、怒る気もなくなった。その頃、ジェフ・サックスが緊急の警告を送ってきた。「彼らはまずSLAを要求してくる。債務免除とかそういうことは後で話し合おうと約束してね。だがそれはウソだ! SLAさえ手に入れたら、彼らは君たちに約束したことすべてを否定するだろう。引っ掛かるなよ!」もはやアレクシスが聞く耳を持っていないなどと、どうしてジェフに言えるだろうか。アレクシスが粛然《しゅくぜん》としてその道を進んでいるようだ、などど。

五月の終わりまでには、アレクシスはあまりに落ち込んでしまい、戦時内閣を指揮できる状態ではなくなった。いまや会議を支配していたのはサギアスだ。彼はドラガサキスやパパスと組んで、トロイカのSLAの文言や内容を採用させようと奮闘《ふんとう》していた。緊縮的な財政目標、債権団の税制モデルと増税、無制限の民営化などなど、すべてにギリシャは譲歩した。そして、見返りは何もなかった。守れない約束をすることになるぞと私が指摘すると、いつも、サマラス政権の議論と同じような答えが返ってきた。将来の約束は重要ではない、その時には新たな融資《ゆうし》を得られるのだから、とか、債務は問題ではない、なぜなら遅かれ早かれ債務再編が行われるのだから、とか……

アレクシスの注意を向け直そうと、私はグレン・キムの力を借りて、もっとソフトで穏健な債務スワップ提案を必死でまとめた。私はアレクシスに対して、サギアスのSLAに基づく合意に何らかの債務再編が含まれていなければ、ギリシャはあとあと政治的な爆弾を抱えることになると説明し、メルケルとオランドとの次の非公式の三者会談でこの提案を示してくれと頼んだ。アレクシスは言うとおりにし、後に電話をくれて、会議はとてもうまく運んだよ、いいニュースがあるんだ、と言ってきた。「メルケルさんが、こっちの提案を検討する用意があるから、ヴィーザーと話し合える人間を送ってくれないか、と言うんだ」

しかし、ブリュッセルからのエフクリディスの報告は、全然違った。「三者会談は酷《ひど》い結果になった、もっと譲歩しないといけなくなるぞ！」

私は言った。「アレクシ、彼女は君に、あのギリシャの墓堀《はかほり》人と相談するように言ったのかい。トマス・ヴィーザーにはオレたちと債務再編について話し合う権限はないぞ。それが、いいニュースなのか？」

とはいえ、念のためと思って、私は喜んでグレン・キムをブリュッセルに派遣した。グレンはいつものように素晴らしい調子で、私たちが提案する債務再編はシンプルで効果的であり、ドイツ首相にとっての政治的なコストも最小化できることを、ヴィーザーに説明した。私たちの提案に一理あることは、ヴィーザーも認めざるをえなかった。しかし現実として、私たちの陣営はもはや、相手が真《ま》に受けるような脅しができなかったので、グレンの成果は無に帰した。

五月三〇日の戦時内閣で、サギアスとフリアラキスがアレクシスに対し、もう一度ヴィーザーとの話し合いを持つべきだと言うので、私は口を挟《はさ》み、注意深く言葉を選んでこう言った。「もしお望みなら、私はもう一度ヴィーザーと話し合っても構いません。でも、そこからは何も得られないことをご理解ください。私たちの運命を決める力を回復する唯一のチャンスは、できれば水曜か木曜までに、首相が私たち自身の『反MOU』を、つまり現在のプログラムを終わらせEUと新協定を結ぶための最後の提案を提示して、世間の人々がこれを精査し議論できるようにすることです。彼らのSLAに基づいて話をするのではなく、私たちの『ギリシャのための計画』を根拠にするのです。私はこれまで二か月もそう言ってきましたし、その目的に適った文書を策定して……」

その時、私の隣に座っていたサギアスが嫌味《いやみ》な口調で割込んできた。「決裂案、決裂案、決裂案、……あんたが作っていたのはそれだ。仲違《なかたが》いの提案だよ」

私は我慢の限界に達し、机を叩いて言った。「いいですか！二度と話を遮《さえぎ》らないでください。私の言葉を歪《ゆが》めるようなことを言わないでください。トロイカとメディアが完璧にそれをやってくれていますが、ここではやめてください。賛成できないなら、自分の意見が言える順番が来るまで待ってください」

「それは脅迫《きょうはく》か!?」サギアスは私を見下《みくだ》すような、喧嘩《けんか》を売るような口調で言った。

「サギアスさん、気をつけてくださいよ。政治家としてはずいぶん乱暴な態度ですね」

サギアスは怒鳴《どな》った。「わしはこの国で四〇年も戦ってきたんだ！　キャリアを積むチャンスを見つけて外国から舞い戻ってきた人間とは違うんだ！」

「嬉しいですね、仮面が剥《は》がれた。財務大臣を内側から攻撃していた人間が誰だったのか、これではっきりしましたね」と私は答えた。

その後、ダナエに同席してもらって、私はエレナ・パナリティにこの腹立たしい出来事と、それに続く大喧嘩《おおげんか》のことを話した。「今日はまた、もうちょっとで辞表を出すところだったよ。でもオレは、あいつらが喜ぶようなことはしない。アレクシがオレを庇《かば》ってくれたんだが、ぎこちなかったな」

「首相は彼らの言いなりなのよ」と、エレナが言った。

「いや、それは違う」と私は言った。「彼は内部の戦いに敗れたんだ。何とか頑張ったが、戦意を失ったんだな。でも、彼は最後の希望だ。その希望が完全に消えるまで、オレは留まるよ」

16. あの部屋の大人たち

Adults in the room

月を跨《また》いでも、私たちの衰退《すいたい》を告げる記事が次々と出され、私たちの希望は着実にしぼんでいった。

六月一日、ジョージ・ソロスは私を介してアレクシスにコンタクトを図った。ギリシャでは長年、トロイカ支持の支配層と反ユダヤ主義の右派たちが、バルファキスはソロスの手下だという虚偽《きょぎ》の情報を流していた。そのため、想定外の形で、私の汚名を雪《そそ》いでくれたのが、首相に対するソロスの次のようなメッセージだった。「バルファキスをクビにしなさい！　EUは一度に、ギリシャとウクライナという二つの問題を抱えるわけにはいきません［ウクライナでは激しい戦闘が展開されている］。ギリシャ政府はドイツに降伏すべきです。そうすれば、ヨーロッパはウクライナ問題に専念できます。そのためにもバルファキスには退《しりぞ》いてもらわないといけません」。数か月後、さらに痛恨《つうこん》の知らせが届いた。EUとIMFが、私がギリシャのために提案していた債務スワップと名目GDP連動債を、ウクライナの債務再編に活用すると言い出したのだ。

六月二日、エフクリディスがブリュッセルから私にeメールを送ってきた。「おれたちはすべての戦線で敗北しつつある！」

六月三日、初めてトロイカは私たちに、彼らの提案をプレゼンしたいと言った。ただし、ギリシャ側にこの提案をリークされてはまずいということで、夜遅くにフリアラキスだけをセミナールームに呼びつけた。パワーポイントを用いたプレゼンで要求を説明し、フリアラキスにメモをとらせたのだ。

フリアラキスのメモを読み、私はアレクシスに次のような解釈を伝えた。「この提案はIMFによって作られたものだ。意図的に君に拒否させようとしているんだ。彼らの戦略は明確だ。極端な緊縮策と主権の放棄を求めておいて、ドイツ政府に債務再編を呑《の》ませるか、ギリシャ政府を屈服させるかだ」

六月四日、私はエフクリディスに次のように確認をとった。「トロイカにギリシャの計画をプレゼンしたのか？　それとも我々は、彼らの方からこちらにＳＬＡ（実務者協定）を押しつけてくるようにしたのか？」それに対するエフクリディスの返事は、「ご想像のとおりだ」だった。

六月五日、私たちのＩＭＦに対する債務不履行の試みが再び失敗に終わる。今回は私たちがいくばくかの隠しガネを見つけ出せたというわけではなく、ＩＭＦがギリシャの返済分を月末まで延期させたのだ。翌月分の返済分とまとめて返せというのである。それは、二か月前にクリスティーヌ・ラガルドにワシントンのオフィスで会った時に、彼女が不可能だと言っていた方法だ。[★1]

六月六日、私はアレクシスに対して、戦時内閣のメンバーと、脱税摘発《てきはつ》プログラムを裏で妨害している財務省職員たちが、奇妙な会議を開いていることを伝えた。同じ日にパパスは、記者たちにｅメールを送って、ギリシャ政府がトロイカとの協定を結ぶのを妨げてきた「ブレーキ役」はバルファキスなので、辞めさせるべきだと説明していた。

六月七日から九日にかけて私はベルリンにいた。そこで私はヴォルフガング・ショイブレと面会したのだが、彼のあまりに無力な表情には衝撃を受けた。私はまた、緑の党と社会民主党の国会議員とも会い、ベルリン大聖堂で演説をした。私はその演説のなかで、ドイツを復興と再工業化に導いたジェームス・Ｆ・バーンズ米国国務長官の、一九四六年の「希望の演説」を紹介し、ギリシャに対して「希望の演説」をしてくれとアンゲラ・メルケルに呼びかけた。

その結果、これまで二度ドイツ連邦大統領候補となったゲジーネ・シュヴァンは、私の演説と「ギリシャのための計画」に共感し、ドイツ副首相であるジグマー・ガブリエルに対して、私に協力するよう働きかけてくれた。ガブリエルの事務所は、私の計画の最新版に対して前向きな反応を示してくれていた。おかげでこの計画がよき協定の基礎になりそうに思えた。しかし、期待できるやり取りは六月一五日に終わった。この日、ガブリエルがドイツのタブロイド紙『ビルト』のインタビューに答えて、次のような発言をしたからだ。「ギリ

wikimedia commons

ゲジーネ・シュヴァン
(Gesine Schwan)

シャ政府のゲーム理論家たちは、国の未来を博打《ばくち》に賭けようとしています。……ヨーロッパとドイツは、彼らが大きく道を誤るようなことを許しません。共産党みたいな政権による大袈裟《おおげさ》な選挙公約のツケを、ドイツの労働者とその家族が負担させられるようなことは、あってはならないのです」。ゲジーネは驚き、ガブリエルのことを恥ずかしく思う、というeメールをくれた。その日の午後、私はクレタ島の行政首都であるヘラクレイオンに出向き、広場に押し掛けた数千人の聴衆に語りかけた。

六月一六日、国会の旧上院議事堂においてシリザの国会議員会合が開かれた。私が着いた時、聴衆席はすべて埋まっており、演壇横の大臣席に座るよう勧められた。しかし私はそれを断り、階段に腰をかけた。その横の最前列の席には、大学の同僚で、久しく会っていなかった友人がいたからだ。

六月一七日、各新聞社は「地べたに座った!」という見出しとともに、階段に座る私の写真を掲載し、議会に対する敬意を欠いていると批判した。『フィナンシャル・タイムズ』紙の一面に載った私の姿を見て、ノーマン・ラモントがeメールを送ってきた。そこには次のように綴《つづ》られていた。「親愛なるヤニスへ。私の見たところ、君は傷だらけだが屈していない、疲れているようだが決意は固いままだね。……だからこそ、光明と理性がすぐに訪れることを、ともに祈ろう」。

同日、私はOECDの事務総長であるアンヘル・グリアに、私の改革案をさらにひと押ししてくれるよう頼みにいった。アンヘルからの返事は、OECDと彼のチームは、私の味方だと言うに留まった。

翌日の一八日には、ユーログループ会議がある。トロイカがとどめを刺しにきたのは、この日だ。

無体《むたい》な大人たち

クリスティーヌ・ラガルドは六月一八日のユーログループ会議に、怒気《どき》を帯びながらやってきた。私が地べたに座っていた一六日の議員会合で、アレクシスはギリシャの現状に対してIMFに「罪責《ざいせき》」があると主張したからだ。クリスティーヌは挨拶《あいさつ》代わりに皮肉を交《まじ》えて「主犯です、こんにちは」と言った。私の表情を見て冷静になったのか、彼女は「あなたのせいではありませんよ」と、丁寧《ていねい》な口調で言った。

マリオ・ドラギが論争を主導した。発言というよりは、「月曜日は三億五八〇〇万ユーロ、火曜日は五億六三〇〇万ユーロ、水曜日は八億五六〇〇百万ユーロ。木曜日は一〇億八〇〇万ユーロ、……」と、先週の間、ギリシャの預金が引き出された金額を謳《うた》い上げているだけだった。

ルイス・デギンドスが尋ねた。「明日、銀行は開いているのですか？」

ドラギの部下であるブノワ・クーレが答えた。「明日は開いています。でも、月曜のことは分かりません」

中央銀行総裁が最新状況を読み上げ、彼の部下が介入する意図はありませんよ、ただし約三日後に銀行を閉鎖するかもしれませんよ、と言っているのだ。銀行の取り付け騒ぎを起こすのにこれ以上、効果的な手段はない。

数か月後、ＥＣＢ内の告発者の証言により、まさにユーログループ会議が開催されていたその一八日に、ドラギが外部の法律事務所に、独自の法的見解を出すように依頼していたことが分かった。彼が質問したのは、ギリシャの銀行を閉鎖することは合法的かどうか、ということである。ＥＣＢには大規模かつ有能で、カネのかかる法務課がある。マリオがそれを避けて、民間企業に独自の見解を依頼したということから、彼がこれからやろうとしていることに関して、すなわちギリシャの銀行閉鎖に関して、何らかの不安があったことが分かる。[★2]

その頃、ユーログループのショイブレ応援団は、ギリシャではなくトロイカを批判した。ギリシャへの対応が手ぬるいという批判だ。スロベニア財相はラガルドとモスコヴィシを、当初のＭＯＵを中和したと言って批判したのだ。もちろんその批判は、ギリシャへの対応が公正だという証拠になるので、ラガルドやモスコヴィシにとっては大歓迎だった。他方、ショイブレはおなじみの意見を反復した。ＭＯＵを修正した書面を出さないでくれ、さもないと、連邦議会に提示しなければならなくなるから、というものだ。

私の番だ。改革や債務再編、妥当な財政目標の必要性、投資計画、および不良債権について、いつもどおりの話をした。また、三機関のパワーポイントの提案がなぜ、財政的にも経済的にも政治的にもまったく無意味なのかを説明した。そのうえで私は新たな提案を示した。私は、おかしな経済モデルに基づいて詳《くわ》しい税率を議論するのはやめて、次のようにしようと提案した。「より深く、より包括的で、永続的な改革を議論しようではありませんか。ギリシャ政府と三機関がすでに合意したように、厳格で自動的な赤字防止策が法制化され、独立の財政審議会が審査することになっています。……これを、協定が成立すればギリシャ政府がすぐに実施するような、具体的な提案ということにしませんか[★3]」

彼らに私たちと協定を結ぼうという気が少しでもあれば、私の提案に飛びつくはずだ。ミシェル・サパンは、多少は賛成の声を上げてくれた。「三機関はバルファキスさんの提案を真剣に受け止めるべきです。投資に関しても彼が言うことに一理あります。……専門家がすべての問題を解決できるわけではありません。ユーログループは政治的な議論の場です。

たとえ問題が、より高度な政治的決定のレベルに移されたとしても、ユーログループには貢献すべきところがあるはずです」。しかし、ほかの人間たちからは何の反応もなかった。

会議の後の方で私が、これほど重要な提案が無視されるのは驚きだという発言をすると、議長のデイセルブルムが鶴の一声で議論を打ち切った。「本日持ち込まれた新たな提案は、三機関で検討されるべきです。ユーログループがそれらを評価するのではありません」。間もなく私の赤字防止策は、フリアラキスとサギアスによって削除された。ヴィーザーやユーログループ作業部会を怒らせないためだ。

ユーログループ会議の後の記者会見で、ギリシャ人記者がラガルドに対して、ギリシャの債務免除を支持するＩＭＦの意見を、ユーログループのほかのメンバーたちが却下したことを、どう思いますかという質問をした。ラガルドは質問の要点を避けて、代わりに怒りを発散させるかのようにこう言った。「現時点では、私たちには対話が不足しているのです。今何より必要なことは、あの部屋の大人たちとの対話を修復することです」

もちろん彼女の言うとおりだ。ユーログループにも、ドイツ政府にも、マキシモスにも大人たちが必要だ。問題は、この三つの場所で、大人たちが圧倒的に不足していることだった。しかし、メディアはラガルドの言葉を私に対する批判として報道し、私に対するいつもの罵詈雑言《ばりぞうごん》に「青臭《あおくさ》い」という言葉を添えた。後日、ラガルドに会った時に、私は言った。「先日あなたが言った、『あの部屋の大人たちとの対話が必要』という言葉は、私のことを指しているように報道されていましたね」

彼女は親切な表情で、「ナンセンスですよ」と答えてくれた。

翌日の一九日、私あてにゲジーネ・シュヴァンからメッセージが届いた。「ユーログループでのあなたの発言に感動しました」。ここで私は教訓を得た。ユーログループでの発言がメディアに歪曲《わいきょく》報道されないように、私は今後、自分のウェブサイトに自分の発言を一言一句《いちごんいっく》正確に掲載することにしたのだ。彼女のメッセージにはこうあった。「ガブリエル党首とドイツ社民党（ＳＰＤ）は、あなたの提案のメリットが理解できないから、やたらに腹を立ててみせているのに違いありません」。私は自分の日記に「アレクシスも感動してくれたらいいのに」と書いた。ガブリエルとドイツ社民党については、二月はじめのベルリンでの、ヨーク・アスムセンとイエロミン・ツェッテルマイヤーとの（極秘とは言えない）夕食会のことを思い出しながら、「彼らは激怒しているわけではない。単に、債務再編に触れないメルケルの戦略に同調しているだけだ」と記した。

その夜アテネに戻ると、私とダナエは休息がてら、友人夫婦と夕食に出かけた。オルガの言葉は痛いところを突いてきた。「ギリシャは戦《いくさ》に負けたようね。あなたの話によれば、アレクシスは降伏したいのでしょう。尊厳《そんげん》ある降伏をするように、彼に働きかけてちょうだい。戦いに敗れたことを、人々に話してちょうだい」

　六月二〇日、引き続きサギアスとフリアラキスは、トロイカのために実務者協定（ＳＬＡ）の最終版を作成するという滑稽《こっけい》な仕事を続けていた。私はマキシモスでアレクシスに会い、これまでの助言とはひと味違うアドバイスをした。君の覚悟《かくご》は決まったのだろう。降参《こうさん》する覚悟なのだろう。君も知っているとおり、私は全力でその決断に反対する。だが首相は君なのだから、決断するのは君だ。「しかし、どんな決断をしようとも、頼むから人々を誤解させるようなことはしないでくれ。彼らを煽《あお》って、街に繰《く》り出させて声を上げさせて、あげくの果てに彼らを欺《あざむ》くようなことはしないでくれ。聞くところ、君はしばしば国民投票の実施を口にしているそうじゃないか。本来の作戦計画に立ち返って戦う気がないのなら、そんなことはやめてくれ。降伏したければ、降伏すればいい。だが、降参にもやり方がある……」。そう言って私は彼に一枚の紙を手渡した。国民に対して、テレビで読み上げる演説文だ。

　ギリシャ国民のみなさん。私たちは完全武装したトロイカ債権団を相手に勇敢《ゆうかん》に戦ってきました。すべてを捧げて取り組んできました。しかし、カネを取り返そうしない債権団と議論するのは困難でした。私たちは世界最強の国際機関や国内の寡頭支配層《オリガルヒ》に、私たちよりも遥《はる》かに強大な勢力に、果敢《かかん》に立ち向かいました。誰も加勢してはくれませんでした。確かに、オバマ大統領は私たちに親切な言葉をかけてくれました。中国の人たちも私たちに共感してくれました。しかしながら、私たちを打ち砕こうという決意を固めた者たちを向こうに回して、具体的な支援を申し出てくれた人はいませんでした。私たちは諦《あきら》めたわけではありません。本日、皆さんに申し上げたいのは、今回の私たちの選択は、いつかまた戦うために、生き延びることを選んだのだということです。明日の朝、私はトロイカの要求を受け容れます。でもそれは、今後まだまだたくさんの戦いがあるからです。明日、トロイカの条件を呑んだ後、私と閣僚たちはヨーロッパ各地を遊説《ゆうぜい》し、ヨーロッパの人々に何が起こったのかを伝え、人々を奮《ふる》い立たせます。腐敗を終わらせ、民主主義の原則やヨーロッパの伝統を取り戻すための、共通の戦いを呼びかけるのです。

これを読むと、アレクシスはおなじみの意気消沈《いきしょうちん》した態度を見せた。「国民に対して、降伏を認めることなんかできません」よ」。彼の真意は明確だ。頭のなかで降伏することに決めているのに、それを人々に面と向かって言うことができないのだ。

臨時のユーロ圏サミットが、六月二二日の月曜日にブリュッセルで開かれる予定だった。前日の閣僚会議で、私は皆に語った。

私たちは、二つの選択肢から一つを選択するという歴史的な決断を迫られています。一つは、降伏です（ここで私がアレクシスに提案した国民に対する演説のことも説明した）。もう一つは、戦い続けることです。しかしその場合は次の点に注意せねばなりません。

水曜日現在、ECBは銀行の閉鎖と資本規制の導入を準備しています。向こうの脅《おど》しに、こちらの脅しで反撃する意思がなければ、戦い続ける道を選ぶ意味はありません。ECBの攻撃的な動きに対しては、二七〇億ユーロ分〔約三・五兆円分〕のSMP国債の償還《しょうかん》を一方的に無期限延期し、昨年二月に皆さんに提案した並行決済システムを起動するのです。このように対応する意思がなければ、明日にでも降伏すべきでしょう。

ユーロ圏サミットの前に、その準備としてユーログループ会議が開かれた。私は演説で、アレクシスが書いた承諾《しょうだく》書についておさらいをし、それを擁護《ようご》する発言をした。私がそれに強く反対していることは言わなかった。さらに、承諾書が受け入れられた場合に、ユーログループに要求する新規融資の金額を引き下げるための、具体的な提案を付け加えた。★4 今から思えば、失われてしまった大義、誤りだった大義に対して、忠誠心を持ち続けていたことに我ながらびっくりだ。しかし、忠誠心を捨てなかったのは、そうする義務があったから、というだけでなく、トロイカがアレクシスの承諾書に興味を示していなかったからである。彼らは、アレクシスを見せしめにするために、銀行閉鎖を決めていた。その時点ではまだ、アレクシスが服従を拒否し、立ち直る可能性がわずかにあると、私は考えていたのだ。

この時のユーログループ会議はほとんど無意味であったが、興味深いやり取りが二つあった。一つは、ショイブレがピエール・モスコヴィシに噛《か》みついたことだ。IMFやドイツ政府が青信号を出す前に、モスコヴィシがアレクシスの譲歩案に肯定的なコメントをしたことを批判したのだ。モスコヴィシがそれを否定しようとして、IMFが同意を遅らせていたからですと言うと、ヴォルフガングは激怒した。「欧州委員会は前から肯定的なコメントをしていたじゃないか。……私たちも馬鹿ではない！　ＩＭＦを批難するとはどういうつもりだ。ＩＭＦが全面的に関わってくれなければ、どうしようも……」

圧倒されてモスコヴィシは謝罪した。「委員会として、ＩＭＦを批難するつもりは、いっさい、いっさいございません。私たちの反応が早かったのかもしれませんが、もちろん協力してまいります」

二つ目のやり取りは、ショイブレとマリオ・ドラギの間で起きた。ショイブレは、ＥＣＢがあとどのくらい、ギリシャの銀行に対する緊急流動性支援（ＥＬＡ）を継続するのか教えてくれと言った。ドラギは憤慨《ふんがい》を隠さず答えた。「私たちがＥＬＡをいつまで行うのかについて、関心をお持ちだということは分かりました。ＥＬＡをいつまで続けるのかについて、関心を持っていただきありがとうございます。しかし、中央銀行の独立性の方がもっと重要だということを、理解していただけるのではないでしょうか。ですから、私があなたに財政政策について聞きたいと思っても、それはやっぱり遠《えん》慮《りょ》しておこうというのと同じように、やっぱり遠慮しておこうと思っていただけるものと思います」。その後、会議の間じゅう、明らかにショイブレとドラギはお互いに憮然《ぶぜん》としていた。

その後、私とアレクシスは、ポーランド人で欧州理事会議長〔ＥＵ大統領〕のドナルド・トゥスクと会った。彼からのメッセージは厳しいものだった。今後いかなる会合においても、債務免除について口にしてはならないというのだ。帰り折り、私はアレクシスに言った。「降参したくなければ、債務免除のことだけを言い続けるべきだ。もし降参したいのなら、すぐにそうして、苦痛を終わらせた方がいい」。彼の表情から、彼が降参したいのは明らかだった。

その晩、ユーロ圏サミットに同行したエフクリディスによると、アレクシスは彼の持てるすべての力を使って降伏しようと試みたが、私が恐れていたように、メルケルがそれをさせなかった。彼の譲歩は不十分であると却下された。彼はトロイカのところへ戻って、さらなる協定を作成し、二日以内に次のユーログループ会合で成立させるように言われたのだ。

六月二三日、サギアスとフリアラキスは、トロイカの実務者協定（ＳＬＡ）を書き直すという嘆《なげ》かわしい作業を続けていた。もっと譲歩をすれば、翌朝にはトロイカと協定を結ぶことができ、午後のユーログループ会議で正式に承認されると信じていたのである。それはまるで、メフィストフェレスには魂を買うつもりはないということも知らずに、自分の魂を売ろうと支度《したく》するファウストのようであった。結局は、協定は成立しなかった。それだけの譲歩を行って、アレクシスが得たものは、救済融資協定を三か月延長してやろうかというトロイカからの提案だけだった。その期間が過ぎれば、債権団は再び取り立てにやってくる。巨額の利子を付けて。

その後のユーログループ会議に集まった財務大臣たちは、何の目的もなく呼びつけられたことにムッとしていた。イエルン・デイセルブルムは自分の品格をさらに落とす行為をした。アレクシスが提示した実務者協定（SLA）の改訂版の配布を拒否し、代わりにトロイカが提案したSLAだけを配布したのだ。私は、全員が疲れていることにつけ込んで次のように提案した。ユーログループはしばらくギリシャ問題から手を引いた方がいいのではありませんか、融資期間の延長を、最低でも六か月は伸ばして、二〇一六年三月ぐらいまでにするんです。そしたら、ひっきりなしに会議に呼びつけられている皆さんも、ゆっくり休めるのではないですか。ほぼ全員が提案に賛同してくれたようだった。私にとってはめったにない経験だった。だが最終的には誰も支持してくれなかった。二時間後、会議は翌日まで休止とされた。夜中のうちに、アレクシスのチームとトロイカが合意に至ることを（私以外の人たちが）期待してのことだった。

ホテルに戻り、アレクシスとサギアス、ドラガサキス、エフクリディス、パパス、フリアラキスと彼のチームの数名、そして私が会議室に集まった。私には何も言うことはなかった。彼らは全員、私の立場を知っていた。大幅に譲歩すれば何らかの協定が結べると確信していた者たちは、意気消沈していた。他方、ユーログループ会議が休止となった時、午前六時に再び全員が集まって、ギリシャの譲歩案について検討作業を再開することが約束されていた。リーダーシップが求められていた。こんな時にこそアレクシスは強さを見せるべきだったが、彼は逃げた。疲れてるんです、それに、カメノスと夕食をとることになっているのです、と言ったのだ。カメノスとは右翼の防衛大臣のことだ。

彼が去ると、エフクリディスとドラガサキスがいきなり大喧嘩を始めた。理由は分からなかった。やがて、エフクリディスは部屋を飛び出した。そしてドラガサキスとサギアスも消えた。残されたのは私と、フリアラキスと彼の二人の助手だけだった。彼らが実務者協定（SLA）の策定を再開したのは、たぶん惰性《だせい》だったのだろう。とにかく、彼らは一生懸命に譲歩策を次から次へと書き加えていった。彼らがしていることを横目で見て、私は言った。「月二〇〇ユーロも年金をもらえていない人たちに対する『連帯給付』を削ろうとしても、シリザの議員たちは賛成票を投じないよ」

「ほかの政党の議員たちが賛成票を投じてくれますよ」、と一人が答えた。

それで分かった。政権はすでに、トロイカ支持の野党議員の協力をアテにしている。シリザ分断作戦がすでに進行していたのだ。

エフクリディスは電話にも出ず、彼の部屋のドアも開けようとしなかった。一時間後、彼が私のスマホにメールしてきた。すまないという言葉に加えて、「彼らの軽率《けいそつ》さ」に耐えられなかった、どうしても鬱憤《うっぷん》を発散させたかったのだと書いていた。夜半過ぎに彼は再びメールをよこした。「言うまでもなく、おれたち二人は軽率ではないよ」

私は返信した。「オレたちが今アレクシスに提供できる最大限の支援は、欠席することだ。ホテルに留まるんだ。彼は自分の行動様式を再考すべきだということに、気づくかもしれない」

明らかに困惑《こんわく》の色を含んだ返信が届いた。自分たちは今、全員が欧州委員会に呼ばれて、トロイカの圧力を受けているというのだ。「君にはほかの予定があったのかと思っていたのだが」。私は、財務大臣は呼ばれていないと伝えた。「君を呼ぶべきだと主張するよ」というeメールが来たので、私は返信した。「エフクリディス、その必要はない。オレは行かない。ただのお飾りになるのは明らかだよ。その会議や彼らのやり口をこれ以上、正当化させてはダメだ」

翌日の早朝、エフクリディスから電話があった。深夜の会談はさらなる災難だったが、閣僚たちはまたすぐに彼らと会うのだという。「君が来ないとダメだ。こちら側はあまりに弱小なんだよ」。その前夜、私は自分の辞表の、六本目ぐらいの下書きを書き上げていた。その日のユーログループ会議にギリシャの代表として出席し、記者会見の最後に辞任を申し出ようと計画していた。辞任の理由としては、私にとっては債務再編こそが有権者からの負託《ふたく》のすべてだったが、政権がそれを放棄してしまったからだと、そう述べよう。だが、それまでは財務大臣なので、エフクリディスの言うとおり、ユーログループ前の会議にも出席した方がよいと思った。

欧州委員会に着いた時、私はお呼びではなかった。ラガルドやドラギ、ユンケル、ヴィーザー、デイセルブルムとの会議に、アレクシスやドラガサキス、パパス、フリアラキスと同席することはできなかったのだ。だが数分後にアレクシスが現れて、私を呼びにきた。会議室に向かう途中、彼は私にこう言った。「エフクリディスがしきりに、ヤニさんも同席すべきだと言うんです。私は賛成ですが、ヤニさんが現れると、デイセルブルムが嫌がるでしょうね」。なるほど、私の出席を拒否した人間はデイセルブルムらしい。

私はこの部屋の空気にぞっとした。トロイカが提案する実務家協定（SLA）の最新版は、アレクシスがこれを呑めば、アテネに戻った瞬間にきっと袋叩《ふくろだた》きに遭《あ》うような内容だった。たとえば、ホテルに対する付加価値税（VAT）を四％から二三％へと増税しろという。しかしギリシャの保養地レスボス島やコス島、ロードス島のすぐ対岸のトルコのリゾートでは、付加価値税はわずか七％なのだ。フリアラキスはほとんど喋《しゃべ》らなかったが、口を開いた時には、その発言は不気味なほどヴィーザーにそっくりだった。ドラガサキスは静かだった。一方でパパスは、少年のようにぺらぺらと馬鹿げた発言を続けた。アレクシスの役割は、トロイカに懇願《こんがん》することだけだった。

一方、ラガルドとドラギは、ほとんど筋の通らない発言をすることが許されていた。デイセルブルムは会議を巧《たく》みに別の袋小路に追い込んでいった。私は口を挟んで、トロイカの資金調達方法の矛盾を明らかにした。ラガルドとドラギだけは少し耳を貸してくれたが、私の役割が本当にお飾りだということは誰がみても明らかだった。数か月後、アレクシスはこの会議について、一人の記者にこう語った。「ヤニスは見事でしたし、役に立つ発言をしていました。でも、あの部屋では明らかに信頼されていませんでしたね」

情熱の火が再び燃えた

六月二五日のユーログループ会議の出席者たちは、今やギリシャの財相のことはカタが着いたから、もう大丈夫だと思っていたに違いない。そう思っていたが、そういうわけでもなかったようだ。その日の午後、私は書き直した辞表をポケットに忍ばせて、会議室に入った。私にとって最後の会議だと確信した。安堵《あんど》感のせいか、（ジャニス・ジョプリンとニコス・カザンザキスのいう自由の定義じゃないが）[★5]何も失うものがなかったからなのか、私はある行動に出た。これは後になって、トロイカの三機関の間に楔《くさび》を打ち込む有効な行動だったことが分かった。

デイセルブルムがまだ合意には至っていないと発言して、会議が始まった。彼はトロイカからの最終案として、三本の文書を配布した。一つ目は実務者協定（ＳＬＡ）で、想像しうるかぎりの残酷な緊縮策と、徹底的な叩き売りの民営化、公共政策や公共財産の主要分野に関する国家主権のさらなる喪失《そうしつ》を含んでいた。二つ目は資金提供案だが、二〇一五年一一月までの資金提供のことしか書いておらず、再びユーログループ会議を開いて期限の延長を議論する必要があるのは明らかだった。三つ目は、債務の持続可能性分析（ＤＳＡ）である。驚いたことにＩＭＦは、この最後の文書を承認したがらなかった。さらに、マリオ・ドラギが資金調達に関して何も言わなかったのは、今回が初めてだった。三機関の間に、いや、おそらく各機関のなかでも、意見の対立があるのだと私は感じた。それも無理はない。後の二つの文書は砂上の楼《ろう》閣《かく》であり、少し触れただけでも崩れ落ちそうなのだ。

私はユーログループのメンバーになって初めて、提案された改革案ではなく、資金調達と債務の持続可能性の問題に集中することにした。

分かりました、三機関はギリシャの国会に緊縮策と改革案を成立させてほしいというのですね。それは不景気の国には困難な決断です。その見返りとして、皆さんはギリシャに何を提供してくれますか？　皆さんの改革案と資金提供案は、債務と不況の悪循環から脱出する明るい道を開いてくれますか？　深い森から抜け出す確実な道があるのですか？　私はギリシャの国会に緊縮策や改革案の法案を出すことはできません。それは持続可能なのですかという問いに、答えられないかぎりは無理です。ショイブレさんだって、連邦議会にそんな法案を出せないでしょう。皆さん、この部屋のなかには、勇気をもって立ち上がって、三機関の提案は中期的にはギリシャを持続可能にするはずだと言ってくれた人は、一人もいませんよ。私たちは皆、ヨーロッパ人として、このことを大いに心配すべきです。何か月も交渉して、何回も会議をして、三機関から出てきた提案がこれです。通貨同盟をどうやって運営してゆくかについて、大いなる不安を呼び起こすような提案なのです。両手を上に挙げて、ギリシャのような国を中期的に安定させる方法は分かりませんと言うようでは、ダメじゃないですか。

ラガルドとドラギは快《こころよ》く思っていないようだった。ショイブレは憤慨《ふんがい》しているようだった。しかしこれは始まりにすぎない。私は技術的な問題を二つ指摘した。一つはトロイカの資金提供案の射程《しゃてい》が二〇一五年一一月までだったことだ。「でもＩＭＦのプログラムは、二〇一六年三月まで続きますよね。二〇一五年一一月と二〇一六年三月では、資金援助期間にギャップが生じますよね。これでは、ＩＭＦがプログラムを継続することは違法になるのではありませんか」。この点、ＩＭＦの規則は明確だ。ＩＭＦとの契約期間を通じて必要な資金が完全に確保されていない国に対して、ＩＭＦが融資をしたり、改革策に参加したりすることは許されないのだ。

二つ目の技術的な誤りも資金提供案に関わるものだ。「ここに書いているように、七月と八月のＳＭＰ国債の償還額は合計で六七億ユーロ〔約八七一〇億円〕に上りますが、これはＨＦＳＦ〔ギリシャ金融安定基金〕の一〇九億ユーロ〔約一・四二兆円〕の基金から引き出すという提案になっていますよね……皆さん、断言しますが、ドイツ連邦議会でこの案を通すことは、ショイブレさんでも無理ですよ」。緊張した空気を感じ取って、私は理由を説明した。

思い出してください、HFSFの一〇九億ユーロの基金は、弱体化したギリシャの銀行の資本増強をするために、二度目の救済策の一環として承認されたものです。ここで仮に、私たち全員がこの点に目をつぶって、三機関の提案に従って、ECBに対する返済のために、夏のうちにこの基金を食い潰《つぶ》すことに賛成したとしましょう。さて、明日とか数か月後とかに、ギリシャの銀行を監督しているECBが、ギリシャの銀行はいまだに資本不足だと判断した場合、いったい何が起こるでしょうか？　HFSFの基金は空っぽです、銀行の資本増強のためのカネはもうありませんよ。私がブノワ・クーレさんにこのことを質問したら、彼は何と答えたか。「そうなったら、HFSFの基金はESM〔欧州安定メカニズム〕からの新規融資によって、つまりヨーロッパ諸国の納税者のカネによって補充しますよ」と言うのです。そして、まさにここが問題なのです。ESMを通じて新規融資をするには、ショイブレさんの議会も、その他の国々の議会も、三度目の救済策を、三度目の対ギリシャ・プログラムを承認しなければなりません。しかし今回の三機関の提案の目的は、三度目の救済策を、三度目のプログラムを避けるために、二度目の救済策を、二度目のプログラムを延長することなのです。ECBへの返済のために、HFSFの基金を食い潰《つぶ》せば、二度目のプログラムのなかに、三度目のプログラムを潜《もぐ》り込ませることになりますよ。これは違法ですし、非合理です。唯一の代替案は、ECBへの返済のために、ギリシャ政府が財務省短期証券（TB）を七〇億ユーロ分〔約九一〇〇億円分〕以上発行して、ギリシャの銀行がそれを購入するのを認めることです。私は国会にそんなこと提案できませんよ。ショイブレさん、あなたにはできますか？　さて皆さん、考えてもみてください、私たちは今、これらの問題に答えを出さないといけないのです。この点で今日は合意しないという権利は、私たちにはないのです。

前日の夜、フリアラキスのチームが野党と組むという絵を描いていたことを私は知った。それで私は、ユーログループ会議で彼が隣に座るのを拒否していた。彼の代わりに横に座ったエフクリディスは、私の耳元で「完璧だよ！」と囁《ささや》いた。私の話を受けて、ショイブレが発言してくれた。これは私にとっては贈り物であり、トロイカにとっては打撃であった。

私たちが賛成しろと言われているのは、ようするに、ギリシャに返済義務を果たさせるために、ＥＦＳＦ（欧州金融安定基金）の金庫からカネを引き出させて、そのカネは一一月にＴＢを発行させて埋めさせる、ということですか。ご冗談でしょう。ＥＦＳＦの資金をＴＢで埋める？　おいおい！……債務持続可能性分析をご覧《らん》なさい、三年間のプログラムに関する確かな分析はありませんよ。くり返しますけどね、二〇一五年のＳＭＰ問題の出口が見えないのです。……今回の変更点はすべて、議会で承認を求めないといけない。うまくいくとお思いですか。……私は、議会を説得できるとは思えませんね。

ショイブレはトロイカに対して、彼らの最終提案は無価値であり、議会に提示することはできないと言ったのだ。それを聞いて、私はエフクリディスに、「だからオレはあの男が好きなんだ」と囁《ささや》いた。ギリシャの情報機関が、私がショイブレの手下だったというさらなる証拠として、このことをマキシモスに伝達するであろうことは、百も承知だった。

スロベニアの財相は、ショイブレの発言の重要性が理解できず、何ごともなかったかのようにこう言った。「今日、私たちにできることはただ一つ、ギリシャに対して『呑むか否か、二つに一つだ』と言うことだけです」。マルタの代理人は、ギリシャに提示された譲歩案は寛大すぎてユーログループの信用に傷がつくと言って、自分の懸念《けねん》を披露《ひろう》した。ほかの何人かも発言をしたが、ショイブレが欧州委員会に反対しており、デイセルブルムもドラギも黙っていたので、私のライバルたちは劣勢になった。

再び自由な発言が許されたので、私はラガルドに向かって尋ねた。「提案されている協定のもとで、ギリシャの債務が持続可能だというのは、ＩＭＦの見解ですか？」発言の番が来ると、彼女はこの問題を避けて通ろうとしたが、結局は、ギリシャの公的債務は「再び見直す必要があるでしょう」と認めた。私はすぐに口を挟んだ。それでは、私が受け容れを強《し》いられようとしている実務者協定（ＳＬＡ）には、ＩＭＦの承認が欠けているという理解でよろしいですね。それは、検討が不十分だというだけではなくて、持続可能ではないということですね。ショイブレさんが連邦議会を通過させられないというだけではなくて、ＩＭＦ内部のガイドラインにも違反しているのですね。

ラガルドの顔色が悪くなった。後で分かったことだが、ＩＭＦはその前の晩に、ギリシャの債務に関する持続可能性分析の最新版を公表しないよう、圧力を受けていたのだった。無理もない。『ニューヨーク・タイムズ』紙の報道によれば、「試算の結果、ＩＭＦもバルファキス氏の議論を受け容れざるをえなくなった。ギリシャは破産しており、生き残るためには、ヨーロッパからの債務免除を受ける必要があるのだ」[★6]。しばらくして知ったのだが、六月二五日のユーログループにおけるIMFの沈黙は、ワシントンのIMF本部でも造反を引き起こした。IMFで働く私の知人たちも「そろそろ限界だろう」と認めた。ラガルドのリーダーシップも揺らいでいた。

ラガルドが答弁する前に、ショイブレが再び意見した。「私たちは三機関の書類を受け容れることはできませんよ。新規の融資はありえません……ひと月だって期限を延長したくはありません……新規の資金はありませんから、経済成長に頼るしかありませんよ」

ショイブレが明確に反対しているのに、デイセルブルムは相変わらず、三機関の提案を受け容れろと私に圧力をかけてきた。ショイブレの発言をまったく聞かなかったかのようだった。私は九割がた面白がって、デイセルブルムにこう尋ねた。「三機関の提案を呑むのかどうか、って言ってるんですか？　誰かがおっしゃったように、『呑むか否か、二つに一つだ』っておっしゃってるんですか？　ギリシャ政府に伝える必要があるから、質問してるんですけどね」

デイセルブルムはげんなりして、彼らしい答弁をした。「協定は必要ですよね。二つに一つだってあなたが仰《おっしゃ》るなら、それでもいいですよ。ただ単に『はい』と答えてくれてもいいですよ。そういう選択肢もあるんです。冗談抜きで」。発言がスベったことに気づいたらしく、デイセルブルムは休憩にしましょうと言った。

私はエフクリディスに「ヤツはこの休憩を利用して、何か対抗策を企《くわだ》てるつもりだ」と言った。彼も頷《うなず》いた。

休憩の間、私が部屋に戻ると、ショイブレがこっちに来いという手振りをした。側近の椅子を勧めて、「お座りなさい」と言った。私たちの会話は二五分間も続いた。デイセルブルムは会議を再開したがっていたが、ショイブレが私と話をしている間は遠慮していた。私たちの会話は、前回の会話の延長だった。

ショイブレ：とても心配です
バルファキス：私もです
ショイブレ：ええ、ヨーロッパは悪い方向へと向かっています
バルファキス：間違いありません
ショイブレ：ここで協定が成立するとは思えませんね
バルファキス：私もですよ。でも、あなたはこれを望んでいたのではないのですか？
ショイブレ：違いますよ。解決策を求めているのです。後になって、物事をもっと悪化させるような合意なんていりませんよ

バルファキス：だからこそ、私たちが選挙で選ばれたのです。これまでのＭＯＵや融資は、まさにそんなもんでしたよね。危機を解決させたふりをして、将来に先送りしただけだった

ショイブレ：ええ、分かっています

バルファキス：ショイブレさん、教えてください。もし私の立場だったら、三機関が押しつけてくる提案を、国会に提示できますか？　ギリシャで持ちこたえている産業は観光業ぐらいなのに、石を投げたら届きそうな対岸にあるトルコの付加価値税率が七％しかないのに、サモス島やレスボス島、コス島、ヒオス島のホテルのＶＡＴを二三％まで引き上げろっていう提案ですよ？　あなたは、国会に提示できますか？

ショイブレ：あなたがそうするというなら、あなたが国民に説明しないといけませんね！

バルファキス：だからできないって言ってるんですよ

ショイブレ：あなたがやっていることは正解だ。前回話し合ったことについて、首相を説得してくださいよ

バルファキス：ずっと説得してきたんですよ。もう説得しろって言わないでください。それが最善の解決策だとは思えないという理由だけで言ってるんじゃないですよ。最大の理由は、あなたの側に、十分な権限が与えられていないことなんです

私が言っていたのはもちろん、ギリシャがユーロ圏で「タイムアウト」をとるというショイブレの考えを、メルケル首相がハッキリと却下したという事実のことだ。

デイセルブルムが休憩中に何を計画していたかは知らないが、私とショイブレがずっと仲よく喋っているのを見て、それを断念したらしい。当たり障《さわ》りのないまとめをして、閉会となった。その後、デイセルブルムが発表したコミュニケは、次のような文で締め括《くく》られていた。「閣僚たちはギリシャ政府に、三機関の提案を受け容れるよう求めた」。これ以上のウソはない。彼がこれほどのウソの声明を出して逃げ切れるとすれば、ショイブレやドラギ、ラガルドよりも権力を持った人間がバックに付いているに違いない。そんな人間は、メルケルしかいない。

非常口

翌朝、六月二六日金曜日の早朝のことだ。アレクシスは私たち全員をホテルの最上階に招集した。ブリュッセルの中心部が見渡せる場所だった。私のほかには、ドラガサキスやサギアス、エフクリディス、パパス、スタサキス、フリアラキス、

そして彼の助手が一人か二人いた。盗聴を防ぐためにいつもより十分な注意を払ったうえで、アレクシスは説明を始めた。協定が結べる見込みはないので、みんなアテネに帰ろうとしていた。残るのは、翌日のユーログループに出席する予定だったエフクリディスと私、そしてユーログループ作業部会に呼ばれるかもしれないフリアラキスだけだった。アレクシスはその晩に閣議を開いて、三機関の最後通牒《つうちょう》を国民投票にかける提案をするつもりだと言った。その実施は一週間後の七月五日で、私たちは国民に対して反対〔トロイカの要求の拒否〕に投票するよう呼びかけるというのだ。

「みんなにハッキリ言っておきます。このことは絶対に口外しないでください。閣議の後、アテネで正式に国民投票の実施を発表するまで、誰にも知られないことが重要なのです。記者にも、電話越しのワイフにも、そして特にトロイカのメンバーにも、いっさい誰にも話をしてはいけません。いいですね？」

議論はほとんどなかった。決定されたことの重大さを誰もが理解していた。私は一つだけ質問をした。「国民投票を実施するのは、勝つためかい、負けるためかい？」

唯一の答えはドラガサキスのものだった。率直な答えだったと私は思う。「私たちには非常口が必要なのです」

彼と同じく、私もこの国民投票は負けると確信している。一月の連立政権の得票率はわずか四〇％だった。そして今から一週間、銀行閉鎖が断行され、メディアはホラー・ストーリーを流し続けるだろう。ただしドラガサキスは、トロイカの条件を呑むことを正当化するために敗北したいと思っていた。私は違った。

皆が去っていくなかで、私はフリアラキスに近づいて単刀直入に言った。「首相が言ったことは聞いたよな。君はトロイカのお友達と距離をとるのが難しいんだろ。もし君がヴィーザーやコステロと話をしたことが分かったら、君とは個人的に対応する。いいな？」フリアラキスは分かったという顔をした。

部屋に戻り、私はこの日のうちにアレクシスに渡す予定だった辞表を取り出し、引き裂いて、ゴミ箱に捨てた。国民投票を戦わねばならなくなったからだ。必要なら、一週間後に次の辞表を書けばいい。私は、翌日のユーログループ会議でのスピーチを準備し、融資協定の一か月の延長を求める公式文書を書いた。国民投票を実施できるようにするためだ。

数時間後、私は窓の外に目をやった。すでに暗くなっていた。私は外に出て、新鮮な空気を吸い、食事をとることに決めた。ホテルのロビーでグレン・キムと鉢合わせした。彼がまだブリュッセルにいたのは、ちょっとびっくりだった。グレンに会うのはいつだって嬉しい。私は一緒にメシに行かないかと言った。その気がないことが、すぐに分かった。「会合の予定があるんです」と、彼は言った。

「そうなんだ。誰とだい？」

「フリアラキスとヴィーザー、それとコステロです」

グレンが私のチームに参加することに対して、最初はシリザのなかでも強い反対があったが、ここ数週間のうちにサギアスは彼の能力を認め、トロイカに対する譲歩案を書く際には、グレンの協力を取り付けていた。グレンの返事は、彼にとっても私にとっても決まりの悪いものだったが、私にとっていちばん厄介だったのは、ヴィーザーやコステロも来るという話だった。私は彼にお休みと言って、あとは何も言わずに表に出た。

私はすぐにフリアラキスに電話をかけ、落ち着いた口調で、それは何の会議なのだ、私が今朝言ったことがきちんと伝わらなかったのかと聞いた。

「大きな交渉をするわけではありません。意見交換するだけですよ」と、彼は言った。

私は特に何も言わずに電話を切り、すぐにアレクシスの番号にダイヤルした。彼の秘書が電話に出て、閣議が始まるところですと言った。私は、「どうしてもすぐに彼と話をしないといけないのです」と言った。アレクシスが電話に出ると私は、トロイカとは接触するなという明確な彼の指示を、フリアラキスが蔑《ないがし》ろにしているぞと告げた。

初めて彼は、私に対して大声を張り上げた。「フリアラキスに対するあなたの敵意には、もううんざりだ！　その話を続けるなら、電話を切りますよ！」

私も心底腹が立ち、愛想も尽きた。「いいだろう！　切れよアレクシ！」

電話が切れた。二分たつと、彼は電話をかけ直してきて謝罪した。ストレスのせいで感情が爆発したのだと言い訳をした。それに加えて「フリアラキスのことは、もう関係ありません。今からすぐ、国民投票のことを発表しますから」と言った。

一人で夕食をとりながら、私はじっくりと考えた。この掃《は》き溜《だ》めから脱出したいのはやまやまだったが、やるべきことが二つあった。一つは、翌日のユーログループに出ることで、もう一つはアテネに帰り、国民投票で反対票を投じようと呼びかけるキャンペーンが、できるかぎり支持を広げられるようにすることだ。アレクシスは武器を持って立ち上がれと言ったも同然だ。初めてギリシャ国民に、自分の意思を表明する機会が与えられるのだ。内に引きこもったり、内輪《うちわ》もめをしている場合ではないのだ。


六月二七日土曜日の朝、ユーログループが始まる直前に、私とエフクリディスは、デイセルブルムとヴィーザー、そしてミシェル・サパンに会った。彼らは、国民投票が告知されて驚き、そんなことはやめろと圧力をかけてきた。私は国民投票の決断の大義名分を説明した。ギリシャ国民の負託という観点からみて、私たちはヨーロッパのパートナーたちと激突することも、無意味な協定に署名することもできないと思っています。私たちにとって無意味なだけではなくて、ドイツの財相にとっても、ほかの五か国の財相にとっても、IMFのスタッフにとっても無意味な協定ですからね。そう言うとデイセルブルムは、私たちが有権者に反対票を投じるよう勧めていることが、けしからんと言い出した。

デイセルブルム：あなたは、反対の投票をするように勧めているでしょう

バルファキス：主権は有権者のものです。大臣や政府のものではありません。私たちは有権者から、進撃命令を受け取るのです

デイセルブルム：政党が政治活動をするというようなことは……

バルファキス：当然のことでしょう。それに、今回の話し合いの論点でもありません。私たちの活動は、私たちの問題です。あなたには関係ない……

デイセルブルム：でも、あなた方の意図は明らかじゃないですか

バルファキス：政治家としての私たちの意図は、あなたが想像しても無意味ですよ。あなたが政治家として何を考えているかを、私がどんなに想像しても意味はないでしょう。それはあなたと、あなたの有権者との間の問題じゃないですか

その時サパンは、私たちがギリシャの人々に、緊縮策のように協定のなかの厳しい部分に対して、そのメリットを説明せずに、反対票を投じるよう呼びかけていると言って批判してきた。私は彼に、メリットって何ですかと聞いた。「債務に関する措置だとか、投資の支援だとか」と、サパンは答えた。エフクリディスは、そういう議題は債権団が断固拒否したから、一度も検討されたことはなかったじゃないかと言った。デイセルブルムが再び口を挟んだ。

デイセルブルム：政治的な実現可能性を直視しましょう。信頼を築けば、いちばん強硬だった財相たちも、夏が過ぎれば、これについて議論する用意ができるでしょう。プログラムが再び軌道に戻るという確信が、少しでも得られれば

バルファキス：賛成します。理解します。でも分かってますか？　信頼ってお互い様でしょう？　ギリシャの人々は、ユーログループが約束を守るなんて信じていませんよ。ユーログループは、ギリシャ政府を信用していませんよね。方程式の両辺で、信頼が崩れているんですよ。何か、拘束力のある提案を出してくださいよ、私たちもそうしますから

その後の会話には、それ以上の進展はなかった。そこで私は、いったんこれを切り上げて、数分後のユーログループ会議で、皆が見ている前で、この話を再開しようと提案した。

ユーログループは実在しません！

六月二七日、土曜日のユーログループ会議は、ヨーロッパの歴史上の汚点となった。三機関の提案を受け容れるか否かを決める機会を、ギリシャの人々に与えろという私たちの要求は、却下された。私が二月二〇日に確保した融資契約の延長期間は、六月三〇日に切れる。そのため、さらなる期限延長の要求が却下されるということは、ギリシャ中央銀行が緊急流動性支援（ＥＬＡ）によってギリシャの銀行に流動性を供給することを、ＥＣＢがその権限によって拒否できることを意味した。分かりやすく言えば、ギリシャの銀行は、月曜日には営業できなくなるのだ。

興味深いことに、三機関の提案の問題点について、政府は国民投票にかけるべきだという考えは、理解されず、侮辱的なやり方で却下された。こんな複雑な問題を、一般人が理解できると思っているのですかと、イタリアのパドアン財相は私に尋ねた。

私は答えた。「私たちは、人々が、有権者が、積極的な市民になれると強く信じています。彼らはよく考えて分析をして、自分の国の将来について、責任ある決定を下せるはずです。民主主義って、そういうことでしょう」

わざわざ私がこんなことを説明せねばならなかったことと、部屋にいるほとんどの人間がそれに否定的な反応を示したことが、ヨーロッパの民主主義と超国家機関が抱える問題を如実《にょじつ》に示していた。

私たちの要求が却下されると、ユーログループ議長はＥＵの慣習を破り、驚くべき発表を二つした。一つ目は、ユーログループ（とＥＵ）の全会一致の慣例を破って、ギリシャが同意しなくてもコミュニケを発表すると言ったことである。そして二つ目は、その日のうちに、ギリシャの代表者を招かずにユーログループ会議を開いて、「次のステップ」について議論しようとしたことである。

そこで私は、デイセルブルムとヴィーザーの後ろのテーブルに着席していた事務方に質問した。「ユーログループの議長は自由に、全会一致でなくてもコミュニケを発表したり、ユーログループ会議から財務大臣を排除したりしていいのですか？」するとひとまず休憩ということになり、何人かが電話をかけ、何人かは分厚い文書を確認した。

しばらくすると、デイセルブルムは会議に戻るよう、私たちに呼びかけた。事務方の一人が私に話しかけてきた。「大臣。ユーログループは法的には実在しません。欧州連合条約の、どこにも明記されていませんので。これは、ユーロ圏加盟国の財務大臣の非公式グループなのです。ですから、その運営方法については明文化された規則はありませんので、議長に法的な制約はないということです」

会議を終えて、エレベーターを待っていた時、マリオ・ドラギがやってきた。いつになく心配そうで、予想外に友好的だった。「いったいデイセルブルムは、何をやってるんですかね？」と、彼は言った。

「ヨーロッパを傷つけているんですよ、ドラギさん。ヨーロッパに打撃を与えようとしているんですよ」と、私は答えた。

彼は頷いた。懸念は深まったようにみえた。エレベーターを降りると、私たちは何も言わずに別れた。

17. ロバたちに導かれたライオンたち

Lions led by donkeys

その夜は再びマキシモスで、戦時内閣の会議が開かれた。私は、エフクリディスと部屋に入るとすぐに、あの盟約を、皆で守り抜こうと何度も誓《ちか》いあった盟約を、再確認しようとした。もしＥＣＢがギリシャの銀行を閉鎖に追い込んできたら、私たちはＥＣＢの持っているＳＭＰ国債を踏み倒《ヘアカット》し、そしてユーロ建ての並行決済システムを始動し、ギリシャ中央銀行をギリシャ議会の完全な管理下に戻すことを宣言する、という話でしたね、と。私はアレクシスに、決断を迫られる時がきたぞと言った。そして皆に告げた。月曜には銀行が閉鎖されるでしょう。そうなったら、やるぞやるぞと言い続けてきた対抗策を、実施する覚悟《かくご》はありますか。

私は続けた。「なにも慌《あわ》てて全部やらなくてもいいのです。今日は、信号《シグナル》を送るだけでいい。私が提案しているのは、ドラギが持っているＳＭＰ国債の七月分と八月分の返済を二〜三年延期すると、今日宣言するだけのことなのです。それに、並行決済システムを国民投票の次の週には立ち上げると宣言してもいい。ギリシャの中央銀行に関する法律を、来月中に改正すると表明してもいいのです。そうやって、私たちは返済を延期するだけじゃなくて、彼らがマトモな提案を携《たずさ》えて戻ってこられるように扉を開けておくという、シグナルを送るのです」

私の提案に対してドラガサキスは、彼にしては珍しいほどのエネルギーとスピードで反対論をぶつけてきた。彼は私の提案を、ライオンの咆哮《ほうこう》を意味するギリシャ語を用いて、危険なハッタリだと言って切り捨てたのだ。彼は言った。「私はこれを拒否します。私は、ドラギと敵対するのではなく、彼と合意しながら物事を進めることを提案します」

ほかには誰も口を開かなかった。皆がアレクシスの方を見ていた。彼は出窓のところに歩いていって、タバコを吸い始めた。これは彼が最近になって始めた習慣だった。しばらくして、彼は私の方を向き、またしばらくして口を開いた。「ドラガサキスさんの言う方向で行きましょうよ、ヤニさん」

部屋を見回すと、私の味方はエフクリディスしかいなかった。たった二人の少数派だった。

議論は、悪夢にどう対処するかという話になった。一人の財務大臣が平時に直面しうる最大の悪夢、すなわち全国の銀行が無期限閉鎖に追い込まれるという事態にどう対処するかということだ。私は、この人災の責任が誰にあるのかを明らかにしておくことが、決定的に重要だと論じた。私たちは、選挙で選ばれてからというもの、懸命《けんめい》に努力して、絶対に実現できない無理な条件まで受け容れて、なんとか銀行の営業を続けさせてきた。それなのに、ストゥルナラスやドラギは、持てる力をすべて使って取り付け騒ぎを煽《あお》り、銀行閉鎖を早めようとしてきたのだ。

私は論じた。彼らを喜ばせるようなことをしてはいけません。私たちの政権に、人々が自分の預金を引き出せないようにするような政権だというレッテルを貼らせてはいけません。ですから、月曜の朝には、平常どおり銀行を開かせましょう。カウンターの現金が底を突けば、銀行の経営者が自分で、支店を閉店するしかなくなります。その時には私たちも表に出て、人々と一緒にトロイカに抗議するべきなのです。

合意が得られると予想していた私は、浅慮《あさはか》だった。今度はエフクリディスも味方に付かなかった。銀行を開店して、それで現金が尽きたら、店の内外で暴動が起こりかねないと言うのだ。この議論には一理あるが、私の考えでは、そのリスクは酷《ひど》く誇張されていた。暴動を防ぐにも、たくさんの方法があるからだ。それに対して、銀行閉鎖に表立って抗議することもせず、私たちが銀行閉鎖を起こそうと考えたかのように吹聴《ふいちょう》されたら、その政治的ダメージは壊滅的なものとなる。政府の命令で銀行を閉鎖すれば、結局は国内での批難合戦に敗れ、国民投票でも負けることになるだろう。

マキシモスを後にする時、私はある事実に気が付いてショックを受けた。そうなることを彼らは狙っているのだ。しかも批難を受けるのは彼らではなく、この私なのだ。

出口に向かう時、ドラガサキスがいつになく馴《な》れ馴《な》れしい調子で話しかけてきた。「あなたは明日、金融システム安定化のための検討会を開かないといけませんよね。私は出られませんけど、あなたならきっとうまく処理できると思います」。この検討会を、好き好んで開催した財務大臣はいまだかつて存在しない。緊急時に、銀行閉鎖を実施すべき時にだけ開かれる検討会だからだ。

政権発足当初から、ドラガサキスは政令を連発して、銀行規制権限をぜんぶ財務省から取り上げて、副首相としての自分の権限にしてしまっていた。だが今や、戦時内閣が彼の意見に従って、私の反対に逆らって、銀行閉鎖を実施するために、政府として金融システム安定化のための検討会を招集すると決定した。そうしたら彼はその議長を務めるどころか、出席さえしないと言うのだ。

　彼は確信していた。私に毒を手渡せば、それを飲むだろうと。戦時内閣の少数派である私には、ほかには、財務大臣を辞職するという選択肢しか残されていない。しかし辞職をすれば、国民投票で反対票〔抵抗の票〕を入れるよう呼びかける運動に亀裂を生じさせかねない。したがって、私は辞任など考えもしない。彼はそれをお見通しだったのだ。話にならないほど卑怯な手だった。だが、私自身が政府による銀行閉鎖に強く反対しているにもかかわらず、私にこの検討会の議長を務めさせるという作戦は、大成功だった。今でもギリシャのマスコミは私のことを、銀行閉鎖を実施した男として描いているからだ。

　金融システム安定化のための検討会のメンバーには、財務省の担当大臣たちのほかに、ストゥルナラス・ギリシャ中央銀行総裁と副総裁、ギリシャの商業銀行の頭取《とうどり》たちがいた。私は会合のはじめに、現在の苦境の原因と経緯を説明した。演説のなかで私がはっきりさせておいたのは、この苦境をもたらした原動力の一つがストゥルナラスだということだ。ストゥルナラスはまったく気にした様子がなかった。彼は嬉しそうだったし、私に対して極端に友好的だったのだ。

　その夜、会合が終わると、私と私のチームは膨大な仕事に取りかかった。ＡＴＭがどれだけ現金を放出すべきかを決める公式を作らねばならなかった。年金生活者の八五％はキャッシュカードもデビットカードも持っていないが、こうした人たちをどうするかという問題もあった。ギリシャ中央銀行に残されたわずかな流動性を、どの輸入案件に割り当てるかという問題もあった。ヒドラの頭のように、何か一つの問題に手を付けると、別の新たな問題が飛び出してきた。問題の月曜日の午前一時四〇分、ストゥルナラスからeメールが届いた。「ヤニス、絶妙なご協力をどうもありがとう」。私は彼のことをよく知っているので、この感謝の言葉は純粋なものだろうと思う。というのも、一二か月前にサマラスによって総裁に任命された彼は、私たちの政権を掘り崩す計画をついに成功させて、歓喜しているに違いないからだ。

　私はといえば、おかげさまでアドレナリンが血液中にあふれて、絶望的な気持ちを押し流してくれた。私たちのチームと午前九時まで休みなく働くことができたのだ。普通なら銀行が開く時刻だが、今日は違う。テレビの画面はＡＴＭの前の果てしない行列のシーンであふれていた。ギリシャの人々が六〇ユーロ〔約七八〇〇円〕を引き出そうと並んでいたのだ。それは、七月五日の国民投票の翌朝まで生き延びるために、銀行口座の持ち主に許された引き出し限度額である。この時点で情報が入ってきた。先週末、現金引出し限度額についての布告が公表される前に、国会議員のせいで、国会議事堂のなかのＡＴＭが五回以上も空《から》になったというのだ。国民の代表たる者たちが、国会議事堂にあるＡＴＭを濫用したせいで、よそのＡＴＭよりも頻繁《ひんぱん》に現金の補充が行われていたというわけだ。私はとても腹が立った。だからブルームバーグの特派員から、ＡＴＭから現金を引き出すために行列に並んだかどうかと聞かれた時には、私にはそんな時間はなかったが、いずれにせよ、そんなことをすることは不適切なことだと思うと答えた。するとさっそく次のように報じられた。銀行を閉鎖したバルファキス財相は、自分が重要人物だと自覚しているので、一般大衆と一緒に行列に並ぶようなことはしないと答えた、と。

その週のうちに私は、『ニューヨーカー』誌のインタビューを受けた。この時の記者には特別に、私のアパートに来てもらって、家族とも会ってもらった。友人たちとの夕食には、この記者にも同席してもらった。その時私は、銀行を開いたままにすべきだという私の戦略が拒否されて、戦時内閣の意向を受けて銀行を閉鎖せねばならなかった時の、皮肉と苦悩について語った。「こんなことは私の仇敵《きゅうてき》にだって経験させたくない」と私は言った。場の雰囲気を暗くしてしまったことに気づいたので、ちょっと気分を明るくしようと思って、自虐《じぎゃく》的な冗談を言った。この出来事をドラマにしたら、残酷《ざんこく》な脚本家なら私に、ダナエに向かってこんな台詞を言わせるだろうな、「ハニー、オレ銀行を閉鎖しちゃったよ（Honey, I shut the banks）」ってね。これは、ハリウッド映画の『ハニー、オレ子どもたちを縮小しちゃったよ』（*Honey, I Shrunk the Kids*、邦題『ミクロキッズ』）をもじったつもりだった。この言葉が『ニューヨーカー』誌に引用されると、ギリシャのマスコミが独自のひねりを加えた。「バルノァキスは銀行を閉鎖したことを祝い、ダナエに『ハニー、オレ銀行を閉鎖しちゃったよ』と語った」。

私のイメージだとか、それを破壊するための歪曲《わいきょく》だとかは、それ自体はどうでもよい。ただ問題は、私の敵が、私を貶《おとし》めることによって、国民投票で反対票を入れるよう呼びかける運動や、それを支持することで私たちの集団的な尊厳を守ろうとしている勇敢な人々に、ダメージを与えようとしていたことだ。この勇敢な人々はまさに、ロバたちに導かれたライオンたちだった〔第一次世界大戦の時、英国では勇敢な歩兵《ライオン》たちが無能な将軍《ロバ》たちによって死地に送られた〕。ロバたちの政治的な立場はさまざまだ。私は国会議事堂で、一人のシリザの国会議員が私に近づき文句をつけてきたことを思い出す。シリザといえばグレグジット賛成派の集まりだったはずだし、彼は私に対して何か月もの間、資本規制を始めないとかユーロ離脱にとりかからないとか言って批判してきていたので、文句をつけてきたこと自体は驚くべきことではなかった。驚いたのは彼が怒っている理由だった。今や、その資本規制が始まったわけだが、海外送金に規制がかかったせいで、彼はロンドンの家のローンを払うことができなくなったというのだ。私は叫んだ。「でもあなたはドラクマ派だったし、資本規制にも賛成だったじゃないですか！　私があなたの言うとおりにしていたら、あなたはどうやってロンドンのローンを払ってたんですか。ドラクマでですか?!」。こんな指導者はギリシャ国民にはふさわしくない。

マキシモスに戻ると私は閣僚たちに、ギリシャ中の主な街や島々を回って、人々に国民投票で反対票を投じるように訴えようと言った。放っておいても皆がそうするだろうと思っていたのに、誰も動かなかったからだ。しかし、あろうことかパパスとドラガサキスの官房は、私に関するウソの情報をマスコミにリークしていた。また、ヴァシリが見せてくれた証拠によれば、フリアラキスがいまだに委員長をしている財務省経済諮問委員会は、賛成票〔屈服の票〕を入れるよう人々に公然と呼びかけていた。だが、私が最も懸念《けねん》していたのは戦時内閣の姿勢であった。彼らは、反対票の本当の意味を有権者に説明することを、私に禁じていたのだ。反対票を投じるということは、政府に対して、ユーロ圏を離脱せずに、断固とした姿勢でユーロ圏のなかで新たな協定を実現させろ、という声を上げるということを意味する。ギリシャを債務者の刑務所から解放し、尊厳を回復させ、不況スパイラルに終止符を打つための協定を結べということだ。私は、このことを明らかにすることが決定的に重要だと考えていたのだ。もしマリオ・ドラギとアンゲラ・メルケルがこのような協定を拒否するならば、反対票は、ＥＣＢが保有するギリシャ国債を踏み倒せ、ユーロ建ての並行決済システムを始動しろという意味になる。それは、私たちにとっては時間稼ぎのためのシステムであり、債権団に対してもグレグジットの瀬戸際《せとぎわ》で考える時間を与えるためのシステムだ。さらに万が一ショイブレのグレグジット戦略が成功することになれば、ユーロ建ての並行決済システムは、新たな自国通貨の創設のために役立てることができるだろう。

もし私たちが有権者たちに公《おおやけ》に語りかけ、作戦の全体を説明したならば、私たちの力はきっと強くなるはずだ。なぜならドラギとメルケルはそれを無視できなくなるだろうし、そうなれば適切な妥協策が必ず見つかるはずだからだ。それに、ＥＣＢがグレグジットの脅《おど》しを実行に移すことは絶対にないからだ。このことは、ＥＣＢ副総裁のヴィトル・コンスタンシオも二〇一五年の秋に白状した。しかし戦時内閣の多数派の意見によれば、私はいっさいこれらのことを話してはならない。そのため、最大限私にできることは、私たちはグレグジットを弄《もてあそ》ぶことはしないし、しかしまたそれを恐れることもないし、その脅しに屈することもないという決意を宣言することによって、残りの言わんとするところを有権者に推測してもらうことだけだった。

私の気持ちを奮《ふる》い立たせてくれるものは、ときおり外国からやってきた。銀行が閉まっていたある日、よき米国の友人が、あのバーニー・サンダースが、クリスティーヌ・ラガルドに再び手紙を送ってくれたのだ。彼の事務所がそのコピーを私に送ってくれた。「私が思うに、ギリシャの人々が国民投票で反対の票を投じるのは当然です。ユーロ圏から追い出すぞとギリシャを脅すことによって、ドイツのアンゲラ・メルケル首相、フランスのフランソワ・オランド大統領、イタリアのマテオ・レンツィ首相は、世界の金融システムの安定性と欧州の民主主義の根幹を、危険に晒《さら》すゲームをしているからです」

その同じ日、マキシモスでの会議では、ギリシャの年金生活者たちが陥《おちい》った苦境について議論していた。高齢者の多くはテクノロジーに慣れていないので、自分から（すでに閉鎖された）窓口に出向いて、年金を引き出したいのだそうだ。その時、アレクシスが嬉しそうに私の方を見た。「ユンケルが電話してきて、ヤニさんの債務スワップ案を受け容れると言ってきましたよ。大したもんだ、債務再編を何年も前からずっと主張してきて、とうとうそれを勝ち取ったわけだから。でも、ユンケルはその代償として、社会政策でこっちを圧倒しようとしてきています。付加価値税、島の税金、医薬品、労使関係、民営化……ありとあらゆる要求を突きつけてきてますよ」。彼はユンケルのノンペーパーを私に見せた。「これが交渉再開の基礎になるんでしょうかね？」

私はざっと目を通して、言った。「なるとも。これは持続可能な未来へと、新しい窓を開いてくれる。二度目の救済策をお払い箱にしてくれるよ」

それがユンケルの提案について耳にした最後の機会だった。メルケルが、今や私たちが屈服したとみてこれを握り潰《つぶ》したのか、それともドラガサキスやサギアス、フリアラキスなど、とっくの昔に債務再編を諦《あきら》めていた人間たちが潰したのか、もはや知る由《よし》もない。だが私は確信している。私たちがもともと合意していた戦略を守り抜いていたならば、ブリュッセルは私たちに妥協していただろう。

その週の間、政治家たちは欧州の名誉を守ろうと、さまざまな動きを見せた。そのなかでも、最も興味深く、最も誠実だったものは、銀行閉鎖の前日、黒い日曜日に届いたeメールだった。

マクロンの試み

フランスの経済大臣だったエマニュエル・マクロンが、六月二八日、日曜日の午後六時頃にeメールをくれた。それによれば彼は、オランド大統領とドイツ社民党のジグマー・ガブリエル副首相を説得して、解決策を探らせようとしていたそうだ。「私は自分の世代を、ギリシャをヨーロッパから追い出した責任者にはしたくないのです」と彼は言った。

一分もしないうちに私は返信をした。「私もです。ご承知ください、私たちに必要なのは協定です。私たちに、長丁場《ながちょうば》の交渉に耐えられるよう一息つける時間と、数か月のうちに再びこんな状態に陥ることはないという見込みを与えてくれる、確かな協定なのです」

マクロンは同意した。大統領と話をしたら、結果を伝えるという。「持続可能な解決が鍵です。おっしゃるとおりです」と言った。そして、彼が翌日お忍びでアテネを訪れ、私とアレクシスと夕食をとり、アテネ、ベルリン、パリ間の協定を実現させようではないかと提案してくれた。

深夜零時過ぎ、銀行閉鎖の準備作業の真《ま》っ只中《ただ》で、マクロンから知らせが入った。オランド大統領がこの朝、交渉再開を宣言する声明を出すというのだ。「チプラスさんは、月曜の晩か火曜の朝にパリにおいでくださいと言ったら、賛成してくれるでしょうか」と尋《たず》ねた。私はむしろ、マクロンにアテネに来てくれるよう頼んだ。ギリシャ内部の状況が不安定なので、アレクシスが国を離れて、結末が見えない話し合いに応じることはできないからだ。

「オーケーです」とマクロンは言った。「私はいつでもいいです。チプラスさんとあなたと私は、きっと解決策を見つけることができると確信しています。明日、大統領を説得します。絶対成功させましょう」

深く感謝を込めて私は書いた。「私はいつも、あなたに会ってお話ができたらと思っています。ギリシャにとって実現可能で、なおかつショイブレさんにも受け容れ可能な解決策を見つけるのは、簡単なことではありません」

六月二九日月曜日、彼がアテネに来ると言った日のことだ。マクロンが電話をかけてきて、頼みがありますと言った。アレクシスからオランド大統領にコンタクトをとって、フランス大統領の代理としてマクロンがアテネに来れば、喜んで受け入れる用意があると伝えてくれませんかというのだ。私がアレクシスに電話し、私たちの前に現れたチャンスについて説明すると、彼は同意した。だが一時間後にアレクシスから電話がかかってきた。明らかに怒っているようだった。「どうなってるんですか？　オランドのオフィスの返事では、マクロンをアテネに派遣するなんてことは検討してないって言ってますよ。ミシェル・サパンを派遣しましょうかって。ヤニさんはマクロンに担《かつ》がれたんじゃないですか？」

このやりとりをマクロンに伝えると、彼の説明は衝撃的なものだった。「オランドのまわりの人間が私をアテネに行かせたくないのです。彼らはフランス政府よりも、ベルリンの首相官邸に近いのです。彼らは明らかに、チプラスさんからの伝言をブロックしたのです。では、チプラスさんの携帯番号を教えていただけませんか。一時間以内に個人的にエリゼ宮に行って、彼［オランド］に話をして、直接チプラスさんに電話するように頼んでみます」

何時間かたったが、オランドがアレクシスに電話することはなかった。そこでマクロンにeメールを送った。「進展がなかったと理解してよろしいでしょうか。あなたの出張はキャンセルということですか」

マクロンは気落ちしていた。大統領と側近たちに妨害されているというのだ。「あなたのためにもう一度プッシュしてみましょう。信じてくださいバルファキスさん」と、彼は約束してくれた。私は彼を信じた。もちろん私は、彼の気持ちが痛いほど分かった。

私が辞職して三か月後の一〇月に、マクロンは、私がもはや政府に籍《せき》を置いていないにもかかわらず、自分のオフィスに私を招いてくれた。彼の話では、アレクシスへの梃子《てこ》入れが失敗する直前に開かれたEUサミット〔欧州理事会とも呼ばれ、二〇一五年六月二五～二六日に開催されている〕で、彼は私の一節を引いて、トロイカによるギリシャの扱いは現代のヴェルサイユ条約だと言ったそうだ。これをメルケルが聞いていて、マクロンをギリシャ交渉から外《はず》せとオランドに命令したのだそうだ。メルケルの魔法は想像に違《たが》わず強力だった。

まさにギリシャ喜劇

財務省が中央銀行のサポートを得られないということは、馬鹿げたことだし、致命的なことである。馬鹿げたことの一例を挙げよう。この恐るべき一週間、ギリシャがわずかな流動性をできるだけ長持ちさせようともがいていた時に、私はシステムにどれだけの流動性があるかを知ることすらできなかった。しかし、ギリシャ中央銀行の総裁が、銀行取り付け騒ぎを起こした張本人《ちょうほんにん》であり、銀行閉鎖の夜に嬉しそうにしていた人間だったという事実から、利用可能な現金の量を中央銀行が過少報告していたのではないかと私は疑っていた。

ジェフ・サックスの助力を受けて調査してみると、興味深いが使えない情報が発見された。システムのなかに、ギリシャ中央銀行が報告したよりも多くの流動性が存在していた、というだけではない。ECBが所有する一六〇億ユーロ〔約二兆八〇〇億円〕もの現金が、全国各地のギリシャ中央銀行支店の金庫に眠っているというのだ。それは二〇一二年の夏に起きた、前回の現金危機の結果であった。その時、ECBは貨物機を何機も組織してフランクフルトからアテネに飛ばし、ギリシャのATMに銀行券を補充しようとした。そのうえ、再び空輸する必要のないように、万が一に備えてECBはギリシャに現金準備を積んでおいたのだ。

　いつものように、この日もマキシモスに出向くと、アレクシスは彼のオフィスでアレコス・フラブラリスを楽しませていた。彼は首相府付き大臣で、アレクシスにとって父親のような感じの人だ。いつもどおりに、私は首相に対して、その日の重要な出来事すべてについて説明した。重点を置いたのは、ATMから現金が引き出されてゆくペースのことだった。そしてまた一六〇億ユーロの隠しガネについても述べた。

　アレクシスの目が光った。「何ですって？　一六〇億ユーロもの現金があちこちにあるのに、ATMをいっぱいにしてマトモに機能させるのに使われてないってことですか？」

　私は、そのカネには手がつけられないことを説明した。それを没収するのは泥棒《どろぼう》だ。「でもヤニさん。もしおれの子どもが飢え死にしそうで、おれにカネがなかったら、牛乳パックを一つ盗んでも道徳的には許されるでしょう。今回の場合も、似たようなもんじゃないですか」

「いつから盗みが左翼の武器になったんだい？」と、私は訊《き》いた。

　フラブラリスはただちにアレクシスの弁護に回った。「私たちにはまったく、そうする権利がある。人民が飢えようとしている時に、それを止めるためにそのカネを使うのだぞ」

　議論が始まろうとする時、もう一人の閣僚が加わってきた。左派プラットフォームのリーダーである、パナヨティス・ラファザニスだ。この派閥はユーロ圏を敵視する情熱的なグレグジット派である。彼は何が起こったのかと聞いた。アレクシスとフラブラリスは、私が一六〇億ユーロの現金を発見したことを知らせた。フラブラリスはラファザニスに対して、自分とアレクシスはバルファキスとは違って、国家の金庫に眠っているこのカネに手をつけることは、目下《もっか》の状況によって正当化されると考えている、と言った。私は皆に落ち着くように言い、グレグジット推進のラファザニスの立場からみれば、どんな手が現実にとられるべきかを説明した。

　私は言った。もし私たちがユーロ圏に留まりたければ、私たちはECBのカネを没収することはできないだろう。他方、グレグジットを望むなら、泥棒の烙印《らくいん》を押されることなくこの現金を利用する方策がある。この一六〇億ユーロを国有化して、特別のインクでスタンプを押して、ユーロとしては無効にして新しいドラクマに仕立て直し、新通貨としてATM

に詰めるのだ。私たちはマリオ・ドラギに謝罪せねばならないだろう。私たちは国家的危機にあったのです、すみませんでしたと。そしてこの一六〇億ユーロ分の紙切れを印刷するのに、どれだけ費用がかかったのかと聞いて、その分だけ賠償《ばいしょう》すればよい。

私は改めて自説を述べた。こんなことをするよりも、私がこれまで準備してきた電子的な並行決済システムを始動すべきだ。もし私たちが最終的にトロイカと好ましい協定を結ぶことができたら、これがあればユーロ圏内に留まりながらも財政的な余裕を拡大することができるだろう。たとえ協定が結べなくても、これによって時間を稼げるし、グレグジットのなかでも最も極端なケースが現実のものになった場合にも、これは新しいデジタル独自通貨の創設のために役立つだろう。

当然ながらラファザニスは、ドラギの一六〇億ユーロを使って新しいドラクマを作るアイデアが気に入った。それを断行した場合に、造幣コストをECBに弁償することにも同意した。しかし彼には、アレクシスを説得してグレグジットを遂行させる力はなかった。だからこのアイデアは学者の議論に留まった。アレクシスはといえば、彼はすぐに一六〇億ユーロのことは忘れてしまった。数日前にドラガサキスが私の意見を拒否したのを頼みにして、並行決済システムの始動をブロックし続けたのだ。

何か月かのち、保守派のトロイカ派の新聞がデタラメな中傷デマを報道した。ラファザニスがギリシャ中央銀行の金庫を襲撃してストゥルナラスを逮捕して、例の現金を盗む計画を立てていたというのだ。報道のなかには、私をこの陰謀の一味に仕立てたものもあった。その目的は明らかだ。反対票を投じるよう呼びかける運動を真摯《しんし》に応援していた人間たちを誰彼構《だれかれかま》わず中傷《ちゅうしょう》する一方で、アレクシスを、最後の瞬間には物事の真理を見極めて、自分の党内のならず者たちからギリシャを救った理性的な男として描き出すためだ。本当は、ギリシャ中央銀行の金庫を襲おうという意味のことを軽々しく口にしていた人間たちは、誰あろうアレクシスとフラブラリスだったのだが、その事実はけっして公衆の耳目《じもく》に届くことはなかった。

心の深淵《しんえん》：同志たちについての回顧

「君が長く深淵を覗《のぞ》き込むならば、深淵もまた君を覗き込む」〔『善悪の彼岸』、木場深定訳、岩波文庫、一四六節より〕。このニーチェの不穏《ふおん》な格言は、私が同志たちの心を覗き込んだ時の印象を、うまく捉《とら》えている。かつて、学者としての私の成功は、だいたいにおいて自分の努力次第だった。しかしその後、戦いの最前線に立たされると、私の命運は、同志たちが側面や背後を援護してくれるかどうかにかかってきた。彼らが何を考えているのかを解読し、私を援護してくれているかどうかを推測することは、私にとって最も困難な仕事だった。

友人や批評家たちは、私がアレクシスの心のなかに、ありもしないものを読み取ったと言って、私を批判した。彼らは間違っていると思う。ギリシャを悪循環から解放したいという情熱は実在していた。急速に物事を学習する知性と能力は自明だった。私が最優先事項に掲げた抑止策と債務再編に対する熱意は事実だった。彼のチームに私がもたらしたものに対する賞賛は純粋だった。閣僚たちの前で、ワシントンに飛んでクリスティーヌ・ラガルドにデフォルトを宣告しにいけと指示した時には、彼の情熱は本物だった。私がアレクシスの心のなかにこれらを読み取ったのは、それが実在していたからだ。私の過《あやま》ちは、これらにまとわりついているほかの物事を見過ごしたことだった。彼の「もしもの時のための計画」は結局、私の仕事を台無しにした。彼は軽率だった。彼は落ち込みやすかった。そして彼は、自分がただの流れ星ではないということを、疑《うたぐ》り深い世界に向かって証明したいという強い願望を抱いていた。就任の初日に彼は、屈服するぐらいなら野党の連中にオフィスの鍵を渡そうと言った。その言葉に嘘偽《うそいつわ》りはなかった。私にこう語りかけた彼の一面は、真実を語っていた。だからこそ私は彼の言葉に涙したのだ。だからこそ私は彼を信じたのだ。

彼が痛恨《つうこん》の方向転換をしてしまったにもかかわらず、私が彼を信じたのは、彼が常軌《じょうき》を逸《いっ》したプレッシャーに晒《さら》されていたからでもあった。七月の第一週、銀行が閉鎖され、私が全身全霊で人々に反対票を投じるよう呼びかけていた頃、私は彼にプランXの最終版を説明した。これは、グレグジットが避けられなくなった場合に備えて、彼が私に策定を依頼した危機管理プランだ。文書を手渡した時、「これは実行可能なものなんですか」と彼は尋ねた。

私は率直に、「こいつを読んで泣いてくれ」と答えた。新ドラクマへの移行は死ぬほどの苦痛を伴う。プランXはその痛みを逐一《ちくいち》詳細に描き出していた。彼が椅子に沈み込んだので、私は彼に思い出せと言った。プランXは伝家の宝刀だ。ショイブレがメルケルとともにグレグジットの道を選択しないかぎり、使わないものだ。だが、ユーロ建て並行決済システムはプランXとは正反対だ。すぐに起動させるべきだ。並行決済システムは国民投票で反対派〔抵抗派〕が勝った時にも、ギリシャがユーロ圏に留まり続け、メルケルやドラギがこちらに歩み寄って、最低限の債務免除と緊縮策の終了を盛り込んだ協定案を提示するまでの時間を稼ぐためのものだ。すでに、ユンケルは歩み寄りをみせたではないか。

彼は穏やかな表情で私に尋《たず》ねた。「ヤニさん、彼らがちょっとはマシなものを提示してくる確率は、どのくらいですかね?」

　ここは、ギリシャの歴史を左右する重要な局面だ。私は可能なかぎり正確にこの質問に答えることを義務づけられていた。私は答えた。もし彼らが合理的に行動するなら、そうする可能性は一〇〇%だ。だが、「支配階級は自滅的までに気が狂うことがある。狂ったふりをするだけではないぞ、それを絶対に忘れるな!」と注意した。これは、ダニエル・エルスバーグが数週間前に私にメールしてくれた言葉を伝えたものだ。エルスバーグは偉大な米国人経済学者で、米国国防総省《ペンタゴン》の戦略担当官を務め、後に平和主義者に転じて内部告発を行った人物だ。

　私は言った。「権力を持ったヨーロッパのリーダーたちが、自分自身の利益に反する決断をしたり、非合理な衝動《しょうどう》の餌食《えじき》になったり、そういう記録は山のようにあるんだ」。非合理性は予想外に伝播《でんぱ》することがあるので、メルケルが相互利益協定ではなく、グレグジットという相互確証破壊を選択する確率は、より妥当な見積もりとして、五分五分だろう。★1
　私は、この確率を聞いてアレクシスがプレッシャーに押し潰されるのを目《ま》の当たりにした。そのため、人の道に反する非合理な許しがたい彼の過《あやま》ちを、弁護し合理化し、許してやりたい気持ちにさえなった。過ちはたくさんあるが、重大なのは二つだ。一つ目は、私たちの確固たる合意事項に背《そむ》いたことだ。新規の救済融資で国家の破産状態をいつまでも継続させることは、激しい痛みを伴うグレグジットよりも酷《ひど》いことだという合意事項に、背を向けてしまったことだ。私たちのもともとの戦略は、すべてこれに掛かっていたからだ。二つ目は、尊厳に満ちた降伏の演説を用意したので、国民投票なんかに（内心では負けたいと思っているのに）打って出るようなマネはせずに、これを国民に向かって読み上げてほしいと私が懇願したにもかかわらず、それを拒否したことだ。

　国民投票に向けたキャンペーンのなかで、私はマスコミに対して、賛成〔屈服〕が勝利したら辞任すると言い続けた。「一人の民主主義者として、債権団が提示する条件を政府が受け容れるべきだとする、人々の選択を尊重します。しかし一方で、私自身にはその協定に署名し、実施する義務はありません。賛成側が勝てば私は辞任し、後任の人間にやってもらいます」。同じ確約をした人間が、アレクシスやエフクリディスを含めて政府の同僚のなかには誰もいなかったことが、私が知りたかったことのすべてを物語っていた。ようするに、シリザの同志たちと私との違いはこうだ。私はトロイカとの戦いに全知力を集中していた。それに対してアレクシスは、あの残酷な日が過ぎると、私をうまく生贄《いけにえ》にするための戦略を練るようになっていたのだ。あの残酷な日とは、冷酷なユーログループと強力なメルケル＝ショイブレ組を前にして、財務大臣の役割を薄めることは自滅に繋《つな》がるという私の説得を無視して、アレクシスがセオカラキスをクビにして私を脇に追いやった四月二七日のことだ。

アレクシスのなかに冷酷な側面があったとしても、私がそれに気づくことはなかった。彼がそれを隠すことができていたとしたら、それは彼が持っていた、自分を省《かえり》みる能力のおかげだろう。彼の側近たちには、自分を省みることはできなかったと思う。五月のある日の午後、私たちは国会議事堂の彼のオフィスにいた。トロイカに対して彼が譲歩したことをめぐって、彼と私がしこたまぶつかりあった後のことだ。彼が提示している酷い戦術を、批判するチャンスさえ私に与えない前に、彼はこう言った。「今、スタヴロス・リゲロス〔政治コメンテーター〕の記事を読んでるんです。あいつがおれのことをばっちり見極めていますよ。おれの状況を、メカジキ釣りにたとえてるんですよ。鉤《はり》はかけられたんだけど、おれは強すぎるから、釣り上げることができない。そこでやつらは時間をかける。糸をゆるめて、おれを潜らせてくれる。そしたらまた引っ張る。おれがくたくたになるまで、これを何度も何度もくり返すんです。で、おれが弱ったなとみるや、一気に釣り上げるってわけですよ」

ドラガサキスやフリアラキスなど、ほかの人間たちは一度も私を欺《あざむ》くことはできなかった。彼らの言い訳を信じることはなかったし、彼らが信奉《しんぽう》する大義の関わりあいになることもなかった。アレクシスの場合は違った。自分のレッドラインを踏み越える時、彼は踏み越えろと自分に言い聞かせなければならなかったのだ。それは、レッドラインを守ろうという意図《いと》を、最初から持っていないのとは大違いだ。私はアレクシスの心の声が想像できる。それはシェイクスピアのリチャード三世の独白だ。「この巧言令色《こうげんれいしょく》の御時世《ごじせい》を泳いで回る好き者にはおれはなれんのだからして、おれは決めた。悪党になる」〔木下順二訳〕。ただし、「好き者」の部分を「反逆者」に、「悪党」のところを「インサイダー」に置き換えて読んでほしい。アレクシスの行為は、ハンナ・アーレントが意味するところの「凡庸《ぼんよう》」なものではなかった。行為と自己を必死で調和させ、平穏を得ようと、激しく葛藤《かっとう》していたのだ。心のなかの声が、彼の強みでもあり弱みでもあった。それが、私たち共通のプロジェクトを台無しにした原因でもあり、最後の最後まで私が彼を信じた理由でもあった。私はそう確信している。

アレクシスの心の声が私にもたらした困惑は、友人エフクリディスによって何倍にも増幅された。こんな雑種《ハイブリッド》の人間は珍《めずら》しい。私の専門分野に近い学者であり、しかも党の幹部なのだ。再びアーレントの言葉を借りるなら、私と彼は英語のなかで出会った。[★2] 私たちはいろんなものを共有していた。同じジョークを、同じ文化的背景を、同じ急進的欧州統合主義《ラディカル・ヨーロピアニズム》を、そして「第二の故郷イギリス（Blighty）」についての同じ理解を共有していた。彼は政治的には私より左にいるふりをするのが好きで、私にとって左翼的良心として振る舞った。つまり、ブルジョア的傾向や（ノーマン・ラモントのような）怪《あや》しい友人たちから私を引き戻そうとしていたのだ。私はそれが楽しかった。彼はアレクシスやパパスを嫌い、軽蔑《けいべつ》していた（それは向こう側も同様だった）。それに、彼を内閣に入れるために私自身が奔走《ほんそう》したこともあって、私は友人としての彼に安心していた。

　メルケルとデイセルブルムの圧力で、四月二七日にアレクシスが私を切った時のことだ。アレクシスはエフクリディスを、私の交渉チームの新たな調整役に任命したと、世界に向かって宣言した。マスコミはそのニュースを世界中に拡散し、エフクリディスをギリシャの主席交渉官として歓迎した。もちろん、エフクリディスも私も、アレクシスの譲歩の予定表に何の影響も与えることができない。アレクシスが新たな緊縮策に屈服した時（一〇年間にわたって三・五％の財政黒字目標を受け容れた時）には、私と同じように彼もショックを受けて怒り狂った。最後の方では、サギアスやフリアラキスが実務者協定（SLA）の素案を書いている間、マキシモスやブリュッセルの部屋で、オレたちの役割って何なんだろうなと、困惑した様子で顔を見合わせていたものだった。私たちの間に、一種のブラックユーモアが生まれた。いったい何が起こっているんだろうなと私が聞くと、彼は「おれを内部の人間と勘違いしてないか」と答えたものだ。

　だが、私と彼とでは、決定的な違いがあった。エフクリディスはシリザ幹部であり、私はそうではなかったのだ。彼は、首席交渉官としての役割を果たしているふりをして、何らかの交渉が行われていると世界に錯覚させることで、あの忌々《いまいま》しい交渉プロセスに正当性を与えていた。私は最後まで、交渉が決裂すれば、アレクシスが並行決済システムや債務再編について私に助言を求めてくると期待していたが、その一方で、持続不能な協定に署名を迫られることが明らかになったら辞任しようと決意していた。エフクリディスと私の心は一つだと、彼が私の代わりを務めることもできると、そう思って安穏《あんのん》としていた。しかし、そのことがどんな結末に繋がるのかを私は予想できていなかった。最終的にはそのエフクリディスが支配層に利用されて、私が絶対に署名しない融資協定に、署名する人間になってしまったのだ。

　国民投票まで、私はそんなことが起ころうとは思ってもみなかった。今から思えば、たしかに二つばかり違和感のある出来事があった。本当なら、私はそれで見方を変えてもよかったはずだった。一つ目はこうだ。エフクリディスは二人で話していた時には極めて機知に富んだ人物であり、戦時内閣の面々を、特にフリアラキスやアレクシスを的確に批難していた。しかし、戦時内閣の会議中は、彼の発言は控えめで、冗長で、私を支援する発言には思えなかったのだ。私をまったく援護してくれないこともしばしばだった。二つ目は、プライベートな会話では、毎日の出来事についての私の分析にいつも賛成していながら、手遅れになる前に反撃すべきだと私が提案すると、彼は必ず、時期を待て、被害者意識を募《つの》らせるなと言うのだった。ある日、私はもうたくさんだと憤然《ふんぜん》として言った。「本当に被害を受けているなら、被害者意識が役に立つこともある。ヤツらが本当にオレを殺そうとしている場合には、ヤツらがオレを殺そうとしていると考えることは、妄想ではないぞ!」

すべてが終わった後も、二人の同志の心を読み誤った原因を診断するには、少々時間がかかった。どうやら、アレクシスの自己対話とエフクリディスの雑種《ハイブリッド》性によって、私の感覚器が非常に効果的にブロックされていたようだ。このブロックを解除するためには、国民投票の結果が出て彼らが豹変《ひょうへん》するのを目《ま》の当たりにする必要があった。シリザの空想家《イデオローグ》たちはこの豹変を、本当の急進派が本当に責任ある行動をとったものだと言っている。しかし私には、ジョージ・オーウェルの『一九八四年』の結末が、この豹変の経緯をうまく要約しているように思われる。

〔ウィンストンは〕もはや頭のなかで駆け出してもいなければ、歓声を上げてもいない。……公開裁判の被告席に着き、いっさいを自供し、誰彼《だれかれ》構わず巻き添えにしている。……ずっと待ちわびていた弾丸が、頭を貫こうとしている。……ああ、なんと悲惨で、不必要な誤解をしていたことか! ああ、頑固な身勝手さのせいで、あの愛情あふれる胸からなんと遠く離れてしまっていたことか! ジンの香りのする涙が二粒、彼の鼻の両脇を伝って流れ落ちた。でももう大丈夫だ。万事これでいいのだ。闘いは終わった。彼は自分に対して勝利を収めたのだ。彼は今、〈ビッグ・ブラザー〉を愛していた。〔『一九八四年』(新訳版)、高橋和久訳、早川ｅｐｉ文庫〕

希望と栄光の広場

七月三日金曜日の午後、勤労日が終わりにさしかかると、私は安堵《あんど》のため息をついた。銀行が閉鎖されて一週間が過ぎようというのに、暴力も、パニックも、社会不安もなかったからだ。ＡＴＭの前に行列ができ、来週の月曜日には何が起こるか分からないにもかかわらずだ。ギリシャ人は、自らが理性的な国民なのだと証明してみせていたのだ。

メディアはすでに堕《お》ちぶれていたが、さらに堕ちるところまで堕ちようと互いに競い合っていた。人々が反対〔抵抗〕の票を投じないように、革新的な方法で恐怖を煽《あお》る競争をしていたのだ。「反対」を支持し、擁護する記事のほとんどは、外国だったら暴動を煽るものだというレッテルを貼られた。世論調査は一貫して、六〇%以上の得票率で賛成〔屈服〕が勝つと予報し続け、評論家たちは口角泡《こうかくあわ》を飛ばし、債権団の意に楯《たて》突いて国民投票を実施したのは政府の暴挙だと罵《ののし》っていた。他方、野党は支持者を何とか説得して、かなりの人数で街に出て、EU旗を振り、「私たちはヨーロッパに留まる」というプラカードを掲げるようにさせた。[★3]

その金曜午後、遅めの時間帯に、私はクラウス・レグリングから一つのeメールを受け取った。彼は、ユーロ圏の救済基金である欧州安定メカニズム（ESM）の最高経営責任者だ。それは念押しのeメールだった。彼には、二回の救済融資でギリシャが背負った借金の一部である一四六三億ユーロ〔約一九兆円〕を全額即座に返済するよう、私に要求する法的権利があるというのだ。その書きっぷりは、救済融資協定には財務大臣としてのおまえの名前が書かれているのだから、債務者はおまえ個人だと言っているようなものだった。これは要求を拒絶するのに絶好のチャンスだ。私は秘書に命じて、この債権者に対して、IMFではなくギリシャの年金者に対する債務を踏み倒せと助言してきたこの男に対して、古代ギリシャ語の単語二つで答えさせた。[c] これは紀元前四八〇年の有名なテルモピュライの戦いで、全ペルシャ軍を相手に三百人の兵を率《ひき》いて抵抗しようとしたスパルタ王が、武器を捨てろと迫られた時の返事だ。μολὼν《モロン》 λαβέ《ラベ》。「来て、取れ」という意味だ。

その晩、二つの集会が開かれた。[c] 一つは、賛成派〔屈服派〕の集会だ。一八九六年に最初の近代オリンピックが開かれた、古代オリンピック競技場の外で開かれたものだ。もう一つは、シンタグマ広場で、反対〔抵抗〕を訴えるものだった。賛成派の集会は午後遅くに始まり、人数が多く、雰囲気もよかった。シンタグマの反対派の集会は、歴史に名を残すものだった。私は少年の頃からシンタグマ広場で、人生を変えるような集会に参加してきた。しかし、私とダナエがその夜に参加したのは、空前のものだった。

私たちは、アレクシスや閣僚たちと、そして彼らのパートナーや仲間たちと一緒に、マキシモスからシンタグマ広場へと歩いた。途中で私たちは熱狂的な支持者たちに揉《も》みくちゃにされた。広場にたどり着くと、群衆のエネルギーが爆発した。私たちは五〇万人の身体の海のなかに溶け込んでいった。

人間の腕の茂みによって、森の奥深くに引きずり込まれたのだ。屈強な男は目を潤《うる》ませていた。中年女性の表情は決意に満ちていた。若い男女のエネルギーは無限だった。年配の人々は私たちを抱き締め、激励のシャワーを浴びせた。二時間もの間、ダナエと私は別れ別れにならないように、しっかりと手を握っていなければならなかった。堪忍《かんにん》の限界に達した者たちの、一つの塊《かたまり》に、完全に吸収されてしまっていたのだ。

それぞれの相異なる苦闘を闘ってきたさまざまな世代の人々が、今宵《こよい》一つに融合して、恐怖からの自由を謳歌《おうか》する巨大な祝祭となった。第二次世界大戦のパルチザンの老闘士が、私のポケットにカーネーションと紙切れを押し込んできた。そこには、「抵抗はけっして無駄ではない」と書かれていた。経済危機によって外国移住を余儀なくされた学生たちも、投票のために帰国していた。彼らも私に、絶対に諦《あきら》めないでくれと言った。一人の年金生活者は、尊厳が回復されるのなら、自分と病気の妻の年金がなくなっても構わないと言い切った。誰もが、ただ一人の例外もなく、「どんな犠牲を払っても、絶対に降伏するな」と叫んでいた。

私は、みんな本気だったと信じている。銀行は一週間も閉鎖されていた。債権団に強いられた苦難がそこにあった。それでも、これだけ膨大な数の人々が、声を一つにして「ノー」と叫んでいたのだ。強情だからでも欧州統合懐疑派《ユーロスケプティック》だからでもない。彼らはヨーロッパに大きな声で「イエス」と言える日を待ち望んでいるのだ。しかしそれは、人々のためのヨーロッパにイエスなだけだ。けっして、人々を踏みにじるヨーロッパに対するイエスではない。

ダナエと私は、国会議事堂へと通じる大理石の階段を上っていた。この状況を言い表すフレーズが、ついに頭に浮かんだ。建設的不服従《コンストラクティヴ・ディスオベディエンス》だ。ユーログループで私が実践していたのもそれだ。穏健で理性的な提案を示し、交渉することさえ支配層が拒否すれば、彼らの命令には従わずにノーを突きつけるのだ。戦時内閣はそれを最後まで理解できなかった。だがこの夜、シンタグマ広場を埋め尽くした人たちは、はっきりとこのことを理解していたのだ。

信念を持った人たちへの報《むく》い

この夜、鬱屈《うっくつ》した月日も、マキシモスでのおぞましい経験も、落胆《らくたん》に続く落胆も、あらゆる不快さもストレスも、すべて一掃された。だが、国民投票で反対が勝利するかどうかは、確信が持てなかった。このデモは、大義を支持する人々が多数であることを示していた。だが、銀行は閉まったままだし、反対票を投じようかと思っただけの人たちに対しても、マスコミは金切り声を上げている。こんな状況で、勝利が確実だとは思えなかったのだ。
ダナエやジェイミーや友人たちと、近所のプラカという地区にある屋外レストランで夕食をとった。私は、賛成〔屈服〕が勝ったらアレクシスやエフクリディスも辞任するだろうかと質問された。私は次のような予想を語った。「信念を持った人たちが辞任するか排除されたら、アレクシスは野党と連立を組むだろう」。その時には私も去っているはずだと。しかしジェイミーは、私の意見は間違いだと言った。反対が勝利するに違いない、それはかなりの程度、私のおかげだから、アレクシスに対する私の影響力は劇的に強まるはずだと言うのだ。そうなるかどうか分からなかったが、ジェイミーの楽観論にグラスを掲げて乾杯した。彼は真剣な表情で、スペイン語でこう言った。**¡Hasta la victoria siempre!**《アスタ ラ ビクトリア シエンプレ》（とにかく勝利に乾杯だ！）

国民投票の日、私はアテネ南部郊外のパラヨ・ファアリロに向けて車を走らせた。そこは私が育った場所で、父が今も住んでいる場所だ。私たちは連れだって投票所に向かった。そこでは、多くの有権者が私を見つけると熱烈に迎えてくれたが、一部の人たちは、銀行閉鎖を実施した人間として、私に怒りの抗議をしてきた。テレビカメラが回っているなかで、私は激怒する男性に対して、トロイカが最後通牒《つうちょう》を突きつけてきたこと、それを受け容れれば彼と子どもたちの未来が決まってしまうことを説明した。賛成か反対のどちらに投票するかは、彼に委《ゆだ》ねるほかない。「協定があなたの手に負えるものだと思うなら、賛成票を入れてください。私たちの政権は、あなたの選択権を尊重する唯一の政権です。あなたに意見表明の機会が与えられる前に、トロイカは銀行の閉鎖を決めました。この事実が意味するところを、どう解釈するかはあなた次第です」

投票の後、父を支えて車のところまで歩いている時、年配の女性が一人近づいてきた。いつものようにテレビカメラが取り囲んだ。彼女は私に、自分がどこに住んでいるか知っているかと、厳しい口調で聞いてきた。私は、知りませんと答えた。「私はこのパラヨ・ファアリロの児童養護施設で寝泊まりしているのよ。どうしてか分かる？　私みたいなホームレスに住む場所を提供するために、あなたのお母さんが骨を折ってくれたからよ」。私は、母の思い出を話してくださって、ありがとうございますと言った。★4 だが彼女の話は終わりではなかった。「私は毎日お母さんに感謝しているのよ。でも、この犬畜生《いぬちくしょう》たちは知っているのかしら」と言って、テレビカメラマンたちを指さした。「賭けてもいいけど、絶対に知らないはずよ、考えたこともないはずよ」

「いいんですよ」と私は彼女に言った。彼らが知らなくても、彼女が覚えていてくれれば十分だ。とはいえ、その夕方のニュースにはとても腹が立った。心温まる出会いが、私がホームレスの女性にからまれて、自分の窮状《きゅうじょう》はお前のせいだと批難されている様子として報じられていたからだ。

夜が更《ふ》けるまで、歴史的な勝利になるとは予想できなかった。自分のオフィスで、私は英語のブログに載せるために、詩を一つ作った。「一九六七年、外国の権力が国内の手先とつるんで、ギリシャの民主主義を戦車《タンク》で転覆《てんぷく》した。二〇一五年、再び外国の権力が、銀行《バンク》を使って同じことをしようとしている。しかし彼らが今目《ま》の当たりにしているのは、恐怖に屈することを拒絶した、正気とは思えないほど勇敢な人々だ。この五か月間、ギリシャ政府は光明《こうみょう》が消え去ったことに対して、激しい怒りをぶつけてきた。今日、私たちはヨーロッパのすべての人々に呼びかける。一緒に怒《いか》ろう。アテネからダブリンまで、ヘルシンキからリスボンまで、揺《ゆ》らめく光が消えてしまうことのないように」

午後八時には、不機嫌そうに肩を落としたテレビ・キャスターの様子から、勝利したことが分かった。だが、どれだけ大勝ちしたのかは、まだ分からなかった。私が心配していたのは、勝敗の差が少なければアレクシスが、国内の意見は割れている、トロイカとの交渉を決裂させるには支持が不十分だ、などと言いかねないことだった。自分のチームに対して私は、運命の数字は五五％だと言った。反対票がそれより多ければ、アレクシスも結果を尊重《そんちょう》せざるをえないだろう。彼をその方向に動かすために、財務省のプレスルームに集まった記者たちに何と言うべきか、私は慎重に言葉を練った。午後九時には、スピーチ原稿を書き終えた。慣例では、首相が声明を発表するまで、閣僚は自分のスピーチを控えるものだ。私も自分のオフィスで、アレクシスがマキシモスで記者たちに報道発表するのを待った。

九時三〇分、何かがおかしいという気がしてきた。五五％という数字が示され、勝敗は決《けっ》したにもかかわらず、アレクシスがオフィスに引きこもったままだったからだ。私のスタッフ長は、ジャーナリストたちが動揺《どうよう》して、何か不吉なことが起こっているとツイートし始めているので、私にすぐプレスルームに行くようにとせっついた。私は一〇時まで待って、アレクシスに電話した。彼は電話に出なかった。秘書も電話に出なかった。ヴァシリがやってきて、ほかの大臣たちがメディアに対してスピーチを始めているぞと言った。現実に大地を揺るがすような結果が出ているのに、煮え切らない声明ばかりだという。私はこんなことが続くのが許せなかった。有権者たちには、もっときちんとした言葉が伝えられるべきだと思った。

一〇時三〇分ごろ、私はスピーチをすべく、プレスルームに向かった。その後にすぐマキシモスに行って、何が起こっているかを確かめようと思った。スピーチ原稿を読み上げている時、私は、大臣としての演説もこれで最後だという強い気持ちがこみ上げてきた。その気持ちと、二日前のシンタグマ広場での思い出とがあいまって、私は挑戦的な、いや、ふてくされた姿勢でこの原稿を読み上げたのだった。

一月二五日は、ギリシャの人々が尊厳を取り戻した日でした。それから五か月の間、私たちの政権はあえて声を上げ、人々のために語り、救済プログラムというまやかしの追い貸しに「ノー」を突きつけた、唯一の政権となりました。私たちはトロイカをブリュッセルのアジトに閉じ込めました。私たちは初めて、ユーログループで精緻《せいち》な経済学的な議論を披露《ひろう》しましたが、それに対して彼らは、何一つきちんとした返答をしませんでした。私たちは、ギリシャの人道上の危機の根本原因が、意図的な景気悪化政策にあったということを世界に知らしめました。ギリシャの国境を越えて、これまでは恐怖に支配されていた通貨同盟のなかでも、民主主義が息づくことができるという希望を広めてきました。

果てしなき自滅的な緊縮策を終わらせ、ギリシャの債務を再編することが、私たちの二大目標でした。これらは債権団の目標でもあったはずです。しかし、私たちが政権をとる可能性がみえたころから、権力者たちは銀行取り付け騒ぎを煽動《せんどう》し、ついにはギリシャの銀行を閉鎖させました。その目的は何でしょうか？　それは、私たちの政権に屈辱を与え、膝《ひざ》を屈して過酷《かこく》な緊縮策を受け容れるようにするためです。そして、きちんと定義された、意味のある債務再編についての約束をいっさい含まない協定を結ばせるためです。

六月二五日の最後通牒は、彼らがこれらの目的を達成するために計画した手段でした。今日、ギリシャの人々は、その最後通牒を彼らに突き返したのです。国内の寡頭支配層《オリガルヒ》のメディアが昼夜を分かたず、お茶の間に、恐怖の報道を送り届けていたにもかかわらずです。

私たちの「ノー」は巨大な力です。民主的なヨーロッパに対する、荘厳《そうごん》で巨大な「イエス」なのです。それは、人々を鉄の檻《おり》に閉じ込める、暗黒郷《ディストピア》としてのユーロ圏というビジョンに対する「ノー」なのです。すべてのヨーロッパ人が繁栄を分かちあう、社会的正義が実現したユーロ圏のビジョンに対する、声を大にした「イエス」なのです。

役所を出てシンタグマ広場に足を踏み入れると、どちらを向いても人々の満ち足りた表情であふれていた。誇《ほこ》り高き人々の正当性が証明された。彼らは祝福のなかにいた。今宵《こよい》、空気は期待と自信に満ちあふれていた。アレクシスの沈黙《ちんもく》は強烈な不安の種だったが、この反抗的な陶酔《とうすい》の空気をマキシモスが遮断《しゃだん》できるなどとは、信じたくなかった。私は思った。建物のひび割れか、そこで働く人たちの心を通じて、この空気はそこに入り込むはずだ。彼らもシンタグマ広場で政治というものを学んだはずだからだ。しかし、マキシモスに足を踏み入れると、そこは死体安置所のように冷たく、共同墓地のように森閑《しんかん》としていた。

国民投票の結果が黙殺《もくさつ》された

マキシモスでは、閣僚や職員たちは呆然《ぼうぜん》としており、私が現れたのを見ると気まずい様子だった。まるで選挙で大負けしたようだった。アレクシスの秘書は、首相は隣《となり》の大統領宮殿で大統領と一緒です、後であなたに会いたいそうですと言う。それで私は、ほかの閣僚たちと一緒に会議室で待った。最終結果がテレビで報じられているところだった。最終集計結果がスクリーンに映し出された。投票率は六二・五パーセントで、そのうち六一・三一パーセントが反対票だったのだ。私は飛び上がり、拳《こぶし》を宙に突き上げた。だが、その部屋で喜んだのは私だけだった。★5

座ってアレクシスを待っている時、スマホにノーマン・ラモントからメッセージが入った。「ヤニス、おめでとう。すごい勝利だね。きっと彼らは、これから君の言うことに耳を傾けるはずだ。幸運を祈るよ」。彼らは耳を傾けてくれるだろうと、私は思った。しかしそれは、こちらに声を上げる覚悟ができている場合だけだ。そこに座っていると、さっきまで私を避けていた人々たちについて、いろいろなことが分かってきた。男たちは、ラフなシリザの服を脱いで、会計士のような格好《かっこう》になっていた。女たちは、国家の催《もよお》しごとがあったかのように着飾っていた。ダナエが入ってきた時も、この場で喜んでいる人間は私たち二人だけだった。それだけでなく、ジーンズとTシャツを着ている人間も私たち二人だけだったのだ。まるで、体内を食い荒らすエイリアンが静かに身体《からだ》を乗っ取ってゆくという、SF映画のなかにいるような気分がした。

ようやくアレクシスが到着した。そして三〇分後、国民に向けてテレビ演説をした。彼のスピーチに出てきた二つの主な発言が、彼の意図を明らかにしていた。一つは、トロイカとの決裂などありえないという発言で、もう一つは、彼が先ほど大統領に、すぐさま政治指導者たちの評議会を招集するようお願いしたという発言である。旧体制のトロイカ派のリーダーたちが、決定的な敗北の次の朝に呼び集められ、議論のテーブルに着くというのだ。私はダナエに言った。「彼はシリザを割って、野党との連立の準備を始めるようだ。そうしてトロイカの新たな救済策を推進するつもりらしいぞ」。私はもう一時間半待った。アレクシスが私と会う前に、サギアスとルバティスとで三人だけの話し合いをしていたからだ。

彼のオフィスに入ることができたのは、一時三〇分を過ぎてからのことだった。アレクシスは私をじっと見つめ、おれたちはとんでもないヘマをしたと言った。★6

私は断固として答えた。「オレはそんなふうには見ないぞ。ミスは山のようにあったさ。でもこんな大勝利の夜には、喜んで結果を尊重するのがオレたちの責務だろ」

アレクシスは、マキシモスの法律顧問であるディミトリス・ツァナコプロスを同席させてもいいですかと聞いてきた。

「いいとも。彼には証人としてここにいてほしいからな」。今からする話が、ただの世間話に終わるはずはなかった。

アレクシスは、銀行はすぐに店を開けられるでしょうかと聞いた。この質問には罠《わな》がある。彼は、屈服という自分の決断を正当化しようとしている。私は理解できないふりをして、反対の投票結果を尊重して、オレたちはすぐに、将来の税収によって裏づけられた電子債務証書（IOU）の発行を開始し、ドラギのSMP国債を踏み倒すべきだと言った。「この二つの手を打てば君の交渉力は強まるが、もしやらなければ六一・三％は雲散霧消《うんさんむしょう》する。いいか、もし今日これをやると宣告したら、六一・三％の投票者が味方についているんだぞ。断言しよう、ドラギとメルケルはまっとうな案をもってすっ飛んでくる。そしたら銀行は翌日にも開く。もし君がそう宣告しなかったら、君はヤツらに踏み潰《つぶ》されるぞ」。私は、二、三日もあれば、税務署のウェブサイトを使ってこのシステムを始動できると説明した。

彼は感心したふうに見せた。だから私は続けた。

「この六一・三％の投票結果は、君が活かすべき財産だ。君は外にいる人々に、国民投票の前に示していたよりも、もっと大きな敬意を払って、この財産をうまく活用するべきだ。それに、自分自身をもっと尊敬すべきだ。今夜以降は、君の選択肢は単純だ。我々のプランを再始動してオレに必要な道具をくれるか、それとも降伏するかだ」

私たちは長時間話をした。私たちはこれまでの月日を、一つ一つ振り返った。私は、遠慮なく彼の判断ミスを列挙した。戦時内閣のメンバーがいかにして、時にはトロイカやその手先とグルになって、私たちの戦いを台無しにしてきたのかを説明した。そんな閣僚の一人が汚職すれすれのやり方で行動している証拠を、彼に示した。

驚いた表情で、アレクシスはツァナコプロスに尋ねた。この人物にはそんな問題があったのかと。ツァナコプロスは答えた。「はい。もっと凄《すご》いこともやっています」

とりとめもない会話になった。そこで私は単刀直入に聞くことにした。国民投票の結果を尊重して、オレたちの最初の盟約に立ち返る気があるのか、それともタオルを投げてしまう〔戦いを諦めてしまう〕つもりなのかと。

彼の答えは曖昧《あいまい》だった。しかし彼が向かっている方向は間違いなかった。無条件降伏だ。この会話のなかで、彼が初めてハッキリと発言したのは、次のように言った時だ。「ねえヤニさん、いろいろと予言して言い当てたのはヤニさんだけですね。でも問題はここなんです。ほかの政権が、おれがやったのと同じことをしてたら、トロイカはすぐに協定を結んでくれていたはずです。でも、おれはサマラス以上に奴らに譲歩してやったのに、それでも奴らはおれを処罰《しょばつ》しようとするんですよ。ヤニさんが前に言ったとおりですよ。でも……問題を直視しましょう。奴らは、おれともヤニさんとも協定を結ぼうとしない。ぶっちゃけ、奴らはおれたちを倒したがっている。でもだ、六一・三％あれば奴らは今おれに手を出せない。だけど、ヤニさんを潰すことはできる」

「アレクシ、オレのことは心配するな。降参する算段をする暇《ひま》があったら、表にいる人々の気持ちを、どうやって尊重するかを考えるんだ。オレたちが結束して、抑止策を始動して、こっちは団結しているんだってことを奴らに見せつけたら、ヤツらは君にもオレにも手出しできないはずだ。そしたらこっちは、ヤツらが自分のアイデアだ、自分の手柄《てがら》だと言えるような協定をまとめるよう、提案を出せばいいんだ」

その時、アレクシスは私が思ってもみなかったことを口にした。彼は、もし私たちが屈服しなければ、「ゴウディ」の運命が私たちを待ち受けているのでないか、という不安を口にしたのだ。それは、一九二二年に六人の政治家と軍人のリーダーが処刑された事件のことだ。★7 私は笑い飛ばし、オレたちが六一・三％も票を勝ち取っておいてヤツらに処刑されたら、歴史におけるオレたちの地位は約束されたようなものだよ、と言った。そしたらアレクシスは、クーデターが起こりかねないという趣旨《しゅし》のことを口にした。共和国大統領やストゥルナラス、情報局、政府の閣僚たちには「準備ができている」と言うのだ。私はまたも受け流した。「そいつらに最悪の手をとらせればいいじゃないか！　六一・三％がどういうことか、分かっているのかい？」

アレクシスは、ドラガサキスが私を切るよう説得してきたと言った。左派プラットフォームや、カメノス率《ひき》いる独立ギリシャ人の閣僚たちも全員追い出して、その代わりに、新民主党やPASOKやトポタミ（川）と連立政権を作ろうという話だ。トロイカとの協定がいったん成立すれば、新民主党やPASOKやトポタミを切って私を戻せばいいと、ドラガサキスがそう請《う》けあったというのだ。私は、そんな馬鹿げた話はこれまで生きてきて一度も聞いたことがないと答えた。

彼は微笑んだ。同意したように見えた。そして、ドラガサキスに関して、ここには書けないような表現で悪口を言った。

「でも、二つの道を同時に進む、というアイデアは一理あるんじゃないですか。公然たる道と、隠然《いんぜん》たる道の二つの道を進むという話です。債権団に対しては、表向きは右派的なマナーで接して、内閣改造もやって、『今や私たちはいい子ですよ』って言っておくんです。それと同時に、外からは見えないように、反撃の準備をすることはできるでしょう」

「そりゃまずい考えだぞ、アレクシ。見ろよ、人々は今夜、投票をした。彼らがノーの投票をしたのは、それを君にイエスに変えてもらうためではないぞ」。私は彼に、外に出て、先ほどの私のプレス発表と同じ話をするように言った。反対票は自分に与えられた命令書なのだ、自分はヨーロッパのパートナーたちと協力して、解決策をもたらさなければならないのだと。「欧州委員会やIMF、さらにはECBに対しても、お世辞の言葉を添えておくんだ。こちらが本気で協力的な解決策を望んでいるということを示すんだ。それと同時に、こちらの強みも見せつけるんだぞ。地下の墓所《カタコンベ》のなかで、地下戦争に備えましょう、なんてことは絶対に言っちゃだめだ」。私は、私たちが今何をやるにしても、大っぴらにやらなければならないと言った。私たちは自前の流動性を用意しているということを、はっきりと言わなければならないし、ECBがギリシャの銀行の閉鎖を続けるかぎり、そうするのが私たちの義務だと言わなければならない。そしてハッキリと、ECBのSMP国債はギリシャの法律に基づいて再編されると宣言するのだ。それは、ギリシャの法律に基づいて発行されたものからだ。

「ヤニさん、ヤツらにとって、おれたちに解決策を示すというのは、すごく難しいことなんじゃないですか」、と彼は言った。

「君はまだ、解決策は、ヤツらが与えてくれるものと勘違《かんちが》いしているのか。そんな考え方ではダメだ。オレたちが解決策を必要としているのと同じくらい、ヤツらも解決策を必要としているんだよ。解決策は、ヤツらが与えてくれるような代物《しろもの》ではない。オレたちはヤツらから、それを引き出さないといけないんだ。でもそのためには、信憑性《しんぴょうせい》のある脅《おど》しがいる。SMP国債の踏み倒しと、オレたちの自前の流動性が、まさにそれなんだ！」

話は堂々《どうどう》めぐりだった。心も体も疲労困憊《こんぱい》した。そこで私は彼に言った。彼が、どんな形であれ降伏しようと決めたのならば、彼がやろうと決めたことを、私に話してほしいと。彼は言った。内閣改造をして、トロイカや債権者やメディアが私を標的にするのをやめさせようと思うのです。次の財務大臣は誰がいいと思いますか？　彼がすでに後任を決めていたのは明らかだ。だが私は、彼につきあって演技することにして、すでに後任を引き受けているはずの男の名前を挙げた。私の良友のエフクリディスだ。私は、引き受けるようにエフクリディスを説得してやろうか、とまで言った（それで、後に本当にそうしてみたら、エフクリディスは、考える時間が必要だという振りをした）。

アレクシスは言った。「ヤニさんには、エフクリディスとまたチームが組めるように、経済大臣になってもらいたいんですが」

「スタサキスのことは、どうするんだ？」

「おれの前に、二度と姿を見せなくなったら嬉しいんだけど。議事堂の後ろの方の席に、引っ込んでもらいましょう」

「いや、アレクシ。そんな話に興味はない。君が何年か前に、オレに会ったのはなぜだ？　オレがギリシャの債務を、倒すべきドラゴンに仕立てて、そいつを倒す方法を提案していたからだ、そうだろ。オレは、債務再編のために、財政黒字目標を引き下げるために、緊縮策を終わらせるために、税率を引き下げるために、富と所得を再分配するために生きてきた。そのために呼吸をし、考え、その実現を夢見てきたんだ。ほかに興味があるものなんて何もない。経済省でEU構造基金からの施《ほどこ》しを管理する、そのためだけに大臣の椅子にしがみつく、そんなことはオレのやりたいことではない。何のためにオレがアメリカから移ってきたか、思い出してくれよ。ギリシャを金縛《カネしば》りから解放するために手を貸してくれと、君が頼んできたからじゃないか。議会選挙に出たのも、議員になりたくて仕方なかったからではない。選挙で選ばれていない専門官僚《テクノクラート》の財務大臣なんかになりたくなかったからだ。議員になれば、オレはその理想のために、もっと役に立てると思ったからだ。君がその理想を諦《あきら》めるというなら、オレは大臣に留まる理由はない。もういい。ほかの誰かにやらせればいい。議員としてオレの力の限りをつくすよ」

彼は笑いながら言った。「じゃあ何か、ほかの大臣はどうですかね……ほら、文部大臣とか。ヤニさんもダナエさんも文化には造詣《ぞうけい》が深いじゃないですか。これから力を発揮できるポストは、まだまだいっぱいありますよ」

「またオレのことを肩書きのことばかり考えているヤツらと一緒にしているな、アレクシ。オレがいつも考えていることはただ一つだ。何のことか分かっているだろう？」

「一晩考えさせてくださいよ。考えておきます」

「考えることは何もないじゃないか。時間がない。君にはやるべきことがたくさんあるんだぞ」

そのあとダナエに会った時、彼女は、何があったのと聞いてきた。「この夜、オレたちは滅多《めった》にない出来事にお目にかかったぞ。国民投票の結果が黙殺されたんだ」

もはや大臣ではない

アパートに戻って、私はアレクシスとの議論の中身を、ダナエと彼女のカメラに向かって、語って聞かせた。そして二、三時間眠った後、七通目にして最後の辞表を書いた。二、三回それを読み直した後、私はそれをブログに投稿した。題して「もはや大臣ではない」だ。それは私が書かなければならなかった文章のなかで、最も苦しいものだった。

一方で私には、人々に対して、ギリシャ語で言う「デモス」に対して、彼らが与えた命令書が反故《ほご》にされそうだと警告する義務があった。他方で私は、政府やシリザの内部にちょっとでも前向きな動きがあったら、それを支えぬくのが義務だと感じていた。この期《ご》に及んでも私は、同志エフクリディスが、私に欠けていた党内での影響力を持った同志が、アレクシスとドラガサキスが準備している降伏文書に署名することはないだろうと、固く信じていた。もしエフクリディスが新たな、過酷で絶望的な救済策に加担することになることを拒んで、一、二か月のうちに二番目の財務大臣がいなくなれば、政府も党も分裂するだろう。このことは結局、次の選挙に繋がる。そうなれば六一・三％の意思を尊重する機会がさらに台無しになるかもしれない。「反対《ノー》」が勝利した国民投票の結果に断固支持を表明することと、団結を呼びかけること。この両方の信号《シグナル》を送らねばならなかった。出来上がったのは、次のような文章だ。

民主主義的な権利を求めるすべての闘いと同じように、今回、六月二五日のユーログループの最後通牒を拒否した歴史的な闘いでも、高い代償《だいしょう》を支払うことが求められています。それゆえ重要なことは、偉大な「ノー」の投票によってギリシャ政府に投下された莫大《ばくだい》な資本は、ただちに適切な解決策に対する「イエス」のために、投資されなければならないということです。それは、債務再編と、緊縮策の緩和と、生活困窮《こんきゅう》者のための再分配と、本当の改革を含む協定に対するイエスのことです。

国民投票の結果が示された後、私はすぐに気づきました。ユーログループ参加者や、それに関係する「パートナー」たちは、これらの会合に私がいないことを望んでいるようです。首相も、協定が合意に達するためには、私がいない方がよいと判断したようです。この理由により、本日私は財務大臣を辞任することにしました。

私は、アレクシス・チプラス首相を支える義務があると考えています。ギリシャの人々が昨日の国民投票で私たちに託した資本を、首相が、適切だと考えるやり方で活用するのを、支援する義務があるのです。

私は誇りを持って、債権団からの憎しみを一身に背負うつもりです。

私たち左翼は、職務の特権に頓着《とんちゃく》せず、集合的に行動する方法を知っています。私はチプラス首相と新財務大臣、そしてギリシャ政府を全力で支えるつもりです。

ギリシャの勇敢な人々を讃《たた》え、彼らが世界中の民主主義者たちに託《たく》したノーを活かしてゆくための超人的な努力は、今始まったばかりなのです。

後知恵《あとぢえ》で言えば、私はアレクシスの意図について、もっと大音量で警鐘《けいしょう》を鳴らすべきだったろう。でも、私は政府の多くの人たちを、特にエフクリディスを過信していたので、そんな考えは思い浮かばなかった。私は彼らが、サマラス政権の再来にならないよう、しっかり仕事をしてくれると信じていたのだ。だが、はっきりと警告していたら事態が変わっていたのかどうかは分からない。朝が来た。その後、私が話をした人たちはみんな、勝利の晩に私が辞任したと聞いた瞬間から、何が起こったのかをよく理解していた。

債権団やその応援団のほかに、私の決断を無条件で喜んだ人間が一人いた。私の娘のクセニアは、二週間前にオーストラリアから私に会いに来ていたのに、ほとんど顔を合わせる機会がなかったのだ。私が辞任したというニュースを聞いて、早朝の眠たそうな顔で言った。「ああよかった、パパ。何でこんなに遅くなったの？」

おじさんだよね？

アレクシスの降伏が、連日ものすごいペースで進行していくのを、私は眺《なが》めていた。まだ政府のなかでは、この降伏に対する反乱が出てくる可能性があったが、私は政府とシリザを分裂させる張本人にはなりたくなかった。それで数週間はおとなしくしていたが、反乱は起きなかった。七月一三日のユーロ圏サミットで、アレクシスはトロイカの要求を受け容れ、三度目の救済策への道を歩み始めた。もともとアレクシスは、ヴェルサイユ条約は民主主義の尊重を約束しながら、実際は民主主義に対するクーデターだったと批難していた。しかし彼は、アレクシス版ヴェルサイユ条約に署名して、トロイカの要求を受け容れたのだった。その後は、アレクシスが債権団の指令どおりに物事を進める決意を示せば示すほど、私に対する攻撃も強くなってきた。

数週間も私は、信憑《しんぴょう》性のある抑止策も持たずにトロイカとぶつかっていると嘲笑《ちょうしょう》された。そこで私は、実際には第4章の「並行決済システム」で示したような、よく練られた計画を持っていたことと、その発動を拒《こば》んだのはアレクシスだということを明らかにした。すると、それまで私の愚《おろ》かさを嘲笑《あざわら》っていた人たちが突然、私を裏切り者だと批難し始めた。★8国家の裏切り者だという批難は二〇一〇年にもあったが、今回は国家反逆罪でバルファキスを特別法廷にかけろという、全面的なキャンペーンにまで発展した。★9

　これを書いている現時点でも、私は銀行閉鎖に持ち込むために、意図的にトロイカとの合意を遅らせたと批難されている。並行通貨を作り出して、ショイブレとつるんでユーロからの離脱を画策していたという意味だ。これは、ドイツが合理的に秩序を回復したと称賛を受ける一方で、一九四〇年六月にダンケルクからイギリスに戻った兵士たちが、第二次大戦を引き起こした責任を追及されるのと同じようなことだ。★10私に対しては反逆罪の訴追《そつい》で、実際にギリシャを銀行閉鎖とグレグジットの崖っぷちにまで追い込んだ人間たちには賞賛《しょうさん》と尊敬とは、笑ってしまうほどアベコベな話だ。

　トロイカとギリシャ国内の寡頭支配層《オリガルヒ》の動機は明らかだった。債務は債権者にとっての力である。したがって、持続不能な債務は、債権者に途方もない権力を与える。アテネの春は、債務国を支配する債権団とその国内協力者の権利に対する挑戦だった。しかし、国民投票でノーに投じた六一・三%の国民は、大衆迎合主義者に煽動《せんどう》された人間たちだといって貶《おとし》められた。そして、アレクシスが転向してしまった今、トロイカの標的は私だけになった。

　クラウス・レグリングやヤニス・ストゥルナラスといったトロイカの高官たちは、私がギリシャ経済に対して一〇〇〇億ユーロ〔約一三兆円〕の損失を与えていると論じている。だが彼らこそが、二〇一〇年と二〇一二年の救済融資を決定し、破産したギリシャに債務の山を築き、二〇一五年には一〇〇〇億ユーロの債務免除《ヘアカット》以外の解決策がないようにした張本人だ。私はギリシャの人々にこのことを率直《そっちょく》に話した。人々が私たちを選挙で選んだのは、率直に本当の話をしろという意味だった。しかし、トロイカには自分たちの過ちを認める気がなかったので、彼らは私たちの政権を圧倒し、債務を借り換えさせた。ギリシャ国内でも状況は同じだった。トロイカとの協定に私が署名するよう要求した政党、銀行家、メディア所有者たちが、今度は、協定によってもたらされた増税に抗議している。銀行取り付けを仕組んだ連中が、銀行取り付けを私のせいにした。四月に交渉から外された私を嘲笑っていたメディアが、五月と六月の交渉の行き詰まりを私のせいにした。ユーロ圏でのギリシャの立場を危険に晒《さら》したバルファキスを反逆罪で法廷に引っ立てろと言っている人たちが、ドラギやショイブレを大絶賛している。だが、彼らこそが、ギリシャの銀行を閉鎖して、ユーロ圏の一体性を危険に晒した人間たちなのだ。私とダナエは友人たちから、とりわけ国内での批難をどう思うのかと尋《たず》ねられることがある。そうした人たちの反感を買うことは、名誉なことだと思っている。そう答えることにしている。

そろそろ、告白をする時だ。私は、トロイカの辛辣《しんらつ》極まる攻撃は十分に予想していたので、それには動じないが、かつての仲間たち（政府に残り、三度目の救済策に同意した議員たち）から辛辣な攻撃を受けると、かなり落ち込む。

その攻撃は沈黙から始まった。野党議員が、国を降伏に導いたと私を批難する激しい演説を始めると、シリザの議員たちは天井を見上げて沈黙していた。そのうち、何人かが野党議員の批判に加担し、私を財務大臣に据《す》えたのは大きな間違いだったと言い出した。さらに、大臣たちが、相矛盾《あいむじゅん》する発言をしだした。ある者は、二〇一五年二月にトロイカに降伏するようアレクシスの背中を押したのは私だと言い、ほかの者は、同じ月に債権団と無意味な衝突をした責任は私にあると論じた。私を特別法廷にかけろとの提案を支持する者さえ出てきた。アレクシスとエフクリディスはこうした批判を、不思議なほど長らく放置した後で、的外れな賞賛で私を貶《おとし》めながら、私に対する批判を否定してくれた。バルファキスが何をしたにせよ、彼はペテン師ではありませんでした。すべてをバルファキスのせいにするのは間違いです。

国会議員や大臣たちがこうした振る舞いをしたのは、自分たちの主義主張に反し、災難をもたらすことが分かっている法案に、賛成票を投じたことから説明できる。自分の信念に反することを自ら選んだり、あるいはそれに賛成することを強いられたりすると、人間の心のなかには認知的不協和が発生する。最終的には、オーウェルの小説に登場するウィンストン・スミスのように、人間は心の葛藤を解消するため、信念を曲げざるをえなくなる。しかし、感情に悪影響を与えるストレスは、どこかで発散させなければならない。誰かのせいにしなければならない。勝利したトロイカが私をスケープゴートに選んだので、敗北した仲間たちも私をスケープゴートにしたのは当然だった。

しかし、これが話のすべてではない。私が若い頃に熱心に左翼政治に関わろうとしていることを知った父が、私に言った言葉を思い出す。「わしが共産主義者として強制収容所に入れられていた時、わしらの側が内戦に勝利していたら、わしは収容する側にいたと思っておったよ」。辞任の後、かつての仲間があからさまに、汚《けが》らわしい、不正直な振る舞いをするのを見て、私は父の先見の明に敬服した。

二〇一五年アテネの春について、最終決算書を完成させるのは、つらい仕事に思われるかもしれない。しかし実は、そうでもない。二〇一五年七月二三日木曜日に、私は二つの経験をした。その出来事は、本書の物語を締めくくるのにふさわしいものだった。

その日の午前中、私は国際報道機関の記者たちと、二件、会う約束をしていた。最初のインタビューは一〇時頃、シンタグマ広場の近くにある、荒れ果てた古いアーケードのなかの事務所で行われた。そこから出ると、アーケードの階段下でカメラが待ち構え、ジャーナリストがコメントを求めにきた。私が話していると中年の男が、銀行閉鎖によって自分の会社が潰《つぶ》されたと言って、私を批難し始めた。私は答えようとしたが、彼はただ罵《のの》り言葉を叫ぶだけだったので、私は、アーケードの出口に向かい、バイクに乗ろうとした。すると男は悪口を叫び続けながら、バイクのところまで付きまとってきた。その夜、どのニュース速報もこの件を報じていた。「バルファキス、生活を破壊されて憤慨《ふんがい》したビジネスマンに追い回される」

二つ目の約束は、国会議事堂の真後ろにある国立庭園のなかだった。ドイツの雑誌社が、ユーログループと欧州の現状に関する私のインタビューを発表しようとしており、その写真を撮るためだった。写真撮影の現場から少し離れたところで、二人の少年たちが遊んでいた。彼らは質素な服を着ていて、近くに大人はいなかった。小さい方の子が、私の顔をテレビで見たのを思い出したが、名前が分からないといった様子だった。その子は八歳ぐらいの兄に、このおじさんだあれ、と訊《き》いた。兄の方は、すぐに私のことが分かって近づいてきた。驚いたことに、お礼を言うためだった。私を指さしながら、弟に向かって言ったのだ。「この人、誰か知ってるかい？このおじさんが、母さんにプラスチックのカードをくれたんだよ。それで母さんはスーパーでお買い物してくれるんだよ。月に二〇〇ユーロ〔約二万六〇〇〇円〕だよ！」その数字を覚えていて誇らしそうだった。私の方に向き直って、聞いてきた。「おじさんだよね。本当にあのおじさんだよね？」

「がんばったんだよ！」と私は答えて、少年をハグした。この場にはドイツ人のカメラマン以外には誰もいなかった。そのカメラマンにはギリシャ語でのやり取りは分からなかった。その分、私は満足感でいっぱいになった。

その夜、テレビをつけて、ダナエと、ジャーナリストの友人と話をしていた。あのビジネスマンが私に言い寄っている場面が再びテレビに映っている時、友人が面白いことに気づいた。「撮影しているカメラは固定していて、君たち二人はカメラから遠ざかっていっただろ。君の声はフェードアウトしていったのに、ビジネスマンの声はフェードアウトしなかったよね？」そうみたいだな、と私は答えた。「分かんないのか？　ビジネスマンの声は別に録音されていたんだ。君は罠《わな》に嵌《は》められたんだよ！」

「別に、初めてのことじゃないよ」と、私は答えた。少しホッとした。

友人が帰り、ダナエは先に寝た。eメールをチェックしていたら、スペイン人の女性ジャーナリストからeメールが入っていた。このジャーナリストは、二〇一五年一月の選挙直前に、私のアパートにホームレスの翻訳者、ランブロスを連れてきた人だ。そのなかで彼女は、私が成立させた法律のおかげで、ランブロスは家賃を支払うことができたと書いていた。この法律で、あの男の子たちのお母さんはカードを入手した。この法律がコステロやトロイカの連中を驚愕《きょうがく》させた。そして彼らは、何としてもこの法律を潰そうとしたのだった。スペイン人ジャーナリストのeメールは、次のように締めくくられていた。「ランブロスからの伝言です。明日、新しいアパートに移るそうです。彼は貴方《あなた》のことを誇りに思い、これまで以上にあなたを強く支持してゆきたいとのことです」。

やるべきことはやれた。言うべきことは言えた。私は、過分な特権に恵まれた人間だったのだと、考えざるをえない。

エピローグ

Epilogue

二〇一五年八月半《なか》ば、アレクシスとエフクリディスは三度目の救済融資協定と、付属のMOUをギリシャ議会に提出した。議会は午後九時に始まり、私たちは千ページを超える文書を渡された。それはまるで、トロイカ英語を「グーグル翻訳」か何かでギリシャ語化したような代物《しろもの》だった。これを今晩中に審議して、明日早朝には採決だという。その夜は、審議というよりはお通夜《つや》だった。夜中じゅう私は議事堂に座り、MOUを精査した。

一ページ目から恐怖があふれ出していた。ギリシャ政府は債権団の要求すべてを受諾《じゅだく》すると約束していたが、トロイカからは、その見返りとして何か一つでも要求を呑《の》むという約束はいっさいなかった。これは完全なる従属を誓約《せいやく》するものであり、これに拘束力を認める裁判所は存在しないであろう。激しい怒りを胸に、私は徹夜でMOUの注釈《ちゅうしゃく》版を作成した。★1朝九時までに、シリザの国会議員一一八人と、トロイカ寄りの野党議員一一四人が、ギリシャを再び債務者の刑務所に送るための、新たな有罪宣告を受諾した。私は反対票を投じた三二人のシリザ議員の一人であった。一一人が棄権《きけん》した。

その影響は予想に違《たが》わず破壊的だった。すべての税金が高騰した。食糧や宿泊、書籍、薬品、電気料金など、あらゆる財の付加価値税が引き上げられた。小企業や中企業、大企業に対しても税と社会保障負担が引き上げられ、驚いたことに、翌年の課税見積もり額の一〇〇%を即座に前払いすることが求められた。年金は、基準額である月額三〇〇ユーロ未満を受け取る受給者に対する少額給付はカットされ、そのほかにも大部分の受給者が減額された。政府が保有する資産の残り分はすべて、売却に向けて、トロイカが直接管理する新たな基金の一部に組み入れられた。恐怖の目録は果てしなく続く。これらは、弱い国に対して、その国を破壊する意図をもって強要する類《たぐい》の措置《そち》であった。

数か月後、イタリアで開かれた会議で、私が三度目の救済融資は現代版の砲艦《ほうかん》外交の一例だと言ったことに対し、イェンス・シュパン（ヴォルフガング・ショイブレ財相の代理人）が批難してきた。「ですが、ギリシャ国会が圧倒的多数で賛成したではないですか？」との指摘だ。そのとおりだ、と私は答えた。ただし、拒否する自由のない同意は、一種の隷属《れいぞく》だ。それは、ずっと以前からフェミニストや人権活動家たちが教えてくれていることだ。

辞任の直後、私は二件の絶望的な電話を受けた。一つは、パナヨティス・ダニスからだ。彼とともに私は財務省のアンタッチャブル・チームを立ち上げ、脱税摘発プログラムの開発にあたっていたのだ。彼はこう告げた。「やつらはこっちの息の根を止めるつもりです。ちょうど、大口の脱税を何十万件も摘発して、何十億ユーロ〔何千億円〕も回収できるところだったのに」。私はMOUを確認した。確かにそこには冗長な言い回しで、トロイカが支配する税務当局がダニスのチームを吸収し、無力化するという条項が埋め込まれていた。私は国会議員としての権利を行使して、この茶番を警告する演説を行った。「脱税という巨悪に一撃を加え、巨額の血税を回収し、人々に正義を取り戻すための、素晴らしいチャンスを私たちは摑《つか》んでいます。このチャンスを生贄《いけにえ》として、MOUの祭壇《さいだん》に捧《ささ》げてしまってはなりません」。エフクリディスは大臣席で静かに聞いていた。シリザの議員仲間たちは、空気が読めない愚か者だという目で、私を見ていた。新聞や雑誌には何も報じられなかった。秋までに、報告書をアレクシスに提出したうえで、ダニスは辞職した。脱税に手を染めていた寡頭支配層《オリガルヒ》は、親愛なるトロイカの支援によって、税を免《まぬが》れる結果となった。

もう一つの電話は、アントニス・ステリヨティスからのものだ。彼は、賭博《とばく》業界の規制当局の長として私が任命した人物だ（彼を任命したと同時に、ルバティスが私から距離を置くようになったのだった）。彼も似たような話をした。業界のロビーが、副首相のオフィスの協力と、財務省の黙認を受けて彼を排除しようとしていた。数千台もの賭博ゲーム端末の普及を止めるために、私たちが導入した措置を撤回させるためである。年末までには彼も職を辞し、貧窮《ひんきゅう》する人々を食い物にする商売人に対する歯止めとして私たちが導入した措置も、消え去った。

自由主義的支配層《リベラル・エスタブリッシュメント》？

私は、アテネの春の一翼《いちよく》を担えたことと、それがギリシャに対する無責任で非道な債権団に対する（短命だが）現実の脅威《きょうい》となりえたことに誇りを持ち続けている。とはいえ敗北の代償《だいしょう》は、あまりに巨額だった。その勘定《かんじょう》を支払うのはもちろん、ギリシャで最も弱く、最も援助を必要とする人々だった。他方で、その政治的対価を支払うのは世界中の革新勢力だった。ジョージ・オーウェルの小説『一九八四年』の主人公、ウィンストン・スミスは結末で（彼を監視・抑圧している）ビッグブラザーへの愛を自覚したが〔第一七章、四八五頁参照〕、シリザがそれに似た忘我の境地でTINA（There Is No Alternative、ほかに選択肢はない）という独断《ドグマ》に屈《くっ》してゆくのをみて、人々は意気消沈した。しかし敗北というものは、それがより大きな闘争のひと幕にすぎないということが認識できれば、たいていは耐え忍ぶことができるものだ。

ヨーロッパの品格と精神をめぐる泥まみれの戦いと題した二〇一三年の演説のなかで、私は次のように述べた。[★2]「欧州連合が経済危機に対処する様子を観察することは、シェイクスピアの『オセロー』を観劇するのに似ています。なぜ私たちの支配者はこれほどの思い違いをしてしまうのだろう、ということです。……ヨーロッパの品格と精神をめぐるこの巨大な戦いのなかで、理性と人道の力で、権威主義の膨張を抑え込んでいかないといけません」。私が辞任してから一年も経《た》たない頃、英国の人々がEU離脱（ブレグジット）に票を投じた。そして二〇一六年一一月には、ドナルド・トランプがホワイトハウス入りした。フランス、ドイツ、オランダ、イタリア、ハンガリー、ポーランドなど、あちこちで外国人排斥《はいせき》を唱《とな》える欧州統合懐疑派《ユーロスケプティック》たちが頭角を現している。ギリシャの海岸にたどり着いた難民に対する恥知らずな対応は、こうした変化が一つの症状として現れたものだ。他方、評論家や権力者たちは、自由主義的支配層《リベラル・エスタブリッシュメント》に対する予想外の挑戦に懸念《けねん》を表明し始めている。

まさにその支配層との激しい戦いをくぐり抜けたばかりの私にとって、「自由主義的《リベラル》」というのはいちばん使いたくない形容詞だ。ジョン・F・ケネディの感動的な言葉を借りるなら、その昔、自由主義的なプロジェクトとは「希望と正義に満ちた自由を、生き延びさせ、それを成功に導くために、どんな犠牲をも払い、どんな重荷をも背負い、どんな困難にも立ち向かい、あらゆる味方を支援し、どんな敵にも立ち向かう」意志に関わるものだった。民主主義の負託《ふたく》を破棄《はき》し、自分でも失敗すると分かっている政策を押しつけるために平気で事実を歪曲《わいきょく》する支配層のことを、自由主義的と言うことはできない。Aの地位を守るためにBを貧困に突き落とすようなやり方は、自由主義とは正反対である。誰も気づかぬうちに、自由主義とは違う何かが、いや、新自由主義とさえ違う何かが、支配層を支配してしまったのだ。

あの夜、私が国会で熟読《じゅくどく》し注釈をつけた第三次MOUは、こんな言葉で始まっている。「持続可能な成長を回復させ、雇用を創出し、不平等を減らし、自国とユーロ圏の金融システムの安定性に対するリスクに対処するために、ギリシャはヨーロッパのパートナーたちに支援を要請した。この覚え書き（MOU）は、二〇一五年七月八日のギリシャ共和国からの要請に応じて準備された……」

犠牲者は、虐待をしてくれるよう自ら懇願し、そして債権団が寛大にもそのお願いに応じてくれたという体裁をとるように、強制されたのだ。ちょうど、ベトナム戦争の頃に匿名の米国高官が、問題の街はベトコン〔南ベトナム解放民族戦線〕から守られるために破壊されなければならなかったと主張したのと同じように、ギリシャに対する財政的な水責《ぜ》めは、ギリシャの人々が再び仲間として受け容れてもらうためには、賢明《けんめい》な方法として賞賛された。ある意味、ギリシャの人々みんなが経験したのは、英国の貧困者がジョブセンターに生活保護を申請した時に受ける待遇と同じである。彼らはそこで、「私にとっての制限は、自分自身が決める制限だけです[★3]」などという屈辱的な「確約」の文言に同意しなければならないのだ。

二〇〇八年の金融危機と、それに続くユーロ危機のなかで、錯覚《さっかく》に囚《とら》われたヨーロッパの強大な支配層は、自制心というものをまったく喪失した。弱者を標的にし、臆面《おくめん》もなく支配階級を優遇する、剥《む》き出しの階級闘争としか表現しようのないものを、私はこの目で目撃した。特に気になったのは、たとえば、財務省の一部職員（具体的には議長職）や、ギリシャ金融安定基金（HFSF）の重役やCEOが、私から見ればありえないほど高い給料を受け取っていたことだ。公費節約と公平性回復のために、法によって与えられた権力を用いて、これらの職務の給与を四〇％カットした。それは、二〇一〇年以降のギリシャの平均的な賃金低下率を反映している。最高裁判事の稼《かせ》ぎが高々《たかだか》六万ユーロ〔約七八〇万円〕、首相でさえ高々一〇万五千ユーロ〔約一三六五万円〕しか稼いでいない国で、そのCEOは一八万ユーロ〔約二三四〇万円〕もの報酬を受け取っていたのだが、今では一二万九千ユーロ〔約一六七七万円〕だ（不況に苦しむギリシャの尺度ではそれでも巨額だ）。わが財務省の賃金や年金などの経費を熱心に削ろうという債権団たちは、私のこの決定を歓迎してくれただろうか？　ノーだ。トマス・ヴィーザーはトロイカを代表して、この決定を撤回《てっかい》するように、私に繰り返し手紙をよこした。なぜか？　その給与は、トロイカの手先となった役人たちに支払われるものだからだ。私が財務省を去って、彼らの給与は最大七一％も増額された。CEOの給与は二二万ユーロ〔約二八六〇万円〕にまで膨張した。

これこそが、不当な権力を有する者たちが正当性と自信を喪失した時に起こることだ。彼らは醜悪《しゅうあく》なものへと変貌《へんぼう》した。

支配層は、知的な議論やイデオロギー的な論争に勝利しようという意欲さえ失い、人格攻撃や懲罰《ちょうばつ》的な方法に走った。そんなことをすれば繁栄も自由も損なわれることは、彼らも分かっていたはずなのだが。彼らは、ロナルド・レーガンやマーガレット・サッチャーでさえ支持しないような政策を押しつけるために、暴力を行使した。自分たちに対する反乱を鎮圧すると、あのMOUのような誓《ちか》いの言葉を敗者に唱えさせ、議論や批判的な問いかけが起こりそうな空間をことごとく塞《ふさ》いでいった。端的に言えば、とことんまで反自由主義的な支配層となったわけだ。

債権団との話し合いのなかで、私は何度も、私たちを叩き潰《つぶ》すことはあなたたちの利益にならないと言って、彼らを戒《いまし》めた。私たちの民主的な、ヨーロッパ統合主義的な、革新的な挑戦が抑圧されれば、経済危機が深刻化し、排外主義的な、反自由主義的な、反欧州統合主義的な民族主義者の「インターナショナル」が台頭することになるだろうと。アテネの春が鎮圧《ちんあつ》され、そのとおりのことが起こっている。自由主義を詐称《さしょう》する支配層は、自らの邪悪で危険な反自由主義が生み出した、この民族主義者たちの偏執《へんしつ》的な巻き返しに、どんな対応をみせているのか。それは、自分の親を殺した人間が法廷で情状酌量《じょうじょうしゃくりょう》を求めるのに似ている。つまり、私は孤児になってしまいましたので大目に見てください、というようなものだ。

敗北のなかでの名誉回復

経済危機が起こるまで、私は学者として、地味な学術論文を書くという仕事にいつも愛着を持っていた人間として、努めて二種類の人間を避けていた。追随者《フォロワー》と敵《エネミー》だ。政府での職務を終えた今では、私のまわりにはこの二種類の人たちがたくさんいる。しかし、私の言うことに賛成したり反対したりする前に、私の言葉にじっくり批判的に耳を傾けようという人々は、それほど多くはない。これは残念なことだ。だが、大陸規模の不条理に立ち向かうために政府に入るという決断をしたことは、後悔していない。「愚かさを根絶するために、自分の仕事を犠牲にするなんて、馬鹿げたことではありませんか？」と、米国のジャーナリストに聞かれたことがある。「その仕事に未練がなければ、馬鹿げたことではありませんよ。ただし、その仕事が愚かさへの対抗策である場合には、話が違いますけどね」と、私は答えた。

「お前は国を博打《ばくち》に賭《か》けて、負けたのだ」という批判を受けることがあるが、それはまったく正しくない。破産した国の財務大臣として、その国の将来を博打に賭ける権利など私にはない。それが私の信条だ。それに、私は賭けなどしていない。敵がどんな手を打ち返してくるとしても、最善の手を打つことは、賭けではない。三度目の救済策に抵抗することは、債権団が持続可能な一連の政策に賛成する場合にも、ギリシャをユーロ圏から排除する決断をする場合にも、正解だ。私たちは前者を強く選好するが、後者は降伏よりも望ましい。債権団への抵抗を長期化させすぎたという批難も的外《まとはず》れである。ヴォルフガング・ショイブレでさえ、私の立場だったら三度目の救済策への署名を拒否するだろうと言ったのだ。

二〇一六年三月のある晩、ロンドンのエクアドル大使館で、ジュリアン・アサンジ〔ウィキリークスの広報人〕と数時間を過ごした。IMFのポール・トムセンと、彼が派遣したギリシャ使節団長との間の通話記録を聞いていたのだ。三度目の救済協定の持続不能性について、それまで私が言ってきたことのすべてを、ポール・トムセンが認めているのを聞きながら、後味の悪い満足感を覚えた。また、適切なプライマリー黒字目標は、私が提案してきた（そして皮肉なことにユーログループで彼が拒否し続けてきた）ような数字〔三・五％ではなく一・五％〕だということを、彼が熱心に主張しているのも聞いた。[★4] 敗北のなかで名誉が回復されても仕方がないかもしれない。だが、魔女狩りに巻き込まれてしまった人間の神経を強靭にする効果はある。この魔女狩りの目的は、自分たちの計画を途中で投げ出した人間たちを批難から守り、非道《ひど》い計画をギリシャに押しつけた反自由主義的な支配層の責任を隠蔽することだったのだ。

国は離れ小島ではない

人は離れ小島ではない、一人で独立してはいない、人は皆大陸の一部。もしその土が波に洗われると、ヨーロッパ大陸は狭くなっていく……

ジョン・ダン『死に臨みての祈り』「瞑想十七」〔浜野聡訳〕

二〇一五年の夏、ギリシャの人々は敗北したが、屈服してはいなかった。アテネの春を生かし続けるために、新たな政党を立ち上げてくれという声もあった。しかしそれが私の心に火をつけることはなかった。八月のある日、ダナエと私はフランス郊外の政治集会に参加していた。私が話をすることになっていた。とてもたくさんの人たちが集まっていたので驚いた。思うに、彼らはギリシャや私に連帯の気持ちを示そうなどと集まったわけではなく、ほかに理由がありそうだった。それを確認するために、私はこんな話を始めた。

私がここに来たのは、アテネの春が制圧されたからです。かつて、プラハの春が制圧されたのと同じように。でも、制圧されたギリシャの民主主義への支援を、お願いに来たのではありません。フランスの民主主義に対する、ギリシャの人々の支援と連帯を伝えるためにここに来たのです。なぜなら、それが脅《おびや》かされているからです。フランスの民主主義やスペインの民主主義、英国の民主主義、イタリアの民主主義、ヨーロッパ中の民主主義がです。ギリシャは不幸にして、まやかしの追い貸しと、失敗が約束された緊縮策が試される実験室になってしまいました。ギリシャでは、ヨーロッパの民主主義、フランスの民主主義に対する戦争の、前哨戦《ぜんしょうせん》が行われました。トロイカやその手先にとって、ギリシャはけっして重要ではありませんでした。重要なのはフランスです！ 私が来たのは、そのためです。私たちに起こったことが、あなたたちにも起ころうとしているからです。

　歓声から判断して、琴線《きんせん》に触れたようだった。彼らが集まったのは、ギリシャの次は自分たちだという感覚があったからだ。「パリにもトロイカを」という、ヴォルフガング・ショイブレの野望にも彼らは敏感だった。フランスのその会場で、何が必要なのかが分かった。ドイツ各地の市役所での集会でも、同じような経験をし、確信が深まった。私たちは国籍に関係なく、債務国と債権国の垣根《かきね》を越えて、団結しなければならないのだ。強大な支配層とナショナリスト・インターナショナルの両方に対抗する唯一の現実的な道は、汎《パン》ヨーロッパ的で、民主的で、人道主義的な運動だ。一九二九年世代は、〔啓蒙主義を否定する〕ポストモダン的な一九三〇年代への沈没を食い止めるため、国境や政治的分断を超えて手を組むことに失敗した。今度こそ、それを成功させること、それがこの運動の目的だ。

　数か月後の二〇一六年二月九日、その運動が誕生した。私たちはこの、「ヨーロッパ民主主義運動・ＤｉＥＭ２５」の出発の場所として、有名なベルリンのフォルクスビューネ劇場を選んだ。ギリシャでの新党立ち上げに関しては、私のなかで熱意が湧《わ》くことはなかったが、アテネの春の精神がヨーロッパ中で渇望されているのを知って、エネルギーがあふれてきた。いつかきっと（願わくばすぐにでも）、移植された精神が十分に強く育って故郷に戻り、比類なく勇敢で有徳な人々の心を再び燃え立たせることだろう。その時が来れば、ギリシャの人々はヨルゴス・セフェリスの詩の一節をもってヨーロッパの人々に呼びかけるだろう。「何も持たない私たちが、あなたたちに平穏を教えたのだ」と。★5

　二〇一六年の冬から春にかけて私は、英国のEU離脱《ブレグジット》に反対する運動をして、英国の多くの友人たちを困惑させた。「ギリシャがあんな扱いを受けた後で、何でＥＵに残留しろって言うんだ」という抗議の声も聞いた。「国を取り戻したいんだ！」というのは、彼らのまったく正当な要求だ。私は答える、「私たちも同じです」と。そしてこう説明する、しかし国を取り戻すためには、私たちはヨーロッパ全体で、共通の品格を取り戻し、一般的な良識を修復しなければならない、と。一国だけで気候変動に対抗できないのと同じように、この私たちの事業は、孤立した国家によって達成できるものではない。そしてこう尋《たず》ねよう、「ブレグジットの後に、英国の弱い立場の人たちの苦しみは減るのですか？　ヨーロッパの弱者たちの生活はよくなるのですか？」と。あるいは、国境がより強固になり、ヨーロッパが解体すれば、強大な支配層や、彼らが生み落とした政治的モンスターにとって、むしろプラスになるのではありませんか？

　一部の人たちは説得できたが、ほかの人たちは懐疑《かいぎ》的なままだった。とりわけ二〇一五年の出来事によって、ヨーロッパの理想は深く傷つけられ、人々はそれに背を向けつつあったのだ。ＤｉＥＭ２５の汎ヨーロッパ主義に共感してくれる人たちでさえ、それをユートピア主義だと切り捨てるほどだ。

　しかし、読者の皆さん、私の強い信念を、最後の言葉として聞いてほしい。私たちの運動はユートピア的かもしれない、しかし、ＥＵ域内での建設的不服従《コンストラクティヴ・ディスオベディエンス》という政策だけが、この反自由主義的で反民主主義的なヨーロッパのなかからそれに反対するということだけが、ヨーロッパの解体がもたらす暗黒郷《ディストピア》に対する唯一の実行可能な代案だ。それはギリシャの財務大臣としての私の立場であったし、今でも私の立場なのだ。

　もちろん、間違っているのは私の方かもしれない。たとえそうでも、これは追求するに値する理念だと私は信じている。高望みをして失敗することは危険なことではない。本当の危険は、目を足下に向けたまま、そこに留まってしまうことだ。

　ベルリンでＤｉＥＭ２５を出発させた直後、アドレナリンと希望でいっぱいになった私たちは、ふと、年配のドイツ人活動家に行き当たった。彼は感銘を受けなかった様子で、「この運動は失敗が目に見えていますよ」と、沈んだ声で言った。仲間は癇《かん》に障《さわ》った様子で、「それじゃあ、あなたはいったいここで何をしているんですか？」と訊《き》いた。

「私はね、大きな建物が全部崩れ去った後に、そのかけらを拾い集めなきゃならない人たちの、近くにいたいんだよ」、と彼は答えた。

　二〇一五年の春にギリシャの人々が灯《とも》した小さな火を、ヨーロッパのあちこちで守り続ける理由としては、悪くない台詞《せりふ》だった。

付録1　夜明けの錯覚はデフレーションのせい

二〇一四年にギリシャの国民所得が増加したという支配層の見方を支持する、一連のデータが存在する。それは実質国民所得データ、あるいは実質国内総生産（GDP）データである〔ここでは国内総生産（GDP）と国民所得（GNI）や国民総生産(GNP)を区別せず、同義語として扱っている〕。ただし、デフレーション（デフレ、物価の下落）が起こっている状況では、「実質《リアル》」という用語は、けっして現実的《リアル》だということを意味しない。デフレが望ましいものに見えてしまうという、この驚くべき統計上の幻想は、次のように作用する。

あなたは一年前に比べて暮らし向きがよいですか、と聞かれたとしよう。過去一二か月の間にお金（ドル、ポンド、ユーロ、円など）で測った貨幣所得が増えていたら、あなたはイエスと答えるであろう。ただ、そう答えたとしても、生活費も上がったけどね、などと付け加えるかもしれない。貨幣所得の金額と、その金額で買えるモノの量とのギャップを考慮するために、経済学者はあなたの貨幣所得の購買力に注目する。これは実質所得とも呼ばれる。物価水準で調整した貨幣所得という意味である。

一国の総所得（国民所得）を測定する場合にも、同じことが言える。経済学者はまず全員の貨幣所得を合計して名目国内総生産を求める。これは簡単に言えば、国の貨幣所得の総額（N）となる。次に、このNを物価水準（P）で調整する。調整といっても、NをPで割るだけのことだ。その割り算の結果が、実質国民所得（R）である（$R=N/P$）〔Rはreal（実質）の、Nはnominal（名目）の、Pはprice（物価）の頭文字である〕。

実質国民所得を使うことのメリットは、インフレーションの時期には、貨幣所得が大幅に上がったと言って大喜びすることがなくなることである。例えば物価が八％上がった時に、貨幣所得が九％上がったとしても、実質所得は一％しか伸びていない。したがって、インフレが起こっている時には、経

	1年目	2年目	3年目
貨幣国民所得（N）	100	98	96
物価指数（P）	100	99	93
実質国民所得（$R = N \div P$）	1	98 ÷ 99 ≒ 0.99	96 ÷ 93 ≒ 1.03
Nの成長率		− 2 %	− 2.04 %
物価上昇率		− 1 %	− 6.06 %
Rの成長率		− 1.01 %	＋ 4.28 %

済が成長したと喜ぶ前に、実質国民所得をよく確認すべきだ。Rが力強く伸びている時にのみ、経済活動が活発化していると信じる理由があるのだ。

しかし、（物価が下落している）デフレの時期には、Rはとんでもなくミスリーディングなものとなる。デフレ経済を表現した、上表の仮設例を考えてみよう。

一年目と二年目の間に、名目貨幣国民所得（N）は（一〇〇から九八へと）二％減少したが、物価指数は（一〇〇から九九へと）一％下落した。三年目には不況が深刻化し、貨幣国民所得が（九八から九六へと）さらに約二％低下したが、デフレの深刻化によって物価指数は約六％も下落した。所得の低下よりも速いスピードで、物価が下落したわけだ。これは、経済が景気後退から不況へと落ち込んだと思えばよい。

しかし、いちばん下の行を見てほしい。実質国民所得は三年目に力強く回復したように見える。二年目と比べて、四％以上も増加しているのだ。なぜこんなことが起こるのか？　そう、これこそが物価の下落が引き起こす幻想のせいなのだ。言い換えれば、人々も政府も重い債務を抱えているデフレ不況の時には、実質所得ではなく、名目貨幣所得が上昇しないかぎり、喜んではいけない。

たとえ貨幣所得が低下したとしても、「実質」の数字が上昇することは常によいことだという反論があるかもしれない。なぜなら、貨幣所得よりも速く物価指数が下落するならば、少ないお金でたくさんのモノを買うことができるからだ、というわけだ。その考えは、債務という重要な装置の働きを忘れている。人々や政府が巨額の債務を抱えており、プラスの利子を支払い続けなければならない場合には、名目国民所得が下落を続ければ、いずれ皆が破産してしまう。

最後に、現実の記録を確認しよう。二〇一四年のギリシャの名目国民所得は二八億ユーロの減少、すなわち伸び率はマイナス一・六％だった。他方、物価上昇率はマイナス二・二％だった。マイナス一・六％からマイナス二・二％を引き算すると、プラスの実質成長率〔〇・六％〕が得られる。これが、不況（所得は減り、物価は下がり、債務と所得との比率は上昇する）を隠蔽《いんぺい》する統計上の幻影なのだ。ちなみに二〇一三年には、名目ＧＤＰの伸び率はマイナス五・七％で、物価上昇率はマイナス二・五％だった。マイナス五・七からマイナス二・五を引き算しても、やはり数字はマイナス〔三・一％〕だった。

付録2　IMFには間違いを犯す動機があった

救済プログラムがギリシャ経済に与える影響をIMFが誤算したことは、間違いなく経済予測の歴史上で最悪の事例であるとともに、結果的に最もカネが儲《もう》かった事例である。最初の救済策の頃、IMFは二〇一一年の設備投資が一一・八％減ると予言したが、実際の減少幅は一九・四％だった。IMFは二〇一二年については〇・八％増加すると予言したが、実際にはさらに一九・四％減少した。IMFは二〇一三年については設備投資が四・八％増加すると予言したが、実際には再び減り、減少幅は一三・二％だった。物価指数については、IMFは二〇一一年にマイナス〇・五％、二〇一二年にはプラス一％、二〇一三年にはプラス〇・七％、二〇一四年にはプラス一％、二〇一五年にはプラス一・一％だと予測した。実際の物価は、二〇一一年にプラス一％、二〇一二年にはマイナス〇・三％、二〇一三年にはマイナス二・一％、二〇一四年にはマイナス二・六％だった。

IMFの計算の中核部分には、深刻な誤りがあった。二〇二二年までにはギリシャの債務を縮小させることができるという体裁をとるために、対ギリシャ・プログラムを作成した人間たちは、次のような計算を行ったのだ。

・二〇一五年から二〇二二年にわたり、債権団に債務を返済するためには、ギリシャ政府はどれだけの財政黒字を出さなければならないか。これを*S*（surplus）としよう。
・与えられた税制のもとで、それだけの財政黒字が可能となるには、国民所得（あるいはGDP）はどれだけ成長しなければならないか。これを*G*（growth）としよう。
・債権団への借金返済と国家の運営のために、政府は経済からどれだけの税収を搾《しぼ》り取る必要があるか。これを*T*（taxes）としよう。

この三つの数値を決めると、彼らはそれを「目標」と呼んだ。彼らはギリシャの財務大臣や首相に（覚《おぼ》え書き、MOUとも呼ばれる）宣誓書《せんせい》への署名をさせたが、そこには次のように書いてある。「ギリシャ政府は、*T*の税収を集めることを可能とし、各年度末に*S*に等しい財政黒字を残せる水準に相当する、*G*の成長率を実現するために努力することを約束する。*S*はギリシャ政府が債権団への債務返済を行ううえで十分であるため、ギリシャの債務は持続可能である」。

これは一見すると素晴らしいことのように思えるが、一つ問題がある。*S*、*G*、*T*という三つの数字は、将来からさかのぼって計算されている。二〇二二年にギリシャが債務を返済するのに必要な金額（毎年の財政黒字*S*の合計）から始まって、そのために、二〇一五年から実現すべき経済成長率の値で終わっているのだ。しかし、（*S*を生み出すために必要な、法外な金額の）*T*に相当する課税を、企業や家計に対して実施する意志を政府が宣言するだけで、二〇一五年時点で企業は設備投資をやめ、家計は消費を切り詰める。いわば、このプログラムを機能させる（つまり、IMF職員がいつも言っているように、「帳尻《ちょうじり》を合わせる」）ために必要な*T*と*S*の値は、それを達成するのに必要な成長率*G*とは、帳尻が合わないだけでない。*G*に悪影響を与えるものなのだ。

このとんでもない予測ミスにもかかわらず、ギリシャはIMFにとって結構な金蔓《かねづる》であることが分かった。私が辞任する頃までに、この破産国家はIMFに対して三五億ユーロ以上のカネを、利子および手数料として支払った。これは平均すればIMFの純収入総額の三七%に相当し、IMFの内部経費総額の七九%をカバーする金額だ。ギリシャが債務者の刑務所に入れられてから、IMFは平均して六三%もの営業利益を上げてきた。これは、ゴールドマン・サックスやJPモルガンと比べてもはるかに高い利益率だ。さて、このIMFの利益はどこから来たのか？　答えはもちろん、ヨーロッパの納税者たちだ。ある意味、IMFがギリシャに対する債務免除を提案するたびに、ブリュッセルやベルリンの官僚たちが嫌《いや》な顔をしていたのは、当たり前のことだったのだ。IMFに巨額の利益をもたらしたヨーロッパの債権者に対して、IMFが債権放棄《ヘアカット》を求めているのは、欧州の債権者に対するギリシャの債務であって、必ずしもIMFに対する債務ではない。その結果ギリシャは、債務免除という正しい提案をしつつも、ギリシャが債務免除を拒否されたことによって利益を得ているIMFと、ギリシャの債務免除を否定するためにIMFを利用しているEUとの間で、板挟《ばさ》みになっているのである。

付録3　なぜ私はハッタリを自ら封じることにしたのか

二〇一二年から二〇一四年まで、テキサス大学のリンドン・B・ジョンソン公共政策大学院で私が教えていた講義のなかに、欧州の経済・財政危機に関するものがあった。この講義で私は学生たちに、簡単なゲーム理論で複雑な戦略的相互作用が解明できることを示した。以下は、学生に対する講義ノートからの書き写しだ。

ギリシャを永久的な困窮状態《こんきゅう》に陥れる救済協定の論理《ロジック》に対抗しろという有権者の負託《ふたく》を受けて、シリザが政権を獲得した翌日、EUとIMFの債権者たち（トロイカと呼ぶ）は、選択に直面する。

トロイカの最初の選択肢

1. 新政権と和解し、フェアな協定を結ぶ（結果1）。（ゲーム終了）
2. シリザが新規救済策に署名しなければ、銀行の取り付け騒ぎを煽《あお》り、銀行閉鎖を準備し、グレグジットの圧力でギリシャを脅すなど、新政権に対して攻撃的な立場をとる。（シリザの手番に移る）

2.の場合、シリザには二つの選択肢がある。

シリザの選択肢

3. 降伏し、三度目の救済策を受け容れる（結果2）。（ゲーム終了）
4. 反撃する。（トロイカの手番に移る）

4.の場合、トロイカには二つの選択肢がある。

トロイカの二番目の選択肢

5. フェアな協定を受け容れる（結果3）。（ゲーム終了）
6. ギリシャをユーロ圏から排除する（結果4）。（ゲーム終了）

この対立はどのように展開するのだろうか？　その結果は、両陣営の選好の順序に依存する。図3は、選好を最大限に満足するという新古典派的な意味で両陣営が合理的ならば、どのようなことになるかを示している。それは、相手の選好について知りうるかぎりの想定のもとで、相手方が打ってくる手についての論理的に正当化しうる信念に基づいて、判断するという意味である。

以下は、常識を反映した説明である。トロイカにとっては結果1よりも結果2の方が好ましく、結果3よりは結果1の方が好ましい（{2,1} および {1,3} のように記号で表す）。ようするに、トロイカははじめからシリザとフェアな協定を結ぶよりは、シリザの降伏を望むが、シリザと戦った後にフェアな協定を結ぶよりは、最初からフェアな協定を結ぶことを望む、ということである。また、トロイカは結果1よりも結果4を選好する（{4,1}）。他方シリザは、戦いの後にフェアな協定を結ぶ（結果3）よりは、早急に妥協してフェアな協定を結ぶこと（結果1）を望む（{1,3} および {3,2}）。

シリザにとって、グレグジット（結果4）と降伏（結果2）のどちらが好ましいか、そしてトロイカにとって、グレグジット（結果4）と、戦いが起こった後にフェアな協定を結ぶことのどちらが好ましいか、この二つによって結果が決まってくる。

図3に示すように、考えられるケースは四つある。

1. シリザがグレグジット（結果4）よりも三度目の救済策（結果2）を選好し、トロイカがいっさいの妥協よりもグレグジットを選好する場合。この場合には、シリザの降伏を予測してトロイカは攻撃的になり、この予測が実現する。そして結果2が実現する。
2. シリザが降伏（結果2）よりもグレグジット（結果4）を選好し、トロイカがグレグジット（結果4）を、戦った後に妥協する（結果3）よりも選好する場合。この場合には、トロイカもシリザも早急にフェアな協定を結ぶことを望んでいたとしても、グレグジットが実現する。そして結果4が実現する。
3. シリザがグレグジット（結果4）よりも、降伏と三度目の救済策（結果2）を選好するが、トロイカはグレ

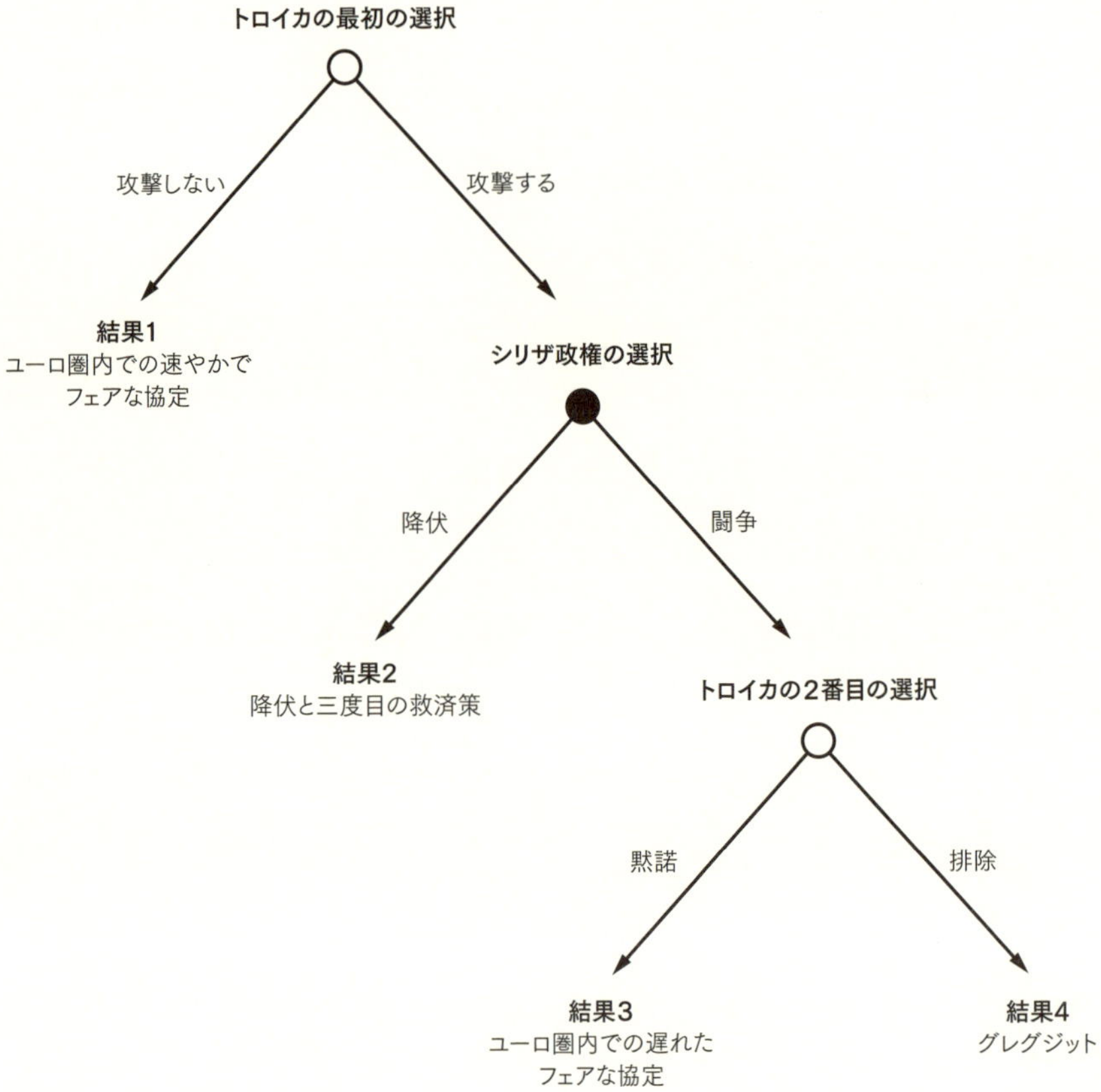

<table>
<tr><th colspan="4">合理的交渉の結果</th></tr>
<tr><td colspan="2" rowspan="2">確実な選好順序
トロイカ：{2,1} と {1,3}、{4,1}
シリザ政権：{1,3} と {3,2}</td><td colspan="2">シリザ政権の選好順序</td></tr>
<tr><td>グレグジット回避的
{2,4}</td><td>降伏回避的
{4,2}</td></tr>
<tr><td rowspan="2">トロイカの選好順序</td><td>妥協回避的 {4,3}</td><td>(i) 結果 2
降伏と 3 度目の救済策</td><td>(ii) 結果 4
闘争とグレグジット</td></tr>
<tr><td>グレグジット回避的
{3,4}</td><td>(iii) 結果 1
戦わずしてユーロ圏内で
フェアな協定が成立</td><td>(iv) 結果 1
戦わずしてユーロ圏内で
フェアな協定が成立</td></tr>
</table>

図 3　トロイカとシリザとの選好順序に応じた結果の一覧表
{*X,Y*} は、*X* を *Y* よりも選好することを意味する。

グジット回避的で、結果4よりも結果3を選好する場合。この場合には、結果1が実現する。

4. シリザが降伏（結果2）よりもグレグジット（結果4）を選好するが、トロイカもグレグジット回避的で、結果4よりも結果3を選好する場合。この場合には、トロイカはシリザを刺激すれば戦いが起こると予測し、すぐに紛争解決に向かう。戦いを避けることが選択され、結果1が実現する。

以上の検討はもちろん、双方が相手方の選好を知っていると仮定してのことである。もしそうでなければ、グレグジット回避的なトロイカは、まず攻撃的な態度をとってシリザ政権を試すかもしれないし、同じように、グレグジット回避的なシリザは、トロイカの最初の攻撃の後に、反撃することによってトロイカを試すかもしれない。

数年後、この本で説明したような出来事が終わった後で、この講義ノートを読み返すと、なぜ私があのとき、ハッタリを封じ込め、同僚たちを説得するのに全エネルギーを注いだかが分かった。降伏よりもグレグジットの方が怖くないと思えなければ、選挙に勝つ意味もなかったのだ。実際、ギリシャが持続可能な形でユーロ圏に留まるための唯一の策は、三度目の救済策に比べて、グレグジットを恐れないようにすることであった。

付録4　ギリシャの債務負担管理の選択肢

私がノンペーパーで提案した債務再編案は、ギリシャの公的債務の三つの異なる部分に対応する、三つの節に分かれている。これは私がオースティンにいた時にやってきた仕事と、ラザールからの追加的な情報に基づいている。

一．ECBのSMP国債と永久債をスワップする

債権団はすでに、満期の延長と、ギリシャに課す利子の引き下げの可能性に言及していた。このアイデアを、ECBが保有するSMP国債のケースについて、論理的に最大限に突き詰めるべきだ。ECBがこれらを購入しなければ、これらについては大幅なヘアカットが行われていたであろう。私たちの提案は、ギリシャの債務のこの部分（現在およそ二七〇億ユーロ〔約三・五一兆円〕）を、新たな永久債にスワップして、分割償還をいっさい行わないようにするというものである。〔ギリシャにとって〕SMP国債を新たな永久債に転換しても、名目の債務額は減らないが、分割償還がなくなるという利益を考えれば、これは重要な問題ではない。

二．一度目の対ギリシャ融資の負債を、GDP連動債とスワップする

一度目の対ギリシャ・プログラムによる巨額の債務（ギリシャ融資ファシリティとも呼ばれる）は、GDP連動債や資産担保型証券（asset backed securities, ABS）とスワップできる。これにより、ギリシャは公式の債権団と、経済回復の利益を分かちあうことができる。ドイツのDIW研究所のコメントで指摘されたように、GDP連動債のメリットは、債務返済と国家の成長パフォーマンスとを連動させることによって、反循環性（景気変動を抑制する効果）が得られることであ

る。しかしながら、金利がすでにかなりの程度軽減されていることを考えれば、インデクセーション〔連動〕はむしろ、元本の償還額に重点を置くべきである。資産担保証券はまた、ＥＦＳＦ（欧州金融安定基金）に対する債務とスワップすることができる。ＥＦＳＦのギリシャ支店が現在保有する銀行株という特定のケースに関しては、ギリシャはこれらの資産をＥＦＳＦ証券とスワップすることで、欧州安定メカニズム（European Stability Mechanism, ESM）に新たに付与された、銀行資産を直接保有できる、という権限から利益を得ることができる。

三．二度目の対ギリシャ融資における対ＥＦＳＦ債務を二つの部分に分ける

二度目の対ギリシャ・プログラムによって生じたＥＦＳＦに対する巨額の債務も、ＧＤＰ連動債や資産担保型証券とスワップできる。さらに、これを二つに分割することも有効である。すなわち、ＥＦＳＦに対するギリシャの債務を二つの部分に分け、半分は五％の利子がつく証券に転換し、もう半分は利子のつかない一連の債券（ゼロクーポン債）に転換して、元本の五〇％を満期時に返済するのである。このアイデアは、欧州安定メカニズムの最高経営責任者であるクラウス・レグリングのコメントに従っている。彼の二〇一三年のコメントは、ＩＭＦが行った債務の持続可能性分析（ＤＳＡ）では、債務が経済に及ぼす本当の負担は正しく把握できないと述べている。債務の持続可能性を評価するうえで、債務の形態や特徴は、債務の名目額と同じくらいに重要なものである。ＥＦＳＦの融資は非常に長期にわたるもので、金利はＥＦＳＦの資金調達コストの水準にまで抑制されており、非常に譲許《じょうきょ》的なものである。債務の譲許性を明示することの効用は、幅広い選択肢が考慮できることである。債務管理の実務は次に、利子のつかない資産に注目する。〔一番目の〕単純な選択肢として、債権団はクーポンの付かない部分を帳消しにすることができる。実質的な経済性でいえば、彼らが失うものはわずかに、利子のつかない債券の市場価値だけだし、彼らは、本来得られるべき利子は得ることができる。だが、ＥＦＳＦの請求権の半分に相当する債務を帳消しにすれば、ＥＦＳＦ自体に直接的な影響が及び、それによって加盟国の財政収支にも悪影響が現れる。今後の欧州の債権団との話し合い（そして、できればＥＣＢとの話し合い）の主な目的は、ギリシャが債務帳消しの利益を得られると同時に、債権者の財政収支に対する悪影響も、段階的に、長期的に繰り越してゆくような仕組みを構築することである。もう一つの選択肢は、ギリシャの方から、利子を生まない資産と、先述の資産担保証券やＧ

DP連動債とをスワップする提案をすることである。第三の選択肢は、政府が保有資産の一部を直《じか》に売却して、EFSFが保有する利子を生まない証券を、市場価格で消滅させることである。EFSFはその資金を用いて、バランスシートの帳尻《ちょうじり》を合わせるように、市場でゼロクーポンの証券を購入することができる。このようなスキームによって、ギリシャが負っている負債の名目額は半減させることができる。

訳者解説

博覧強記の人文知と経済理論

本書を一読していただければ分かるように、バルファキスの文章には、西洋文明のあらゆる人文知が注ぎ込まれている。古代ギリシャから聖書、シェークスピア、マルクス、ニーチェ、そして現代の小説や映画に至るまでが引用され、高度な慣用句が多用されている。

そんな彼はしかしながら数学科出身で、専門の経済学分野は怜悧《れいり》で無味乾燥な論理の極みともいえるゲーム理論である。バルファキスはほとんど日本では知られておらず、和訳書としては、本書のほかには、ほぼ同時期に『父が娘に語る　美しく、深く、壮大で、とんでもなくわかりやすい経済の話』（ダイヤモンド社刊）がようやく出版されるだけである……と思っていた。ところが翻訳プロジェクトも終わりごろになって、我々の翻訳チームを率いた朴勝俊が、二〇年以上前に出版された訳書があることを発見した。シャウム・P・ハーグリーブズ・ヒープとの共著で多賀出版から一九九八年に出された『ゲーム理論［批判的入門］』である。気づかなかったのも道理である。著者名は「ヤニス・ファロファキス」となっている。

この本は、解説しているトピックスを見ると、ごく標準的なゲーム理論の入門書である。必要なことをすべて押さえて、ゲーム理論の考え方に則《のっと》ってしっかりと解説する、今でも通用するとてもよい教科書である。しかし、ここで副題に「批判的入門」とついているところが特異な点である。この本は単なる入門書ではなくて、ゲーム理論の前提する合理的経済人という人間像や、それに基づく「共有知識合理性」等々の想定を常に批判的に吟味しているのである。それに、この本をパラパラとめくるだけで、やはりバルファキスらしさが伝わってくる。『資本論』の引用が出てくるゲーム理論の教科書を見たことがあろうか。スミスもカントもソクラテスも、古代ギリシャの故事も出てくるのだ。

このことからも分かるように、バルファキスは、主流派経済学に習熟したうえでその限界を認識し、マルクス主義者を名乗り、ケインジアンでもあり、さらにリバタリアンとも称している。筆者も長年、まったく同様でありたいと思ってきたが、とてもスケールが追いつくものではない。

ギリシャ人民の現代史を重ね合わせて

そんな学者が、圧倒的に強大な欧州エスタブリッシュメントたちを向こうにまわして、困難を極める交渉の最前線に立つ羽目《はめ》になった。その話自体については本文を読んでいただくとして、なぜ彼はそんな困難を、文字どおり命がけで引き受けたのか。ここにはやはり、彼の人格形成に与えた激動のギリシャ現代史の影響があるのだろう。

彼の父親は第二次世界大戦後の内戦中、右翼王党派政府側から共産主義を批難するよう強要され、激しい拷問《ごうもん》にもかかわらずこれを拒否したために投獄され、獄中で共産主義者になった。釈放後の彼を監視するスパイを命じられて、彼と結ばれることになったのがバルファキスの母親である。バルファキスの父はその後も迫害を受けて職を追われ続け、伯父は軍事独裁政権から死刑を宣告されている。そして著者本人は子どもの頃から、軍事独裁政権下の不自由を身に染みて育った。

このような体験のなかで培《つちか》われた自らの、抑圧への反抗心と飽くなき自由への希求心を、イギリス、オーストラリア、アメリカを股にかけて活躍してきた根っからの国際人である彼は、祖国ギリシャ国民の体験した歴史に重ねて意識しているに違いない。本書に描かれる彼らは、古代民主主義を生み出した民であり、一八二一年にトルコの支配に対して無謀とも言える独立革命に乗り出した人々であり、一八四三年にシンタグマ広場から出て国王に立憲制を飲ませた大衆であり、第二次世界大戦でナチスやイタリアファシストと戦い、占領下でレジスタンスを行った人々である。そしてこの流れの先に、トロイカが押しつける緊縮策を国民投票で大差で拒否した国民が位置づけられているのだ。彼が民衆を語る言葉には、それゆえ蔑視《べっし》も苛立《いら》ちも冷笑も呪詛《じゅそ》もない。ただ困難に屈することなく生きる人々への共感とリスペクトだけがある。彼が怒りと軽蔑をぶつけるのは、つねに政界、財界、マスコミで、大小の権力を私益と自己保身のために使う者に対してである。

このようにして、自由と尊厳を求めて節目《ふしめ》節目で立ち上がりながら、直近では一九六五年の軍事クーデターとその後の軍事独裁のように、強権で弾圧される歴史をくり返してきたギリシャの民衆に、バルファキスは自らを重ね合わせ、今度はカネの力で自由と尊厳を押し潰そうとしてきた欧州のエスタブリッシュメントに立ち向かうことになった——本書からはそのように感じられる。

「ドイツ帝国」に屈服するか

実際、ドイツ政府やその意向を受けたトロイカのギリシャに対する仕打ちには、経済合理性を超えたものがある。それが多くのエスタブリッシュメント側の知性にも認識されていることは、本書を読んでもわかるとおりである。ギリシャに手ぬるい扱いをすると、ほかの南欧諸国はじめ多くの国がドイツ政府の意向に楯突《たて》くようになる。問題はカネのことではない。誰が主人で誰が奴隷かを思い知らせることである。それが先方の意図だからこそ、屈服を拒否するために、バルファキスは闘わなければならなかったのである。

そう。よく言われるとおり、現代のEUはドイツ資本主義の一人勝ちで、「ドイツ第四帝国」になっていると言われても否定しきれない状態にある。ネット上では、ナチスドイツの最大範図に「一つの国民《アイン・フォルク》、一つの帝国《アイン・ライヒ》、一人の総統《アイン・フューラー》」(Ein Volk, ein Reich, ein Führe)とのスローガンを付記したものと、EUの範図に「一つの国民《アイン・フォルク》、一つの帝国《アイン・ライヒ》、一つのユーロ《アイン・ユーロー》」(Ein Volk, ein Reich, ein Euro)とのスローガンを付記したものを並べた画像がたくさん出回っている。

財務大臣辞任後の反緊縮活動

本書の後日談になるが、バルファキスは辞任後、イギリスのメディアに頻繁に登場して辛辣《しんらつ》にEU当局を批判し、ブレイディみかこ氏によれば、「労働者階級のおっちゃんたちの間で妙に人気を博している」[☆1]とのことだった。とはいえ、彼はEU自体に反対しているわけではない。ブレグジット投票に際しては、彼はイギリスのEU残留を訴えた。

その意味を世の人々に確かめるように、彼はブレグジット投票と同じ月の二〇一六年六月に、テクノクラートの独裁へと進むEU自体を民主化するための運動、「欧州に民主主義を」運動二〇二五(Democracy in Europe Movement 2025、略称DiEM25)を立ち上げている。

ここには、言語学者のノーム・チョムスキーや経済学者のジェームズ・ガルブレイス(ジョン・ケネス・ガルブレイスの

☆1　ブレイディみかこ『UK地べた外電』第3回「ブレグジットの前に進め:コービン進退問題とヴァルファキス人気」(二〇一七年四月一一日) http://s-scrap.com/1308

息子）、社会運動家のスーザン・ジョージ、哲学者のトニ・ネグリ、映画監督のケン・ローチといった左翼の豪華大物が主要メンバーに名を連ねている。

バルファキスは、「欧州を救う一つのニューディール」という論考を発表している。これは二〇一七年一月二五日に、欧州の社会民主主義者を中心とした左派系の論客が寄稿するウェブ雑誌『ソーシャル・ヨーロッパ』（*Social Europe*）に掲載され、同じものが二月一四日に本人のウェブサイトで公表されている。本書の翻訳チームの朴と筆者は、この論考を翻訳し、我々が作っている「ひとびとの経済政策研究会」のブログ上で公表した。[☆2] そのなかに、ＤｉＥＭ２５が掲げる「ヨーロッパ・ニューディール」という政策が紹介されているのでご参照いただきたい。

同稿では、欧州統合が死に瀕している原因は、非自発的失業と非自発的移民にあるとして、後者は欧州周辺部における経済的逼迫《ひっぱく》の代償だという。「ギリシャやブルガリアやスペインの圧倒的多数の人々は、イギリスやドイツみたいな気候のところにわざわざ移り住みたいわけではない」と。そしてすべての欧州諸国の経済状況をまっとうなものにするために、現代版ニューディール政策を呼びかけているのである。

そこには、「一．大規模なグリーン投資」、「二．雇用保障システム」、「三．反貧困基金」、「四．普遍的な基礎配当」、「五．家屋立ち退きに対抗する保護政策」の五本柱が掲げられている。

一は、「中央銀行が投資事業債を買い取る量的緩和」によって公共投資銀行を通じてなされるとされる。これは、イギリス労働党の最左翼党首コービンが、最初に選ばれた二〇一五年の党首選で掲げた「人民の量的緩和」と同様のスキームである（コービンの場合はＭＭＴ（Modern Monetary Theory、現代貨幣理論）と呼ばれるポストケインジアン[☆3]の一派のブレーンのアイデアに依拠している）。同様の融資スキームは、ＥＵの共産党や左翼党の連合体である欧州左翼党も掲げている。[☆4]

二は、仕事を希望するすべてのヨーロッパ人がその故国において、公的セクターや非営利セクターで、生活賃金が得られる仕事に就く機会が得られるようにするもので、ＭＭＴが掲げてきた典型的政策である。

四は資本への報酬に課税することによって賄《まかな》われるベーシックインカムのアイデアである。バルファキスは、市民全員を資本主義経済の総資本の株主と見立て、ベーシックインカムを、資本主義経済全体の総資本の株主配当として根拠づけている。[☆5] この基礎には彼のリバタリアン的な個人尊重の価値観がある。

このように、バルファキスのアイデアには、欧米の急進左派世界にある経済政策理論の、いろいろな潮流が流れ込んでいる。

その後、ＤｉＥＭ２５では政策論議が重ねられて、同政策は発展を続けている。そのなかでバルファキスは、「公共デジタル決済プラットフォーム（ＰＤＰＰ）」と称するものを打ち出している。☆6 これは課税当局のサーバー上に市民ひとりひとりの納税口座を開設するものである。人々がそこに貯金し、決済や貸し借りに使えるようにするだけでなく、ここで各国政府が将来の納税の割引と引き換えに一種の国債を売る仕組みである。この国債が返済不可能なまで発行されすぎないように、ブロックチェーン技術を使って保証するという。これは明らかに、本書に出てくる「並行決済システム」のアイデアを端緒としたものだろう。この仕組みが機能すれば、各国は、たとえ本書の描くギリシャのような目にあっても、欧州中央銀行による「流動性の水責め」をしのいで、人々のための政府支出を行うことができるようになる。

さて、バルファキスもこのようにその一翼を担っている欧米急進左派の反緊縮運動は、二〇一一年のスペインの１５－Ｍ運動、二〇一二年の南欧五か国の同時ゼネスト、二〇一四年のポデモス結成と躍進、二〇一五年のシリザ総選挙勝利と英国労働党のコービン党首選出、二〇一六年の米民主党大統領予備選挙でのバーニー・サンダース躍進、二〇一七年の英総選挙労働党躍進、そして二〇一八年米中間選挙でのオカシオコルテス圧勝に代表されるサンダース派の台頭等々と進んできたが、二〇一八年末には、バルファキスとサンダースの呼びかけで、反緊縮派の国際組織「プログレッシヴ・インターナショナル」が結成されるに至った。バルファキスとサンダースとの「なれそめ」は、バルファキスの当選直後の一本の電話であり、本書の第６章に描かれたとおりである。

☆2　ヤニス・ヴァルファキス「ヨーロッパを救うひとつのニューディール」（二〇一七年九月九日 ver.1 投稿、訳：松尾匡・朴勝俊）https://economicpolicy.jp/2017/09/09/952/

☆3　現代のケインジアン（ケインズ派の経済学者）には、ポストケインジアンとニューケインジアンが存在する。前者は、新古典派経済学が唱える市場均衡論や数学的な方法論（最適化理論）を拒絶する立場だが、後者は新古典派経済学者たちの方法論をケインズ主義に取り入れたものである。訳者の立場からすれば、いずれの潮流も重要である。

☆4　欧州左翼党の文書は「ひとびとの経済政策研究会」の翻訳が利用可能である。欧州左翼党「緊縮政策と金融市場主権に反対する行動計画のために」（二〇一六年一月二二日、訳：朴 勝俊）https://economicpolicy.jp/2016/10/14/341/

☆5　「ビッグイシュー日本」のウェブサイトのインタビュー記事で読むことができる。http://bigissue-online.jp/archives/1065299533.htm

☆6　DiEM25, " EUROPEAN NEW DEAL: A comprehensive economic & social policy framework for Europe' s stabilisation, sustainable recovery & democratization," https://diem25.org/wp-content/uploads/2017/03/European-New-Deal-Complete-Policy-Paper.pdf

日本における「ねじれ現象」

本書を読めば明らかなように、欧米においては「保守」ないしは「右派」とされる支配層《エスタブリッシュメント》が緊縮派であり、庶民の立場に立つ「革新《プログレッシブ》」ないしは「左派」「リベラル」（米国流表現）とされる政治勢力が反緊縮派である。しかしその観点からみれば、日本には奇妙な「ねじれ現象」が存在する。いわゆる左派・リベラルの政党や政治家たちが、安倍政権よりも公的債務の拡大に反対で、事実上緊縮的なのである（朴がこうした事情をメールで説明すると、バルファキスからの返事はたいそう驚いた様子であった）。

二〇一〇年以降、公的債務の増加を恐れ、ギリシャや欧州の経済危機を「対岸の火事ではない」として（自民党とともに）消費税増税を決めたのは、民主党政権（二〇〇八～二〇一二年）の野田佳彦首相であった。だが、独自の中央銀行と通貨を持つ日本で、ギリシャのような財政破綻はありえない。日本銀行がおカネを作って国債を買い上げること（いわゆる「量的緩和政策」）が可能なためだ。ギリシャと、中央銀行を有する日本や米国、英国との違いについては、バルファキスも本書の各所で指摘している。しかし、野田首相も白川方明日銀総裁（当時）も、過去のハイパーインフレの教訓から「財政ファイナンス」は禁じ手だとし、量的金融緩和政策にも否定的で、さらには明示的な物価安定目標を設定することもせずにデフレ不況を放置した。

こうして、二〇一二年末の選挙では、量的緩和政策による景気回復（いわゆる「アベノミクス」）を約束した安倍晋三氏が、いとも簡単に政権を奪取した。日銀には金融緩和に肯定的な総裁が据えられ、二％の物価安定目標を定め、急ピッチで国債を買い上げた。株価の上昇と円安が進み、まがりなりにも雇用状況は改善に向かった。日本国債の信用度は高まり、国債金利やCDSプレミアム[☆7]は低下を続けている。ただ、安倍政権の財政政策は最初の一年を除き依然として緊縮的であり、二〇一四年四月に実施された消費増税の余波を受けて、景気回復とデフレ脱却への道は頓挫《とんざ》している。

しかるにこれまでのところ、日本の野党の大部分は事実上の緊縮思想から脱却できず、逆方向からの「アベノミクス批判」をくり返すだけで、人々に繁栄と安心を約束する独自の経済回復策を打ち出せてこなかった。そのため、過去の緊縮と不況の犠牲になった大衆の支持を、安倍首相から奪い返すことができていないのだ。

ドイツのようになるな

さて、「日本がギリシャのようになる」ことを心配して政権に迫れないできた野党勢力を尻目に、日本のエスタブリッシュメントは、今どんな世界を構築しようとしているのだろうか。

日本の支配層には、現在のドイツは一つの成功モデルと映っているだろう。そうでなければ、なぜ米国が抜けたTPPにあそこまで固執する必要があるのか。なぜロシアと結んで北方を安全にして、中国の海洋進出と張り合う必要があるのか。

安倍内閣成立後、東南アジアへの直接投資が急増している。悪名高いTPPのISDS条項をご存じだろう。これは、進出先の国の政府が人々の命や健康、環境を守るための規制などを導入したことによって、進出企業が損害を被った場合に、その国の政府を訴えることができるようにする規定だ。これについて、内閣官房のTPP政府対策本部のサイトでは「海外で活躍している日系企業が、進出先国の協定に反する規制やその運用により損害を被った際に、その投資を保護するために有効な手段の一つになる」と言っている。そして、それでも守りきれないテロや革命や騒擾が起こった場合、最終的には自衛隊を派遣して日本企業を守れるようにしようというのが、この間に進められてきた流れだったのではないか。

そうすると安倍首相が実現に執念を燃やす「おじいさんの夢」は、単に改憲にとどまるものではないかもしれない。この夢の実現のために、彼は派手な景気回復策を掲げて選挙に勝利し、首相の座を射止めた。そして、野党がそれに対抗できる経済政策を打ち出せていないことにも助けられて、安倍首相は国政選挙で五回圧勝し、強権体制への法整備（秘密保護法、共謀罪法、安保法制など）を進めてきた。

だがいざ彼のその夢が実現すれば、本来は緊縮のほうが好都合なエスタブリッシュメントにとって、景気への気遣いは不要である。すでに財政は伸びが抑制され消費増税も企図されているが、エスタブリッシュメントはさらに本格的な緊縮への転換を求めるだろう。金融引き締めになれば円高になるだろうが、それは東南アジア進出企業から物を買うにも、国内の雇用状況を悪化させて労働者階級を弱体化させるにも都合がいい。低賃金労働で済む工程は、みな東南アジアに移転し、国内に残る高付加価値部門は、「高プロ（高度プロフェッショナル制度）」でこき使って国際競争力を維持することができよう……。

私たちが恐れるべきは、だから日本が「ギリシャのように

☆7　国債のCDS（クレジット・デフォルト・スワップ）とは、金融派生商品（デリバティブ）の一種で、簡単にいえば国債の破綻に対する保険商品のようなものである。そのプレミアムは一種の保険料であり、これが低くなるほど、その国債の安全性を市場が評価していることになる。

なっていいのか」ということではない。むしろ日本が「ドイツのようになっていいのか」ということである。本書に描かれたような、内外の人民に緊縮を押し付け、多くの庶民の不幸の上に一部の大企業が一人勝ちする国、弱小国民の尊厳を踏みにじって支配する国、七〇年前から身につけたはずの謙虚さを捨て去った国になっていいのかということである。

だからこそ、バルファキスが始めたプログレッシヴ・インターナショナルの呼びかけに、日本からも応えなければならない。緊縮と長期不況の犠牲になってきた大衆の要求にかなう反緊縮政策を掲げることで、日本が今のドイツのようになる道にストップをかける革新派《プログレッシヴ》の政治勢力の出現が期待される。日本のリベラル派や左派が国際的な視点を持ち、ギリシャの悲劇や欧州左派の躍進に学び、それを武器に闘い、勝利することを願ってやまない。

松尾　匡

承諾書を送ってしまったことを知る。

5月9日（土）　著者がサックスやラモント、サマーズら各国の主導的エコノミストとともに作成した「政策枠組み」を、アレクシスが無視する。

5月11日（月）　ユーログループ会議を前に、個人的にショイブレと対話。「タイムアウト」やアレクシスとメルケルのやりとりをめぐって対応を協議。

5月30日（土）　戦時内閣でザギアスがバルファキスの案は「決裂案だ」と批判し口論に。

6月8日（月）　ベルリンでショイブレのオフィスに最後の訪問。

6月18日（木）　ユーログループ会議。債務免除を求めるIMFの意見を欧州側が却下。

6月20日（土）　降伏するならその旨を国民に宣言するようアレクシスに求めるが断られる。

6月25日（木）　ユーログループ会議。最後通牒を突きつけられるも、バルファキスはトロイカに楔《くさび》を打ち込むことに成功。

6月26日（金）　アレクシスが閣僚らに国民投票実施の方針を打ち明け、この日のうちに公式発表。

6月27日（土）　ユーログループ会議で国民投票に対し厳しい批判。デイセルブルムがギリシャの合意抜きでのコミュニケ発表や議論の進行をすると言い始める（「ユーログループは法的には実在しない」ので、そのような恣意的な運用も可能）。同日にギリシャ閣僚会議で週明けの銀行閉鎖への対抗策を説明するが、賛同を得られず。

6月28日（日）　銀行閉鎖に反対していた著者が、銀行閉鎖を決める「金融システム安定化のための検討会」の議長を務めさせられる。マクロンの協力。

6月29日（月）　銀行閉鎖のため、ATMに行列ができる。

7月5日（日）　緊縮策に関する国民投票。61.3％が緊縮策への反対票だったが、アレクシスらはその結果を尊重せず。著者は職を辞する考えをブログに投稿し、大臣としての日々が終わる。

7月13日（月）　ユーロ圏サミットで、アレクシスがトロイカの要求を受け入れ「降伏」する。3度目の救済策が始動する。

8月中旬　ギリシャ政府は3度目の救済融資協定とMOUを議会に提出。

2016年

2月9日（火）「ヨーロッパ民主主義運動・DiEM25」を発足。

6月23日（木）　英国でEU離脱を問う国民投票。ブレグジットが確定。

［翻訳者作成］

2月10日（火）　OECDのグリア事務局長らをアテネに迎える。

2月11日（水）　ブリュッセルで着任後初のユーログループ会議。会議前にラガルドと最初の対面。

2月16日（月）　2回目のユーログループ会議。欧州委員モスコヴィシの屈辱。

2月20日（金）　3回目のユーログループ会議。コミュニケにサインし、ジョイブレを抑え救済融資の期限延長合意（2月20日の合意）を取り付け。

2月24日（火）　ユーログループのテレビ会議でショイブレの反撃。20日の合意が反故にされ、既存のMOUが復活。

2月25日（水）　融資協定の期限延長の要請文を、ユーログループ側による素案を使わずギリシャ側で執筆し送付。中国大使との晩餐（中国がインフラ投資やTB購入を約束）。

2月26日（木）　前日に送付した要請文が、フリアラキスらの「不手際」で締切（23日）を過ぎており無効と発覚。アレクシスらと一晩議論し、著者は不本意ながら自分の責任でトロイカの作成した要請文にサインすると決断。

2月27日（金）　著者はフリアラキスをクビにすると決断し、本人に伝える。ニコラスを招聘。

3月初旬　メルケルの介入により、ヴィーザーがアテネ訪問。

3月9日（月）　不毛な一日。ジェフ・サックスを伴って、トムセンやドラギらと相次いで面会。ユーログループ会議。その後、ショイブレを訪問。レグリングとも面会。

3月中旬　トロイカがアテネに復帰。ヒルトン・ホテルに閉じ込める。

3月17日（火）　ユーログループ作業部会のテレビ会議。会議の方向性がおかしくなり、アレクシスの指示どおりニコラスが電源をオフにする。

3月下旬　人道上の危機を防ぐ法案（ICカードによる低所得者への給付など）を立て続けに成立させる。

3月20日（金）　ブリュッセルのEUサミットに際し、アレクシスがメルケルと深夜の会談（メルケルの魔法）。

3月23日（月）　ベルリンでアレクシスがメルケルを公式訪問。

4月2日（木）　中国によるTB購入計画が白紙となる。

4月3日（金）　非公式の主要閣僚会議でアレクシスが、IMFのラガルドにデフォルトを突きつけようと発言。それを受け著者は米国ワシントンへ向かう。

4月5日（日）　復活祭の日曜日にIMFでラガルドと会談。

4月15日（水）　ワシントンで、産業別労働組合会議の委員長、ラガルド、ブルッキングス研究所の関係者、オバマと対面。深夜にはバーでサマーズと懇談。

4月16日（木）　IMFの会議で、ジョイブレがフランスにもトロイカが必要だと発言し、サパンが激怒する。会議以外では、ブックヘイト、ルー財務長官とも会談。

4月24日（金）　ラトビアのリガでユーログループ会議。

4月27日（月）　最も残酷な一日。アレクシスがニコラスを降ろしてフリアラキスを再登板させると言い出し、ほかの閣僚たちも同調する。その夜、アレクシスが緊縮策受け容れのへ躍進。しかし国会で過半数与党が成立せず、翌月に再び総選挙することが決定。

5月20日頃　著者はアレクシスとパパスの要請に応じて最初の戦略文書を起草。

6月17日（日）　やり直しの総選挙で新民主党が勝利（29.7%、シリザは26.9%）。

2013年

通年　著者は米国からアレクシスの政策立案を支援。

5月　アレクシスの事務所で、著者はパパスやドラガサキスなどシリザの経済政策チームと会談。「五本柱の戦略」を提起。

6月11日（火）　ギリシャの国営テレビ放送（ERT）が一時的にストップ、ERTにはデモ隊が突入し占拠した。著者らは翌日にはテッサロニキへ飛び、ERTのインターネット非公式番組に出演。

11月　テキサス大学でジェイミーやアレクシスらと「ユーロ圏は救えるか」というテーマで会議。アレクシスらも出席し、演説。

2014年

6月　この頃、ショイブレがサマラス政権を見限る。

11月下旬　アレクシスのマンションで運命の会議。大アテネ選挙区からの出馬を決断し、当選後は財務大臣に着任することを約束。

2015年

1月中旬　唯一の選挙運動として、アテネで著書『救済ギリシャ創世記』の出版記念イベント。

1月25日（日）　総選挙でシリザが勝利。過半数までは2議席届かず、極右の「独立ギリシャ人」との連立政権に。

1月27日（火）　財務大臣に着任。

1月30日（金）　アテネでデイセルブルムやヴィーザーらの訪問を受ける。

2月1日(日)　フランスのサパン財相とマクロン経済相との公式会合。トムセン、モスコヴィシ、クーレ、およびオランド大統領の主席補佐官と、立て続けに四つの非公式会合。

2月2日（月）　ロンドン訪問。オズボーン財相と公式会合。ダウニング街の金融界の人々を前に講演。翌日にはギリシャの株価アップに成功。

2月3日（火）　ローマでパドアン財相を訪問。

2月4日（水）　フランクフルトのECBを訪問。ドラギ総裁やECB幹部らと会談。その夜、ベルリンでドイツ社民党幹部と「秘密の」晩餐中、ECBがギリシャの銀行に対して適格担保用件の適用除外の停止を決めたことを、ドラギ総裁からの電話で知らされる。

2月5日（木）　ショイブレと初めての会合。ガブリエル副首相と会合。

2月6日（金）　初めての国会出席、就任宣誓式。オフィスで米国大使と米財務省の使節を迎え会談。

2月7日（土）　最初の閣議出席。

この物語に関連する主な出来事

2006年

12月　ギリシャ元首相のシンクタンクによる公開討論会で、著者はデリバティブ危機と財政危機を警告し、2007年のギリシャ国家予算を批判。

2007年

3月頃　米国でサブプライムローンのリスクが顕在化し始める。

夏頃　世界各地でサブプライムローン問題を発端とした株価急落が起こる。

2008年

9月15日　リーマン・ブラザーズが経営破綻（連邦倒産法第11条の適用を申請）。

2009年

10月　政権交代でパパンドレウ政権が誕生し、財政上の粉飾決算を暴露。ギリシャ危機が深刻化。

2010年

1月　著者はラジオ・インタビューでパパンドレウ首相に対し、財政破綻回避のためにEUからカネを借りてはいけないと警告のメッセージを発す。

2月　著者は国営テレビ局の番組で「まやかしの追い貸し」の問題点を指摘。

4月　救済融資の合意が迫るなか、著者は財政破綻を認め債務再編へと向かうべきだと主張すべく、立て続けに3本の記事を寄稿。

5月2日（日）　ユーログループで1度目のギリシャ救済融資が合意される。IMFも参加。

2011年

初頭　著者はパパスの呼びかけでチプラスと出会う。また国営テレビ局ERTの番組内で債務再編について発言し、宣伝大臣を激怒させ、同局の番組に呼ばれなくなる。

6月　シンタグマ広場占拠が最高潮に。月末には警官隊がこれを鎮圧。

7月21日（木）　ユーロ圏首脳会議で2度目の救済融資に合意。

2012年

初頭　著者は家族とともに米国へ移住。

5月6日（日）　総選挙でサマラスの新民主党が勝利。シリザは新民主党に肉薄し野党第一党

★9　第2章「国家の裏切り者――奇妙な批難の起源」の節（p.48）を参照

★10　この例え話は、私が考えたものではない。BBCテレビの討論番組に参加した人物の、以下の発言を借用したものだ。「ギリシャの経済的困難をバルファキスのせいにするのは、ダンケルク撤退作戦が第二次世界大戦の苦境の原因であると言うのと同じである」。

エピローグ

★1　2015年8月のMOUの注釈版は、以下のURLを参照。https: //www.yanisvaroufakis.eu/wp-content/uploads/2015/08/mou-annotated-by-yv.pdf

★2　これは、2013年10月23日にシドニーのニューサウスウェールズ州立図書館で行った、西シドニー大学のヨーロッパ講座の就任講演である。テキストはこちら。https://www.yanisvaroufakis.eu/2013/10/25/the-dirty-war-for-europes-integrity-and-soul-europe-inaugural-public-lecture-uws-state-library-of-new/。ABCラジオの番組「ビッグ・アイデアズ」の音声記録はこちらで視聴可能。http://www.abc.net.au/radionational/programs/bigideas/the-dirty-war-for-europee28099s-integrity-and-soul/6261534

★3　以下の文献を参照："Positive affect as coercive strategy" by Lynne Friedli and Robert Steam: http://mh.bmj.com/content/41/1/40

★4　書き起こしはウィキリークスのサイトより入手可能。https://wikileaks.org/imf-internal-20160319/

★5　セフェリスのギリシャ語の詩集から原著者が英訳した「神話物語」（Mythistorima）の一節は、次のとおり。"Let the victims' heads turn towards Erebus [the deep darkness]: / We who had nothing will teach them tranquility. / Let them not forget us."

MOUが、一連のコンディショナリティが、政治的に実現可能となるということだけでなく、それが存続できるための金融上の取り決めがそこに追加されるということを、どうやって保証するのか、という問いです。……それは、数か月後に、今回のような厳しいユーログループ会議を開かなければならないような事態が、起こらないようにするためです」

★5　ギリシャの文豪ニコス・カザンザキスの碑文には、「何も欲せぬ、何も恐れぬ、我は自由なり」とある。また米国の女性歌手ジャニス・ジョプリンの「ミー・アンド・ボビー・マギー」（Me and Bobby McGee）の詩の一節〔Freedom's just another word for nothin' left to lose〕も参照。

★6　参照："The Greek Debt Deal's Missing Piece," 15 August 2015, by Landon Thomas Junior: https://www.nytimes.com/2015/08/16/business/international/the-greek-debt-deals-missing-piece.html

17. ロバたちに導かれたライオンたち

★1　英国金融サービス機構（FSA）の元長官であるアデア・ターナー卿も、パリでの会合で、自分の懸念を私に語ってくれた。グレグジットはヨーロッパにとって大惨事につながりかねないにもかかわらず、ドイツ政府がそれを選ぶかもしれないというのだ。「彼らは衝撃を食い止められると思い込んでいるんです」と彼は言った。

★2　アーレントはしばしば、彼女はドイツ語のなかでマルティン・ハイデガーに出会った、と言っていた。

★3　シンタグマ広場で最初のトロイカ支持のデモが始まったのは6月18日である。その頃私は、ユーログループ会議のためにブリュッセルにいた。1万人から1万5000人ぐらいの人が集まったので、アレクシスや同僚たちも不安になった。

★4　私の母、エレニ・ツァガラキ＝バルファキは地方議員をしており、20年ほど前にはパラヨ・ファリロ区の副区長を務めていた。確かに彼女は、児童養護施設を含む地域の施設の運営責任者であった。児童養護施設は若年者や高齢者のシェルターとなった。

★5　郵便投票や遠隔投票が認められていなかったので、62.5%という投票率は非常に高い。

★6　彼が実際に使った言葉はあまりに下品なものだったので、ここに正確に記すことはできない。

★7　ケマル・アタテュルクやトルコの非正規兵によって、ギリシャ人たちはホメロスの時代から住んでいた小アジアから一掃された。処刑された人たちは、ギリシャ軍が敗走し、ギリシャ民族の街や村が略奪された責任を負わされたのだ。数十万人が死亡し、もっとたくさんの人たちが難民としてギリシャ本土に押し寄せた。それに続いて、ギリシャではクーデターが起こった。そのとき開かれた軍事法廷では、悲惨な運動を率いた政治家や軍事的指導者たちが、国家反逆罪を言い渡された。

★8　私がこれを公表したことでメディアが大騒ぎしたため、私は『フィナンシャル・タイムズ』紙に並行決済システム構想についての説明を掲載した。"Something is rotten in Eurozone kingdom," 28 July 2015. https://www.ft.com/content/27db9c44-3483-11e5-bdbb-35e55cbae175

週間前に彼女を解任したのだ。1年後、私たちが選挙に勝利した時も、EMSTは閉鎖されたままだった。私の情報源によれば、ある銀行家が、自身がこの博物館に対して発行した信用状が現金化されるのを妨げるために、開館を阻止しているのだという。

★14　第2章「ブラックリストに載る」の節（p.56）を参照。

★15　第6章「国内戦線」の節（p.192）を参照。

★16　5月26日、エフクリディスが反対票を、スタサキスと私が賛成票を投じた。ドラガサキスは保留した。彼の説明では、エレナが最も適任なのは明らかだが、党が嫌がっているということだ。

16. あの部屋の大人たち

★1　第13章の原註★8を参照

★2　銀行が閉まった1か月後に、欧州議会のドイツ人議員であるファビオ・デマシは、ドラギに対して、その法的意見の写しを要求した。ドラギは「機密性」があるため内容を開示できないと回答した。その後、デマシと私はこの法的意見を公表するために、政治家、学者、法律家、在野のメンバーが関わるキャンペーン“Release # TheGreekFiles”を開始した。

★3　私はまた以下のようにも述べた。「この協定のもとでは、財政審議会は、国家予算の執行を毎週監視し、近い将来に最低限のプライマリーバランス目標が達成できそうにない場合には警告を発する。そして、前もって合意された基準値を超える赤字が発生するのを防ぐために、ある時点で自動的に、一律の歳出カットを発動する。これによって、ギリシャ政府が財政の健全性を保ち、民主的な政治を行い、主権を維持するために、政治的なゆとりを維持するための安全装置が備わることになる」。財政赤字抑制策を私が提案したのは、攻撃的な緊縮策の代案としてである。実際、私が債権団に言ったのは次のようなことだ。「税率の引き下げと、最低年金の維持を認めてほしい。もし、国民所得と税収を増やせなければ、自動的な赤字防止策が作動し、税率を上げ、最低年金をカットしてもよい」と。この提案は無視された。私の後任者は私が辞任してから1年後に、攻撃的な緊縮策と財政赤字防止策の両方を、何よりも優先して導入させられたのだ。つまり、年金削減と税率引き上げによる高い財政黒字目標と、事前合意に基づく自動的ないっそうの緊縮策を呑まされたのだ。それには、さらなる年金カットと、さらに急激な税率引き上げが含まれる。トロイカの無茶な財政目標が達成されなければ、これらが自動的に発動されるというわけだ。

★4　私は言った。「私たちが合意したコンディショナリティを、現在の（5度目の）審査を完了させる根拠とすべきです。同時に私たちは欧州安定メカニズム（ESM）とも、同じコンディショナリティを用いて、新規の協定を結ぶ［べきな］のです。それによって、SMPの利益を使って、ECBからギリシャがSMPを買い戻せるようにするのです。それは90億ユーロ〔約1.2兆円〕くらいになりますが、トランシェに分けて支払うようにして、そのつど審査を行い、MOUの実施を適切に監視するのです。そのうえで、ギリシャがECBの量的緩和に参加するためには、新規のMOUの審査がきちんと完了したことが条件となる、という取り決めをしておくことも可能です。皆さんをうんざりさせるようなお話を私がしているのは、私たちが次の問いに答えなければならないからです。私たちが検討している協働して私の「政策枠組み」を改善させた。下の原註★7を参照。

★6　これはアレクシスが私に説明した情景である。もちろん、私はそこにいなかったので、正確に何をどんなふうに言われたのかは確証がもてない。

★7　この文書が前の「政策枠組み」と大きく違っているのは2点だ。1点目は、私の懸念を押し殺して、アレクシスが受け容れた財政目標を明記したことだ。アレクシスの政権の忠実なメンバーとして、彼の財務大臣として、彼が作成した痛恨の承諾書に関する連帯責任を負いつつ、救い出せるものを救いだすことが私の義務だった。2点目は、提案された投資銀行の設計を大幅に改善したことだ。これにより、トロイカが主張する公共資産の叩き売りを直ちにストップし、ギリシャ政府がそれらを活用していない状態を終わらせることもできる。これは、ドイツ首相官邸ともドイツ連邦財務省とも近しいドイツのコンサルティング会社、ゲッツパートナーズと協働で策定した。

★8　実のところ、ショイブレの構想に関する私の解釈を、私は「ショイブレ博士の計画」と題した記事にして『ツァイト』紙で公表した。http://www.zeit.de/2015/29/schuldenkrise-europa-wolfgang-schaeuble-yanis-varoufakis. 英語版は https://www.yanisvaroufakis.eu/2015/07/17/dr-schaubles-plan-for-europe-do-europeans-approve-english-version-of-my-article-in-die-zeit/

★9　私は、ドイツの金融業界紙である『ハンデルスブラット』に、2013年6月24日付けで寄稿した記事（「ヨーロッパには覇権的なドイツが必要だ」）のなかで、ヨーロッパが困難から抜け出すには強いドイツが必要だと論じて、多くの人々を驚かせた。それとの関連でいえば、強いショイブレが熱意あるメルケルと連携し、正しいことを実行するよう私が期待していたのも、不思議なことではないのかもしれない。彼らが何としても私たちに降伏を求め、ヨーロッパに間違いを犯させようというなら、彼らと矛を交えようという私の決意と、私の彼らに対する期待とは、少なくとも私の頭では完全に両立するものだった。

★10　実際には、ギリシャの付加価値税率は他の欧州諸国と同様に3種類、つまり6%、11%、そして23%の三つであった。しかし、エーゲ海の島々では1940年以来、付加価値税の税率は30%割り引かれていた。なぜなら、離島は物資の運搬が難しく、事業や生活のコストも高いからだ。トムセンはこれらの軽減された税率を三つと数え、国全体で六つも税率があると言ったのだ。カナリア諸島を有するスペインのような国でも同じような措置がとられているが、それは彼にとってはどうでもよかった。

★11　トムセンが求める労働市場改革とは、労働組合の団体交渉権を再導入しないことと、銀行やスーパーマーケットなどの大企業に大量解雇を禁じている法的制約を緩和することを、私たちの方から確約することだ。

★12　モデルのパラメーターとは、変数とは違って仮定を表す定数のことである。私たちのモデルのなかで、税率は定数であるのに対し、得られる税収はさまざまな他の要因に依存して決まる変数である。パラメーター改革とはモデルの仮定を変更することで、この場合には税率の変更を意味する。

★13　カフェツィは2000年の開業時の館長だ。それから10年以上にわたって、アテネの中心部に適当な建物を見つけるために、彼女はほぼ一人で奮闘していた。ついに昔の醸造所の建物を確保でき、用途に合うように改装したのだが、サマラス政権は開館のわずか1

★ 13　以下を参照：See Nikos Sverkos, "Secrets of the Brussels Media Machine," *The Press Project*, 2 May 2015, https://www.thepressproject.gr/article/76506/Secrets-of-the-Brussels-media-machine

★ 14　4月25日のその朝、アテネに飛ぶ前に私はECOFIN会議に出席した。儀礼的な場であったためか、加盟各国の代表として財務大臣だけでなく、中央銀行総裁も参加していた。私はストゥルナラスの横に座っていたが、その時彼は私に、資本規制が必要な時期がきたと思うと言った。ちょうど1週間前の4月16日に、ブノワ・クーレがワシントンで言ったのと同様であった（本章「パリにもトロイカを」の節（p.401）を参照）。ストゥルナラスに対する私の答えは、クーレに対する答えと同じだった。つまり、私たちの政府は、資本規制が通貨同盟と整合的であると思わないので、これに反対する、というものである。

★ 15　2008年12月、警察官がエクサルヒアで若者を射殺した。脅威を感じたためだという。その結果、一人のティーンエイジャーが亡くなっただけでなく、10日間にわたり放火を伴う暴動が起こった。

第 III 部　勝負の終わり

15. 破滅へのカウントダウン

★ 1　債務スワップには、ECBの量的緩和政策にギリシャの参加を認める協定が付随する。これによって、ヨーロッパの納税者のカネに対するギリシャの依存度を減らすことができる。他方、投資イニシアティブには欧州投資銀行の関与と、ギリシャに残る公的資産を活用した開発銀行の設立が含まれる。

★ 2　そこにはもっと個人的な要因も関わっていたようだ。2015年の夏、ユーログループ議長の任期が切れる。当時、デギンドスにはデイセルブルムの後任に座る野心があり、明らかに各国財務大臣からの票が欲しかったのだ。

★ 3　この文書に名前を連ねてくれた人々は、以下のとおりである。ジェームズ・K・ガルブレイス（テキサス大学オースティン校）、ジェフ・サックス（コロンビア大学、国連事務総長特別アドバイザー）、ノーマン・ラモント男爵（元英国財務大臣）、マリアナ・マッツカート（サセックス大学、『起業家としての国家』著者）、トマス・マイヤー（フロスバッハ・フォン・シュトルヒ取締役、元ドイツ銀行チーフエコノミスト）、ラリー・サマーズ（ハーバード大学、元米国財務長官）。

★ 4　この訪問の直前、ショイブレと私は財務大臣の会議に出席して、EU加盟国の一部の国々で金融取引税（financial transaction tax, FTT）を実施する可能性について議論していた。その時だけは私と彼の意見が合い、反対する他の加盟国とは異なる投票をした。この会議を終えて、ショイブレはオフィスに戻り、私が副大臣とともにそこを訪問したというわけだ。

★ 5　彼が言う「代案」とは、ドイツの金融・投資顧問会社「ゲッツパートナーズ（Goetzpartners）」の提案のことだ。彼らの提案は、公共資産を担保とする開発銀行に関する私のアイデアと一致していた。その後数週間、私はゲッツパートナーズの代表者たちと

かしブックヘイトによれば、IMF はその頃、破産した政府に債務再編をすることなくカネを貸してしまったことを、不安に思っていた。だから、債務再編の世界的権威であるブックヘイトに会うよう、パパコンスタンディヌー財相に圧力をかけたというわけだ。ブックヘイトは言った。「私のところに来るよう、IMF の人たちが彼に圧力をかけたのです。私と会話するのを彼が嫌がっていたのは明らかです」。ブックヘイトによれば、IMF はある程度の債務ヘアカットに同意するよう彼に求めたが、パパコンスタンディヌー財相は遅延策をとった。2011 年夏に、財務大臣が別の PASOK の政治家であるヴァンゲリス・ヴェニゼロスに交代し、再びブックヘイトに接触があった。彼が信じられなかったというのは、ギリシャにドイツ政府が押しつけようとしている「債務再編もどき」に対する彼の警告を、今度の財務大臣が真剣に受け止めようとしなかったことだ。その債務再編は、民間が所有する公債を大幅にヘアカットするとともに、ヨーロッパの納税者が新たに巨額の貸付をする内容だったのだ。ドイツ政府を怒らせまいとして、ギリシャ政府が債務軽減の絶好のチャンスをみすみす逃してしまったことに、彼は強い苛《いら》立ちを覚《おぼ》えた。しかし結局はその分野の専門家として、彼はドイツ政府が要求した債務再編を遂行したのである。これは歴史上最大のヘアカットであったが、ギリシャの債務は見事にも、まったく返済不能なまま残された。彼はこう言った。「ギリシャの人々にはとんでもないことをしてしまいました。私が手を貸して、債務削減の最大の機会を無駄にしたのです。今私にできることがあれば、何でもやらせてください。ギリシャは救われるべきです」

★6　その警告的な内容にぞっとさせられたが、これは本当によい助言だった。2 年後の 2017 年初頭、イタリアがユーロ圏を離脱するかという議論が白熱していた頃、マリオ・ドラギはイタリア人の同輩に対して、イタリアがユーロを離脱するならば、イタリア中央銀行は ECB に数千億ユーロを返済せねばならないと示唆したのだ。イタリアの政策決定者が一人でもこれを読んでくれているなら、ブックヘイトに相談することを心からお勧めする。

★7　ジャック・ルーとの話し合いを終えて立ち去る際に、一人の高官が私に近づいて、親切にも、私に対するネガティブ・キャンペーンが計画されていることを警告してくれた。第 1 章「迷宮に入るテセウス」の節（p.31）を参照。

★8　（各国の中央銀行が ELA から資金供給することを禁じることにより）加盟国の銀行を閉鎖することを決定するには、ECB の政策理事会での 3 分の 2 以上の賛成が必要である。

★9　第 9 章「モスコヴィシの屈辱」の節（p.279）を参照。

★10　トムセンの発言を正確に記す。「私たちは 6 か月前には、ギリシャが市場に復帰でき、新規の資金援助は不要だろうと考えていたわけです。しかし今では、相当額の追加資金が必要となると思われます。また、私たちは 6 月前には債務免除の必要はなくなると考えていました。目標は達成可能と考えていたのです」

★11　記事の URL は、https://www.bloomberg.com/news/articles/2015-04-24/varoufakis-said-to-take-hammering-from-frustrated-euro-ministers

★12　以下の URL を参照。http://www.reuters.com/article/us-eurozone-greece-varoufakis-idUSKBNoNGoEO20150425

行界にコネがありませんから、このマフィアのような集団を潰《つぶ》すには適任です。外部から定評ある銀行家を招いて、これを行うのです。英国から呼ぶのがよいと思っていましたが、今はドイツからの方がいいと思っています。商談をしたいという意志をベルリンに示せますからね」

14. 残酷すぎる一か月

★1　アテネに戻るまでに、私は二つの予備的会合をもった。一つは米国財務省で、ネイサン・スティーツ次官との会合（その日、ジャック・ルーはワシントンにいなかった)、もう一つはホワイトハウスで、国家安全保障会議（NSC）のキャロライン・アトキンソンとの会合だ。彼らはチョークとチーズのように、互いに似て非なる人物だ。スティーツは共感的だが、アトキンソンの方は、2008年以前のIMFに先祖返りした人間と、ドイツ財務省の下級役人との間《あい》の子のような人物だった。私が初めて、今後はワシントンから混乱したメッセージを受け取ることになるだろうと感じたのは、その時のことだ。

★2　私が提案した予定表は次のとおりだ。4月12日にセオカラキスが「*N*+1計画」をブリュッセル・グループに提示する。その反応をみて、4月14日までの2日間で計画を修正する。4月15日には、私が政策講演をするよう招かれているワシントンDCのブルッキングス研究所でこれを発表する。その間、エフクリディスとパパスがブリュッセルに飛んで、モスコヴィシにこれを説明し、アレクシスとドラガサキスはメルケルとユンケルに接触し、ギリシャにとってこれが今後の交渉の土台になるものと説明する。4月17日には、私が米国財務省のジャック・ルー長官に「*N*+1計画」を説明する。4月19日にパパスがフランクフルト・グループを招集し、立法措置の基礎として「*N*+1計画」を受け容れるよう要求する。この立法措置によって、最終点検が完了することになるのだ。最後に、リガのユーログループ会議が予定されている4月20日から24日の間に、「*N*+1計画」の内容と合致する法案を完成させる。「この方法でのみ、このタイトなスケジュールによってのみ、私たちは債権者たちとの合意に達することが可能であろう」と私は結論づけた。

★3　『ニューヨーク・レビュー・オブ・ブックス』において、金融危機調査委員会の最終報告書は「米国金融界の誤謬《ごびゅう》について、これまで出されたなかで最も総合的な告発の文書である」として、高く評価された。参照：Jeff Madrick, “The Wall Street Leviathan,” *New York Review of Books*, 28 April 2011.

★4　委員の構成は以下のとおり：フィル・アンゲリデス、ディナ・ティムズ（ネバダ州選出、民主党下院議員)、ジョン・サルバネス（メリーランド州選出、民主党下院議員)、ニキ・ツォンガス（マサチューセッツ州選出、民主党下院議員)、ジェームズ・ビリラキス（フロリダ州選出、共和党下院議員)。

★5　ブックヘイトは彼の関与について、かなり詳しく語ってくれた。2011年、PASOK政権がギリシャの破産を否定していた頃のことだが、彼は当時のヨルゴス・パパコンスタンディヌー財相の訪問を受けた。ブックヘイトからみれば、彼が自分の意志ではなく、IMFの命令でやってきたのが明らかだった。当時のギリシャ政府は債務再編という言葉を聞くのも嫌で、実際、私のような人間がその言葉を口にしただけで批難するほどであった。しら交渉を拒否されている状況で、こんなことは続けられません」。最後の点はIMFの泣きどころだ。私に対してポール・トムセンが2月初めに認めたことだからだ。

★7　私の言葉は正確には次のとおりである。「ギリシャ融資協定に定められた資金返還は停止し、しかし一方で私たちは、2月20日のユーログループ合意のもとで、融資協定のコンディショナリティの再交渉を行っています。ですからこれは英国や米国の法律に則れば、私たちの返済の猶予がなされ、また信用事由《クレジット・イベント》の発動が差し控えられるべき事態だと思われます。これに基づけば、ECBが義務を履行《りこう》するよう求めるか、ユーログループで最終合意に至るまで4月分の返済の延期を検討するか、私にはそのいずれかを行う権限が与えられているのです」

★8　ほかにも彼女が言ったことは、すぐに誤りが証明された。返済が止まったら遅くとも30日以内にギリシャのデフォルトが宣告されると彼女は言った。だが、6月に私たちがIMFに対して債務不履行を行ったとき、IMF理事会は一方的に、それを将来の支払い分とまとめてしまったのだ。そうなるとギリシャのデフォルト宣告は1か月も伸びることになる。第15章「破滅へのカウントダウン」の節（p.446）を参照。

★9　第7章「期待できる人脈（二）トロイカの男」の節（p.203）を参照。

★10　ラガルドは痛恨の事実を教えてくれた。SMPの利益をギリシャが受け取っていないのは、ドラギのせいではなく、ショイブレのせいだというのだ。説明しよう。ECBが行うあらゆる債券売買からECBにもたらされる利益は、まず、各加盟国のGDPの比率に応じて各国の中央銀行に分配される。その際ユーロ圏で最も豊かな（経済規模が「最大」の）ドイツ連邦銀行が最大の分け前を受け取る。次に、各国の中央銀行は自国の財務大臣にそのカネを送金して、好きなように使ってくれという。SMPプログラムでECBが購入したギリシャ国債の利益については、ユーログループがこれをアテネに返金すると合意したものの、ショイブレをはじめとする各国財務大臣はすでに2014年にそのカネを受け取っていた。そして、使ってしまっていた。だから現実には、そのカネをギリシャが受け取ることは不可能だ。彼らがカネを返すには、2015年の税収から工面する必要があるのだが、ショイブレは絶対にそんなことはしたがらない。

★11　第11章の原註★10を参照。

★12　銀行洗浄計画については、次のように説明した。「私たちが交渉相手にいちばん望んでいないことは、左翼政権が銀行を接収しようとしているのではないかと誤解されることです。でも同時に、銀行が国を支配するのを許すわけには行きません。そこで私は、このルメリオティス君がHFSFの議長に指名されることを望みます。現在のHFSFのCEOは前の政権に近く、前の政権に指名された女性ですが、彼女と私との関係は良好です。彼女とルメリオティス君がいれば、私たちは首尾よく銀行を洗浄できると思います。同時に、私たちは銀行に新しいCEOを送り込みます（政府が筆頭株主なのですから）。北部ヨーロッパで定評ある銀行家たちです。キプロス銀行がアッカーマン氏を経営者に迎えたのと同じようなことです。前に進むにはこの方法しかありません。あなたに意見を求めているのではありません。小耳に入れておいてほしいだけです。ギリシャ政府と寡頭支配層《オリガルヒ》の回転ドア症候群を終わらせるのに、ほかに解決策は思いつきません。私たちの党はギリシャの銀

高齢者や子どもを含む民間人も、農具や調理器具を持って、ドイツからの侵略者に対する総力戦を戦ったのだ。1941年6月1日に島は制圧され、多数の民間人が占領者によって処刑された。現在もクレタ人が胸を張って歩いているのは、この抵抗が理由だ。

★2　トロイカの三機関のうち一つに対してギリシャがデフォルトしたら、残りの二つの機関に対してもギリシャがデフォルトしたと見なされうる。1度目と2度目のギリシャ救済融資協定にそのように記されている。これがアレクシスの発言の真意である。

★3　クリスティーヌ・ラガルドに対する私の手紙の主な議論はこうだ。「ギリシャ政府と三機関をともに拘束する契約の建て付けによれば、……融資協定のコンディショナリティを再交渉している間は、交渉当事者はデフォルトという事象を誘発してはならず、支払い猶予が適用されるべきです。この文脈において、4月24日のユーログループ会議までに『事象』を起こすことなく『静かな時間』を過ごすために、私たちは次のいずれかを提案します。その日までギリシャからIMFへの返済が猶予《ゆうよ》されるか、あるいは、ECBによる制限が（4月8日までに）撤廃されるかです（つまり、適確担保要件の適用除外の再開か、ギリシャの銀行の財務省証券保有高に関する厳しい制約の解除です）」。

★4　2015年、カトリックやプロテスタントの復活祭《イースター》は4月5日だったが、ギリシャ正教の復活祭は1週間後の4月12日だった。

★5　ルメリオティスはPASOKの職員として、また政府の閣僚として1980年代に頭角を現した。2010年にはPASOKの一員であるにもかかわらず、1度目の救済策を公然と辛辣《しんらつ》に批判した。彼の勇気ある姿勢はアレクシスやシリザの人たちの目にとまり、評価された。私がワシントンに出張した4月5日の時点では、ギリシャ金融安定基金（HFSF）の理事長にルメリオティスを任命する手続きを私が進めていた（ドラガサキスの勧めだった）。だが、この手続きは結局、トマス・ヴィーザーの差し金で、トロイカによって阻止された（最終的には、ルメリオティスはアテネのエレフセリオス・ヴェニゼロス空港の長に任命された）。IMFについての知識が豊富なので、彼と一緒なのは心強かった。何しろ、当時のIMFへのギリシャ代表は、前政権が任命した者だが、私たちの代表として、IMFのなかでギリシャのために働いているというよりは、まさにIMFのために働いていたからだ。

★6　選挙当日から2015年4月のその日までに、IMFへの返済額はその期間の季節調整済み国民所得の6%に達した。さらに、IMFへの返済がピークに達したのは、クリスマス・セールスが過ぎ観光客も減って、国民所得や納税額が1年で最も少なくなる時期だった（年平均よりも0.86%の減少）。さらに、サマラス政権が遺《のこ》した収入不足が4.9%だった。これらを合わせて国民所得の11.76%だ。最後に、ECBが流動性の引き締めを行ったせいで、政府の準備金を深掘りせざるをえなくなった分を加えると、IMFへの返済義務を果たすために私たちが工面せねばならなかった金額は、国民所得の14.21%にのぼる。資金市場から排除され、人道上の危機を抱える政府にとっては、債権団のうちたった一つの機関にカネを送るために、それだけの額を人々から搾《しぼ》り取るのは耐えがたいことだった。私はラガルドに言った。義務を果たし、誠実に交渉するという約束を果たす証として、私たちはそれをやりとげたのですと。「でも、ECBに雑巾《ぞうきん》のように絞られて、おまけに、私たちにとって生きるか死ぬかの問題について、つまり債務再編について、ブリュッセルとベルリンか

7月24日付『ハンデルスブラット』(*Handelsblatt*、ドイツの経済日刊紙)。

★3　2国間の中央銀行のスワップ協定とは、一方の国の中央銀行が一定額の自国通貨を相手国の通貨と交換できるという約束である。FRB(米国連邦準備)とギリシャ中央銀行とのスワップ協定とは、(グレグジットの後に)ギリシャ側が、ギリシャの新通貨と米ドルとを定められた為替レートで交換できるようにする協定という意味であろう。

★4　ジェイミーはその人たちに会おうとウォール街まで出向いて、1日か2日の時間を無駄にした。ジェイミーの報告によれば、相手はもっともな話をしたし、彼らの事務所はかつてあのポール・ボルカー〔元連邦準備制度理事会(FRB)議長〕の事務所があった建物のなかにあったし、うまい話をでっちあげてもいた。ギリシャが東地中海海盆の石油・ガスの掘削圏を米国企業に与え、FRBがギリシャにスワップ協定を与えるという話だ。問題は、FRBに話を通した人間なんて誰もいなかったということだ。これは例えて言えば、あなたが自分の学生新聞について、ルパート・マードックが巨額の投資してくれるので宣伝効果は抜群ですと言いながら、マードックに何の相談もしていないのと同じことだ。

★5　この言葉は、アレクシスが報告してくれたものだ。アレクシスは初めてのモスクワ訪問から、満面の笑顔をたたえて戻ってきた。プーチンからパイプライン建設の前払い金50億ユーロ〔約6500億円〕を確保したというのだ。彼は、私も同じように喜んでくれるものと思っていた。50億ユーロは大した金額だからだ。しかし私は、そのカネが確保できたとしても、受け取りはできるかぎり遅らせた方がいいと言って、彼を落胆させた。もしそのカネを受け取ったら、トロイカがきっと交渉を遅延させて、そのカネは全部IMFとECBへの返済に消えてゆくに違いない。幸い、このジレンマから解放してくれたのがロシアだった。アレクシスにとって2度目のロシア訪問の場所はサンクト・ペテルブルクだったが、報告によれば、プーチンは申し出を撤回して、ドイツ人のところに行けと言ったのだ。私は個人的にこの事実をロシア財相から確認した。彼は私に電話をかけてきて、国際的な経済制裁が厳しくてモスクワの金庫は空っぽなのでギリシャを支援するゆとりはない、と言ったのだ。私はべつにロシアの支援を期待していなかったから、その話に別段がっかりすることもなかったが、このことがアレクシスには悪影響を与えることになるだろうと思った。

★6　この件については証人がいないので、私はアレクシスが帰国直後に話してくれたことを基にしてこの部分を書いた。

★7　メルケルがアレクシスを公式にベルリンに招待したのは、あの3月21日未明の話し合いでのことだった。この招待は、お互いが特別な関係にあるとアレクシスに錯覚させるための、次の一手だった。

第13章　レディと直談判

★1　クレタ島の戦いは1941年5月20日に始まった。ヒトラーがこの島を占領すべく史上初の空挺部隊による大規模侵攻を命じた時には、ギリシャ本土はすでにナチスの支配下にあった。クレタ島は、ギリシャ軍と英国軍、そしてクレタとオーストラリアのANZAC軍(オーストラリア人とニュージーランド人の混成部隊)が防衛に当たった。だが、女性や

2080億円〕は350万人の人々の滞納分で、その金額は一人あたり2000ユーロに満たないという。彼らは、ギリシャ危機と緊縮策によって苦しめられた人たちだ。私たちの法案の目的は、立場の弱いこれらの人々から破産者の汚名を払拭することだった。この法案に対するトロイカの批判は、わざと税金を払わずに租税債務を踏み倒そうとしたギリシャ人富裕層をとり逃がすことになってしまう、というものだった(上述の760億8000万ユーロ〔約9.8兆円〕の大部分は、彼らの滞納金なのだ)。その指摘は正しい。だがギリシャの財務省と裁判所には、そんな人間たちを特定して、一般の人々と区別するための人材も仕組みもなかった。この仕組みを開発するには数年はかかるだろうが、その間に一般の人々は力尽きてしまう。それに私がトロイカに言い続けてきたように、わざと税金を納めない人間たちはロンドンやニューヨーク、パリなどに住んでいたので、私たちの手が届かないのだ。それで私は、ラガルドに次のように語ったことがある。「まず一般市民を債務の束縛から解放しましょう。その後で、脱税を摘発するアルゴリズムが完成すれば、別途そういう人間たちに手をつけますから」。だが、トロイカはそれ以上に狡猾《こうかつ》だった。それから2年後、このくだりを書いている時点で、滞納金は900億ユーロを超えている。

★11　またデルヴィッシュは、全面的な、大安売りの民営化には反対しろとアドバイスしてくれた。彼は欧米では偉大な新自由主義的近代化論者と評されている人物なので、この助言は興味深かった。彼の本当の経歴は、その評判とはちょっと違う。たとえば国営のトルコ航空の例を挙げよう。2001年にIMFはデルヴィッシュに強い圧力をかけ、赤字を出しているトルコ航空を民営化しろと迫ったが、彼はそれに従わなかった。代わりに彼は損失の原因を特定したのだ。私に説明してくれたところでは、「馬鹿げた価格規制、繁忙期価格がないこと、それに政治的介入」が原因だった。デルヴィッシュは、外国の航空会社に同社を身売りするのではなく、航空法を改正して、繁忙期価格を積極的に設定できるようにした。今日では、トルコ航空は世界の主要航空会社の一つとして認められている。素晴らしいアドバイスの最後に、彼はこう言った。「価格が適正だと思った時だけ、民営化しなさい」

★12　参照：Yanis Varoufakis, Joseph Halevi and Nicholas Theocarakis (2011), *Modern Political Economics: Making sense of the post-2008 world*, Routledge, London and New York, pp. 125-7.

★13　http://www.telegraph.co.uk/news/worldnews/islamic-state/11459675/Greeces-defence-minister-threatens-to-send-migrants-including-jihadists-to-Western-Europe.html

★14　3月初め以降、私が債権団に言ったこと、あるいは彼らが私に言ったこと、私のよく練られた提案について、債権団がメディアにいい加減な話を吹聴していたことは明らかだった。だから面会には立会人が絶対に必要となった。ジェフ・サックスはラガルドやドラギなどの重要人物と個人的に知り合いであり、彼らから尊敬されていたので、まさに適任だった。

12. メルケルの魔法

★1　ジェフが言っていたのは、欧州連合を設計・設立した戦後の欧米人のことだ。

★2　たとえば、筆者による次の記事を参照："Europe Needs an Hegemonic Germany," 2013年

11. われらが春は遠ざかる

★1　シリザの議員たちは、救済融資協定の延長によって安心した者たちと、協定が撤回されなかったことに納得できない者たち（主に左派プラットフォーム）に分かれた。興味深いことに、議会での事前承認がなかったこと自体を批判した者はほとんどいなかった。誰もが、延長がそもそも必要だったのかという問題に集中したのだ（ユーログループ作業部会に私の代理として出ていた男〔フリアラキス〕のせいで、2月20日から25日の間にギリシャの立場が非常に悪くなったことが知らされれば、彼らの反応は変わっていたに違いない）。特別に招集された党の国会議員会議で、私は演壇でたっぷり1時間にわたって、なぜ延長が必要かを説明し、全ての出来事の責任をとった。アレクシスやパパス、ドラガサキスは傍観していただけだった。

★2　参照：Paul Mason (2016) "The Inside Story of Syriza's Struggle to Save Greece: Exclusive interviews with the party's top players shed light on the Eurozone showdown". The Nation〈http://www.thenation.com/article/the-inside-story-of-sylizas-struggle-to-save-greece/〉

★3　Alastair Crooke (2011) "Permanent temporariness" *London Review of Books*, Vol. 33, no. 5, pp. 24-25 を参照。

★4　Varoufakis (2016)〔第3章原註★5〕の p.160 を参照。

★5　TB の詳細については、第5章の原註★17 を参照。

★6　残りの 33%は複数の投資家へ分散し、そのあとで徐々に COSCO へ売却するということだった。

★7　返済スケジュールについては、第4章の原註★4 を参照。7月分の返済には、ECB の保有する悪名高い SMP 債券の一部の償還分である 34億9000万ユーロ〔約4537億円〕が含まれ、8月分はすべて、満期となる残りの SMP 債券の償還分である。

★8　2016年1月に債権団は、私たちの政権ができる以前からの条件で、ピレウス港を COSCO に移管した。今後 COSCO は第3埠頭の株式を 67%まで保有できるかもしれない。だが中国は、私が提案したギリシャ鉄道の大規模かつ長期の投資案件を獲得することはできなかった。ギリシャ鉄道はトロイカが、マトモな投資のできないイタリア企業に売却してしまったのだ。また中国は、工業団地や造船所に対する投資にもこぎ着けておらず、これらは本書執筆時点でほとんど永久閉鎖状態となっている。民営化は、私たちが中国と約束したような最小限の投資、労働者の保護、地域経済の保護といった条件抜きで行われた。さらに、ギリシャの財政状態が健全になれば、（国債を買うことによって）ギリシャの再スタートを支援しようという中国政府の意欲も失われた。言い換えればギリシャは、ピレウス港の民営化よりはるかに大きな、中国との戦略的パートナーシップの構築に失敗したのである。

★9　第7章の「社会民主主義者の壊滅」の節（p.237）を参照。

★10　私が財務省を引き継いだとき、税金の滞納額は 760億8000万ユーロ〔約9.8兆円〕に達していた。このうち回収可能な金額は 89億ユーロ〔約1.2兆円〕だけだというのが、国税庁の見積もりだった。私が彼らに問いただすと、89億ユーロのうち 16億ユーロ〔約政府がカネをつぎ込むのを嫌がった。IMF と ECB は不良債権問題に関して、差し押さえた家やオフィスを競売にかけてカネに変える解決策を望んだが、それは政治的には非常に有害であった。その結果、この 109 億ユーロは HFSF（EFSF のギリシャ支店）の帳簿に EFSF 債券として、ただ残されたのである。ECB が HFSF から EFSF に移したがっていたのは、これらの EFSF 債券のことだ。なぜそんなことをしようというのか？　それは、ギリシャに対する強硬姿勢を見せつけたかったからだ。しかし実際には、そんなことをしても何の違いも生じない。EFSF 債券が HFSF にあったとしても、ギリシャ政府はユーログループのワーキンググループの許可がなければ、つまりは ECB の許可がなければ、EFSF 債券を使用する権限はないからだ。驚いたことに、議会での反対派は、この取るに足りない振り替えを、「バルファキスは 110 億ユーロを、目の前で失った」と評した。

10. 正体を現す

★1　マノリス・グレゾスは2月20日の合意を「肉を魚に偽装する」ようなものだと言った（ギリシャ正教では受難節の間、肉を食べることが禁じられていたが、魚は許容される場合もあった）。また、私たちの政府を支持し、ごまかしに荷担したことを彼は国民に謝罪した。ミキス・セオドラキスはアレクシスと私のことを、容赦ない蜘蛛の網にからめとられた虫ケラだと表現した。

★2　一国の裁判所が憲法により授権された義務を遂行することは許可されるべきだという条項を、国際債権団との協定に含めるために、一国の大臣が交渉せねばならないというのは奇妙なことである。ギリシャ国家評議会〔最高行政裁判所〕の裁判官たちと私との議論から明らかになったことだが、1 度目の救済策以来、裁判官たちはしばしば自らの法的見解に反する判決を下さざるをえなかったのだ。これは、法の支配に生涯を捧げている人々にとっては屈辱である。

★3　私の目の前でエフクリディス・ツァカロトスに激怒され、罵倒されたのは、このヨルゴス・フリアラキスだけだ。

★4　読者は、2 月 20 日のユーログループにおいてヴォルフガング・ショイブレがコミュニケに反対したのは、私にうまくやったと思わせておいて、2 月 23 日の会議で私を陥れるための演技ではなかったかと思うかもしれない。私はそうは思わない。20 日のユーログループ会議で、ショイブレは明らかにいらだっていたのだ。彼は裏表のある男ではないし、こんな手の込んだ芝居を演じられる役者でもないのだ。

★5　該当箇所は「ギリシャ政府もまた、2012 年 11 月のユーログループ宣言に沿った債務の持続可能性を保証するために、プライマリー財政黒字および公債・借入金収入を適正な水準に保つことを約束する。三機関は、2015 年のプライマリー黒字目標について、2015 年の経済状況を考慮に入れる」となっている。「適切なプライマリー財政黒字」という文言は、従来の目標は横に置いて、ギリシャ政府との交渉も排除しないというサインである。つまり、ギリシャ政府には緊縮策の終了に向けた交渉を行う権利があることを認めたのである。また、「債務の持続可能性を保証する」という文言は、債務再編に関する誠実な交渉の扉を開いた。

にエフクリディスが私と交代してから、事態はどれほど激変したことか。

★5　紙幣の国外移転が制限されれば、同じことが起きる。

★6　私が計画した並行決済システムに対して、しばしばなされる批判は、並行通貨は言葉のうえではユーロ建てだが、実際には、並行決済システム内の1ユーロの価値は、「本当の」1ユーロ紙幣より低くなる、というものである。確かにそうではあるが、ECBが資本コントロールを導入した時点で、すでにギリシャは二重通貨国になっているはずなので、そんな議論をしても学者の間でしか意味はない。

★7　戦時内閣は、マキシモスの首相オフィスで、戦略をあらかじめ検討するために開かれていた。この非公式で、どちらかと言えばゆるやかな戦時内閣の中核は、アレクシス、パパス、ツァナコプロス、ドラガサキス、サギアスとエフクリディスだった。

★8　デイセルブルムの事務所が、彼がとあるアイルランドの大学から修士号を受けていたという従来の主張を撤回したときには、記事はあまりに小さく抑制的だった。私は時々考えるのだが、私に同じような学歴詐称疑惑が浮上したとしたら、同じ記者たちはいったいどんなふうに報道するのだろうか。

★9　ユンケルの案は以下の提案を含んでいた。民事訴訟法の採用、所得税法と租税手続法の変更、税金逃れや脱税の定義を広げるための法律、ガス市場の改革。さらに、迅速に実施できる改革がないかと尋ねていた。これは、協調的で歓迎すべきアプローチだった。

★10　欧州委員会はEUの政府のようなものであり、その委員の一人一人が各国の大臣と同等の地位である。これに対してユーログループは、すでに指摘したように、どのEU条約においても法的位置が規定されていない。その意味で、デイセルブルム議長は、公式にも法的にもオランダの財務大臣以上の存在ではなく、モスコヴィシの方が上位だった。

★11　私たちの「穏健な提案」は、本来金融安定の柱となるはずだったECBとならんで、EIBを経済発展の柱として称賛している。Varoufakis (2016)〔第3章原註★5〕の付録を参照。

★12　ディミトリス・ツァナコプロスは若い弁護士であり、シリザの活動家でもあった。彼は政府のスポークスマンに抜擢され、私の辞任から数か月後に無任所大臣となった。

★13　研究者仲間であり、経済大臣でもあったヨルゴス・スタサキスだけが、この決断について公然と疑念を表明した。しかも、新政権の最初からそうだった。私は、彼が私に対して個人的に、「危機が来たら、相手が与えてくれるものを受け容れるしかない」と言っていたのを想い出す。その頃は、私は彼に腹を立てていた。アレクシスも腹を立てていたので、直言するスタサキスを遠ざけた。彼が政権入りして数か月間、戦時内閣に毎回必ず出席していなかったはそのせいだと、私は考えていた。しかし、終わってみれば、シリザの人間のなかで最初から最後まで私に対して正直だったのは彼だけだった。彼のために言っておくと、ほかのシリザの人間の戦闘性は「長続きしない」ということを、彼は私に注意してくれていた。

★14　問題の109億ユーロ〔約1.42兆円〕は、2度目の救済策の中で、ギリシャの銀行に対して、総額500億ユーロ〔6.5兆円〕規模の資本再編成を行った後に残った金額である（第2章と第5章を参照）。この金額では、巨額な不良債権を抱えるギリシャの銀行の健全性を回復するには不十分であった。また、トロイカは不良債権の解決策が見つかる前に、ギリシャ

での振る舞いは逆効果だったという主張をくり返した。「トロイカの三機関と一緒に仕事するという私たちの約束は、まったく揺らいでいません。……今日が、ここブリュッセルでの会合が、ギリシャとEU双方の利益のための新たな出発点だと考えています。……私たちはMOUを詳細に検討しましたので、これについて協議したいと思います」。私はギリシャ新政権には経験が乏しいことと、相手と比べて当方のチームの資源が乏しいことを率直に認めた。だが新政権の経験不足は民主主義プロセスおいては普通のことだ、新政権がその理念を政策にまとめられるよう「蜜月《ハネムーン》」期間を与えることは、民主主義プロセスの根幹部分だ、と私は述べた。そのため私は、この会合では細部にこだわるよりも、私たちの政策全体の枠組みについて検討しようと提案した。そもそも、ユーログループが期待しているのは、MOUとギリシャ政府案との共通点を確認して、原則について合意することであった。私は数十万件の脱税に取り組む脱税撲滅チームについても触れた。トロイカが、実質的な改革と国庫収入の拡大に関心があるなら、私たちのこの取り組みを熱烈に支持してほしい、と私は述べた。

★3　交渉の初日は、時間がたつにつれてリークが酷《ひど》くなった。ある時点で、ジェイミー・ガルブレイスが私に報告してきた。トロイカは、彼らが呑《の》めるような「プログラムの延長」のための提案は提示できないと言っているそうだが、当方のチームは報道陣を通じてそれを知って驚いたというのだ。すぐに私は返事をした。

> 彼らが言っていることを、そのまま彼らにぶつけてやればいいんだ。次のように言ってやろう。指摘してくれて感謝します。そのとおりです。私たちは現行プログラムをうまく完了させる政策を提起できません。なぜなら、このプログラムは救いようがないからです。だから私たちはユーログループで大幅な修正を求めているのです。実際のところ、私たちのチームは現行プログラムを完了させるためではなく、実行可能な新協定への橋渡しをするために、今日明日の会合を行っているのです。金融・債務・改革政策の論理《ロジック》を修正しないかぎりは、その修正を行うために静かな時間が与えられないかぎりは、どんなプログラムもありえません。

★4　譲歩的表現としては、たとえばトロイカとの協議の要約として、私は次のように書いていた。「構造改革に関しては、既存の改革アジェンダのなかで、ギリシャの政府機関が支持できる領域が数多くあることが分かったが……現在進行中の改革について詳細な評価を行うには、まだ数週間の時間が必要である。ギリシャ政府はこれらの領域でなされている努力を継続することを約束する」。エフクリディスは第1文の「数多く」を削除し、第2文は以下のようにするように言った。「ギリシャ政府は、現行プログラムの最善の要素とギリシャ政府自身の改革アジェンダを取り入れた改革アジェンダを、継続すると約束する」。ほかの箇所で私は、「ギリシャ政府は健全財政を保つために、今後10年間にわたってプライマリーバランス黒字を維持することを約束する」と書いた。エフクリディスは「今後10年間にわたって」を削り、「近い将来」と書き換えて、「いずれにせよ我々は、このような約束が不要となるような債務会議を求めているのである」と付け加えた。数か月後

Under Socialism, 1891.)。

★5　これは、〔第1次世界大戦終結時の〕ヴェルサイユ条約に対するケインズの声明をもじったものだ。「[ドイツ政府は] 絶対に達成できない条件を、達成するつもりもないのに……しぶしぶ受け容れました。そのせいでドイツも、連合国が不当な条件を押しつけたのと同じぐらいの罪を、つまり達成できない条件を受け容れたという罪を、負うことになってしまったのです」。参照：John Maynard Keynes (1920) *Dr Melchior: A Defeated Enemy*、および Varoufakis (2016)〔第3章原註★5〕の第8章。

★6　その「証拠」には、(ギリシャの裁判所が違法と判断したようなやり方で) 前政権によって解雇された財務省の清掃員や公立学校の数百人の用務員たちを新政権が再雇用したことや、年金を削減しないと公約したことが含まれている。年金はすでに12回もカットされ、なんと40%も減らされているにもかかわらず、だ。

★7　ドンブロウスキス〔新設の欧州委員会副委員長〕はモスコヴィシの上司にあたるが、発言することはほとんどなかった。私はこれを、ドンブロウスキスの演説能力が不十分なせいではないかと疑っている。いずれにせよ、彼の仕事はモスコヴィシを監視することであり、議論したり、何かを主導したりすることではない。

★8　思い出していただきたい。総選挙のずっと前にユーログループは、SMPプログラムで買い入れたギリシャ国債からECBが得た利益を、分割払いでギリシャ政府に返還するということで合意していた。だが、アスムセンからのeメールで送られてきたヴィーザーのノンペーパーによれば、そのカネを渡さないというのがトロイカの判断だった。第5章の「ファースト・コンタクト」の節 (p.152) を参照。

★9　私がこの部屋に入る直前に、グレン・キムが注意のメッセージを送ってきた。彼の情報源によれば、メルケル首相は自分でこの問題に関わりたくないために、ギリシャの悲劇の解決を欧州委員会に委ねた。だが、これに対してスペイン政府が大騒ぎしているというのだ。その理由は、選挙が近づいており、シリザの姉妹政党であるポデモスが善戦しているためだという。ルイス・デギンドスが何らかのサボタージュをするかもしれないので、警戒しておけというのが、グレンのアドバイスだった。

★10　オーストリアとベルギーの政府は当初、分裂していた。両国の第一党は社会民主党だったが、財務大臣は (ドイツのショイブレの政党と同じように) キリスト教民主党〔保守党〕から出ていたからだ。

★11　いくつかの加盟国の憲法や議会規則では、EUの決定がその国の財政に大きな影響を与える可能性がある場合、国会での採決を求めている。ドイツ、オーストリア、フィンランドがその代表である。他方、イタリアやフランスなど大多数の加盟国では、国会での採決は不要である。

9. この瞬間に酔いしれる、どんよりと

★1　Varoufakis (2016)〔第3章原註★5〕の第6章参照。

★2　挨拶《あいさつ》の冒頭で私は、ギリシャの人々にトロイカのプログラムを受け容れるよう説得するには、トロイカのプログラムを改革しなければならない、トロイカのこれまでのアテネ

など〕の総額410億ユーロ〔約5.33兆円〕のうち）不適格となる担保は270億ユーロ〔約3.51兆円〕に達し、今後は〔これらを担保にして流動性支援（ELA）を受けると〕1.55％の金利がかかることになります。最も影響を受けるのはユーロバンク（2015年の純金利所得のおよそ6～7％の負担）とアルファ（6％の負担）で、ピレウス（4％）やナショナル・バンク・オブ・グリース（2％）への影響は比較的小さいでしょう。とはいえ、預金流出が起こってから、銀行はECBへのエクスポージャーをおそらく200～210億ユーロ〔約2.6～2.7兆円〕は増やしているでしょうから……実際の影響はもっと大きくなることに注意して下さい。この段階では、ECBから資金供給を受けるうえで、担保として適格なものはEFSF債しかありません。

★12　かつてチリにファシスト政権を樹立したアウグスト・ピノチェト将軍の経済思想と、CDUにおけるショイブレの派閥のそれとはかなりの類似点がある。

★13　言うまでもなく、私たちは三機関を訪問して当方の提案を示した。だが彼らは提案を検討しようとはせず、代わりに膨大なデータの提出を要求し続けたのだ。いつまでもデータ収集を続けるのは、こちらの提案に、積極的・消極的ないかなる反応も示したくないからだ。他方、メディアは私が何の提案も用意せずにベルリンやブリュッセル、そしてフランクフルトを訪れたと宣伝していた。

★14　アレクシスの献花は、ドイツでは敵対的な姿勢と解釈されていた。ドイツがナチズムの排除にほぼ成功してきたことを、私がスピーチのなかで賞賛したのは、両国民の心を繋ごうとしたためであった。私が言いたかったのは、ギリシャもドイツもナチズムに対して共通の経験をしており、共通の目的を持っているということだ。すなわち、長期的デフレ経済という経済的下部構造の問題の解決だ。

★15　ヴィリー・ブラントは1964年から87年にかけての社会民主党（SPD）の党首で、1969年から74年にかけての西ドイツ首相だ。首相だった頃の彼は、ギリシャの右翼独裁者を弱体化させるうえで重要な役割を果たすとともに、逃亡中のギリシャ民主主義者に庇護を与えた。

8. 嵐の前の熱狂

★1　ガルブレイスの回顧録は、この言葉が彼の記憶に残ったことを示している。James K. Galbraith, *Welcome to the Poisoned Chalice: The Destruction of Greece and the Future of Europe*, 2016, Yale.

★2　このチームがなければ、私はヨルゴス・フリアラキスの経済諮問委員会の言いなりだったかもしれない。すでにフリアラキスは本人と自分のチームに、トロイカの経済モデルや予測をコピペする以上の能力がないことを白日のもとに晒していた。時計の音が迫るなか、私はユーログループで中間的な合意が結ばれるまでは、フリアラキスとの対決を延期しようと決めた。

★3　https://www.nytimes.com/2015/02/17/opinion/yanis-varoufakis-no-time-for-games-in-europe.html

★4　オスカー・ワイルド『社会主義下の人間の魂』1891年（Oscar Wilde, *The Soul of Man*

7. 幸先のよい二月

★1　Varoufakis (2011)〔第3章原註★8〕における「バンクラプトクラシー」のイメージは重要である。それは、損失が大きければ大きいほど社会全体から不労所得を吸い上げる力が大きくなる、という原則に基づいて、破産した銀行が支配する体制のことである。

★2　団体交渉権は新民主党・社会民主党の前政権がトロイカの命令を受けて廃止した。そのトロイカの先鋒がIMFだった。

★3　第5章「ファースト・コンタクト」の節（p.152）で説明したとおりだ。サマラス政権と私たちの新政権との間で状況が異なるのは、私たちの返済相手がECBではなくIMFだということだけだ。

★4　Varoufakis (2016)〔第3章原註★5〕を参照。かつてフランスのエリートたちがドイツと通貨を共有しようと決めたことが、長期的に、フランスの政治的・経済的な凋落につながったことについて、歴史的・経済学的な説明がなされている。

★5　アエギナは新石器時代にさかのぼる豊かな歴史を有し、ポリスとして初めて公式の貨幣を鋳造した。

★6　ELAによっておよそ220億ユーロ〔約2.86兆円〕の流動性が供給される。モルガン・スタンレーの人たちは、訳《わけ》あって私に最新の意見書を送ってくれていた。彼らの情報によれば、ギリシャの4大銀行はこの金額に加えて、仕組み債（業界用語では資産担保証券あるいはカバード債と呼ばれるもの）のおかげで300億ユーロ〔約3.9兆円〕を自由にできるという。さらに、グレグジットはユーロ圏にとっても高くつくので、ユーロ関係国がギリシャを徹底的に締め上げることはないだろう、という彼らの意見も付け加えられていた。

★7　以下のURLを参照。http://www.bbc.com/news/world-europe-31083574

★8　以下のURLを参照。http://www.cityam.com/208589/adam-smith-institute-calls-osborne-back-varoufakiss-greek-debt-swap-plan

★9　これについては第3章の原註★37でより十分な説明がなされており、第6章のイエルン・デイセルブルムとの対決を描いた第6章の「最後通牒」の節（p.185）でも言及した（p.188も参照）。

★10　メルケル首相に対して、ドイツ連邦銀行の反対を押し切って量的緩和プログラムに賛成してもらうために、ドラギが採用せざるをえなかった条件の一つは、一国政府の未払い債務や国債の一定割合以上をECBが購入してはならないということだ。そのため、私が提案する永久債がECBの帳簿に残れば、それはギリシャの新規国債をECBが買い取るうえでの制約となり、量的緩和政策のプラス効果も、つまりギリシャ政府が民間投資家から再び新規に借り入れしやすくなるという効果も、弱められることになっただろう。

★11　グレンのメールによれば、ドラギの行動によってギリシャの4大銀行は大打撃を受けるということだった。

〔ギリシャ国債などの適格担保要件の〕適用除外が認められなくなることで、（適用除外停止前のECBエクスポージャー〔ここでは、ECBに担保として差し出している債券

くの国々に対して、ドイツの戦前からの債務の大半を帳消しにするように、米国は圧力をかけたのである。イギリス政府はドイツには返済する能力も義務もあると抗議したが、米国政府はイギリスに対して拒否権を行使したうえ、1945年以降のドイツへの融資分を率先して帳消しにした。他国政府と民間債権者に対するドイツの債務の70%以上が免除されたのだ。Varoufakis (2016)〔第3章の原註★5〕を参照。

★14 原語はΒάστα《ヴァスタ》 Ρόμελ《ロメル》で「ロンメルがんばれ」、「踏ん張れ」という意味だ。

★15 私は、デイセルブルムがベルリンの承認なしに最後通牒を突きつけることなどきっとないだろうと考えていた。フランス政府も頼りにならないと思っていた。だがフランス政府がどの程度ベルリンと事前に合意していたか、フランス財務大臣の支持がどれくらい期待できるかを確認する義務が、私にはあったのだ。

★16 そのチームの英語名はEconomic Crimes Enforcement Agencyだが、略号はギリシャ語の頭文字をとってSDOE(ΣΔΟΕ, Σώμα《ソマ》 Δίωξης《ディオクシス》 Οικονομικού《イコノミク》 Εγκλήματος《エングリマトス》)である。

★17 これを実現するために私は、ミハリス・ハツィセオドルを財務省情報システム事務総局の局長に任命した。彼はコロンビア大学で画像処理の博士号をとって、ギリシャで小さなサービス・プロバイダー企業を設立していた。彼は政治家や寡頭支配層《オリガルヒ》との関係がなく、私が信頼できる頑固な性格をしているので、その仕事にはうってつけだった(私たちは学生時代からの友人でもある)。

★18 クリスティーヌ・ラガルドはフランス財相だった時に、スイスのHSBC銀行口座のギリシャ人顧客リスト(内部告発者がリークしたリスト)をギリシャの前財相に送っていたことがある。ドイツやフランス、スペインの国税庁は、租税回避の情報を活用して自国民の脱税を摘発し、相当額の追徴を行っていた。これに対してギリシャの前政権は脱税摘発をしないことで有名だった。これだけでなく、ほかにも多くのリストが出回っていた。しかし、こうしたリストをチェックするのは重要ではあるが、私は国税庁がこうした脱税事件に適切に効果的に対応する能力と意志を持っているとは思えなかった。さらに、このリストは古く(2004年までさかのぼる)、銀行取引のスナップショットにすぎず、現実の所得の流れを解明するのにあまり役立たない。最後に、スイス当局の協力なしには告訴に必要な情報を得ることは難しい(そしてまだスイス当局との協力関係は築けていなかった)。私がスイス財相と結んだ協定は、そもそもギリシャの未課税所得がスイスに預金されているという根本問題に着手するとともに、その対応を困難にしているあらゆる障害物を迂回するものだ。

★19 このような協定を完成させるのには時間がかかるもので、私のオフィスでスイス財相と私が協定を成立させたのは4月28日のことだった。

★20 ギリシャ語名はΕπιτροπή《エピトロピー》 Παιγνίων《ペグニオン》

★21 OPAPは私の政策を骨抜きにしようとしてきた。ステリヨティスはそのOPAPに立ち向かったので、あとでツケを払わされた。私の辞任後、彼の任期も早期に終了させられた。

★22 アダム・スミス『国富論』、岩波文庫(大内兵衛・松川七郎訳、1995年)、第1巻第2章(原書は1776年刊)。

に感銘を受けた。

★4　ジェームズ・ガルブレイスの兄のピーターは、国務省での外交官の仕事を辞めてから、バーモント州の上院議員を務めていた。彼はクロアチアと東ティモールの初代米国大使だったが、イラクのクルディスタンでも重要な役割を果たしていた。

★5　第5章「ファースト・コンタクト」の節（p.152）を参照。

★6　これはその限りで正しかった。ただし、シリザの仲間たちが彼らをクビにしたがっているということは言わなかった。なかでもドラガサキス副首相は、急成長している自分のグループの構成員にすげ替えようとしていた。

★7　オーストラリアに移った直後の1990年に、私はヴァシリがオーストラリアに来られるように段取りをした。私がシドニー大学で教え、彼はチャールス・スタート大学で経済学を教えることになった。4、5年後に彼はギリシャに戻って、ギリシャ政府の経済計画研究センター（KEPE）に加わった。

★8　国家情報庁（NIS、EYΠ）のことである。ほとんどのギリシャ人はこれを、米国CIAに完全に支配されていた7年間の独裁時代（1967～74年）のように、今でもギリシャ情報機関（CIS、KYΠ）と呼ぶ。

★9　1981年から1989年まで、さらに1993年から亡くなった1996年まで首相を務めたアンドレアス・パパンドレウは、ヨルゴス・パパンドレウの父である。ヨルゴス・パパンドレウは2009年に首相になり、2011年にメルケル首相によって排除された（父親たちが作った党のなかに裏切り者がいたのだ）。ヨルゴス・パパンドレウ・ジュニアの祖父で、アンドレアスの父である元祖のヨルゴス・パパンドレウは1960年代の首相である。彼は1967年4月21日にギリシャの軍事クーデターの先駆けで退陣させられた。私の世代の経験してきた独裁は、ここから始まったのだ。

★10　メンバーがブリュッセルなど国外ではなくギリシャにいるときには、「戦時内閣」は毎日会合を開いた。そのメンバーはチプラス首相と、ドラガサキス副首相、首相の分身であるニコス・パパス、財務大臣の私、エフクリディスと、官房長官のサギアスである。経済諮問委員会のフリアラキス委員長、スタサキス経済省、政府スポークスマンのガブリエル・サケラリディスもしばしば参加した。5、6月に情勢が煮詰まってくると、党との結束を強めるという名目でシリザ幹部が二人加わった。

★11　フランソワ・オランドの例をみよ。彼が2012年に選出されたときは、メルケル首相の「財政的にコンパクト」な緊縮策に戦闘的に挑戦する公約を掲げ、フランスの力を使ってEUを成長型の公共投資回復プログラムに引き入れるとしていた。ところが、早くも選挙のその日にその勇気ある話は忘れ去られ、二度と聞けなかった。なぜか？　大統領近辺から私が電話で聞いたところでは、フランス中央銀行の支配人からオランドは、フランスの銀行はまだ深刻な状態にあり、彼がベルリンを困らせ続けると、欠くことができないECBの支持を得られなくなると警告されたそうである。

★12　Varoufakis (2016)〔第3章原註★5〕の第6章参照。

★13　1953年に米国政府はいわゆるロンドン債務協定を仲介した。イギリス、フランス、ギリシャ、スペイン、スウェーデン、ユーゴスラヴィア、ノルウェー、スイス、その他多家たちに財務省短期証券による資金注入を続ける必要性という観点からも、この資金流出の問題をとらえるべきでしょう。ところで、『ニューヨーク・タイムズ』紙が昨日、ECBの量的緩和はそれ自体ではギリシャの流動性問題を解決できないから、ECBは債券買い入れプログラムからギリシャを排除すべきではないというあなたの意見を掲載していましたよ。

★23　長い話を短くまとめよう。ヨルゴス・パパンドレウは自分の家族が儲《もう》けるために意図的にギリシャを破産させたと、カメノスは糾弾《きゅうだん》したのだ。その方法は、弟のアンドレアス（私の友人で同僚でもある）に、金融派生商品のクレジット・デフォルト・スワップ（CDS）を購入させたのだという。それは、ギリシャ政府が破産した時にギリシャ・ポストバンクからカネが支払われるというものだ（カメノスによれば数百億ユーロ〔数兆円〕のカネだ）という。私は次のように証言した。そのCDSの支払いはそんなに大金ではありません。もしアンドレアスがこんな陰謀を企んでいたとしたら、ギリシャ・ポストバンクではなくウォール街かシティでじかにCDSを買っていたでしょう。パパンドレウ首相に「罪」があるとすれば、それは私腹を肥やそうとしてギリシャを破産させたことではなく、政府の破産をまったく認めようとしなかったことです。

★24　ラドヤード・キプリングの詩“If －”からの引用。

★25　シリザは149議席を獲得した。独立ギリシャ人は13議席で、合わせれば12議席だけ国会過半数を上回った。野党は、新民主党が76議席（彼らの歴史上で最低）、「川《トポタミ》」が17議席、黄金の夜明けが17議席、ギリシャ共産党が15議席、凋落したPASOKが13議席だった。

第Ⅱ部　決意の春

6. 戦端が開かれた

★1　Foreign Account Tax Compliance Act（外国口座税務コンプライアンス法）。2010年に制定された、すべての外国取引の報告を米国民に義務づける法律。

★2　この1か月前の2014年12月に、前財相は一連の改革案を提案するeメールをトロイカに送った。彼とアントニス・サマラスの希望は、この提案を最後の緊縮策としてトロイカが受け容れてくれ、残りの72億ユーロを出してくれることだった。そうすれば、この金の大部分をトロイカへの返済に充てることができる。このeメールが無視されたのには、三つの大きな理由があった。第一に、この新しい緊縮策に議会を通過させるなどということは、サマラス政権には荷が重すぎた。第二に、これらの緊縮策はトロイカの底なしの欲望を満足させるには不十分だった。第三に、国の破産をごまかし続けるには3度目の救済策を受け容れることが避けられない状況だったが、支持が弱まっていたサマラス政権にはこれを議会通過させる意志も能力もなかった。

★3　《蛇の卵》はスウェーデンの映画監督、イングマール・ベルイマンの映画である。若いころこの映画を初めて見たとき、科学者たちにナチス的な考え方が芽生える場面の描写

2度目の救済融資協定で完全にその期日が定められていたことには注意されたい。

★17　ヴィーザーの文章を引用する。「ギリシャの債務不履行を回避するために、現在の「プログラム」の延長を追求せねばならない。……財務ギャップを埋める措置[の一つ]として、TBの追加発行が挙げられる。これは2012年8月の危機のさなかにすでに用いられたこともあるものだ。[だがこれは]トロイカの承認を必要とするもので、新政権が協力的なアプローチをとる場合に限って承認がもらえるであろう」。TBとは財務省短期証券(Treasury Bills)のことであり、普通は3か月の満期で政府が発行する債務証書(IOU)である。TBは満期が短いので普通は安全とみなされ、金利が低くても投資家には魅力がある。安全かつ流動性が高いため、中央銀行も現金融資の担保として喜んで受け取る。そのため、商業銀行はTBを購入し、中央銀行に持ち込んで現金化し、政府から得るべき利子を前もって回収するのだ。政府がTB以外に借り入れをする方法がなくなった場合には、問題が発生する。政府がTBを大量に発行しすぎて、その安全性が下がり、中央銀行が担保として受け取ることもできなくなる状況が起こらないように、ECBはTBの発行限度額(ある時点で政府が負うことのできるTBの負債限度額)を定めているのだ。ギリシャの場合、この上限額は150億ユーロだ。だが2012年の夏、サマラス政権が成立した直後に、ECBはこれを183億ユーロまで引き上げた。その理由は手前勝手なものだった。2012年8月に、ギリシャ政府はECBが保有するギリシャ国債を償還せねばならなくなった。しかしギリシャ政府にはそのカネがないので、ECBは33億ユーロのTBの発行を許可して、カネを返させたのだ。1月中にヴィーザーが私たちに限度額の引き上げが必要だと教えてくれたのは、2月28日の斬首刑の期限までに、これについて各国政府の国会で承認を受ける必要があるからだ。

★18　Varoufakis(2016, pp. 160-1)〔第3章の原註★5〕を参照。

★19　第4章「卑怯な攻撃の時系列」の節(p.126)を参照。

★20　これによって、預金総額は6.7%が引き出されて1520億ユーロ〔約19.8兆円〕となった。これは、同じようなパニックによって1505億ユーロ〔約19.6兆円〕まで落ち込んだ2012年6月とほぼ同じ水準だ。

★21　銀行閉鎖を正当化するのにこれ以上の理由はない。ギリシャの銀行自体が抱える問題は、イタリアの銀行とそれほど違いはない。実際には数か月前に、ECBが課したストレステストにギリシャの銀行が合格したと、ECB自らが発表していたのだ。これは、2013年のキプロスの銀行や、2009年のアイルランドの銀行とは状況が異なる。彼らは本当に不合格だったのだ。

★22　グレンは2015年1月21日のeメールで、次のことを付け加えた。

今日、ユーロバンクとアルファバンクがELAを申請しましたし、きっとほかの2行も申請をするでしょうが、その直後にECBが決定をめぐる審議を行うことになります。2月末には、銀行が保有するPillar II債券がECBの資金提供に対する担保としての適格性を失うことになりますが、いまの状況悪化からみて、それよりずっと前にもELAを利用できなくなるかもしれません。スイスフラン預金へのシフトの問題や、政府が投資にはなおさらである。

★10　ここで緊縮策の程度とは、政府の構造的財政赤字の削減幅（あるいは財政黒字の増加幅）を、名目国民所得の比率として示したものである。

★11　興味深い例外は英国である。なぜなら、英国はこの図のなかで唯一、自らの中央銀行を有する国である。ジョージ・オズボーン財相のいう「拡張的緊縮政策」のもとでも、財相が収縮的な緊縮策を実施する間にも、中央銀行が大量の現金を経済に送り込んでいたのである。

★12　第2章「自分の仕掛けた罠にはまる」の節（p.38）を参照。

★13　第6章の原註★2で、私の前任者がトロイカに宛てたeメールを紹介した。私はそれを、就任してすぐに見つけたのだが、それは『キャッチ＝22』を地でゆくものだった〔『キャッチ=22』は戦争の狂気を風刺したジョゼフ・ヘラーの1961年の小説。Catch-22とは米国空軍パイロットに対する奇妙な軍規22項のこと。これがあるせいで、パイロットは恐怖で狂気に陥ったことを理由に除隊を申し出ても、自分が狂気に陥ったと判断できるのは狂気に陥っていない証拠だと判断され、除隊を認めてもらえない。Catch-22は不条理なジレンマの代名詞にもなっている〕。

★14　3月だけでもIMFに対する債務返済期限が4回あって、10億ユーロ以上が必要となる。

★15　ヴィーザーの実際の文言は、以下のとおりだ。「IMFやEFSFからの追加的な支払いや、SMPプログラムの一部として欧州中央銀行が保有するギリシャ国債の利益の移転がないと仮定した場合、現時点でのキャッシュフロー見通しによれば……」。EFSF（欧州金融安定基金）とは、2012年にギリシャに供与された2度目の救済融資の資金源のことだ。ギリシャのSMP国債からのECBの利益は、次のようにして生まれた。2010年から11年にかけて、ECBはこれらの国債をフランスやドイツの銀行から額面の70%の価格で購入した。市場価格が額面の10%前後まで落ち込んでいた時期だ（第3章の原註★32を参照）。これはギリシャの国債の価値を維持するための救済策（ギリシャへの連帯のしるし）と見せかけて、北部ヨーロッパの銀行を力強く救済する措置だった。これらの国債の一部が満期を迎えると、破産状態のギリシャ政府はそのECBが保有する国債を額面額で償還するために、欧州の納税者たちから（EFSFを通じて）カネを借りることを強いられた。言い換えれば、ECBは破産状態のギリシャや欧州の納税者を食い物にして、法外な利益を稼いでいたわけだ。2012年のある時点でユーログループは、その利益の一部をギリシャ政府に返還すると決めた。彼らが自らの過ちを認めたからではない。ギリシャの破産状態を隠蔽《いんぺい》し、まやかしの追い貸しを続けるために、彼らが欧州の納税者から吸い上げギリシャ政府に供与するカネの、見た目の総額を小さくするためだ。ウィーザーの文言の真意はこうだ。「前政権と我々が合意した融資は、次回分以降は君たちにはいっさい供与しない。ギリシャ国債でECBが稼いだ利益も、ギリシャのカネとしてギリシャに返すことに合意はしたが、君たちには与えない。でも、前政権が返済を約束した債務については、君たちが耳をそろえて返してくれるものと期待している」。

★16　ギリシャ政府からトロイカへの返済分も、トロイカからギリシャ政府への支払いも、

物だ。

★3　それはちょうど、私がテレビやラジオから排除されていた時期だったから、国会のウェブサイトから彼女の発言の動画が削除されたのを見ても私は驚かなかった。

★4　これらの機関とは欧州金融安定基金（EFSF）と、その後継である欧州安定メカニズム（ESM）であり、グレンはその定款《ていかん》の執筆者の一人だ。

★5　ギリシャの支配層はうっすらと人種差別主義（レイシズム）の空気に包まれていた。グレンは韓国人だというのは、バラク・オバマがケニア人だというのと同様だ。

★6　ちなみに、粗固定資本投資額（機械などの設備やインフラに対する投資の金額）がゼロということは、壊れた機械や固定資本の減価を補うための投資をするカネもないことを意味する〔粗投資額から固定資本減耗分を差し引いたものを純投資額という〕。

★7　激しい全面的な景気後退の中で賃下げを行っても使用者〔雇い手〕の自信は回復させられないという説に、証拠が必要だというなら、ギリシャがその証拠だ。ついでに言えば、その頃、トイレ設備を製造する企業を経営している知人に、賃金がものすごく安くなったのになぜ人を雇わないのかと聞いたことがある。彼の答えはこうだ。「どこも賃金が安すぎて、誰もトイレの改修なんてできないよ。誰がうちの便器を買うって言うんだ？」

★8　このようなデータを示されると、トロイカはたいてい、輸出が増えなかったのはギリシャの改革が不十分だからだと反論する。しかしこれは評価基準をずらす行為だ。新自由主義の予言は、ほかの状況が一定なら、ユーロ加盟国の平均賃金が引き下げられれば、その国からの輸出が増加するということだった。だから、いっさいの改革が行われなかったとしても、賃金が下がれば輸出が増えなければならない。しかし、そのようにはならなかったのだ。

★9　2014年5月19日に、IMFの債務持続可能性分析〔DSA〕が公表された。そのなかでIMFは次のように説明している。

　債務の持続可能性を回復するには、さらなる財政調整（fiscal adjustment）が必要だ。そして、プライマリーバランス黒字は、政権が続くかぎりは（over the full political cycle）、今後何年間も、GDPの4%を超える水準を維持せねばならない。財政再建による疲労は明らかで、政治的指導者たちは「社会的配当」を約束しながら「何ひとつ新たな対策を」提示できていない。そのため、財政再建戦略についての政治的コミットメントは、今後きびしい試練を受けることになる。財政再建戦略によれは、2015年と2016年の国政選挙までは、賃金や年金の引き上げの余地はない。それどころか、税率はすでに高く、裁量的支出は圧縮されているので、GDP比でみて高止まりしている賃金や社会保障移転支出（とりわけ年金）をさらに切り詰めることなく、必要な追加的財政再建を達成しようと思えば、公共部門の効率性を劇的に改善させるほかない。……債務の持続可能性は未だに深刻な懸念材料である。債務対GDP比は峠を越えておらず、今後10年間で例外的な水準に達すると予測されている。このことから示唆されるように、最近は投資家心理が改善しつつあるが、それが持続的な回復に結びつくうえで、債務の持続可能性に対する懸念が妨げとなっているのだ。政治的解決に対する疑念が再発する場合

★ 20　第 3 章の原註★ 33 を参照。
★ 21　救済資金の正式名称は、しばらくの間は欧州金融安定基金《ファシリティ》（European Financial Stability Facility, EFSF）であった。ルクセンブルクに置かれたが、のちに常設の欧州安定メカニズム（European Stability Mechanism, ESM）に併合された。
★ 22　目ざとい民間の専門家たちも気がついていた。（放送の結果か、それとは独立なのかは分からないが）BBC のインタビュー（2015 年 1 月 13 日放送）の翌日、モハメド・エルエリアン（当時はアリアンツ保険会社のチーフ・アドバイザーで、ピムコ社の CEO）がブルームバーグのコラムで次のようなことを書いていたのだ。シリザは政権を担う準備をしているようだが、彼らはユーロ圏内で秩序正しい経済運営を行うことを強調するだけでなく、ユーロからの脱退が避けられなくなった時に動かせる仕組みを、水面下で準備しておくべきであろう。また、もう一つの為替・決済制度のためのプラン B を内部で注意深く詳細に検討するのに加えて、国の代替的な経済ビジョンを明確にする必要もある。
すぐに私は、私たちの政府がグレグジットを計画しているわけでもなく、しかしグレグジットの脅しに屈するつもりもないということを、はっきり示さなければならないと考えて、自身のブログでエルエリアンに回答し、説明を行った。私たちのもう一つの「決済制度」は並行通貨ではなく、ユーロ圏内での堅実な協定をめぐる交渉の余地を私たちが確保するための、並行決済制度である。そしてもちろん、代替的な経済ビジョンを示す準備はできている。それは、緊縮策を終わらせ、政府赤字を金輪際《こんりんざい》なくし、企業や人々の税率を下げるものだ。それを補完すべく、新規の投資を行うための開発銀行を設立し、不良債権を処理するための公的バッド・バンクを設立し、貧困と絶望に対処するための公的制度を強化するつもりだ、と。

5. 光明が消えることへの怒り

★ 1　アレコス・パパドプロスは私の母と親しかった。母は PASOK の熱烈な支持者で、南アテネ市の副市長だったこともある。母にはかなりの集票力があり、何度も選挙でパパドプロスを応援していたので、彼も恩義を感じていたようだ。私が彼と知り合って一緒に働くようになるずっと前から、母は彼を気に入り、信頼していた。私と彼との絆が強まったのは、2004 年 4 月の選挙のための PASOK の綱領を、外務省で三日三晩カンヅメになって一緒に策定した時のことだ。これは、ヨルゴス・パパンドレウが少しでもまともな経済政策を立てられるようにという、無駄な試みであった。私たちは二人とも、そんなことは無理だと思っていたが、試み自体は重要だと考えていた。
さて不幸なことに、彼が財務副大臣に推薦してくれた人物を、私はのちに後悔することになる。彼を任命してから 1 か月ほどで、彼には自分が監督している財務官僚たちの言い訳を見抜く能力がないということが、私には分かったのだ。それに、国有企業や国が監督する組織の有力なポストに関する人選に、彼が明らかに私利私欲のために影響を及ぼそうとしていため、私は不安を覚えた。
★ 2　第 3 章の「友情が息を引き取った」を参照。もう一人はドイツで学んだ経済成長論の専門家で、1990 年代に、シドニー大学からアテネ大学に移らないかと私に声をかけた人

での投票で信任を得さえすれば、国会議員でない大臣を指名することができる。

★12　ギリシャの公職選挙法では、少数〔12人〕の議員は各党のリスト〔拘束名簿〕から選ばれることになっている。たとえばシリザが4人分の議席をこの方式で獲得できれば、リストの上位4人が国会議員になれる。こうした議席の各党への割り当ては総選挙の得票率に基づいて〔全国区の比例代表制によって〕決められる〔大部分の議席も全国区の比例代表制によって決められるが、各党から誰が国会に行けるかは、中小選挙区での勝敗によって決まる〕。

★13　有権者はまず、支持する政党の投票用紙を選び出し、そこに示された候補者名簿から、国会に送り出したいと思う候補者を選択する。

★14　ギリシャをユーロ圏から排除し、その影響を最小限に抑えようというトロイカのプランZは、ECBが計画したものだが、ドイツ政府や欧州委員会も関与していた。これにはごく少数の高官が極秘で作業に関わっていた。参照：'Inside the ECB's Plan Z' by Peter Spiegel in the Financial Times, 14 May 2014. https://www.ft.com/content/0ac1306e-d508-11e3-9187-00144feabdc0

★15　ギリシャの大統領選挙においては、2大政党が共通の候補者に合意しないかぎり、最初の2回の投票は儀礼的なものとなる。第4章の原註★7を参照。

★16　参照：'Xenophon Zolotas: Parallels and Lessons from back then for today'. Speech by Bank of Greece Governor, Mr. Yannis Stournaras, Bank of Greece, 15 December 2014.

★17　この議論の分析的解説は、付録3を参照。

★18　支配層の知識人からバルファキスは愚かで無責任だという批判を受けて、不満に思っていたので、私も難しい質問を考え出した。以下は、私がこの頃にオンラインで発表したQ&Aである。

Q：ベルリンやフランクフルトが、あなたの再交渉の申し出にノーを突きつけ、資金の流れをストップするという仕打ちを行った場合、あなたはどう対応しますか？

A：それは重要な質問です。なぜなら、ギリシャはそんなことになっては困るからです。でも、答えに代えて私からも質問させてください。債権団からの要求で、同じように酷《ひど》い仕打ちを受けることがわかっていても、あなたがノーと言うようなものはありますか？　忍耐の限界と言えるものはありますか？　もしなければ、それはあなたが、債権団の慈悲と知恵にすがっているということにはなりませんか？　それは、彼らがフランスやイタリア、スペインとの戦いのなかで、ギリシャの危機を利用するようなことはしない、きっと彼らはギリシャを助けてくれるはずだと期待することではありませんか？　有権者に話して、決めてもらいましょう。どちらがより危険で屈辱的な政策ですか？　あなたの政策ですか、私の政策ですか？

★19　2014年11月のフィレンツェでの国際会議で、私はトマス・マイヤーに会った。それは私がアテネに戻り、アレクシスやパパス、ドラガサキスと重要な会合をもつ前日だった。私たちは長時間にわたり、ユーロ圏に関して興味深く詳細な意見交換をした。彼はその並行通貨案をGユーロと呼んだ。他に並行通貨に賛成した人物には、バード大学課税研究所のディミトリ・パパディミトリウがいた。

般に財政ファイナンスともいう〕。かつてドラギが私に個人的に話してくれたことだが、ECB が保有するギリシャ国債の償還が少しでも遅れたら、それは「マネタリー・ファイナンス」とみなされ、ECB の必殺技である国債購入プログラムに、ドイツ連邦憲法裁判所が待ったをかけかねない。また、ドイツの裁判官たちは「購入された債券」が「満期まで保有される」のは「極めて例外的な場合に限られる」と書いている。もしギリシャ政府が、（私が提案するような）返済期限を満期後 20 年まで延長するという法律を通すようなことがあれば、ドラギと ECB はドイツ連邦憲法裁判所と衝突することになる。ギリシャ政府がこんな手を打っても、ドイツ連邦憲法裁判所がドラギを訴えないかもしれないが、それでもマーケットは、ギリシャの行為によって ECB の 1 兆ユーロ〔130 兆円〕規模の債券購入プログラムが台無しになると考えて、パニックに陥るかもしれない。参照：Bundesverfassungsgericht press release no. 34/2016, 21 June 2016, 'Constitutional Complaints and Organstreit Proceedings Against the OMT Programme of the European Central Bank Unsuccessful', http://www.bundesverfassungsgericht.de/SharedDocs/Pressemitteilungen/EN/2016/bvgi6-034.html, last accessed 11 November 2016.

★6　ヴォルフガング・ショイブレが、ギリシャがユーロを離脱してドラクマに戻ればよいという考えを表明したことを、旧 PASOK 政権当時に財務大臣をしていた人物が 2011 年に伝えてくれた。ショイブレと私との会話については次章以降で詳しく述べるが、この話を裏づけるものである。

★7　ギリシャ共和国の大統領は、国会議員の投票によって選ばれる。投票は 3 回まで行われる。最初の投票では、300 票のうち 200 票以上を獲得した候補が勝利する。3 分の 2 を獲得した候補がいなければ、同じルールで 2 回目の投票が行われる。今度も勝者が確定しなければ、3 度目の投票では勝利に必要な得票数は 180 票となる。180 票を得た候補が誰もいなければ、国会は自動的に解散され、次の国会で大統領が選ばれるが、そこでは単純多数決となる（300 票のうち 151 票でよい）。2014 年 12 月には、サマラス政権は 153 票しか確保できておらず、180 票を得るためには、小規模な中道左派党の議員と、一定数の無所属議員の支持が必要であった。

★8　経済省の管轄は、貿易、工業、船舶、観光、EU 構造基金の管理に関する重要な業務である。新設の生産復興省の管轄は、公共事業やエネルギー、環境などである。

★9　私は個人的にアレクシスに対して、「五本柱の戦略」がなぜ破棄されたのかを訊《き》いたことがある。彼は立派なことに、党が未熟だったからだと答えた。2012 年 6 月の選挙の時には、シリザ首脳部は勝利への決意に欠けていた、政権をとる準備ができていなかったのだ、と彼は言った。

★10　私はまた、私たちの提案は相当額の債務免除を意味するが、同時に、メルケル自身が自国民に自分のアイデアだと説明できるようなものでなければならない、と言った。これは、金融「工学」と債務スワップを利用すれば、大幅な債権放棄《ヘアカット》をしなくても実現できるものだ。後に私は、2015 年 2 月にドイツ政府やユーログループに対して、この種の提案を行うことになる（第 5 章、第 6 章を参照）。

★11　英国では閣僚は国会議員でなければならないが、ギリシャの首相は、政府が国会内

3月20日	IMF	3.396億ユーロ〔441.5億円〕
4月13日	IMF	4.527億ユーロ〔588.5億円〕
5月12日	IMF	9.691億ユーロ〔1259.8億円〕
6月5日	IMF	3.018億ユーロ〔392.3億円〕
6月12日	IMF	3.395億ユーロ〔441.4億円〕
6月16日	IMF	5.659億ユーロ〔735.7億円〕
6月19日	IMF	3.395億ユーロ〔441.4億円〕
7月13日	IMF	4.527億ユーロ〔588.5億円〕
7月	ECB	34.9億ユーロ〔4537億円〕
8月	ECB	31.7億ユーロ〔4121億円〕
8月6日	IMF	1.895億ユーロ〔246.4億円〕
9月4日	IMF	3.018億ユーロ〔392.3億円〕
9月14日	IMF	3.395億ユーロ〔441.4億円〕
9月16日	IMF	5.659億ユーロ〔735.7億円〕
9月21日	IMF	3.395億ユーロ〔441.4億円〕
10月13日	IMF	4.527億ユーロ〔588.5億円〕
11月6日	IMF	1.665億ユーロ〔216.5億円〕
12月7日	IMF	3.018億ユーロ〔392.3億円〕
12月16日	IMF	5.659億ユーロ〔735.7億円〕
12月21日	IMF	3.395億ユーロ〔441.4億円〕
小計	IMF	85.3億ユーロ〔1兆1089億円〕
小計	ECB	66.6億ユーロ〔8658億円〕
総計		151.9億ユーロ〔1兆9747億円〕

★5　私はECB上層部の情報源から、次のような情報を得た。ECBが保有するギリシャ国債が踏み倒《ヘアカット》されたら、2015年3月に量的緩和（国債の大量購入の別名）を実施するためのECBの裁量権が悪影響を受けるとして、ECBの高官たちが懸念しているというのだ。このインサイダー情報は最近、2016年6月のドイツ連邦憲法裁判所のプレスリリースによって裏づけられた。それは、ECBの国債購入政策に対する、とりわけドラギがフルスペックの量的緩和の前座として実施したいわゆる国債買い切りプログラム（outright monetary transactions programme, OMT）に対する、欧州司法裁判所の決定をどう解釈するかに関連するものだ。プレスリリースのなかで、ドイツの裁判官たちは次のように述べた。「欧州司法裁判所は、政策決定が細部まで規定されずに下されることも許容されると考えたが、購入プログラムが欧州連合の法律に違反しないためには、さらなる条件を満たしたうえで実施されねばならない」［傍点を追加］。それはどんな条件か？　一つは、過去に発行されたものを含め、いかなる公債を買い取る行為も、「財政のマネタリー・ファイナンスの禁止条項に明白に違反してはいけない」というものだ〔マネタリー・ファイナンスとは、中央銀行が自ら創ったお金で政府の債務を直接・間接に引き受ける行為であり、一

連合体である。各国の中央銀行には通貨発行の権限も、利子率を設定する権限もないのだが、重要な機能を保有し続けている。最も重要なのは、加盟国内に在住の銀行に緊急流動性支援（ELA）を行うことである。その考え方は、次のとおりである。平常時には、ギリシャやイタリアのような国々の民間銀行は、フランクフルトのECBに直《じか》に現金を要求することができる。彼らはECBに担保（国債、抵当、その他の有価証券）を差し出して、現金を受け取るのだが、担保の質が低いと判断される場合、ECBは資金供給を拒否することができる。事態がそこで行き詰まれば、銀行は即座に閉鎖されるしかない。なぜなら、預金者に現金を支払うことができなくなれば、取り付け騒ぎの発生が避けられないためである。その時が、ELAの出番だ。実のところ、ECBは銀行に次のように言う。「フランクフルトにいる私たちからはお金を渡すことはできませんが、あなたに好意的な自国の中央銀行にお願いしてごらんなさい。担保を受け容れてくれるかもしれません」と。困窮した銀行は、質の低い担保を自国の中央銀行（実はECBの支店）に持ち込み、代わりに現金を受け取るのである。

各国の中央銀行が銀行家たちの要求を却下する可能性は低い。なぜなら、そんなことをすれば国内で銀行危機を引き起こすことになるためである。ECBから自国の中央銀行に行けと言われるのを、銀行が嫌がる理由は二つある。それは、彼らの評判にとってよくない（ECBが彼らの担保に不適格の烙印を押すことになる）し、彼らの収支にとってもよくない（ELAで現金を借りる場合、ECBから借りる場合よりも金利が高い）からである。最後に（重要な点として）、各国の中央銀行が民間銀行に対してELAを通じて現金を供給する権限と能力は、ECBによって制限されうることである。加盟国の中央銀行のELAを阻止するためには、ECB政策理事会の3分の2（つまりユーロ圏の中央銀行総裁19人のうち13人）の票があればよい。そうなれば、当該加盟国の銀行の資金は数時間以内に底を突き、銀行制度全体が崩壊することになる。

4. 立ち泳ぎ

★1　参照、'Blood, sweat and tears', 15 September 2014, protagon.gr.

★2　私がステュアート・ホランドとジェイミー・ガルブレイスとともに作成した「ユーロ危機を解決する穏健な提案」の確定版は、Varoufakis（2016）〔前章の原註★5〕に付録として収録している。私は現在でも、これらの提案が実行に移されていれば、ブレグジットを含む不名誉と分裂状況に、ヨーロッパが陥ることは無かっただろうと考えている。

★3　ギリシャでは選挙は必ず日曜日に行われる。

★4　次にどんな政権が誕生したとしても、2015年は返済期限の地雷原であった。IMFとECBだけでも、ギリシャに対して税収の約半分に相当する金額の返済を求めている。返済スケジュールを見るだけで次の財務大臣は偏頭痛を覚えるだろう。

3月6日	IMF	3.018億ユーロ〔392.3億円〕
3月13日	IMF	3.396億ユーロ〔441.5億円〕
3月16日	IMF	5.659億ユーロ〔735.7億円〕

ギより劣った前総裁のもとで、大量のギリシャの債務（国債）を購入し、ギリシャの破産を防ぐべく手を尽くしていた。この絶望的なオペレーションは、証券市場プログラム（SMP）と呼ばれている。ギリシャやポルトガル、アイルランド、スペイン、イタリアの国債を買い上げることによって、ECBは投資家たちがこれらの国債を投げ売りするのを阻止しようと企てたのである。しかし信じがたいことに、ECBは投資家たちに対して、2000億ユーロ以上はつぎ込まないという意志表示をしたのである。それは、SMPの買いオペは必ず失敗するぞ、これらの国債の暴落は防げないぞ、という方に賭けるように投資家たちを誘惑する結果となった。SMPが失敗すれば、ECBは数百億円もの償還不能なギリシャ国債を抱え込むことになる。2012年には、2度目の救済策の一環として、民間の所有者に巨額の損失を強いる形でギリシャ国債が債権放棄《ヘアカット》されたが、ECBがSMPによって保有するに至った国債は債権放棄を免除された。それは、破産したギリシャ政府がECBの保有する国債を満額で償還せねばならないことを意味する。もし、ECBの前総裁が買い上げという愚行に踏み切らなければ、この債務は90%まで放棄されていたであろう。ようするに、ECB（ギリシャにとっての中央銀行）は破産した政府に対して、ヘッジファンドの「ホールドアウト」のようなことをしていたわけだ。ヘッジファンドはしばしば、苦境に陥った国々の支払困難な債務（国債）をふざけた低価格で買い上げて、ほかの債権者たちが政府と債権放棄（あるいは債務再編）に合意するのを待つ。そして、その取引に参加するのを拒否し、満額の返済を求めて抵抗《ホールドアウト》するのである。「ホールドアウト」とか、より感情に響く「ハゲタカファンド」とかいう用語はここからきている。こんな茶番が続けられ、意味のある政策として擁護されているのは、世界広しといえどもヨーロッパだけであろう。

★34　ドイツ連邦銀行《ブンデスバンク》とドイツ連邦政府との対立にも長い歴史がある（Varoufakis 2016〔本章の原註★5〕を見よ）。ドイツ連邦銀行のイエンス・ヴァイデマン総裁は、ギリシャやイタリアの銀行や政府の（焦げつく可能性のある）債務をECBが買い上げることに強く反対し、（ドイツ連邦銀行がECBの一部であるにもかかわらず！）ドラギとECBとを、120ページもの辛辣な宣誓供述書をもって、ドイツ連邦憲法裁判所に告訴したのである。自分たちの能力や専門知識をはるかに超える訴訟を担当させられた気の毒なドイツ人裁判官たちは、この特異な訴訟を裁こうという意欲がなく、結局彼らは「決断しないこと」を決断したのであった。

★35　ECBの保有する国債をギリシャが償還《しょうかん》しているという体裁を保つ必要性に迫られていたことが、先に「サクセス・ストーリー」の項目で説明したような驚くべきトリックをECBが採用するに至った原因の深層であった。

★36　シリザは社会主義者とエコロジスト、社会民主主義者、共産主義者の緩やかな連合として成立した。左派プラットフォームは、親ソ連派の共産党が1991年に分裂するまで、彼らとの関係が深かった大派閥の一つである。今まで生き残っている共産主義者と同様、左派プラットフォームは以前から、ギリシャがユーロ圏から脱退することを望んでいる。ユーロ危機が勃発し、ギリシャ経済が急激な景気後退に陥るなかで、左派プラットフォームのシリザ党員はグレグジットを強く主張するようになった。

★37　ECBを中心とする欧州中央銀行制度は、ユーロ圏を構成する各国中央銀行の奇妙な

んね。私たちが言っているのは、もっと基本的なことなのです。私たちが言いたいのは、この協定が常に事実によって浸食されているということです。IMF さえもが、この協定が事実によって揺さぶられているとして、ブリュッセル、フランクフルト、ベルリンに対して警告を発しています。たとえシリザ政権が協定を実行しようとして、ギリシャの男性、女性、子供たちの全員を、朝起きてから夜寝るまで説得し続けたとしても、協定の内容を実施し、成功させることは不可能です。ですから、シリザの急進左派的政策は、ギリシャをユーロ圏から離脱させることではありません。では、欧州連合との協定を破棄するのでなければ、私たちの急進左派という看板は何を意味するのでしょうか？　それは、私たちは不況を深刻化させる経済政策に加担しない、ということです。それは、人々を毎日水責めの拷問にかけるのはやめて、ユーロ圏を理性的に再構築すべきだと主張し続けることです。それは、ハーバート・フーバー大統領の亡霊がヨーロッパの人々の前に再び現れるのを許さないということです。それは、欠乏・貧困・絶望に対処するために、ヨーロッパ全体の生産能力を動員すべく、ヨーロッパのためのニューディールを要求するということです。ここブルッキングスの聴衆の皆さんに対する私の最後のメッセージは、大西洋の西側におられる良識ある革新的《プログレッシブ》な思想家の方々と、お互いに利益となるような対話の道を構築したいということです。私は皆さんに伝えたい。ギリシャの人々は、たとえ急進左派といえども、大西洋の両側で繁栄と希望を回復しようという困難ながらも重要な取り組みのなかで、米国の皆さんを重要なパートナーだと考えています。過去数十年の間に大幅な進歩を遂げた、世界の他の地域の人々は、不安をもって欧州と米国を見つめています。私たちには、彼らを失望させることも、私たちの地域の同胞を失望させることも許されないのです。

★ 32「ギリシャを救えるのはシリザだけだ」（Only Syriza Can Save Greece, 2013 年 6 月 23 日）

現在のギリシャの懸案は欧州連合との間の問題であって、チプラスはワシントンに挑戦するつもりは毛頭ない。世界の金融セクターはシリザの勝利を懸念しているかもしれない。しかし、銀行やヘッジファンドがすでに知っているように、ギリシャの債務の大部分は欧州の納税者と ECB が保有している。残りの部分には投資家が飛びついているが、それは返済されることが分かっている。大型金融機関は、ギリシャで左派政党が勝利すれば、ほかの地域で何が起こるだろうかと心配している。それは銀行家の本能にとっては自然なことだ。しかし、アメリカ政府が同じように不安に煽《あお》られて政策をとるのは、戦略的にも短絡的だと言わざるをえない。実際には、今やシリザは欧州最大の希望かもしれない。ギリシャはユーロからの離脱も、ユーロ圏の解体も望んでいない。そんなことをすれば、欧州連合の破滅につながる可能性があるためだ。彼らはまた、厳しい緊縮策と巨額な貸付を含むヨーロッパの危機対応策が、悲惨な失敗に終わったことをよく理解しているのだ。

★ 33　その背景は次のようなものであった。最初の救済策のときに、ECB はマリオ・ドラました、あなたたちの側についたら、それは本当にギリシャの助けになるかもしれませんが、それはまったくできそうもないことです』と。で、ショイブレさんは私に、『ストゥルナラスさん、お忘れなさい』と言うんです。だから、できませんでした。何ができると言うのです？」

★27　メルケル首相は北京を訪問し、数多くの要求を行った。そのうちの一つは、中国が外貨準備のごく一部を活用して、（ユーロ圏が発行する債券を購入する形で）ユーロ圏の救済資金を供給するというものだ。中国高官が私に証言したところでは、メルケルがグレグジットを「提案しない」ことを条件に、中国政府はこれに同意したという。中国は正しかった。救済基金の貸付の大部分が帳消しにされる可能性があるなら、ユーロ圏の救済基金への資金供給に応じるわけにはいかない。その主な借り手であるギリシャがユーロへのアクセスを失えば、債務不履行《デフォルト》は目に見えている。

★28　2012年の夏が過ぎると、マーケットはECBから次のような信号《シグナル》を受け取った。ユーロの解体を防ぐために、アイルランド、イタリア、ポルトガル、スペインの国債を無制限に買い上げる意志がありますよ、というのだ。実際には、メルケルを説得し、ドイツ連邦銀行の強い反対を押し切ってこの信号を発するまでに、マリオ・ドラギは1年近くの時間を要した。ただしギリシャは、このECBによる庇護《ひご》を受けることはできなかった。

★29　その条件とは、正確には、政府がプライマリーバランス黒字を達成すること、つまり、〔借入金を除く〕政府の収入が全ての支出（気が遠くなるような債務返済分を除く）を上回るようにすることである。

★30　なぜ2015年初頭なのかといえば、ギリシャの大統領の任期が2015年3月に切れるためである。ギリシャの大統領は議会の間接選挙で選ばれるので、必要な票を集められる候補がいなければ、議会が解散される。サマラス首相が2015年3月の選挙を避けようとすれば、大統領選で小政党や無所属の票を固めなければならない。彼はそんなことはしたくなかったし、やったとしてもうまくいかなかったであろう。

★31　以下は演説の抜粋である。

不安を煽《あお》る人たちは、私たちの党が政権をとれば、欧州連合やIMFとの協定を破棄し、ギリシャをユーロ圏から離脱させ、西洋文明との絆を裁ち切り、新たな北朝鮮にしてしまうだろうと吹聴しています。これは最悪の煽動《せんどう》です。私たちシリザは、そんなことを一つも望んでいません。私たちはこれまでずっと、そしてこれからもずっと、欧州統合に賛成する党なのです。私たちが今、ヨーロッパが道を誤り、ヨーロッパの市民に対して非人道的な政策を押しつけていると考えているからといって、私たちがヨーロッパ統合に反対ということにはなりません。私たちはヨーロッパの人々に対して忠実なのです。私たちは、ヨーロッパが私たちの故郷であり、広がりつつある大不況からヨーロッパを救うべきだという考えに忠実なのです。大不況は、ヨーロッパの人々だけでなく、世界経済全体をも脅かしています。私たちはヨーロッパの解体を阻止したい。それはすなわち、ヨーロッパの現在の政策に異議を申し立てることを意味します。それは、シリザ政権がトロイカとの債務協定を破棄しようとしていることを意味しますか？　しませ

★21　かの有名な「ギリシャの統計」について、ストゥルナラスが面白い話をしてくれたことがある（まったく準備ができていないギリシャをユーロ圏の泥沼に引き込む契機になったとして批判されている統計のことだ）。彼とその同僚が欧州連合を説得するためにやったことは、ほかの人たち（イタリアやドイツの財務省）の手口を真似《まね》て、統計をちょっと揉んで、ユーロ圏のルールに適合するように見せることであった。ローマやベルリンが使わなかったようなトリックを、アテネが使ったことはない。だから、ギリシャが追放される際には、ローマやベルリンがやってきたことが世界の明るみに出る。これがストゥルナラスの巧妙な戦略であった。言い換えれば、ギリシャをユーロ圏に引き入れたのは「ギリシャの統計」ではなく、偽善にまみれたヨーロッパの統計だったのだ。

★22　この銀行は後にエンポリキ銀行に改名された。2004年、ストゥルナラスが保守の新政権によって解任された後、エンポリキ銀行は〔フランスの〕クレディ・アグリコルに売却された。2010年の経済危機を受けて、エンポリキ銀行は廃止された。

★23　たとえば、私たちが導入した経済学プログラムでは、国際博士号を得ようとする学生は2年間のフルタイムの課程を履修せねばならない。それまで、一部の教授たちは学生に対し、自分たち自身の研究プロジェクト（あるいは商売）に関する雑用をやらせる代わりに、4～5年後には博士にしてやるという約束をしていた。もちろん、このシステムのなかで提出された博士論文には価値がない。学生たちはまともな教育を受けたわけでもなく、自分自身の研究をする時間もなかったためだ。新たなプログラムはこの慣行に終止符を打ったが、私はこの手の同僚たちからひどく嫌われることとなった。

★24　ストゥルナラスはPASOKの党職員であった（彼自身はPASOKの専門官僚《テクノクラート》を自認していた）。彼はパパンドレウの前任者と親しく一緒に仕事をしていた。だが、その人物の遺産を、パパンドレウが2004年ごろから消し去りにかかった。それで結局、ストゥルナラスは党と一心同体のつもりだったのだが、排除されてしまったので苦々しく思い、党から距離を置くようになったのだ。それに対し、私はパパンドレウの家族とは親しかったが、党とは親しくなかったし、彼らに投票しようとも思えなかった。私はパパンドレウの要望に応えて、彼と彼のチームを支援した（スピーチ原稿を書き、経済分析を行い、協力関係にある企業を活性化させる提案を行ったりした）。私はパパンドレウに対する好意から、外部協力者としてそれを行ったのである。しかしながら私は、2006年までには彼の経済チームと仕事をすることができなくなり、非公式に助言することもやめた。まったく偶然のことだったが、ストゥルナラスと私が親しくなったのは、両者ともパパンドレウと距離を置いていたためであった。

★25　政府のプライマリーバランス黒字とは、〔借入金を除く〕政府の収入（租税、関税、公共投資の収益金など）と支出との差額のことである。ただしこの支出には、政府が債権者に支払う返済分（利子と元本）は含まれない。

★26　この話は『フィナンシャル・タイムズ』紙のピーター・シュピーゲルとケリン・ホープにより、2014年1月9日付けの記事で報じられた。彼らの引用によれば、ストゥルナラスは「ポール［トムセン、IMFがアテネに派遣した人物］とラガルドさんは私に対して、彼らの側に［立つ］べきだと言いました」と回想したという。「私は言いました、『分かり

るカネは500億ユーロ〔約6兆5000億円〕に上るが、これは欧州金融安定基金《ファシリティ》（EFSF）から供与される。EFSFは欧州連合の事実上の救済基金である。これはユーロ圏の全加盟国に属し、欧州の納税者を代表して借り入れを行い、ギリシャの銀行、スペインの銀行、ポルトガルの政府などに資金を供与する。私の提案は、EFSFが欧州の納税者を代表してギリシャの銀行にカネを注入していることから、EFSFがギリシャの銀行の株式を保有し、ヨーロッパの全市民を代表する形でギリシャの銀行の所有者となることである。銀行の取締役は、EFSF（あるいは欧州中央銀行）が指名した人物で置き換える。彼らの使命は、ギリシャの銀行の腐敗を一掃し「ヨーロッパ化」することである。

★16　専門用語でいえば「名目GDP連動債」である。これが意味するのは、ギリシャの国民所得（ユーロ建て）が一定水準（たとえば経済危機前のGDP水準か、その一定比率として合意された水準）を超え、年経済成長率が一定基準を超えるまで、債務の返済を猶予するということである。

★17　彼のスピーチは、シリザ内部の見解を反映していた。アレクシスが公約したのは、ギリシャからの資本移動への課税（これはユーロ圏では許されない）、国内調達による投資プログラム（国内の投資資金はまったく存在しない）、船主への課税（彼らのほとんどはロンドンに籍を置くのでギリシャの税務署には手がつけられない）、ギリシャ人の外国預金を強制的に本国に送金させる法律（EUでは法的に不可能だ）、そしてあろうことか、銀行の国有化である（ユーロ圏のなかではギリシャ政府は銀行に資金供給をする余裕などないという、私の説明を無視したのだ）。これらの多くは、ギリシャがユーロ圏から離脱する際に表明すべき事柄であるが、同じスピーチでアレクシスは、ユーロ圏に留まることがシリザの政策だと宣言したのである。

★18　実はシリザは2012年6月の総選挙では、5月に比べて大幅に得票率を伸ばしていた。5月に16.8％だったのが、6月には26.9％となったのだ。しかし、新民主党も18.8％から29.7％へと、社会民主主義政党PASOKの票を共食いして、同じように大幅に票を伸ばしていた。PASOKは12.3％から票をさらに減らして4.68％に終わった。

★19　新連立政権は、ECB前副総裁のルカス・パパデモスが率いた前連立政権を、面白い形にひねったものとなった。中心にいるのは新民主党とPASOKであったが、第3党が劇的に変化したのだ。かの（今や黄金の夜明けと新民主党に吸収された）LAOSは、シリザの小さな分派である民主左派党にとって代わられた。民主左派党は穏健的左派政党で、トロイカの対ギリシャ・プログラムの基本的論理を受け容れていた。もう一つの違いは、PASOKの崩壊を受けて、今回の連立が新民主党主導となったことである。

★20　『フィナンシャル・タイムズ』紙のピーター・シュピーゲルたちが、私を教授に任命するうえでストゥルナラスが一役買ったという噂を吹聴していたが、これは誤りである。彼と私が初めて会ったのは、教授に任命された後のことである。また、私は珍しいことに経済学部の教授会で、全会一致で任命された。実際のところ、アテネに戻り教授職に就かないかという誘いは、もともと1990年代の初めからあった。誘ってくれたのは、ドイツで教育を受けた左派の成長理論研究者で旧学部の教授であったが、彼は博学と人徳で大学の品格を高めるのに貢献した人物であった。

1 ドルに固定していた。これにより、アルゼンチンの輸出品が非常に高価になり、国内には安価な輸入品が洪水のように押し寄せた。貿易収支が膨らみアルゼンチンのドル建て債務が累積したため、何かを諦めなければならないことは誰の目にも明らかだった。結局のところ、資本の国外流出と国内経済の崩壊が止まったのは、1 ペソ＝ 1 ドルの固定相場を放棄したためだ。通貨の切り下げは、アルゼンチンの人々のドル建て債務の支払いを困難にはしたが、技術的には簡単な操作であった。必要なのは、今後は 1 ペソが 1 ドルの価値を持たないということを、政府が金曜の午後に決断することだけだった。

★ 7　私が心底驚いたことだが、私たちは公的債務、銀行の破綻、投資の激減という欧州の危機に対する「穏健な提案」の処方箋について深い議論を交わすことができた。

★ 8　Yanis Varoufakis, *The Global Minotaur: America, the True Causes of the Financial Crisis, and the Future of the World Economy* (2011), Zed Books, London. その後この本は副題を *America, Europe and the Future of the World Economy* として、2013 年と 2015 年の 2 回、版を重ねた。

★ 9　私が初めて外国に移る経験をしたのは 17 歳のときだった。同じ年頃のギリシャ人の若者たちと一緒に、英国に留学したのだ。その後、1988 年にはマーガレット・サッチャーの英国に息が詰まり、オーストラリアに移住した。シドニー大学では講師の職に就くことができた。40 歳のとき、アテネ大学の教授職を受け容れ、シドニー大学を辞めてギリシャに戻る決断をした。移住は 2012 年の米国行きで最後だ（と私は希望するし、信じている)。2015 年、舞台は政治の世界に移る。

★ 10　アンゲラ・メルケルとはもちろんドイツの首相のことで、マリオ・モンティは〔当時の〕イタリアの首相だ。モンティは選挙で選ばれていないエコノミストだったが、あの酷い（しかし選挙で選ばれた）シルビオ・ベルルスコーニの後釜になった。モンティはメルケルの手下と評されていたが、自国のために、ユーロ圏での債務共有（貸付けと誤解しないこと）と、適切な銀行同盟の創設を受け容れるように迫った人物である。彼が挫折したのは努力が足りなかったからではない（Varoufakis 2016, 第 6 章を参照)。メルケルの側に、自分が支援していた人物を助ける意志がなかったことと、モンティの側に国内の支持がなかったことが原因である。

★ 11　コンピューターゲーム制作会社。この会社では、数百万人にのぼる強力なプレイヤーや顧客のコミュニティが、高度な金融セクターを含む実体的なマクロ経済を自発的に創り上げた〔Steam のこと〕。これについても私は研究してみたい。

★ 12　Varoufakis, 2016〔本章の原註★ 5〕を参照。

★ 13　この連立政権には、あからさまな人種差別主義を掲げる超民族主義政党のキリスト教原理主義党（LAOS）が参加していた。後にこの党のメンバーの一部は新民主党に吸収されたが、大部分は、ナチス系政党として台頭してきた黄金の夜明け（Golden Dawn）に合流した。

★ 14　PASOK は最初の救済策を 2009 年に受け容れた後に、大部分の支持を喪失した（44% から 13.2% に低下)。新民主党は 2 度目の救済策の受け容れに手を貸し、選挙得票率は 2009 年の 33.5% から 2012 年 5 月の 18.8% に減少した。

★ 15　技術的にはこれは単純なことだ。2 度目の救済策によって、ギリシャの銀行が受け取

ンドに売り払っていたためだ。2012年までにギリシャ国債を買った外国の金融機関も、額面の30%未満の価格しか支払っていない。したがって、公式にヘアカットが行われたとしても、ヘアカットの条件を受け容れるために提示された「インセンティブ」を考慮に入れれば、彼らにはむしろ有利であった。

★21　私が財務大臣になったときも、歳入関税庁の責任者である女性には、何が起こっているかを私に説明する義務さえなかった。トロイカの同意なしに彼女を解任することは私にも国会にもできなかったが、彼女の役所のスキャンダルや犯罪、目標達成の失敗について、国会に対する説明責任は私が負わされていた。

★22　これには民営化という政治的遺産を残したマーガレット・サッチャーも真っ青だろう。公共資産売却を進める彼女の議論は、競争を活発化させるとともに、維持費の節約分と売却収入を使って税率を下げようというものだった。ベイルアウティスタン2.0では、民営化にはちょっと違う意味がある。不況で価格が底なしに下落しているうちに、公共財産を安値で売却し、その収入を、ギリシャの返済不能な公的債務の底なしの穴に投げ込むのだ。

3. 彼らは舌を弓のように引き絞る

★1　これ以上にイカサマな手口も使われていた。アリス一家のオフショア法人は、ゾルバの銀行から数百万ユーロ〔数兆円〕を借りていただけでなく、自分たちの銀行からも数百万ユーロを借りていたのだ。この借金も不良債権として帳消しにされるか、あるいは、事務所スペースの購入資金として使われた。その事務所スペースはすぐに誰かに売却されて、他でもないその銀行が借り受けるか、その銀行が高値で買い取ったりした。新たに創り出された資金、あるいは「利益」も、まったく同じ銀行の株式を買うのに使われた。こうして、投資家たちが個人の資産を投じたという体裁を繕《つくろ》っていたのである。

★2　私の選挙区は大アテネ（アテネBとも呼ばれる）なので、市長選でアレクシスに投票する機会はない。しかし、私はシリザに懐疑的だったので、どうあっても彼には投票しなかっただろう。

★3　正確には当時、この党はシリザと呼ばれていなかった。2013年以前はシナプシモス（連合）という名であった。2009年の選挙で、シナプシモスは数多くの無所属的な政党や運動体と、幅広い連合体を形成した。2012年の双子の選挙（5月と6月）で彼らは急進左派連合（シリザ）の看板を掲げたが、それは小政党の連合体には与えられない特権を得るべく一つの党になるためだった。2013年の7月に開かれた議会で、シリザは単独の政党として扱われることになった。

★4　Yanis Varoufakis, *Foundations of Economics: A Beginner's Companion* (1998), Routledge, London.

★5　「穏健な提案」の要約は、新たな共著者ジェイミー・ガルブレイスの加勢を得て改訂し、付録として次の拙著に収めた。Yanis Varoufakis, *And the Weak Suffer What They Must? Europe, Austerity and the Threat to Global Stability* (2016), The Bodley Head, London.

★6　メキシコなどのラテンアメリカ諸国と同様に、アルゼンチンも為替レートを1ペソ＝

直ちに公債残高は国民所得の80％ではなく、80分の80、すなわち100％になる。しかもこの計算では、ロンドン金融街《シティ》の銀行家に与えられ「ねばならない」公金のことは、いっさい考慮されていないのだ。民間部門の破産と再建のさなかで緊縮策を行っても、本来の目的である公的債務の健全化を達成することが不可能なのは、そのためである。

★15　数字が物語るとおりだ。財務大臣としての最初の2年間（2010～12年）、オズボーンは政府支出を実に6.9％増加させた。その意味で言えば、キャメロン＝オズボーン政権は緊縮策を実施したわけではない。彼らが緊縮財政を主張したのは、政府支出や減税による下から上への再分配をカムフラージュするためだ。簡単に言えば、トップ20％が大幅な利益を得て、ボトム20％がそれ以上の損失を被ったのである。

★16　その命令はすぐに出されたわけではない。数日後、この宣伝大臣と私が同じパネルに出演したときのことだ。番組が終わると、私からの批判に傷ついた大臣は、興奮してプロデューサーに向かって怒鳴った。「君たちの給料を払っているのは私たちだ。それなのにあんな奴を呼んで、私たちに恥をかかせようというのか？　こんなことは二度とないように！」。その時から私が招かれることはなくなった。だが驚いたことに、何週間後かにERTの女性プロデューサーが私に電話してきて、また明日出演して下さいと言う。私は喜んでお受けしたかったが、ブラックリストのことを話して、もう一度よく考えてくださいと言った。彼女はまさかというような声で、「ERTではファシズムの時代はとっくに終わっていますよ」と答えた。「そうかもしれませんが、まわりの人にも聞いてみてください。それでも私に出演してほしければ、またお電話下さい。必ず行きますから」と私は言った。2時間後に再び電話が鳴った。落ち込んだような声で、残念な知らせを聞かされた。「私は産休でしたし、命令は文書になっていなかったので知りませんでした。本当に残念です。あなたに対してよりも、私たちにとって残念です。私を守って下さって感謝します」

★17　私はこの話を、ワシントンDCを訪れた時に知った〔第14章を参照〕。

★18　他国と同様にギリシャでも、年金基金は資産の大部分を自国国債で保有するよう法律で義務づけられていた。いわば年金保険の加入者は貯蓄を政府に貸し付けるよう強制されていたわけだ。弁護士会のような専門家組織の規約でも、基金運用者に対して国債に投資するよう義務づけている。ギリシャの銀行家も〔ヘアカットの〕打撃を受けるだろうが、彼らは年金加入者や個人投資家と違って、2度目の救済融資の一部としてギリシャ政府が借り入れて銀行家に流し込む欧州納税者のカネで、完全に穴埋めをしてもらえる。もちろんそれは、金融システムの安定化という目的のためだ。

★19　暫定政権の成立は2011年の秋であり、2度目の救済策受け容れ法案は2012年の春に可決され、総選挙は2012年5月に実施された。国会で過半数与党が形成できなかったので、6月に再び選挙が行われた。その結果、サマラスが首相となって、大幅に弱体化したPASOKと、支配層寄りの左派小政党との連立政権がつくられた。

★20　ギリシャの年金基金や専門家団体、小口の国債保有者たちがギリシャ政府に対する債権の90％を放棄させられたのに対し、ギリシャ国債を保有する外国人で損失を出した人は少なかった。なぜなら、2012年にヘアカットが断行されるときまでに、外国の銀行や機関投資家はギリシャ国債を、若干の割引価格で、ECBやリスク愛好的なヘッジファ

た後でも、IMFは最終報告書のなかで、EUの権力者たちの馬鹿げた決定を擁護し続けていたのだ。

★3　ギリシャ国債は額面の19%の価格で取引されていた。それはドイツの銀行がギリシャへの債権を敬遠して国債を投資家に売却すれば、81%の損失を被ることを意味した。

★4　http: //www.telegraph.co.uk/news/worldnews/europe/eu/10874230/Jean-Claude-Juncker-profile-When-it-becomes-serious-you-have-to-lie.html

★5　これらの数字はユーロ圏の総所得のうち、ドイツが27%、フランスが20%を占める、といった事実を反映したものだ。

★6　IMFの立場は少し違った。クリスティーヌ・ラガルドは、ヨーロッパ以外の拠出国からの、ギリシャ政府に貸したカネはきっちり取り返せという圧力を無視できなかった。ブラジルなどの拠出国は、何の関わりもない混乱に自分たちを巻き込み、IMFの神聖なルールを曲げてまで自分たちのカネを危険に晒したことで、ヨーロッパ出身のIMF首脳部に対して怒りを募らせていた。

★7　サッチャーはいろいろな言い方で、頻繁にこの手のことを述べていた。たとえばテムズ・テレビのインタビュー（「ディス・ウィーク」(This Week)、1976年2月5日放映）のなかで、「……財政を滅茶苦茶にするのは社会主義政権の伝統です。彼ら〔社会主義者〕は常に他人のお金を使い果たすものです。まさにそれが彼らの特徴なのです」と述べた。

★8　実は、欧州の銀行は自らが確保している1ドル、1ポンド、ないしは1ユーロに対して、なんと40倍ものカネを貸して（あるいは賭けて）いたのだ。レバレッジ倍率が40倍だというのはこのことだ。その結果、封筒の裏にでも計算すれば分かるが、彼らの貸付け（賭け）の10%でも不良化すれば、誰かがすぐに2.25兆ドル〔約250兆円〕のカネを銀行に注ぎ込まなければならない。さもないとATMが空っぽになり、銀行はいつまでもシャッターを閉じていなければならなくなる。

★9　実は、そのうちの一人はヤニス・ドラガサキスである。私が財務大臣となるシリザ政権で、彼は副首相に就くことになる。

★10　ちなみに、英国財務省は1720年代の南海泡沫事件の際に発行した国債を2015年に償還した。

★11　2008年初頭においても、所得の山は年率5.8%で勢いよく成長していたが、債務の穴が深くなるペースは年率4.4%であった。

★12　政府はしばしば外国の銀行からカネを借りて、道路などを建設する業者にそのカネを支払う。

★13　所得の伸び率は前年の5.8%から4.5%に低下し、債務の穴が深まるペースは前年の4.4%から5.7%へと高まった。

★14　本格的な緊縮策が英国経済にどんな影響を与えうるか、考えてみると面白い。2010年頃、英国の公債残高は国民所得のおよそ80%であった。同じ頃、英国の総政府支出は国民所得のおよそ半分だった。ここで、オズボーン大臣が緊縮本能を爆発させて錯乱状態に陥り、政府支出を半分だけ、つまり国民所得の4分の1に相当する分だけ減らしたと仮定しよう。これだけ政府支出を削れば、国民所得は少なくとも20%は減少する。すると

原註

第Ⅰ部　われらが不満の冬は続く

1. 序章

★1　私が大臣を辞めて数か月後、私の推測は裏づけられた。私の友人で学者仲間のトニ・アスプロムルゴスが、サマーズと私のやりとりのことを聞いて、エリザベス・ウォレン上院議員の2014年の発言のコピーを送ってくれたのだ。その内容は以下のとおりだ。

> その夜遅く、ラリーは椅子の背もたれに体を預けながら、いくつかのアドバイスをくれた。……こんなふうに順序立てて。君は選択を迫られている。インサイダーになるか、アウトサイダーになるかだ。アウトサイダーは言いたいことが言える。だが内部の人間はけっして耳を貸さない。他方、インサイダーは情報にアクセスできるし、考えを実現させるチャンスもある。人々も、つまり権力を持った人々も耳を貸してくれるだろう。ただ、インサイダーは一つの固い掟《おきて》を肝に銘じている。彼らはけっして、ほかのインサイダーを批判しないものだ。私はこのように警告を受けたのだ。
>
> John Cassidy (2014), "Elizabeth Warren's Moment", *New York Review of Books,* Vol. 61 (no. 9), 22/5-4/6/14, pp. 4-8.

★2　ダナエ・ストラトゥの2012年の展覧会「ブラックボックスを開くときだ！」の、作品目録からの引用。

2. ベイルアウティスタン＝救済策の植民地

★1　約1100億ユーロ〔約14.3兆円〕の3分の1はIMFが供与した。それは、IMF加盟国（世界のほぼすべての国）の納税者がカネを貸したのと同じことだ。残りはEU加盟国の納税者だ。

★2「プログラム」とはトロイカが強要する財政再建と構造改革のための措置（いわゆる救済融資の条件、コンディショナリティ）の略称である。その目的は、ギリシャの経済を回復させ、その政府が民間投資家から資金を借りられるようにすることとされるが、現実には債権者の利益のために、賃金と社会保障給付を容赦なくカットさせ、増税させ、財産を売却させることである。ラガルドが「私たち」でなく「彼ら」と言ったことに注意されたい。これは、EUやECBがギリシャに呑ませた融資条件の要点について、IMFが一貫して同意していなかったことを意味する。しかし、IMFは不同意だったにもかかわらず、拒否権を発動しなかった。IMFの高官たちが反対意見を出し、ギリシャに対する謝罪さえ行っ

【わ行】

【ま行】

【や行】

【ら行】

【な行】

【は行】

【た行】

【さ行】

【か行】

索引

◉ 著者紹介

ヤニス・バルファキス（Yanis Varoufakis）

1961年アテネ生まれ。経済学者。2015年1月に成立したギリシャの急進左派連合政権（チプラス政権）で財務大臣を務め、国際債権団（トロイカ）との債務再編交渉を担当した。政権入りするまで長年にわたり、英国、オーストラリア、米国の大学で教授職を務めた。大臣職を辞任した後は、民主主義の再生に向けて活動し、世界中の聴衆に語りかけている。2016年からは欧州の草の根政治運動、DiEM25（Democracy in Europe Movement）の顔役を務め、2018年11月には米国の上院議員バーニー・サンダース氏らとともに革新的左派の国際組織、プログレッシブ・インターナショナル（Progressive International）を立ち上げた。著書は、*Talking to My Daughter About the Economy: A Brief History of Capitalism* (Bodley Head, 2017)〔関 美和 訳『父が娘に語る 美しく、深く、壮大で、とんでもなくわかりやすい経済の話』(ダイヤモンド社、2019)〕、*And The Weak Suffer What They Must?* (Bold Type Books, 2016) など多数。

◉ 訳者紹介

朴　勝俊（ぱく・すんじゅん）

1974年生まれ。関西学院大学総合政策学部教授。2002年から京都産業大学に、2011年より関西学院大学に奉職。神戸大学大学院経済学研究科修了（博士・経済学）。

山崎　一郎（やまさき・いちろう）

1949年生まれ。翻訳業。京都大学法学部卒業。

加志村　拓（かしむら・ひろし）

1992年生まれ。共同通信社記者。京都大学大学院地球環境学舎修了（修士・地球環境学）。

青木　嵩（あおき・たかし）

1991年生まれ。大阪大学大学院工学研究科助教。関西学院大学大学院総合政策研究科修了（博士・学術）。

長谷川　羽衣子（はせがわ・ういこ）

グリーン・ニューディール政策研究会事務局。上智大学地球環境学研究科修了（修士・地球環境学）。

松尾　匡（まつお・ただす）

1964年生まれ。立命館大学経済学部教授。1992年から久留米大学に奉職、2008年から現職。神戸大学大学院経済学研究科博士後期課程修了（博士・経済学）。

黒い匣《はこ》　密室の権力者たちが狂わせる世界の運命

――元財相バルファキスが語る「ギリシャの春」鎮圧の深層

2019年4月20日　初版第1刷発行
2025年7月25日　初版第2刷発行

著者　ヤニス・バルファキス
訳者　朴　勝俊
山崎一郎
加志村拓
青木　嵩
長谷川羽衣子
松尾　匡
発行者　大江道雅
発行所　株式会社 明石書店

〒101-0021 東京都千代田区外神田6-9-5
電話 03（5818）1171
FAX 03（5818）1174
振替　00100-7-24505
https://www.akashi.co.jp/

装丁　明石書店デザイン室
印刷・製本　モリモト印刷株式会社

（定価はカバーに表示してあります）　ISBN978-4-7503-4821-6

左派ポピュリズムのために

シャンタル・ムフ 著　山本圭、塩田潤 訳

■四六判／上製／152頁　◎2400円

私たちはまさに「ポピュリスト・モーメント」の只中にいる――。「ポスト政治」的状況において左派ポピュリズムの可能性とは何か。「少数者支配」に対抗する「人民」を構築し、民主主義を回復・深化させるためのラディカル・デモクラシー戦略を提示する。

● 内容構成 ●

ポピュリズムの理性

エルネスト・ラクラウ 著
澤里岳史、河村一郎 訳　山本圭 解説

■四六判／上製／416頁　◎3600円

政治理論家ラクラウによるポピュリズム論の金字塔的著作。ポスト・マルクス主義の政治理論を深化させ、侮蔑的に論じられがちなポピュリズムを政治的なものの構築の在り方として精緻に理論化。根源的、複数主義的な民主主義のために、政治的主体構築の地平を拓く。

● 内容構成 ●

〈価格は本体価格です〉